印 顺 法 师 佛 学 著 作 系 列

说一切有部为主的论书与论师之研究

（上）

释印顺 著

中華書局

图书在版编目(CIP)数据

说一切有部为主的论书与论师之研究/释印顺著. —北京:中华书局,2011.10(2025.5重印)

(印顺法师佛学著作系列)

ISBN 978-7-101-08115-2

Ⅰ.说…　Ⅱ.释…　Ⅲ.部派佛教-研究　Ⅳ.B946

中国版本图书馆CIP数据核字(2011)第153923号

书　　名	说一切有部为主的论书与论师之研究(全二册)
著　　者	释印顺
丛 书 名	印顺法师佛学著作系列
责任编辑	朱立峰
封面设计	毛　淳
责任印制	管　斌
出版发行	中华书局 (北京市丰台区太平桥西里38号　100073) http://www.zhbc.com.cn E-mail:zhbc@zhbc.com.cn
印　　刷	北京建宏印刷有限公司
版　　次	2011年10月第1版 2025年5月第2次印刷
规　　格	开本/880×1230毫米　1/32 印张20⅛　插页4　字数414千字
印　　数	2501-3000册
国际书号	ISBN 978-7-101-08115-2
定　　价	82.00元

“印顺法师佛学著作系列”出版说明

释印顺（1906—2005），当代佛学泰斗，博通三藏，著述宏富，对印度佛教、中国佛教的经典、制度、历史和思想作了全面深入的梳理、辨析与阐释，取得了一系列重要学术成果，成为汉语佛学研究的杰出典范。同时，他继承和发展了太虚法师的人生佛教思想，建立起自成一家之言的人间佛教思想体系，对二十世纪中叶以来汉传佛教的走向产生了深刻影响，受到佛教界和学术界的的高度重视。

经台湾印顺文教基金会授权，我局于 2009 年出版《印顺法师佛学著作全集》（23 卷），系统、全面地介绍了印顺法师的佛学研究成果和思想，受到学术界、佛教界的广泛欢迎。应读者要求，我局今推出“印顺法师佛学著作系列”，将印顺法师的佛学著作以单行本的形式逐一出版，以满足不同领域读者的研究和阅读需要。为方便学界引用，《全集》和“系列”所收各书页码完全一致。

“印顺法师佛学著作系列”的编辑出版以印顺文教基金会提供的台湾正闻出版社出版的印顺法师著作为底本，改繁体竖排为简体横排。以下就编辑原则、修订内容,以及与正闻版的区别等问题,略作说明。

编辑原则

编辑工作以尊重原著为第一原则,在此基础上作必要的编辑加工,以符合大陆的出版规范。

修订内容

由于原作是历年陆续出版的,各书编辑体例、编辑规范不一。我们对此作了适度统一,并订正了原版存在的一些疏漏讹误,主要包括以下几项:

1. 原书讹误的订正:

正闻版的一些疏漏之处,如引文、纪年换算、人名、书名等,本版经仔细核查后予以改正。

2. 标点符号的订正:

正闻版的标点符号使用不合大陆出版规范处甚多,本版作了较大幅度的订正。特别是正闻版对于各书中出现的经名、品名、书名、篇名,或以书名号标注,或以引号标注,或未加标注;本版则对书中出现的经名(有的书包括品名)、书名、篇名均以书名号标示,以方便读者。

3. 梵巴文词汇的删削订正:

正闻版各册(特别是专书部分)大都在人名、地名、名相术语后一再重复标出梵文或巴利文原文,不合同类学术著作惯例,且影响流畅阅读。本版对梵巴文标注作了适度删削,同时根据《望月佛教大辞典》、平川彰《佛教汉梵大辞典》、荻原云来《梵和大辞典》等工具书,订正了原版的某些拼写错误。

4. 原书注释中参见作者其他相关著作之处颇多，为方便读者查找核对，本版各书所有互相参见之处，均分别标出正闻版和本版两种页码。

5. 原书中有极少数文字不符合大陆通行的表述方式，征得著作权人同意，在不改变文义的前提下，略作删改。

印顺法师佛学著作对汉语佛学研究有极为深广的影响，同时在国际佛学界的影响也日益突出。我们希望“印顺法师佛学著作系列”的出版，有助于推进我国的佛教学以及相关学科的研究。

中华书局编辑部

二〇一一年三月

目　　录

序

一九四二年,我在战乱声中,写了一部《印度之佛教》。那时,我住在深山古寺——四川合江县的法王寺。仅凭寺里的一部《龙藏》,没有什么现代的参考书,写出这么一部使人欢喜、使人苦恼的书。现在回忆起来,真有说不出的惭愧,说不尽的安慰!这部书,是用文言写的,多叙述而少引证,对佛教史来说,体裁是很不适合的。而且,空疏与错误的也不少。所以,有人一再希望我重印,有人愿意出钱,我都辞谢了说:我要用语体的、引证的,重写一部。

现在来看这部《印度之佛教》——二十五年前的旧作,当然是不会满意的!然一些根本的信念与看法,到现在还没有什么改变。这些根本的信念与看法,对于我的作品,应该是最重要的!假如这是大体正确的,那叙述与论断即使错误百出,仍不掩失其光彩。否则,正确的叙述,也不外乎展转传抄而已。我的根本信念与看法,主要的有:

一、佛法是宗教。佛法是不共于神教的宗教。如作为一般文化或一般神教去研究,是不会正确理解的。俗化与神化,不会导致佛法的昌明。

中国佛教,一般专重死与鬼,太虚大师特提示“人生佛教”以为对治。然佛法以人为本,也不应天化、神化。不是鬼教,不是神教,非鬼化非(天)神化的人间佛教,才能阐明佛法的真意义。

二、佛法源于佛陀的正觉。佛的应机说法,随宜立制,并不等于佛的正觉。但适合于人类的所知所能,能依此而导入于正觉。

佛法是一切人依怙的宗教。并非专为少数人说,不只是适合于少数人的。所以佛法极其高深,而必基于平常。本于人人能知能行的常道(理解与实行),依此向上而通于圣境。

三、佛陀的说法立制,并不等于佛的正觉,而有因时、因地、因人的适应性。在适应中,自有向于正觉、随顺正觉、趋入正觉的可能性——这所以名为“方便”。所以,佛的说法立制,如以为“地无分中外,时无分古今”而可行,那是拘泥锢蔽。如不顾一切,师心不师古,以为能直通佛陀的正觉,那是会漂流于教外的。不及与太过,都有碍于佛法的正常开展,甚至背反于佛法。

四、佛陀应机而说法立制,就是世谛流布。缘起的世谛流布,不能不因时、因地、因人而有所演变,有所发展。尽管“法界常住”,而人间的佛教——思想、制度、风尚,都在息息流变的过程中。

“由微而著”,“由浑而划”,是思想演进的必然程序。因时地的适应,因根性的契合,而有重点的或部分的特别发达,也是必然的现象。对外界来说,或因适应外学而有所适应,或因减少外力压迫而有所修正,在佛法的流行中也是无可避免的事。从佛法在人间来说,变是当然的、应该的。

佛法有所以为佛法的特质。怎么变,也不能忽视佛法的特质。重点的、部分的过分发达(如专重修证,专重理论,专重制度,专重高深,专重通俗,专重信仰……),偏激起来,会破坏佛法的完整性,损害佛法的特质。象皮那么厚,象牙那么长,过分的部分发达(就是不均衡的发展),正沾沾自喜,而不知正障害着自己!对于外学,如适应融摄,不重视佛法的特质,久久会佛魔不分。这些,都是存在于佛教的事实。演变、发展,并不等于进化,并不等于正确!

五、印度佛教的兴起、发展又衰落,正如人的一生,自童真、少壮而衰老。童真,充满活力,是可称赞的!但童真而进入壮年,不是更有意义吗?壮年而不知珍摄,转眼衰老了。老年经验多,知识丰富,表示成熟吗?也可能表示接近衰亡!所以,我不说"愈古愈真",更不同情于"愈后愈圆满、愈究竟"的见解。

六、佛法不只是"理论",也不是"修证"就好了!理论与修证,都应以实际事行(对人对事)的表现来衡量。"说大乘教,修小乘行"、"索隐行怪":正表示了理论与修证上的偏差。

七、我是中国佛教徒。中国佛法源于印度,适应中国文化而自成体系。佛法,应求佛法的真实以为遵循。所以尊重中国佛教,而更重于印度佛教(太虚大师于一九二九年冬,讲《研究佛学之目的及方法》,也有此意见)。我不属于宗派徒裔,也不为民族情感所拘蔽。

八、治佛教史,应理解过去的真实情况,记取过去的兴衰教训。佛法的信仰者,不应该珍惜过去的光荣,而对导致衰落的内在因素惩前毖后吗?焉能作为无关于自己的研究,而徒供庋藏参考呢！

*　　*　　*　　*

一个战乱流动的时代，一个不重研究的（中国）佛教，一个多病的身体：研究是时断时续，而近于停顿。弘法、出国、建寺、应酬，尽做些自己不会做、不愿做的事！一九六四年初夏，决心丢下一切，重温昔愿。“举偈遥寄，以告谢海内外缁素同道”：

“离尘卅五载，来台满一纪。风雨怅凄其，岁月惊消逝！

时难怀亲依，折翮叹罗什：古今事本同，安用心于悒！

愿此危脆身，仰凭三宝力；教证得增上，自他咸喜悦！

不计年复年，且度日又日，圣道耀东南，静对万籁寂。”

《印度之佛教》的重写，决定分写为多少部。记忆力衰退了，接触的问题却多了。想一部一部地写作，无论是体力、学力，都是不可能完成的！然而世间，有限的一生，本就是不了了之的。本着精卫衔石的精神，做到哪里，哪里就是完成，又何必瞻前顾后呢？佛法，佛法的研究、复兴，原不是一人的事、一天的事。

*　　*　　*　　*

印度一千多年的佛教史，从内容、从时代佛教的主流，都可分为三类：“佛法”、“大乘佛法”、“秘密大乘佛法”——三个时代。在经论中，没有大、小对立的，没有显、密对立的，通称为“正法”或“法毗奈耶”的，可称为“佛法时代”。这里面，有一味和合时代、部派分立时代。对于这一部分、这一时代的印度佛教，想从五个问题去研究叙述：一、佛陀及其弟子；二、圣典之结集；三、佛法之次第开展；四、说一切有部为主的论书与论师；五、部派佛教。

我在香港时，就开始撰写《西北印度的论典与论师》。一九五二年秋，从日本回台湾时，带回了一部日译的《南传大藏经》。我想参阅一下南传的论书，而推求上座阿毗达磨的初型。但在多病多动的情形下，一直搁置下来。一九六四、六五年，才将《南传大藏经》翻阅一遍。阿毗达磨的根本论题与最初论书，与昔年所推断的，几乎完全相合。去年，移住报恩小筑，这才重行着手写作。除改写过去的部分外，共为十四章，改名为《说一切有部为主的论书与论师之研究》。

现在虽不同于从前的深山古寺，但研究对象仍为藏经：《大正藏》（引文简称《大正》），《南传大藏经》（引文简称《南传》）。近代的作品，我所见到的，有吕澂《阿毗达磨泛论》、木村泰贤《阿毗达磨论之研究》、福原亮严《有部论书发达之研究》。知道椎尾辩匡有《六足论的发达》，宫本正尊有《譬喻者大德法救童受喻鬘论之研究》等，都无从看到。孤陋寡闻，说来真是见笑于方家的！但一切，都经过自己的思考与体会，觉得都是自己的一样，也就不免"敝帚自珍"了！

本书的刊行，常觉法师负责代为校勘，宏德居士予以经济上的支持，是我所深为感谢的！惟愿三宝的恩威护持，能有进一步写作的机缘！

一九六七年十月十日，印顺序于台北之报恩小筑。

第一章　序　论

第一节　论书在全体佛教中的意义

第一项　论书在圣典中的特殊性

一切佛法,略可分为"佛法"、"大乘佛法"、"秘密大乘佛法"——三类。其中"佛法"的初期圣典,通例分为三藏:经藏(素怛缆)、律藏(毗奈耶)、阿毗达磨藏。阿毗达磨藏,也称为论藏。经藏是:释尊本其菩提树下,现觉到的甚深法性,适应有情而方便开示。佛的开示、教授,是以圣道为中心,而引人趣向解脱的。佛的教说,经展转传诵、结集而成的,称为(契)经。律藏是:佛为出家弟子组成僧伽,为了保持内部的健全,能适应社会,受到社会的尊重,所以制立与法相应的学处(戒)、制度,将僧众的一切生活,纳入集体的轨范。这些僧伽的法制规章,次第纂集完成的,就是律藏。经与律,大概地说,是根源于佛的教说、佛的创制,而由佛弟子渐次集成。现存的经、律,已经过改编、增补,文义上大有出入,带有浓厚的部派色彩。但形式与内容,到底是大部分相同。这是一切部派所公认的，所以可论断为部派分立以前所集成的；完成的时间，应为西元前三〇〇年。

阿毗达磨藏的情形，与经、律不同。这是以集成的契经为对象，而有所分别、整理。经是应机说法的，论是就事分别的。经是一一经别别宣说的，论是一一法详为论究的。经是重于随机的适应性，论是重于普遍的真实性。经是表现为佛（及大弟子等）的开示、问答，所以大体能为僧伽所尊重；论是作为佛弟子的撰述，由于部派的传承不同，不免互相评论。所以经藏与律藏，代表了佛法的一味和合时代；论藏代表了佛法的部派分立时代。当然，这只是大概的分别而已。

阿毗达磨论书的性质，显然是不同于经（律）藏的。论书的研究，当然也有不同于经、律的特殊意义。首先，在初期圣典中，应重视阿毗达磨论书所有的特殊性。阿毗达磨所以能独立发展，终于成为大流，与经、律鼎立而三，而有后来居上的优势，这是研究阿毗达磨论所应特别重视的。有些学者，重视佛陀以来论议分别的学风，以此为阿毗达磨的根源，从分别解说去理解阿毗达磨。分别论议的学风，当然是阿毗达磨成立的有力因素，但仅是分别解说，是不会形成阿毗达磨式的论书的。在本书的研究中，认为论书是以经藏的集成为前提的。经藏的众多教说，或大同小异而过于繁复、杂乱；或因过于简要而意义不明显；或因对机不同，传说不同，似乎矛盾。对于这样的契经，需要简单化、明确化、体系化，于是展开一项整理、分别、抉择、组织、阐发的工作。先是集取中心论题，类集一切法义；以法为主，而进行分类的、综合的、贯通的、深入的论究。化繁为简，由浅而深，贯摄一切佛法,抉择佛法的真实义,使佛法事理分明,显而易见。论书是出发于分别经法、整理经法、抉择经法,所以在论书的进展中,终于提出了基于哲理基础的佛法的完整体系。由于师承不同,论师的根性不同,论理方法不一致,所以论书与部派的分化相应,而大大地发达起来。惟有重视论书体裁、方法等特殊性,才能理解论书是符合佛教界自身的要求而发达起来的。

第二项 论书与部派教义的发达

说到部派思想,一般依据汉译的《异部宗轮论》或南传的《论事》,总是以为:大众部(Mahāsāṃghika)这样说,说一切有部(Sarvāstivādin)那样说;对于某一部派的教义,误解为一开始就是这样。当然,如大众部、分别说部(Vibhajyavādin)、说一切有部、犊子部(Vātsīputrīya)等根本部派,在发展完成时,思想定型,确如《异部宗轮论》等所说,不可能再有太大的变化。然这些根本部派,在起初分立成部时,决不能以发展完成的思想去理解的。这在说一切有部的论书研究中,可以充分地明白出来。例如"说一切有部有四大论师"①,而四大论师中的法救(Dharmatrāta)、觉天(Buddhadeva),属于说一切有部,而思想显然近于经部(Sūtravādin)。经部正是从说一切有部中分离出来:这可知说一切有部中,早就存有不同的思想系统。《异部宗轮论》所说的说一切有部宗义,只是说一切有部中居于主流地位的阿毗达磨论师,也就是毗婆沙师(Vibhāṣika)。依这一意义去

① 《大毗婆沙论》卷七七(大正二七·三九六上)。

理解：大众部与上座部（Sthavira）的分立；上座部中分别说部的脱出，说一切有部与犊子部的分立，起初都只是由于某些问题、某些根本理论的不能和合，而形成分立。一般法义，彼此间的差异是并不太大的。如犊子部与说一切有部，《大毗婆沙论》就说："若六若七与此（有部）不同，余多相似。"①起初，彼此的差异并不太大；分立以后，自部（尤其是大部派）内却存有不同的意见。这样，在部派的发展中，"由浑而划"，"由微而著"，对立的部派固然发展到种种异义的对立；自部也不断分化，成为不同的部派。依《异部宗轮论》等，发见某些问题，上座部的支派同于大众部，而大众部的支派反而与上座部派相同。这似乎希奇，其实正说明了：大众部与上座部初分时，某些问题可能还没有存在，还没有被重视，或者这些并非分部的主要问题。所以，从论书去理解部派佛教，就会知道每一部派教义的次第发展性。部派佛教的研究，应重视分立的主要问题。把握部派的主要异义，顺着思想开展的自然倾向，也就容易理解其他的论义了。而且，还能进一步地发现，一味和合的时代，佛教界早有不同的见解存在了。

第三项　论书与论书的作者——论师

佛陀时代的佛教，佛与弟子们，有人物，有时间，有地点，有事实。虽然现存的记录（经与律）也不免有些传闻失实，但佛陀时代的佛法，充分说明了人间佛教的历史性，具有人间的真实

① 《大毗婆沙论》卷二（大正二七·八中）。

感。一向不重视历史的印度，在佛法初期的弘传中，无论是佛法上的师承，政治上的传承，都有近于事实的记录。到阿育王(Aśoka)时代，才奠定了印度编年史的基石。

印度文化的固有传统——婆罗门教，是一种国民的宗教，是从古传来(当然也是发展所成)的神教。这种神教，缺少个人的特性与活动，以神话及传说来代替历史。神教的教仪与教理，可说是一般人宗教意识的共同表现。加上印度人的特性，漠视历史的重要性，所以印度的历史每陷于无从说起的状态。佛法虽并不如此，但在印度固有文化的熏习中，渐为传统的习性所融化，失去了佛陀时代、一味和合时代人间现实的历史性。史的观念，由模糊而逐渐忘却。大乘佛法的出现，传诵者与集出者，都是无可稽考的。有些大部的经典，却不见有现实人间——时、地、人、事的痕迹。这也是当时佛教界(部分的)共同佛法意识的表现，确信为佛法的真实是这样的。在佛教史中，从大众部学系到大乘佛法，不能不说是最模糊的一页！好在阿毗达磨论师们，尤其是南传锡兰岛国的铜鍱部(Tāmraśāṭīya)①、北传罽宾山区的说一切有部，有论师著作的论书(大乘佛法，也还是亏了大乘论师的造论，而明了大乘佛教史的部分)，使印度——"佛教祖国"的无历史状态得到部分的改善。又由于经、律、论的传译者由印度及西域到我国来，我国的求法高僧也巡历印度，而报告当时的佛教情况，这样，我们对于印度的佛教史才能得到部分的

① 锡兰所传的佛教，以上座部、分别说部——佛法的正统自居。其实，这是上座部中的分别说部，从分别说部分出的铜鍱部。本书概称之为铜鍱部，以免与根本上座部等淆混。

知识。所以论书的研究,对印度佛教与中国佛教有深切关系的——说一切有部的论书,不能忽略了论书的作者——论师。本书以"论书及论师"并论,就是重视了这一意义。

第四项 论书在"佛法"与"大乘佛法"间的意义

佛法,根源于佛陀的自证,由自证而发为化世的三业大用,具体表现于僧团中,影响于社会,而成为觉化人间的佛教。在佛陀化世四十五年(或说四十九年)中所开展的佛教具体活动,就是以后一切佛法的根源。佛法,是从此而适应、开展、扩大、延续下来的。佛法在人间,是一种延续、扩展中的真实存在。要从延续、扩展中去理解佛法,而不能孤立的、片面的,根据一点一分,而以为佛法的真实如此。

在佛法的延续扩展中,部派佛教是有重要意义的。部派的显著分化,约在西元前三〇〇年。前为佛法的一味和合时代,后为佛法的部派时代。部派佛教,一直延续下来,在锡、缅、泰等国家,一直延续流行到现在。但在印度佛教史上,到西元五〇年顷,大乘佛法流行,佛教思想的主流移入大乘佛法时代。所以佛法的部派时代(约西元前三〇〇——五〇),是上承一味和合的佛法,下启大乘佛法。论书是部派时代的产物,对此承先启后的发展过程,应有其重要的贡献与价值。

在过去,一分大乘学者轻视部派佛教,以初期的圣典——经、律、论为小乘。不但自称为大乘,还以为大乘别有法源(别有大乘法体)。一分部派佛教者,不能认清自身的部派性,以原始佛教自居,或诽拨大乘为非佛说(非佛法)。这种片面的武断论调，现在已逐渐地消失了。欧西及日本学者，对初期经典的研究，在资料的类集整理方面，运用近代治学的方法方面，都有良好的成就。论究根源的佛法，一分学者所用的方法，大致是：阿毗达磨论，不消说是部派时代的作品。《阿含经》，也因为部派间的多少不同，而不被信任。以为九分教是早于《阿含经》而成立的，但其中也有新的、古的。这样一分一分地摆脱，最后总算还找到了一些偈颂或简要的经句。但这仅有的有限经偈，有以为还不能依文解义，要经过自己的论理去成立。有的以自己熟悉的西洋哲学，进行解说一番。他们以为这就是研究到根本的佛法了。然而，佛陀四十五年间开展的佛法，真的就是这一些些吗？这样的研究，似乎是用客观的治学方法，而得到的结果，几乎是充满了主观的成见。割弃无边佛法，而想从一些些经偈中，让自己自由发挥其高论，这与大乘别有法源论者，相去能有多少呢！

佛陀开示、制立的佛法，早是一种人间的、具体的佛教活动。必须从佛教的完整发展过程中，去理解一切。以前观后，察其发展的所以别异性；以后观前，推究其发展分化的可能性。以部派佛教来说，理解它多边的发展倾向，了解其抉择、发挥、适应，才能认识大乘佛法开展的真意义，或进而认取一味的佛法根源的实情。阿毗达磨论（本典的完成），虽是介于一味和合及大乘佛法的中间，但是偏于法的，而且是重于上座部方面。单是论书，尤其是以说一切有部为主的论书，还不能完整代表部派佛教，也就不能充分地向前体认佛法根源，向后究明大乘佛法开展的实况。不过，这也是部派佛教的一部分。在佛法的延续开展中，承先启后，阿毗达磨论所有的意义，不失为重要的一大环节。

第二节　部派佛教与论书

第一项　论书为部派佛教的作品

阿毗达磨论，为部派时代的作品。但在古代，推重阿毗达磨的部派，以为阿毗达磨论是佛所说的。铜锞部以为：佛在忉利天，为摩耶（Mahāmāyā）夫人说法；经、律以外，还说了七部阿毗达磨①。说一切有部说："谁造此（发智）论？答：是佛世尊。"②犊子部传说："舍利弗释佛九分毗昙，名法相毗昙。"③古来虽有阿毗达磨是佛说的传说，然检讨有关结集的记载，对于佛说阿毗达磨论的传说，到底不能认为可信。

一、大众部《摩诃僧祇律》，但说结集法与律二藏。大众部所诵的《增一阿含经》序，说阿难（Ānanda）集"阿毗昙经"④。释经的《分别功德论》，也说阿难诵出阿毗昙，内容为："迦旃延子，撰集众经，抄撮要慧，呈佛印可。"⑤《撰集三藏及杂藏传》与《分别功德论》所说的相同⑥。

二、铜锞部广律，但说结集律与法二藏。西元五世纪，觉音

① Atthasālinī（一三——一六）。
② 《大毗婆沙论》卷一（大正二七·一上）。
③ 《三论玄义》（大正四五·九下）。
④ 《增一阿含经》卷一（大正二·五五〇下）。
⑤ 《分别功德论》卷一（大正二五·三二上）。
⑥ 《撰集三藏及杂藏传》（大正四九·三下）。

(Buddhaghoṣa)所作的《善见律毗婆沙》,在第一结集后,说到:“何谓阿毗昙藏?答曰:法僧伽,毗崩伽,陀兜迦他,耶摩迦,钵叉,逼伽罗坋那祇,迦他跋偷,此是阿毗昙藏。”①

三、化地部(Mahīśāsaka)广律——《五分律》,没有说到结集论藏。

四、法藏部(Dharmaguptaka)广律——《四分律》说:阿难诵出阿毗昙藏,内容为:“有难,无难,系,相应,作处”②,与《舍利弗阿毗昙论》的内容相合。

五、《毗尼母经》说:阿难诵出阿毗昙藏,内容为:“有问分别,无问分别,相摄,相应,处所”③,也与《舍利弗阿毗昙论》相合。据近人考证,《毗尼母论》属于雪山部(Haimavata)④。

六、说一切有部广律——《十诵律》说:阿难诵出阿毗昙藏,内容为:“五怖,五罪,五怨,五灭”⑤,意指《法蕴论》第一品。龙树(Nāgārjuna)《大智度论》,说阿难结集阿毗昙藏,内容与《十诵律》相同⑥。

七、《根本说一切有部毗奈耶杂事》说:大迦叶波(Mahākāśyapa)诵出阿毗达磨,内容为:“四念处,四正勤,四神足,五根,五力,七菩提分,八圣道分,四无畏,四无碍解,四沙门果,四法句,无诤,愿智,及边际定,空,无相,无愿,杂修诸定,正入现观,及世

① 《善见律毗婆沙》卷一(大正二四·六七六上)。

② 《四分律》卷五四(大正二二·九六八中)。

③ 《毗尼母经》卷三(大正二四·八一八上)。

④ 金仓圆照《毗尼母经与雪山部》(《日本佛教学会年报》二五·一二九——一五二)。

⑤ 《十诵律》卷六〇(大正二三·四四九上)。

⑥ 《大智度论》卷二(大正二五·六九下)。

俗智,苦摩他,毗钵舍那:法集,法蕴,如是总名摩室理迦。”①《阿育王传》②、《阿育王经》所说③,与《杂事》大同。

八、《部执论疏》说:“迦叶令阿难诵五阿含,集为经藏。令富楼那(Pūrṇamaitrāyaṇīputra)诵阿毗昙,名对法藏。”④真谛的传说,不知属于什么部派?但从经为“五阿含”来说,可推定为分别说部派的传说。

从上引的文证来看,大众部与分别说部的——化地部、铜鍱部律,都没有结集论藏的明文。后起的传说,才说到论藏。法藏部等,虽传说结集论藏,而关于结集者,或说阿难,或说大迦叶,或说富楼那。论到论藏的内容,都指为自部所宗的本论。各部的传说不同,说明了不但没有佛说的阿毗达磨论,在部派分立以前的一味和合时代,论藏也并不存在。没有公认的论藏,所以异说纷纭,莫衷一是了。阿毗达磨论,决定为部派时代的作品。

第二项　部派的统系

部派的分立,虽有不同的因缘,但多少与教义的见解有关。所以部派的分立,与论书的成立及不同发展,是有密切关系的。说到部派的分立,古代传来的分派系谱,异说极多。我国一向是依《异部宗轮论》所说的。但这是说一切有部的传说,杂有宗派的成见,不能视为定论。我以前有过一项论断⑤;近见塚本启祥

---

① 《根本说一切有部毗奈耶杂事》卷四〇(大正二四·四〇八中)。

② 《阿育王传》卷四(大正五〇·一一三下)。

③ 《阿育王经》卷六(大正五〇·一五二上)。

④ 《大乘法苑义林章》卷二引文(大正四五·二七〇中)。

⑤ 拙作《印度之佛教》(民国三十二年刊本·七一——八五)。

氏所作的详细比较,最后推定①,也大致相合。关于部派分立的详情,想另为论究,这里只直述我的推定。

佛法初分为大众部与上座部,为一切部派的本部,这是一切传说所共同的。上座部又分为(上座)分别说部及(分别说部脱出以后的)上座部。这样,大众部、上座部、分别说部,成为三大部,这是大众部的传说②。三大部中的上座部,就是(分别说部脱出以后的)先上座部(Pūrvasthavira),又分出二部:说一切有部与犊子部。这样,大众部、(上座)分别说部、说一切有部、犊子部——四部,就与印度晚期所传,声闻学派四大纲的传说相合③。说一切有部与犊子部分化以后,"先上座部"移住雪山,转名雪山部,成为微弱的小部派。这二部、三部、四部的分化过程,相信是最近于史实的。

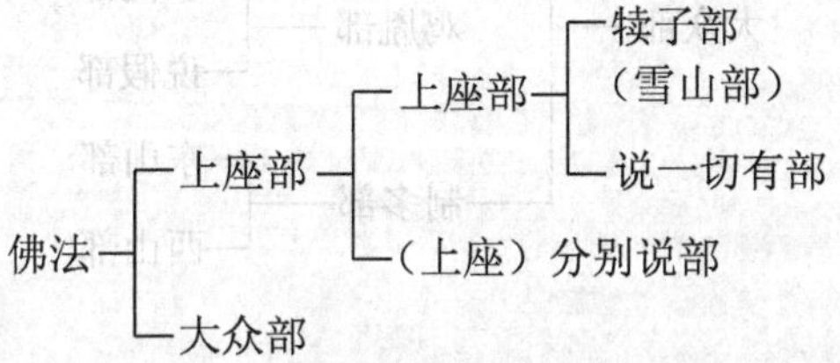

声闻部派,一向传为十八部,或本末二十部。这是部派分化到某一阶段,而为佛教界公认的部派。其实,以后还有分立;已经成立的部派,或转而微弱,甚至在佛教中消失了。所以,部派实在是不能拘定于十八或二十的。现在依四大部为纲,略摄部

① 塚本启祥《初期佛教教团史之研究》(四一三——四四九)。
② Bhavya《异部精释》第二说(寺本婉雅译《印度佛教史》三七六)。
③ 《南海寄归内法传》卷一(大正五四·二〇五上)。

派的统系如下：

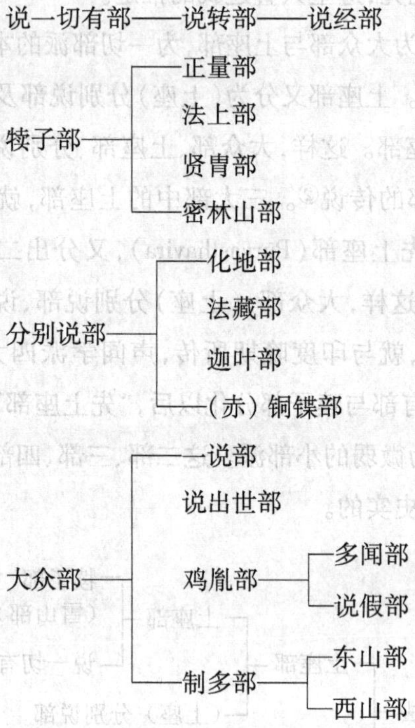

第三项　大众部系的根本论书

从过去所传译、现在所存的论书来说，阿毗达磨论的发达，属于上座系，尤其是南传锡兰的铜鍱部、北传罽宾的说一切有部。其他的部派，虽有而不多，这应该是学风的不同吧！每一部派，不一定有大量的论书，但都有奠定自部宗义的根本论书。主要的根本论书值得特别注意，因为研究各派早期的根本论书，可以发见各派论书间的关联，以及论书的发展过程。

大众部系的论书,过去没有译为汉文(仅有释经的《分别功德论》),现在也还没有发现。对于大众部的论书,可说是一片空白。然大众部的确是有论书的,如1. 西元四〇三——四〇五年,法显在印度的巴连弗邑(Pāṭaliputra)大乘寺,得到了《摩诃僧祇阿毗昙》①。2. 西元六二七——六四五年间,玄奘游历迦湿弥罗(Kaśmīra)时,曾亲自访问了"昔佛地罗(唐言觉取)论师,于此作大众部集真论"的古迹②。3. 玄奘在南印度驮那羯磔迦国(Dhānyakaṭaka),"逢二僧:一名苏部底,二名苏利耶,善解大众部三藏。(玄奘)法师因就停数月,从学大众部根本阿毗达磨"③。4. 玄奘回国时,带回了大众部的论书④。5. 西元六九二年,义净作《南海寄归内法传》,说到大众等四根本部,"三藏各十万颂"⑤。依此可见,在西元五——七世纪时,大众部确有大部的阿毗达磨论。

大众部较早的传说,如《撰集三藏及杂藏传》(大正四九·三下)说:

> "大法(为第)三藏。……大法诸分,作所生名,分别第一,然后各异。……迦旃造竟,持用呈佛。"

这位造论呈佛的迦旃,无疑是佛世的摩诃迦旃延(Mahākā-

---

① 《高僧法显传》(大正五一·八六四中)。

② 《大唐西域记》卷三(大正五一·八八八上)。

③ 《大慈恩寺三藏法师传》卷四(大正五〇·二四一中)。

④ 《大唐西域记》卷一二(大正五一·九四六下)。

⑤ 《南海寄归内法传》卷一(大正五四·二〇五上)。

tyāyana)①。大迦旃延所造的阿毗达磨(意译为"大法"、"上法"),是大众部的本论。这部论也是分为"诸分"的,"第一"分,名"作所生""分别"。"作所生",与《四分律》所传的论书——"作处"或"作处生"相当,就是因缘的意思。大众部的本论,第一分名"因缘分别",与大众部的精神完全吻合。据大众部传说:阿难结集法藏时,也是以"知法从缘起"偈开端的②。

摩诃迦旃延所造的论书,西元二、三世纪间的龙树,曾有重要的传述,如《大智度论》卷二(大正二五·七〇上——中)说:

"摩诃迦旃延,佛在时,解佛语,作蜫勒(蜫勒,秦言箧藏),乃至今行于南天竺。……蜫勒,略说三十二万言。蜫勒广比诸事,以类相从,非阿毗昙。"

又《大智度论》卷一八(大正二五·一九二中——下)说:

"一者蜫勒门,二者阿毗昙门,三者空门。……蜫勒有三百二十万言,佛在世时,大迦旃延之所造。……诸得道人(删略)撰为三十八万四千言。若人入蜫勒门,论议则无穷。其中有随相门、对治门等种种诸门。"

龙树的时代,南天竺是大众系的化区。盛行南天竺的《蜫勒》,是大迦旃延所造,与阿毗昙不同。参照《撰集三藏及杂藏传》所说,可推定《蜫勒》为大众系本论。但大迦旃延造的传说,

---

① 《分别功德论》同(大正二五·三二上),但作"迦旃延子","子"是衍误,或与《发智论》主传说混合而误。

② 《摩诃僧祇律》卷三二(大正二二·四九一下)。

即使有学说上的传承,也只是仰推古德而已,其实是后世"诸得道人"所撰述。"蜫勒",或写作蜫勒。自荻原云来发表《何谓蜫勒》以来[①],一般都信以为:"蜫勒"是蜫勒的误写;而蜫勒是比吒迦(peṭak)的音译,是箧藏的意思。同时,缅甸传有 Peṭakopadesa,为大迦旃延所造,因此或以为"蜫勒"就是Peṭakopadesa。总之,龙树所传的《蜫勒》,被设想为分别说部系的论书[②]。

然从龙树所传的情形,不能同意荻氏的见解,试略为论列。一、蜫勒与蜫勒的正确与误写:以蜫勒为蜫勒(Peṭak)的误写,虽蜫勒合于箧藏的意义,但对音却并不恰合。蜫、鞞、毗,在鸠摩罗什的音译中,必为 V 音,而不会是 P 音的。所以以蜫勒为蜫勒的误写,不应轻率地信受。考梵语 Karaṇḍa,不但与蜫勒的音相合,意义也恰好就是箧藏。如"宝箧印陀罗尼"的箧,就是 Karaṇḍa。所以"秦言箧藏"的"蜫勒",完全正确,不必要别解为 peṭak 的。二、《蜫勒》的内容:《大智度论》说:《蜫勒》有随相门、对治门等种种论门,论义是重于适应、贯通,正如古人所说:"牵衣一角而衣来。"所以"若人入蜫勒门,论议则无穷"。《蜫勒》的"广比诸事,以类相从",是广举世事作比喻,而经义随类相从[③],这与毗昙门的分别法相,辨析精严,体例是大为不同的。阿毗达磨论者,无论是三世有宗,现在有宗,都重视法的"自相安立",而形成"实有自性"的观念。所以"若不得般若波罗蜜法,入阿毗昙

① 《哲学杂志》(二二·二四四)。

② 《望月佛教大辞典》(一三八一)。

③ 参阅本书第十一章第六节第一项。《四谛论》引有大迦旃延的《藏论》。广引比喻、类摄经义的论法,也许就是"广比诸事,以类相从"的意义。

门，则堕有中”①。“入蜫勒门则堕有无中”，也与阿毗昙门不同。三、《蜫勒》与阿毗昙的同异：据《撰集三藏及杂藏传》，大迦旃延论是称为阿毗昙(大法)的。《大智度论》也说，阿毗昙有三种：一、身义，二、六分，三、蜫勒②；“蜫勒”是可以说为阿毗昙的。但《大智度论》又说：一、毗昙门，二、蜫勒门，三、空门③；那《蜫勒》又与阿毗昙门不同了。大抵论书以阿毗达磨论为最多；在佛教界，阿毗达磨已成为论书的通称。所以，《蜫勒》也是三类毗昙之一。但严格地说，《蜫勒》的论法与阿毗昙不同，所以又说《蜫勒》与毗昙，同为三门的一门。

依上面的论列，大迦旃延所造的《蜫勒》，可以推定为大众部系的根本论。

第四项　上座部系的根本论书

上座部系统的论书，由于部派不同，推重的本论也不同，但都是称为阿毗达磨的。

一、传于锡兰的铜锞部，有七部阿毗达磨：一、《法僧伽》——《法集论》(Dhammasaṁgaṇi)；二、《毗崩伽》——《分别论》(Vibhaṅga)；三、《陀兜迦他》——《界论》(Dhātudathā)；四、《逼伽罗坋那祇》——《人施设论》(Puggalapaññatti)；五、《耶摩迦》——《双论》(Yamaka)；六、《钵叉》——《发趣论》(Paṭṭhāna)；七、《迦他跋偷》——《论事》(Kathāvatthu)。这七部论，分为两

① 《大智度论》卷一八(大正二五·一九四上)。
② 《大智度论》卷二(大正二五·七〇中)。
③ 《大智度论》卷一八(大正二五·一九二中)。

类:《法聚》等六论,传说为佛说的。《论事》,传为阿育王时代,目犍连子帝须(Moggaliputta Tissa)依佛说而作,是遮破他宗以显自的要典。

二、传于罽宾的说一切有部,也有七论,称为一身六足。六足论为:《法蕴足论》、《集异门足论》、《施设足论》、《品类足论》、《界身足论》、《识身足论》。一身论为《发智论》。六足论传为佛弟子——舍利弗(Śāriputra)等所造。《发智论》是佛灭三百年初,迦旃延尼子(Kātyāyanīputra)纂集佛说,立自宗而遮他的要典。这是说一切有部的根本论。铜鍱部与说一切有部,一南一北,彼此的关系并不密切。如说一切有部的《异部宗轮论》,叙述部派,竟没有提到铜鍱部。铜鍱部的《论事》,广破他宗,凡二十三品,二百十六章,而对说一切有部,也只论到五章。这样的天南地北,同样有七部阿毗达磨,而且又都是六论与一论,以完成一宗的教义(二部又同有五师相承的传说),这决不是偶然的。在早期的论书上,应有一种密切的关联。

犊子部的根本论,据《大智度论》说:"佛在时,舍利弗解佛语故,作阿毗昙。后犊子道人等读诵,乃至今名为《舍利弗阿毗昙》。"①从犊子部分出正量等四部,据《三论玄义》(依《部执论疏》)说:"以嫌《舍利弗毗昙》不足,更各各造论,取经中义足之。所执异故,故成四部。"②这可见正量等四部,也是以《舍利弗阿毗昙论》为根本论的。汉译的《舍利弗阿毗昙论》分为:"问分"、"非问分"、"摄相应分"、"绪分"——四分。法藏部的《四分律》

---

① 《大智度论》卷二(大正二五·七〇上)。

② 《三论玄义》(大正四五·九下)。

说："有难，无难，系，相应，作处：集为阿毗昙藏。"①雪山部的《毗尼母经》也说："有问分别，无问分别，相摄，相应，处所：此五种名为阿毗昙藏。"②法藏部为分别说系的一部，雪山部是先上座部的别名。这二部的阿毗达磨，都与《舍利弗阿毗昙论》相合。因此可以说，在上座部系中，除铜锞部及说一切有部有特别发展成的七论外，其他都是以《舍利弗阿毗昙论》为本论的。列表如下：

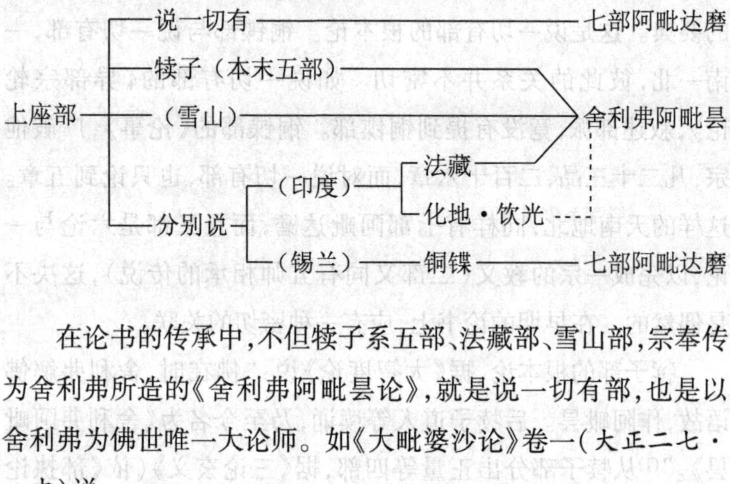

在论书的传承中，不但犊子系五部、法藏部、雪山部，宗奉传为舍利弗所造的《舍利弗阿毗昙论》，就是说一切有部，也是以舍利弗为佛世唯一大论师。如《大毗婆沙论》卷一（大正二七・一中）说：

"如来应正等觉弟子众中，法尔皆有二大论师，任持正法。若（佛）在世时，如尊者舍利子。"

说一切有部所传的六足论，属于早期的《法蕴论》、《集异门

① 《四分律》卷五四（大正二二・九六八中）。

② 《毗尼母经》卷三（大正二四・八一八上）。

论》，也或说是舍利弗造的。这可见说一切有部是怎样地推重舍利弗了。至于铜鍱部的七部阿毗达磨，没有说是舍利弗造。但大寺派（Mahāvihāra-vāsina）所传的《小部》（Khuddaka-nikāya），其中有《义释》（Niddesa）、《无碍解道》（Paṭisambhidā），显然为论书，都传说为舍利弗造的。这二部书，在无畏山寺派（Abhaya-girivihāra），就称之为阿毗达磨。这样看来，阿毗达磨为上座部系的论书，都仰推舍利弗，应有共同的根本阿毗达磨。这正与《蜫勒》为大众部系的论书，都仰推大迦旃延一样。在佛陀时代、一味和合时代，舍利弗与大迦旃延的论风尽管有些出入，都是互相尊重、和合无间的。但在部派分立的过程中，传承不同，二位大师的论风渐渐地被对立起来。

第三节　优波提舍·摩呾理迦·阿毗达磨

第一项　优波提舍

论书的性质与意趣是复杂而又多变的，这可以从论书的通名去理解出来。一般论书，古来有优波提舍、摩呾理迦、阿毗达磨——三名。这不同名称的论书，到底是怎样的呢？先说优波提舍。

优波提舍（Upadeśa），或音译为优婆提舍、邬波第铄；意译为说义、广演、章句等，以“论议”为一般所通用。优波提舍为十二分教（十二部经）的一分，它的性质，《大毗婆沙论》重在论议，《大智度论》重在解义，《瑜伽师地论》作为一切论书的通称。

一、《大毗婆沙论》卷一二六(大正二七·六六〇中)说:

> "论议云何?谓诸经中,决判默说、大说等教。"
>
> "又如佛一时略说经已,便入静室,宴默多时。诸大声闻共集一处,各以种种异文句义,解释佛语。"

《大毗婆沙论》有二解:第一解为"决判默说、大说等教",意义极不明显。考《增一阿含经》,"有四大广演之义"①。与此相当的《增支部》,名为Mahāpadeśanā(摩诃波提舍)②。这是决判经典真伪的方法:如有人传来契经,不论是一寺的传说,多人或某一大德的传说,都不可轻率地否认或信受。应该集合大众来"案法共论",判决它是佛说或非佛说,法说或非法说,以维护佛法的纯正。《毗尼母经》作"大广说",并说:"此法,《增一经》中广明。"③汉、巴共传的《增一经》,及《毗尼母经》所说的"大广说",就是摩诃优波提舍。说一切有部的传说略有不同,如《萨婆多部毗尼摩得勒伽》卷六(大正二三·五九八上)说:

> "何以故名摩诃沤波提舍?答:大清白说。圣人所说依法故,不违法相故,弟子无畏故,断伏非法故,摄受正法故:名摩诃沤波提舍。与上相违,名迦卢(黑)沤波提舍。"

说一切有部分为白广说、黑广说,也见于《毗尼母经》:"萨婆多说曰:有四白广说,有四黑广说。以何义故名为广说(优波

① 《增一阿含经》卷二〇(大正二·六五二中)。
② 《增支部》"四集"(南传一八·二九三——二九七)。
③ 《毗尼母经》卷四(大正二四·八一九下——八二〇中)。

提舍)?以此经故,知此是佛语,此非佛语。"①《显宗论》也说:"内谓应如黑说、大说契经,所显观察防护。"②这可见,优波提舍是决判大(白)说及黑说的。所以《大毗婆沙论》的"决判默说、大说等教","默说"显然是"黑说"的讹写。这是大众的集体的详细论议,所以称为"广说"——优波提舍。

第二解的意义,极为明显。佛的大弟子们"共集一处",对于佛的略说,各各表示其意见。在《阿含经》中,这种形式的论议也是常见的。前一解是共同论议,决判是非;这是共同论议,发表各人的意见。虽然性质不同,而采取集体论议的方法是一样的。这种集体论议的方式,可以上溯到佛的时代;而为初期佛教集成经律的实际情形。共同论定的,多方解说而公认为合于佛意的;这种集体论议的契经,名为优波提舍。

二、《大智度论》对于优波提舍的解说,有次第的三说,如《论》卷三三(大正二五·三〇八上)说:

> "论议经者,答诸问者,释其所以。"
>
> "又复广说诸义,如佛说四谛,何等是四?……如是等问答广解其义,是名优波提舍。"
>
> "复次,佛所说论议经,及摩诃迦旃延所解修多罗,乃至像法凡夫如法说者,亦名优波提舍。"

第一说,优波提舍是问答解义。这不是一般的问答,而是"释其所以"然。如佛说"法无有吾我"偈,某比丘起而请问,佛

① 《毗尼母经》卷四(大正二四·八二〇上)。
② 《显宗论》卷一(大正二九·七七八中)。

就为他释义①。第二说，是“广解其义”。第三说，不但佛说的论议经——上说的二类，就是摩诃迦旃延所造的解经论，以及末世凡夫所有的如法论说，都是优波提舍。摩诃迦旃延的解经，是一向被佛教界推重的。《成实论》也说：“摩诃迦旃延等诸大智人，广解佛语。有人不信，谓非佛说。佛为是故说论(议)经，经有论故，义则易解。”②“广解佛语”，应就是《蜫勒》之类。这第三说，是总摄佛所说的论议、佛弟子说的、末世论师说的，一切都属于优波提舍了。

三、《瑜伽师地论》对优波提舍的解说，近于《大智度论》的第三说，而范围更广。如《论》卷二五(大正三〇·四一九上)说：

“云何论议？一切摩呾理迦，阿毗达磨，研究甚深素怛缆藏，宣畅一切契经宗要，名为论议。”

《瑜伽师地论》分论书为摩呾理迦、阿毗达磨，而这二类，又总称为邬波第铄。这样，邬波第铄是一切论书的通称了。

优波提舍的本义，是共同论议、共同释义。共同论议，经与律都称之为“摩诃沤波提舍”——大论议。共同释义，渐被解说为个人的解释佛说，或是文句的解释，或是经义的阐释。《大智度论》与《成实论》，特别提到“论议第一”的大迦旃延，也就是重于解说契经。如《大智度论》说：“胁比丘……作四阿含优波提

① 《杂阿含经》卷三(大正二·一六下)。
② 《成实论》卷一(大正三二·二四五中)。

舍,于今大行于世。”①《大唐西域记》说:“五百贤圣,先造十万颂邬波第铄论,释素怛缆藏。次造十万颂毗奈耶毗婆沙论,释毗奈耶藏。后造十万颂阿毗达磨毗婆沙论,释阿毗达磨藏。”②毗奈耶与阿毗达磨的解释,称为毗婆沙;而经的解释,却称为邬波第铄(优波提舍)。优波提舍是契经的释论,成为西元二、三世纪的一般意见。

说一切有部是重阿毗达磨的,经部是重摩呾理迦的。大乘瑜伽者,从说一切有部、经部的思想中脱颖而出,取着总贯和会的态度。这应该是《瑜伽师地论》以邬波第铄统摄阿毗达磨、摩呾理迦的原因吧!

第二项 摩呾理迦

摩呾理迦(mātṛkā P. mātikā),或音译为摩窒里迦、摩呾履迦、摩得勒迦、目得迦、摩夷等;意译为母、本母、智母、行母等。此名,从 Māt(母)而来,有“根本而从此引生”的意思。《中阿含经》说:“有比丘知经,持律,持母者。”③持母者,就是持摩呾理迦者。与此相当的《中部》虽缺少同样的文句,但在《增支部》中确曾一再说到:在持法者、持律者以外,别有持母者④。既有持摩呾理迦者,当然有(经、律以外的)摩呾理迦的存在。所以,摩呾理迦有成文(起初都是语言传诵)的部类,与经、律并称,是在

① 《大智度论》卷九九(大正二五·七四八下)。

② 《大唐西域记》卷三(大正五一·八八七上)。

③ 《中阿含经》卷五二(大正一·七五五上)。

④ 《增支部》“四集”(南传一八·二六〇),又“五集”(南传一九·二五〇)。

《增支部》集成以前的。

古典的摩呾理迦，有两大类：属于毗奈耶的，属于达磨的。属于毗奈耶的，如《毗尼母经》、《十诵律》的"毗尼诵"等。这都是本于同一的摩呾理迦，各部又多少增减不同。毗奈耶的摩呾理迦，是僧伽规制的纲目。凡受戒、布萨、安居，以及一切日常生活，都随类编次。每事标举简要的名目（总合起来，成为总颂）。僧伽的规制，极为繁广，如标举项目，随标作释，就能忆持内容，不容易忘失。这些毗奈耶的摩呾理迦，不在本书论列之内。

属于达磨的摩呾理迦，出于说一切有部（譬喻师）的传述，如《根本说一切有部毗奈耶杂事》卷四〇（大正二四·四〇八中）说：

"摩室里迦……所谓四念处，四正勤，四神足，五根，五力，七菩提分，八圣道分，四无畏，四无碍解，四沙门果，四法句，无诤，愿智，及边际定，空，无相，无愿，杂修诸定，正入现观，及世俗智，苫摩他，毗钵舍那，法集，法蕴，如是总名摩室里迦。"

《杂事》所说，与《阿育王传》①、《阿育王经》②相合。四念处等，都是定慧修持，有关于圣道的项目。佛的正法，本是以圣道为中心，悟入缘起、寂灭（或说为四谛）而得解脱的。佛法的中心论题，就是四念处等——圣道的实践。以四念处为例来说：四念处经的解说，四念处的定义，四念处的观境，四念处的修持

① 《阿育王传》卷四（大正五〇·一一三下）。
② 《阿育王经》卷六（大正五〇·一五二上）。

方法及次第,四念处与其他道品的关联等,都在四念处的标目作释下,得到明确的决了。以圣道为中心的理解,贯通一切契经。达磨——法的摩呾理迦,总持圣道的修持项目,对阿毗达磨论来说,关系最为深切。

摩呾理迦的实质,已如上说明。摩呾理迦的意义,也就可以明了。如《毗尼母经》卷一(大正二四·八〇一上)说:

"母经义者,能决了定义,不违诸经所说,名为母经。"

摩呾理迦的体裁,是标目作释。标目如母;从标起释,如母所生。依标作释,能使意义决定明了。以法——契经来说:契经是非常众多的,经义每是应机而出没不定的。集取佛说的圣道项目,称为摩呾理迦。给予明确肯定的解说,成为佛法的准绳、修持的定律。有"决了定义"的摩呾理迦,就可依此而决了一切经义。在古代经律集成(决了真伪)的过程中,摩呾理迦是重要的南针。法的摩呾理迦,在契经集成后,阿毗达磨发展流行,摩呾理迦的意义与作用也就失去了重要性。于是,"阿毗达磨者"就代"持母者"而起了。摩呾理迦的本义也就逐渐嬗变,出现了三类新型的摩呾理迦。

一、铜锞部的阿毗达磨论,如《法集论》,首先标示摩呾理迦又分为二:论母是三性、三受等一百二十二门;经母是明分法无明分法等四十二门。这些,在北传的阿毗达磨中,是论门,是诸门差别。《法集论》称之为本母,虽在"概说品"中,也牒标而作解说;铜锞部的摩呾理迦,也有构成论体的根本法的意义。但与圣道为本的古典摩呾理迦,是有距离的。

二、从说一切有部而分出的经部，不信阿毗达磨为佛说，而别说摩呾理迦。《瑜伽师地论·摄事分》，是属于声闻经部的摩呾理迦。其中契经的摩呾理迦，如《瑜伽师地论》卷八五（大正三〇·七七三上）说：

“当说契经摩呾理迦。为欲抉择如来所说，如来所称、所赞、所美，先圣契经。譬如无本母，字义不明了。如是本母所不摄经，其义隐昧，义不明了。与此相违，义即明了，是故说名摩呾理迦。”

一切契经是佛所说的，为了要抉择明了佛法的宗要，所以特说契经的摩呾理迦。《瑜伽师地论》卷八五——九八，共十四卷，就是契经的摩呾理迦。内容为《杂阿含经》（除佛所说佛弟子所说诵、八众诵）的经说；有关于空及业的部分，兼及《中阿含经》少分[①]。原来《瑜伽师地论》所传的古说（说一切有部及经部公认），四《阿含经》是以《杂阿含经》为母体的[②]。有了古典的《杂阿含经》的经说——摩呾理迦，就能决了一切经义。这确乎合于“决了定义”的摩呾理迦古义。但《瑜伽师地论·摄事分》所说的，不是依一一道品而决了定义，是依一一经文而决了宗要。所以与摩呾理迦的本义，还是有出入的。

三、摩呾理迦是标举而又解释的。大乘瑜伽学者，应用这一原则，作为造论说法的轨范。如《瑜伽师地论》卷一〇〇（大正

---

① 吕澂《杂阿含经刊定记》“附论杂阿含经本母”（《内学》第一辑二三三——二四一）。

② 《瑜伽师地论》卷八五（大正三〇·七七二下）。

三〇·八七八中)说:

“我今复说分别法相摩呾理迦。……若有诸法应为他说,要以余门先总标举,复以余门后别解释。若如是者,名顺正理。”

总标别释的摩呾理迦,如世亲(Vasubandhu)所造的《发菩提心经论》说:“有大方等最上妙法,摩得勒迦藏,菩萨摩诃萨之所修行。”①《论》先标举“劝乐修集无上菩提……称赞功德使佛种不断”——十二义,接着就依次解释,成十二品。这种总标别释的摩呾理迦,约造论来说,瑜伽学者以为就是优波提舍——论议。如《瑜伽师地论》卷八一(大正三〇·七五三中)说:

“论议者,谓诸经典循环研核摩呾理迦。……依此摩呾理迦,所余(圣弟子)解释诸经义者,亦名论议。”

解释经义的优波提舍,既然就是摩呾理迦(总标别释),所以大乘瑜伽者的释经论,有一定的体裁。如世亲所造的《无量寿经优波提舍》,标举五门而依次解释。《转法轮经优波提舍》,分十四难(问)。《妙法莲华经优波提舍》,初品以七句分别等。依此去观察,如无著(Asaṅga)所造的《金刚般若经论》,标七种句义。世亲所造的《大宝积经论》,标十六种行相。《文殊师利菩萨问菩提经论》,作九分。对于每一部契经,都这样的总标别释去解说,称为摩呾理迦,也就是优波提舍。这种总标别释的论式,也适用于契经文句的解释。如《摄大乘论》说:“说语言者,

---

① 《发菩提心经论》卷上(大正三二·五〇八下)。

谓先说初句，后以余句分别显示。”①如世亲的《十地论》，对《十地经》文句的十数，都以第一句为总，余九句为别去解说。这是大乘瑜伽者所说的摩呾理迦，但不免偏重形式了！

第三项　阿毗达磨

阿毗达磨（Abhidharma P. Abhidhamma），旧译为阿毗昙，或简称毗昙；意译为大法、无比法、对法等。在佛法的开展中，阿毗达磨成为论藏的通称。在论书中，这是数量最多、最值得重视的。

阿毗达磨论，除经部以外，上座部系都认为是佛说的；至少佛曾说过“阿毗达磨”这个名词。说一切有部的《大毗婆沙论》，为了证明阿毗达磨是佛所说，曾列举八种经文②。所引的经文，都见于汉译的《杂阿含经》及《中阿含经》，但与之相当的巴利经文，却没有阿毗达磨一词。不过，南传《中部》的《牛角娑罗林大经》③、《如何经》④，都已明白说到了阿毗达磨。《中阿含经》的《支离弥梨经》，说到大众集坐讲堂，“论此法律”⑤；与此相当的《增支部经》，却说是“论阿毗达磨”⑥。所以，在《中阿含经》、《增一阿含经》集成以前，阿毗达磨已是佛教界熟悉的术语，而且已成为大众集体论究的内容了。

---

① 《摄大乘论本》卷中（大正三一·一四一中）。
② 《大毗婆沙论》卷一（大正二七·二下——三中）。
③ 《中部·牛角娑罗林大经》（南传九·三七五）。
④ 《中部·如何经》（南传一一上·三一一）。
⑤ 《中阿含经》卷二（大正一·五五七下）。
⑥ 《增支部》“六集”（南传二〇·一五一）。

论到“阿毗达磨”的原始意义，应注意《增支部》中，有“阿毗达磨，阿毗毗奈耶”的结合语①。汉译每简译为“阿毗昙律”，律藏中也有这一用法。阿毗(abhi)有称赞的意义，如《善见律毗婆沙》②所说。我以为，经律所说的“阿毗达磨，阿毗毗奈耶”，起初只是称叹法与律而已。这应该是阿毗达磨的原始意义吧！大众部的《摩诃僧祇律》，曾一再说到：

> “九部修多罗，是名阿毗昙。”③
>
> “阿毗昙者，九部经。”④
>
> “阿毗昙者，九部修多罗。”⑤

九部经，是修多罗……未曾有法。以九部经为阿毗昙，在上座部系习惯于以阿毗达磨为论书的，可能会感到希奇，但如以阿毗达磨为对于法的称叹，那也就可以理解了。佛的经法，可分类为九部，那么赞叹法而称之为阿毗昙，阿毗昙当然就是九部经了。

阿毗达磨，起初只是通泛地称赞佛的经法。在大众部方面：“诸如来语皆转法轮……佛所说经皆是了义。”⑥一切经法，是适应有情，平等利益的。所以泛称九部经为阿毗达磨，而不再深求分别。但上座部方面，如说一切有部：“八支正道是正法轮……

---

① 《增支部》“三集”(南传一七·四七五——四八〇)。
② 《善见律毗婆沙》卷一(大正二四·六七六中)。
③ 《摩诃僧祇律》卷一四(大正二二·三四〇下)。
④ 《摩诃僧祇律》卷三四(大正二二·五〇一下)。
⑤ 《摩诃僧祇律》卷三九(大正二二·五三六中)。
⑥ 《异部宗轮论》(大正四九·一五中——下)。

佛所说经非皆了义。”①契经有了义与不了义的分别，所以可称可赞的深法——阿毗达磨，当然要从一切经中，分别抉出一类究竟的深法，而称之为阿毗达磨。如《大毗婆沙论》所引的八经，虽或者有过文字上的润饰，但至少足以说明：在佛法开展中，上座部系认为：有一部分契经，是可尊可赞的最究竟法——阿毗达磨。据《大毗婆沙论》的解说：经中所说阿毗达磨的内容，是“无漏慧”，“空无我及如实觉”，“灭尽（定）退及如实觉”，“缘起及如实觉”，“寂灭及如实觉”，“诸见趣及如实觉”，“一切法性及如实觉”②。据《中部·如何经》说：佛弟子共同论究的阿毗达磨，是如来自证而为众宣说的圣道：“四念处，四正勤，四神足，五根，五力，七菩提分，八圣道分”——三十七道品③。所以，阿毗达磨以圣道的实践为主（说一切有部以圣道为正法轮，是确有深见的），而“无漏慧”、“如实觉”，在道的实践中，是贯彻始终的。如《杂阿含经》说：“一切皆为慧根所摄受。……慧为其首，以摄持故。”④八正道以正见为初，也是同一意义。在道的实践——以慧为主的修证中，就是“如实觉”缘性、寂灭、空无我、一切法性等。所以《大毗婆沙论》卷一（大正二七·三中）总结说：

“阿毗达磨胜义自性，唯无漏慧。”

“无漏慧”，般若的现证、体悟，确是佛法的心髓，最极深奥！

---

① 《异部宗轮论》（大正四九·一六下）。
② 《大毗婆沙论》卷一（大正二七·三上——中）。
③ 《中部·如何经》（南传一一上·三一一）。
④ 《杂阿含经》卷二六（大正二·一八三中）。

同时,在字义上,以阿毗达磨为无漏慧"证法",也是非常恰当的。如经文常见的阿毗三昧耶、阿毗三摩提,意译为"现观"或"现证"(旧译"无间等")。阿毗三菩提,意译为"现等觉"。阿毗阇,意译为"现知"或"现证"。以"阿毗"为先的术语,常是现证的、体悟的般若。所以阿毗达磨——"现法",以无漏慧为自性,最能表达佛法的深义。

阿毗达磨,是无漏慧的现证。但修学圣道,是要有方便的。般若现证,是由有漏修所成慧(与定相应的慧)等引发的,所以《大毗婆沙论》说:"即由此故,发起世间修所成慧;……思所成慧……闻所成慧……又由此故,发起殊胜生处得慧。……亦得名为阿毗达磨。"①"于三藏十二分教,能受能持,思量观察不谬"的,是殊胜的生处得慧(由此而成的,才是闻所成慧),所以论书也是阿毗达磨的资具,如说:"此论亦尔,阿毗达磨具故,亦名阿毗达磨。"②这样,由论书(教)而起有漏慧——生、闻、思、修所成慧;由修所成慧而引发无漏慧。现证无漏慧,是胜义阿毗达磨;有漏慧与论书,是世俗阿毗达磨。论书、有漏慧、无漏慧——三类阿毗达磨,与大乘的三种般若——文字般若、观照般若、实相般若,意义完全相合,只是名称的不同而已。阿毗达磨的真意,是般若现证,决非以分别法相为目的。然而,阿毗达磨论书,是无漏慧、有漏慧所依的资具。从着手修学来说,阿毗达磨论书的重要性,充分地显示出来。这应是阿毗达磨论书发达的主要理由。

阿毗达磨不断地发达,阿毗达磨的内容逐渐丰富起来,阿毗

① 《大毗婆沙论》卷一(大正二七·三中)。
② 《大毗婆沙论》卷一(大正二七·四上)。

达磨的含义也复杂起来。于是论师们约“阿毗”的意义，而作种种的解释。铜鍱部觉音的《善见律毗婆沙》，约五义释“阿毗”：一、意，是增上义（阿毗达磨就是增上法，下例）。二、识，是特性（自相）义。三、赞叹，是尊敬义。四、断截，是区别义。五、长，是超胜义①。如《分别功德论》的“大法”、“上法”②，同于觉音的第五义。《大毗婆沙论》中，广引各部各论师说③。其中左受（Vāmalabdha）说：是恭敬义，同于觉音的第三义。法密部（法藏部）及觉天说，是增上义，同于觉音的第一义。《大毗婆沙论》列举各家的解释，其中毗婆沙师八义，世友（Vasumitra）说六义，胁尊者（Pārśva）说四义，最为圆备。今对列如下：

毗婆沙师	世　友	胁尊者
1. 抉择法（相）	1. 抉择（经）法	2. 决断慧
2. 觉察法（性）	2. 觉了（缘起）法	
3. 现观法	3. 现观（四谛）法	
	5. 证（涅槃）法	
4. 尽法（性）		1. 究竟慧
5. 净法（眼）		
6. 显发法（性）		
7. 无违法（性）		4. 不谬慧
8. 伏（外道）法		
	4. 修习（圣道）法	
	6. 数数（分别）法	
		3. 胜义慧

① 《善见律毗婆沙》卷一（大正二四·六七六中）。

② 《分别功德论》卷一（大正二五·三二中）。

③ 《大毗婆沙论》卷一（大正二七·四上——下）。

从论师所作的种种解释而归纳他的主要意义，不外乎两点：一、明了分别义：如声论者说“毗谓抉择”，抉择有明辨分别的意义。如毗婆沙师与世友说的抉择、觉了，胁尊者说的决断，化地部说的照法，妙音（Ghoṣa）约观行的分别说，大德（Bhadanta）约文句的分别说，及毗婆沙师的数数分别，都是。二、觌面相呈义：毗婆沙师说的现观，世友说的现观与现证，都是。这就是玄奘所译的“对法”。毗婆沙师说的显发，佛护（Buddharakṣa）说的现前，也与此相近。“阿毗”是现，是直接的（古译为无间）、当前的、显现的。综合这二项意义，阿毗达磨是直观的、现证的，是彻证甚深法（缘起、法性、寂灭等）的无漏慧。这是最可称叹的，超胜的，甚深广大的，无比的，究竟彻证的。阿毗达磨，就是这样的（胜义）阿毗达磨。但在阿毗达磨的修证中，依于分别观察，所以抉择、觉了、分别，通于有漏的观察慧。依此而分别解说，就引申为：毗婆沙师说的所说不违法性、伏法，世友说的抉择经法、数数分别法，大德的名句分别法了。

阿毗达磨，本为深入法性的现观——佛法的最深处。修证的方法次第等传承下来，成为名句的分别安立（论书）。学者依着去分别了解，经闻、思、修而进入于现证。从证出教，又由教而趣证，赅括了阿毗达磨的一切。

在佛法的流传中，阿毗达磨的修证法门，由于整理圣典及初学入门的必要，渐重于有漏慧的分别观察，发展为阿毗达磨论。到底分别观察些什么，而形成具有特色的阿毗达磨论，而且能取得无比优越的地位呢？观察的主要论题，《大毗婆沙论》、《入阿毗达磨论》都有说到：

“阿毗达磨藏义，应以十四事觉知。谓六因，四缘，摄，相应，成就，不成就。”

“有余师说：应以七事觉知阿毗达磨藏义。谓因善巧，缘善巧，自相善巧，共相善巧，摄不摄善巧，相应不相应善巧，成就不成就善巧。若以如是七事，觉知阿毗达磨藏义无错谬者，名阿毗达磨论师，非但诵持文者。”①

“慧，谓于法能有抉择，即是于摄、相应、成就、诸因、缘、果、自相、共相——八种法中，随其所应，观察为义。”②

兹将三说对列如下：

《大毗婆沙论》初说	《大毗婆沙论》次说	《入阿毗达磨论》
六因	因	诸因
四缘	缘	缘
		果
	自相	自相
	共相	共相
摄	摄（不摄）	摄
相应	相应（不相应）	相应
成就	成就（不成就）	成就
不成就		

《入阿毗达磨论》的八法观察，是说一切有部的晚期学说。在《大毗婆沙论》时代，“果”还没有成为主要的论门。从上座部

① 《大毗婆沙论》卷二三（大正二七·一一六中）。
② 《入阿毗达磨论》卷上（大正二八·九八二上）。

系阿毗达磨论的共义来说,因与缘合而为一,初期是没有严格区别的。而成就与不成就,在“现在有”派的阿毗达磨中,也是不加重视的。所以上座部阿毗达磨论——各家共通的主要论门,是:自相,共相,摄,相应,因缘——五门。以此五门来观察一切法,因而开展为法相善巧的阿毗达磨论。

第二章　阿毗达磨的起源与成立

第一节　阿毗达磨论的起源

第一项　“论阿毗达磨论”

阿毗达磨论的起源与成立,经过是极为复杂的。现在,先从被称为阿毗达磨真的起源——佛教界流行的“论阿毗达磨论”说起①。

Ⅰ.《中部》的《牛角林大经》说:大比丘们在月光下同游景色优美的牛角娑罗林。大家发表意见,有怎样的比丘,能使林园增光、生色?大目犍连(Mahāmaudgalyāyana)说:“如二比丘,为论阿毗达磨论,相互发问;相互发问,应答无滞,以彼等之法论而有益。舍利弗!如是比丘,牛角娑罗林增辉。”②《中阿含经》(卷四八)《牛角娑罗林经》与此经相同,但作大迦旃延说。

Ⅱ.《中部》的《如何经》说:佛告比丘:“我自证悟而为说法,

① 木村泰贤氏《阿毗达磨论之研究》(五)。

② 《中部·牛角林大经》(南传九·三七五)。

即四念处，四正勤，四神足，五根，五力，七菩提分，八圣道分，应和合无诤而学。汝等和合无诤而学时，如二比丘，于阿毗达磨而有异说"，就应该劝导他们，舍弃误解而归于如法的见解①。这部经，汉译缺。

Ⅲ.《增支部》说：众多长老比丘，饭后，大家围绕着坐，共同论说阿毗达磨论。那时，质多罗象首舍利弗(Citta Hatthisāriputta)在长老比丘论议中间，不断地插入自己的问难。大拘绨罗(Mahākaṇṭhila)对他说："长老比丘众论阿毗达磨时，莫于中间(自)陈说，应待论讫。"②《中阿含经》(卷二〇)《支离弥梨经》与此经相同，但作"论此法律"。

依上所引的经文来看，那时"论阿毗达磨论"的论风，是这样的：大众共同参加；由两位比丘，相互问答，名为"论阿毗达磨论"。问答的两位比丘，一定是上座名德。《增支部》曾说："比丘五法具足：戒、定、慧、解脱、解脱知见具足，才能与同梵行者共住，与同梵行者共论：戒论，定论，慧论，解脱论，解脱知见论。"③又说："彼等不修身，不修戒，不修心，不修慧故，论阿毗达磨论，毗陀罗论，陷于黑法。"④这可见，如自身没有修证，是不适宜参与论议的。这种论法的集会，不是由于自身的无知与疑惑，而是以对论的方式，使法义得到充分的阐明。大众在座旁听，这正是一种教育僧众的好方法。这种论法的集会，经中一再说到，这可

① 《中部·如何经》(南传一一上·三一一——三一六)。
② 《增支部》"六集"(南传二〇·一五一——一五二)。
③ 《增支部》"五集"(南传一九·二六六)。
④ 《增支部》"五集"(南传一九·一四七)。

能经常举行的，尤其是布萨的月夜。

“论阿毗达磨论”的内容，是佛陀自证而为众宣说的“法”——四念处……八圣道支，也就是修证问题。以圣道为项目而进行论究，称为“论阿毗达磨论”。初期的阿毗达磨论，与说一切有部所传的摩呾理迦，是一样的①。当时的“论法”，应有简明的纲要。一问一答的，以对论方式，而将其阐明。标目释义的纲要，名为摩呾理迦（本母）；这样的问答深法，就名为“论阿毗达磨论”。原始的阿毗达磨与摩呾理迦，实质上毫无差别。以圣道为中心的阿毗达磨，一直流传下来。现存的早期论书，如《舍利弗阿毗昙论·问分》、铜鍱部的《分别论》、说一切有部的《法蕴论》，内容也还是以圣道为主的。

两位比丘的相互问答，是尊严的。为了阐明佛法，而不是为了诤胜，会场上充满了和谐与宁静的气氛。这种论法的场所，应有维护论场的合理轨式。一、两位比丘的问答，旁人不可以从中参与，一定要等双方的问答告一段落。上面（Ⅲ）所说的象首舍利弗，好辩而急于从旁参入，违反了论法的轨范，所以受到大拘絺罗的责备。二、由于慧解的差别，传闻的不同，可能引起见解上的不合。如上（Ⅱ）所说，应由在座的上座大德出来，以和谐恳切的态度，使双方的意见能在和谐中归于一致。三、舍利弗为众说法，说到入灭尽定而不得究竟智的，死后生意生天。舍利弗的意见，受到优陀夷（Udāyin）的问难。优陀夷的问难，一而再，再而三，一直坚持反对下去。世尊知道了，诃责优陀夷说：“汝

① 《根本说一切有部毗奈耶杂事》卷四〇（大正二四·四〇八中）。

愚痴人,盲无慧目,以何等故论甚深阿毗昙?”并且责备在座的阿难不应该置而不问①。优陀夷难问舍利弗的事,也见于《增支部》②。优陀夷的坚持己见,一直反对下去,上座早应出来呵止优陀夷的发言。当时阿难在座,而不出来维持论场的宁静,难怪要受世尊的责备了。四、某次,舍利弗与大目犍连互相问答,大众在座旁听。由于不愿与某老比丘问答,中途离去,以致大众散席③。这由于问答告一段落,对(也许见解不合的)老比丘的请求共论,许也不是,不许也不是(不合常规)。如与他共论,徒然引起无谓的诤论,倒不如借故退席的好。

这种相互论法的论风,也曾传来我国。就是在四众共集的讲经法会上,先由主讲法师与都讲相互问答。有名的支许对论,就是这种论式。

第二项 问答“毗陀罗论”

vedalla,音译为毗陀罗,与梵语的 vaipulya(毗佛略,意译为方广)相当。毗陀罗论与阿毗达磨论,同为古代的法论之一,如《增支部》“五集”(南传一九·一四七)说:

“彼等不修身,不修戒,不修心,不修慧,论阿毗达磨论、毗陀罗论,陷于黑法。”

毗陀罗的性质与内容,经近代学者的研究,已非常明白④。

① 《中阿含经》卷五(大正一·四四九下——四五〇上)。
② 《增支部》“五集”(南传一九·二六八——二七〇)。
③ 《本生经》(南传三〇·一七四)。
④ 前田惠学《原始佛教圣典之成立史研究》(三八九——四一九)。

今依其研究成果,整理而作进一步的说明。《中部》有 Mahāvedalla(《毗陀罗大经》)、Cūḷavedalla(《毗陀罗小经》)。与阿毗达磨并称的毗陀罗论,显然地存在于《中阿含经》。Vedalla 为九分教(部经)之一;觉音对毗陀罗的解说,首先提到上面的二部——《毗陀罗大经》、《毗陀罗小经》,其次说到:Sammādiṭṭhi, Sakkapañha, Saṅkhārabhājaniya, Mahāpuṇṇama。这六部经,经考定为:

Ⅰ. Mahāvedalla:推定为《中部》(四三经)的 Mahāvedallasutta。大拘绨罗问,舍利弗答。与《中阿含经》(卷五八)《大拘绨罗经》相当,但作舍利弗问,大拘绨罗答。今依汉译,列举大段的内容(名词,改为通常所用的,以下例此)如下:

1. 善与不善(巴缺), 2.(智)慧与识, 3. 正见, 4. 当来有, 5. 受想思(识), 6. 灭无对(巴缺), 7. 五根与意根, 8. 寿暖识, 9. 死与灭尽定, 10. 灭尽定与无想定(巴缺), 11. 灭尽定——三行起灭·得三触·空无相无愿(巴缺), 12. 不动定无所有定无想定(巴:末增四心解脱)。

Ⅱ. Cūḷavedalla:推定为《中部》(四四经)的 Cūḷavedallasutta。毗舍佉问,法与(乐)比丘尼答。与《中阿含经》的(卷五八)《法乐比丘尼经》相同。内容大段为:

1. 自身见, 2. 阴与取阴, 3. 八圣道与三聚, 4. 灭无对(巴缺), 5. 禅定, 6. 寿暖识, 7. 死与灭定(巴缺), 8. 灭尽定与无想定(巴缺)(巴增三行), 9. 灭尽定入起, 10. 三受与随眠, 11. 受·无明·明·涅槃。

Ⅲ. Sammādiṭṭhi:考定为《中部》(九经)的 Sammādiṭṭhisutta,

意译为《正见经》。众比丘问，舍利弗答。与《中阿含经》（卷七）《大拘絺罗经》相当。又与《杂阿含经》（卷一四）的三四四经（《大正藏》编号）相合，但问者是大拘絺罗。问题为："成就正见，于法得不坏净，入正法"，而提出内容：

1. 善与不善，2. 四食，3. 三漏，4. 四谛，5. 老死……行，6. 无明尽明生。

Ⅳ. Sakkapañha：考定为《长部》（二一经）的 Sakkapañha-sutta，意译为《释问经》。帝释问，如来答。前后有序分与余分。与《中阿含经》（卷三三）的《释问经》，及《长阿含经》（卷一〇）的《释提桓因问经》相同。法义的问答部分，大段为：

1. 嫉结悭结，2. 憎爱，3. 欲，4. 念（寻），5. 思（种种妄想），6. 灭戏论道（长、巴缺），7. 念言求，8. 根律仪，9. 喜忧舍，10. 沙门婆罗门欲求志趣不同，11. 沙门婆罗门不能尽得究竟梵行。

Ⅴ. Saṅkhārabhājaniya：在名称方面，似乎与《中部》的（一二〇经）Saṅkhāruppattisutta 相当，但内容的性质不同。经考定为《相应部》（四一）"质多相应"的 Kāmabhū（2），也与《杂阿含经》（卷二一）的五六八经（《大正藏》编号）相同。质多罗长者问，迦摩浮比丘答。内容为：

1. 三行，2. 寿暖识，3. 入灭尽定——不作意·灭三行，4. 死与灭定，5. 起灭尽定——不作意·起三行·得三触，6. 起灭定心向出离，7. 止观。

Ⅵ. Mahāpuṇṇama：考定为《中部》（一〇九经）的 Mahāpuṇṇamasutta，意译为《满月大经》。众比丘问，如来答。该经又见

于《相应部》(二二)"蕴相应"的Puṇṇamā,也与《杂阿含经》(卷二)的五八经(《大正藏》编号)相同。内容为十事:

1. 五取阴, 2. 欲, 3. 阴与取, 4. 阴阴相关, 5. 名义, 6. 因缘, 7. 味患离, 8. 身见, 9. 无身见, 10. 得涅槃。

从这六部经的形式与内容,可以理解到:一、这些都是有关法义的问答。没有采取大众在座旁听,由二比丘共论的阿毗达磨论的论式,而是佛或比丘(比丘尼)与四众弟子间的问答。阿毗达磨论,在当时是圣道的举扬,最庄严的法集,大众旁坐参听。而毗陀罗论,不限于圣道,更广地普遍到各种论题。这是一般的,以请益方式而进行自由的问答。如上文所引,在《增支部》中,阿毗达磨论与毗陀罗论已经相提并论,也就是有了结合的倾向。在说一切有部中,这些毗陀罗——法义问答,是被看作阿毗达磨的。如毗陀罗的重要论题——灭尽定,舍利弗的意见受到优陀夷的一再反对,佛就呵责说:"以何等故论甚深阿毗昙?"①又如世尊答帝释所问,而说:"我宁可说甚深阿毗昙。"②所以,法义问答的毗陀罗论,与阿毗达磨论,早就结合为一流,成为阿毗达磨论发展的泉源。

二、阿毗达磨、毗陀罗,在《相应部》中,虽还没有发见(汉译《杂阿含经》及说一切有部的传说,已有阿毗达磨的名词),但在《中部》与《中阿含经》,已明确地有这两个名词。契经的大部集成,《杂阿含经》是根本的、在先的,这是说一切有部经师的古传,而为我们所确信的。所以可推定:阿毗达磨与毗陀罗,同时

① 《中阿含经》卷五(大正一·四五〇上)。
② 《中阿含经》卷三三(大正一·六三四下)。

出现于《杂阿含经》集成,《中阿含经》还没有集成以前,阿毗达磨与毗陀罗是出现于那个时代的。称为毗陀罗论的法义问答集,起初虽没有这个名称,而事实早已存在于《杂阿含经》了。如上所举的六经,其中Ⅲ、Ⅴ、Ⅵ——三经,都是《杂阿含经》所固有的。就是以 Vedalla 为名的,属于《中部》的大、小二经,也是根源于《杂阿含经》而有所充实。试列表对照于下(表中数目字,就是上文列举大段的数目):

<table>
<tr><td>Mahāvedalla</td><td>1</td><td>2</td><td>3</td><td>4</td><td>5</td><td>6</td><td>7</td><td>8</td><td>9</td><td>10</td><td colspan="3">11</td><td>12</td></tr>
<tr><td>正见经(南传)</td><td>1</td><td></td><td></td><td></td><td></td><td></td><td></td><td></td><td></td><td></td><td colspan="3"></td><td></td></tr>
<tr><td>迦摩(二)(汉译)</td><td></td><td></td><td></td><td></td><td></td><td></td><td></td><td>2</td><td>4</td><td></td><td>1</td><td>3</td><td>5</td><td></td></tr>
</table>

<table>
<tr><td>Cūḷavedalla</td><td colspan="2">1</td><td colspan="2">2</td><td>3</td><td>4</td><td>5</td><td>6</td><td>7</td><td>8</td><td colspan="2">9</td><td>10</td><td>11</td></tr>
<tr><td>满月大经(南传)</td><td>8</td><td>9</td><td>3</td><td>4</td><td colspan="3"></td><td></td><td></td><td></td><td colspan="2"></td><td></td><td></td></tr>
<tr><td>迦摩(二)(汉译)</td><td colspan="2"></td><td colspan="2"></td><td colspan="3"></td><td>2</td><td>4</td><td>1</td><td>3</td><td>5</td><td colspan="2"></td></tr>
</table>

如表所列,可见大经与小经,都是渊源于《杂阿含经》的。其中《毗陀罗大经》,对于慧与识、受想与思(识)、五根与意根、寿暖与识的同异,在教义上有了显著的开展。灭尽定是最深的定,在部派佛教中是有异义的。这在古代,已是问答的主要论题了。渊源于《杂阿含经》的法义问答集,问答更普遍,法义也跟着发展,毗陀罗论就这样地成立了。

帝释来隔界山问佛,在《杂阿含经》中,早是熟悉的故事。早期的传说,是帝释问佛——无上爱尽解脱,也就是现存《中》、《长》二阿含中,《帝释问经》的末后一段。无上爱尽解脱,是甚深义,所以说一切有部称之为阿毗达磨,解说为无漏慧[1]。帝释是印度民间的普遍信仰对象,一向重视和平无争,所以成为佛法的外护,化导人间的(入世的)代表。《帝释问经》的问答,论究世间的争执根源,重视合理的行为,归结到佛法胜于其他宗教。可能由于爱尽解脱的问答深义,所以采取当时问答毗陀罗的论式,编成化导世间的问答集。

三、称为毗陀罗的契经,大抵在一问一答间,问者表示领解对方的意见,欢喜赞叹,然后再提出问题,所以形成一种特殊的体裁。vedalla 与梵语的 vaipulya(方广)相当,所以毗陀罗的字义,在解说上,不应该与"方广"脱节。方广的主要意义是"广说"。毗陀罗的法义问答,普遍地论到各问题,比之阿毗达磨论的专以圣道为论题,确是广说了。而且,毗陀罗的一问一答,穷源竟委,大有追问到底的倾向,这还不是广说了吗?如《杂阿含经》说:"摩诃拘絺罗!汝何为逐?汝终不能究竟诸论,得其边际。若圣弟子断除无明而生于明,何须更求?"[2]《法乐比丘尼经》也说:"君欲问无穷事,然君问事,不能得穷我边也。涅槃者,无对也。"[3]这说明了法相的层层问答,是不可能穷其边际的。如断除无明而生明,那还求什么呢?究竟,是问答广说所不能尽的。这就引向超越无对的,深广无涯际的境地。这应该就是从方广而倾向于重证悟的方广的契机吧!

---

① 《大毗婆沙论》卷一(大正二七·二下——三上)。

② 《杂阿含经》卷一四(大正二·九五中)。

③ 《中阿含经》卷五八(大正一·七九〇上)。

第三项　“毗崩伽”——经的分别

阿毗达磨论、毗陀罗论，是那时的佛法问答。同时兴起的，有毗崩伽——分别解说的学风，《中阿含经》中，有称为“分别”的部类。《中部》有《分别品》，凡十二经，就是一三一——一四二经。《中阿含经》有（“分别诵”，凡三十五经，就是一五二——一八六经。其中有）《根本分别品》，凡十经，就是一六二——一七一经。《中部》的《分别品》，与《中阿含经》的《根本分别品》，对列如下：

《中部·分别品》		《中含·根本分别品》		《中含》其余品	
一三一	Bhaddekaratta-sutta				
一三二	Ānandabhaddekaratta-s	一六七	阿难说经		
一三三	Mahākaccāna-b	一六五	温泉林天经		
一三四	Lomasakaṅgiya-b	一六六	释中禅室尊经		
一三五	Cūḷakammavibhaṅga-s	一七〇	鹦鹉经		
一三六	Mahākamma-v	一七一	分别大业经		
一三七	Saḷāyatana-v	一六三	分别六处经		
一三八	Uddesa-v	一六四	分别观法经		
一三九	Araṇa-v	一六九	拘楼瘦无诤经		
一四〇	Dhātu-v	一六二	分别六界经		
一四一	Sacca-v			三一	分别圣谛经
一四二	Dakkhiṇā-v			一八〇	瞿昙弥经

分别经的形式，是依据一种略说，由佛及弟子，作广的分别，

所以这是一种经的分别解说。从内容来说，或是对于深隐的含义，解释文句，以显了所含的经意，如《阿难说经》等——“一夜贤者偈”的分别。或是对法义作详细的分别，以理解其内容，如舍利弗说的《分别圣谛经》。在当时，vibhaṅga似乎专指略说(经)的分别。如律藏中，波罗提木叉(戒经)的分别解说，就称为“波罗提木叉分别”，或称为“经分别”。

本来，佛说五蕴、六处、六界、四谛等，是“分别法”的典型范例。五蕴、六处等，佛说或不免简要。其实经句的如此简略，只是为了适应忆持与读诵方便。在佛弟子间，应有佛的解说流传。继承佛陀分别法的学统，对界、处等作明确的分别，就是《中阿含经·根本分别品》等集出的由来。佛初转法轮——对人类开始说法，称为“开示，宣说，施设，建立，解明，分别，显发”①。为众说法的方法之一——“分别”(vibhajana)，与“根本分别品”的分别(Vibhaṅga)，“广分别”的分别(vibhajati)，音义都相近。“分别”，是不限于分别略说(经)的。佛的分别说法，就是最好的例子。佛曾说：“兽归林薮，鸟归虚空，圣归涅槃，法归分别。”②法，要以分别来观察，以分别来处理。对阿毗达磨论来说，分别的方法论，有着无比的重要；阿毗达磨论的发达，以分别法相为主要的特征。《中阿含经·根本分别品》的集成，表示分别的学风已充分应用，相当地发达了。

我们在《中阿含经》中(事实存在于经典集成以前)，看到了“分别”的思想方法，阿毗达磨论与毗陀罗论——法义问答的流

---

① 《中部·谛分别经》(南传一一下·一四一)。
② 《大毗婆沙论》卷二八引经(大正二七·一四五下)。

行。这三者分别发展起来，又汇集而成佛教界的一大趋势，渐进于阿毗达磨成立的时代。

第四项　阿毗达磨论师

在初期集成的《杂阿含经》①，佛教界已传有同类相聚的学团形态。对佛教的开展，部派的分化，阿毗达磨论的兴起，都应有思想与风格上的渊源。阿毗达磨是属于“法”的部门，与“法”有关的佛世大比丘，领导僧伦、化洽一方的，有舍利弗、大目犍连、大拘絺罗、大迦旃延、富楼那、阿难。试分别诸大阿罗汉的特性，以推论阿毗达磨学系的传承。不过，佛陀时代、一味和合时代，这几位圣者都是佛教界所尊敬的，彼此间也是相互学习的。即使学风有些特色，也决没有后代那样的宗派意味，这是我们应该记住的。

一、舍利弗、大目犍连、大拘絺罗，可以看作同一学系。舍利弗与目犍连，起初都是删阇耶（Sañjaya）的弟子，同时于佛法中出家，同负助佛扬化的重任，又几乎同时入灭。法谊与友谊的深切，再没有人能及的了。舍利弗为“大智慧者”，大目犍连为“大神通者”，为佛的“双贤弟子”。大智慧与大神通——大智与大行，表征了佛教的两大圣德（圆满了的就是佛，称为“明行圆满”）。大目犍连被誉为神通第一，对法义的贡献，传述自不免缺略了（舍利弗少有神通的传说，其理由也是一样）。在《中阿含经》中，舍利弗被称誉为犹如生母，目犍连如养母：“舍利子比

---

① 《杂阿含经》卷一六（大正二·一一五上——中）。《相应部》“界相应”（南传一三·二二八——二三〇）同。

丘，能以正见为导御也。目犍连比丘，能令立于最上真际，谓究竟漏尽。”[①]陶炼化导僧众的能力，目犍连是不会比舍利弗逊色的。《中部·牛角林大经》，大目犍连以为：“是二比丘，为论阿毗达磨，相互发问；相互发问，应答无滞。”[②]足以使林园生色。阿毗达磨论师的风尚，明白地表示了出来。说一切有部传说大目犍连造《阿毗达磨施设论》，也表示了大目犍连与阿毗达磨间的关系。

大拘絺罗与舍利弗的关系异常密切，说一切有部传说大拘絺罗是舍利弗的母舅[③]，铜鍱部传说大拘絺罗从舍利弗出家受戒[④]。无论为甥舅，或师弟间的关系，从《阿含经》看来，舍利弗与大拘絺罗的问答最多，而且着重于法义的问答。如《中阿含经》（卷五八）的《大拘絺罗经》、《中阿含经》（卷七）的《大拘絺罗经》，都是法义问答集，而被称为毗陀罗的[⑤]。以《杂阿含经》来说，二五六——二五八（《大正藏》编目），共三经，问答的主题是明与无明，这正是《毗陀罗大经》问答的开端。此外，如问缘起非四作[⑥]，如来死后不可记[⑦]，欲贪是系[⑧]，现证、应观无常苦

---

① 《中阿含经》卷七（大正一·四六七中）。《中部·谛分别经》（南传一一下·三五〇）同。

② 《中部·牛角林大经》（南传九·三七五）。

③ 《根本说一切有部毗奈耶出家事》（大正二三·一〇二三上——中）。

④ 《长老譬喻》（南传二七·三〇三）。

⑤ 参阅本章第一节第二项。

⑥ 《杂阿含经》卷一二（大正二·八一上——中）。《相应部》“因缘相应”（南传一三·一六四——一六七）同。

⑦ 《相应部》“无记说相应”（南传一六上·一一二——一一六）。

⑧ 《杂阿含经》卷九（大正二·六〇上——中）。《相应部》“六处相应”（南传一五·二六〇——二六二）同。

空无我①。大拘绨罗的问答，几乎都与舍利弗有关。而且，南传与汉译，问者与答者，往往相反。这可说是二大师的相互问答，思想已融和为一。又如大拘绨罗得无碍解第一，考《小部》的《无碍解道》，可说是以无碍解得名的。无碍解的本义，与圣道中心的阿毗达磨有关。四无碍的解说是：法无碍的法，是五根、五力、七觉支、八圣道支；义无碍，词无碍，辩说无碍，就是这些法（圣道）的义，法的词，法的辩说②。切实地说，由于阿毗达磨论（圣道）的论说，注意到法的义、法的词、法的辩说，而形成四无碍解一词。大拘绨罗称无碍解第一，可以想见他与阿毗达磨论的关系。

舍利弗大智慧第一，是"逐佛转法轮将"，称"第二师"，可说释尊以下，一人而已。在经、律中，舍利弗有多方面的才能，如破斥外道，分别经义，代佛说法，编集经法，主持僧事，维护僧伽的健全与统一，与其他大弟子问答等。着眼于阿毗达磨的渊源，那么，一、与大拘绨罗的法义问答，被称为毗陀罗。二、《中阿含经》（卷七）的《分别圣谛经》、《中阿含经》（卷七）的《象迹喻经》，都是舍利弗对四谛的广分别。条理严密，近于阿毗达磨的风格。舍利弗的特重分别，在初期圣典中已充分表现出来。三、大拘绨罗称无碍解第一，而这也是舍利弗所有的胜德。如说："初受戒时，以经半月，得四辩才而作证。"③"舍利弗成就七法，

---

① 《杂阿含经》卷一（大正二·六五中——下）。《相应部》"蕴相应"（南传一四·二六二——二六四）同。

② 《无碍解道》（南传四〇·一四六——一五〇）。

③ 《增一阿含经》卷一八（大正二·六三九上）。《增支部》"四集"（南传一八·二八二）同。

四无碍解自证知。”①四、舍利弗的深广分别，在教团内，引起了部分人的反感。除提婆达多(Devadatta)系而外，黑齿比丘一再在佛前指诉：舍利弗自说生死已尽，自称能以异文异句，于七日七夜中，奉答佛说②。舍利弗说灭尽定(阿毗达磨义)，受到优陀夷的一再反对③。舍利弗领导大众，游行教化，某比丘向佛指诉：舍利弗轻慢了他④。虽然舍利弗始终受到佛的赞叹、佛的支持，但可见舍利弗在当时，领导僧众的地位，问答分别的学风，曾引起教内部分人士的不满。

综合圣典的传述来说，舍利弗、大目犍连、大拘绨罗，从事僧团的领导、法义的论究工作，成一有力的系统。这一学系，对于阿毗达磨，有最深切的关系。《杂阿含经》中，舍利弗与大拘绨罗的法义问答，已表现了分别的学风。到《中阿含经》，阿毗达磨论、毗陀罗论、毗崩伽的发达，莫不传说为与舍利弗及大拘绨罗有关。虽不能就此论定，这是舍利弗、大目犍连、大拘绨罗自身言行的直录。然如解说为：这是舍利弗(大拘绨罗)及承受其思想的学者，在佛法的开展中，阐明舍利弗等传来的学说的集录，应该与事实的距离不远。在这一系中，舍利弗居于主导的地位。

二、大迦旃延与富楼那，也可说是一系的。大迦旃延游化的

---

① 《增支部》“七集”(南传二〇·二七六)。

② 《杂阿含经》卷一四(大正二·九五下)。《相应部》“因缘相应”(南传一三·七八——八一)同。又《中阿含经》卷五(大正一·四五二上——中)。

③ 《中阿含经》卷五(大正一·四四九下——四五〇上)。《增支部》“五集”(南传一九·二六八——二七〇)同。

④ 《中阿含经》卷五(大正一·四五二下)。《增支部》“九集”(南传二二上·三三——三四)同。

主要地区，是阿槃提国（Avanti），又将佛法引向南地。富楼那以无畏的精神，游化“西方输卢那”地方。这是从事西（南）印度宏化的大师。对当时以舍利弗为重心的“中国”，那是边地佛教的一流。

大迦旃延被称为：“于略说广分别义”第一，也就是“论议”第一。在《杂阿含经》中，大迦旃延对于佛的略说，而作广分别说的，有为信众分别“僧耆多童女所问偈”义①，分别“义品答摩犍所提问偈”义②；分别佛为帝释所说，“于此法律究竟边际”义③。这都是对于简要的经文或偈颂，广分别以显了文句所含的深义。《中阿含经》也是一样：《温泉林天经》，为众分别“跋地罗帝偈”义④；《分别观法经》，分别“心散不住内，心不散住内一义⑤；《蜜丸喻经》，分别“不爱不乐不住不著，是说苦边”义⑥。这些分别解说，佛总是称赞大迦旃延：“师为弟子略说此义，不广分别，彼弟子以此句、以此文而广说之。如迦旃延所说，汝等应当如是受持！”⑦“以此句、以此文而广说之”，近于舍利弗的

① 《杂阿含经》卷二〇（大正二·一四三上——中）。《增支部》“十集”（南传二二上·二七〇——二七二）同。

② 《杂阿含经》卷二〇（大正二·一四四中——下）。《相应部》“蕴相应”（南传一四·一三——一八）同。

③ 《杂阿含经》卷二〇（大正二·一四四下——一四五上）。《相应部》“蕴相应”（南传一四·一九——二〇）同。又《杂阿含经》卷二〇（大正二·一四五上）。

④ 《中阿含经》卷四三（大正一·六九六中——六九八中）。《中部·大迦旃延一夜贤者经》（南传一一下·二五五——二六八）同。

⑤ 《中阿含经》卷四二（大正一·六九四中——六九六中）。《中部·总说分别经》（南传一一下·三〇八——三一九）同。

⑥ 《中阿含经》卷二八（大正一·六〇三中——六〇五上）。《中部·蜜丸经》（南传九·一九二——二〇五）同。

⑦ 《中阿含经》卷二八（大正一·六〇四下）等。

“我亦悉能乃至七夜以异句异味(文)而解说之”。这是释尊门下,能广分别解说的二位大弟子,但分别的方针显然不同。大迦旃延的“广分别义”,如上所引的经文,都是显示文内所含的意义,不出文句于外;而舍利弗的广分别,是不为(经说的)文句所限的。大迦旃延的广分别,是解经的、达意的;舍利弗的分别,是阿毗达磨式的法相分别。汉译《中阿含经》(卷四八)的《牛角娑罗林经》,以“二法师共论阿毗昙”,为大迦旃延所说,而《中部》与《增一阿含经》[①],都所说不同。大迦旃延的德望受到阿毗达磨论师的推重,但大迦旃延的学风,决非以问答分别法相为重的。

富楼那,被称为“说法者”第一。铜鍱部传说:富楼那善于说法,“论事清净,阿毗达磨之先导”[②],那是以富楼那为阿毗达磨论师了。陈真谛(Paramârtha)从海道来中国,所以也有富楼那结集论藏的传说[③]。但富楼那被称为说法第一,源于《杂阿含经》的故事:富楼那“至西方输卢那人间游行。到已,夏安居,为五百优婆塞说法,建立五百僧伽蓝,绳床卧褥,供养众具,悉皆备足。三月过已,具足三明”[④]。《分别功德论》卷四(大正二五·四六中)说:

① 《中部·牛角林大经》(南传九·三七五)。《增一阿含经》卷二九(大正二·七一〇下——七一一下)。

② 《长老譬喻》(南传二六·六八)。

③ 《大乘法苑义林章》引文(大正四五·二七〇中)。

④ 《杂阿含经》卷一三(大正二·八九下)。《中部·教富楼那经》(南传一一下·三八四——三八五);《相应部》“六处相应”(南传一五·一〇二——一〇三)均同。

“满愿子说法时，先以辩才唱发妙音……次以苦楚之言切责其心……终以明慧空无之教。……度人最多，故称说法第一。”

富楼那是一位富有感化力的宣教师，说法感化的力量何等伟大！这与分别法义的论师型风格是决不相同的。dharmakathika，本意为说法者、法的解说者，可通于说法及论（法）义。也许这样，在阿毗达磨论的发达中，被传说为阿毗达磨论师一流。

大迦旃延与富楼那，在《阿含经》中，没有显著的阿毗达磨论师的气质。二人同游化于西方（及南方），同有丰富的神奇故事，同有亿耳（Śroṇakoṭīkarṇa）为弟子的传说，所以不妨看作游化边区、善于教化的一流。

三、阿难为“多闻者”，从来没有被推为阿毗达磨论师的师承。阿难侍佛二十五年，记忆力特别强，听闻佛法，比谁都要广博。所以，法——经的结集，传由阿难主持。他是持经的经师，说法的法师。

从上面的论究，发见以舍利弗为主的，与大拘絺罗、大目犍连，为着重法义分别的学系。《中阿含经》集成以前，以阿毗达磨论、毗陀罗论的问答，公开活跃于佛教界（这应该是佛教界的一般倾向，只是舍利弗学系特别重视而已）。这一分别法义的学风，将因四《阿含经》的集成，进一步地发展为阿毗达磨论，而为部派分化中，上座部所有的主要特色。

第二节　阿毗达磨论的成立

第一项　"成立"的意义

佛陀入灭,佛教界的中心任务,是佛说(经)的结集、教义的整理、僧制的纂订。等到四《阿含经》结集完成,佛教界的中心任务,就从结集而转移到进一步的董理与发扬。对于散说而集成的一切经,作缜密的整理、论究、抉择、阐发,完成以修证为中心的佛法的思想体系,也就是佛法的系统化、理论化。这就是阿毗达磨论成立的时代任务。

论,在古代印度,不是记录在贝叶上,而是忆持在心里,传授论说于语言——名句文身上的。这不是随意讨论,是经过了条理、编次;有一定的论题,一定的文句,集成先后次第,在诵习论究中传授下来的。如《中阿含经》所说"论阿毗达磨论",以五根、五力等圣道为论究项目;标论题,附有简要解说,作为论义的张本,被称为摩呾理迦(本母)。这虽可说阿毗达磨论已经成立,但这还只是阿毗达磨的起源。因为,要论究的阿毗达磨论,是上座部的论书;而古代的阿毗达磨也好,摩呾理迦也好,还没有部派意味,而为一切部派所公认。所以,论阿毗达磨论,只能说是阿毗达磨论的远源。

仰推舍利弗的阿毗达磨论,为上座部特有的论书;上座部各派,都有这样的阿毗达磨论(除晚期成立的经部)。所以,根本上座部时代,在上座部派再分化以前,上座部必定已有阿毗达磨论的存在。这部论,成为以后各派阿毗达磨论的母体。根本上座部时代的论书并没有保留到现在,那要怎样的研究,以确定根本上座部时代阿毗达磨论的形式与内容呢?首先,应取上座部系的各派本论而加以比较,发现各论的共同性。上面曾说到,阿毗达磨的根本论题是:自相、共相、相摄、相应、因缘,也就是论究通达这些论题,才可称为阿毗达磨论师。凭这一项根本论题的线索,在比较各派的阿毗达磨论时,终于看出了上座部根本阿毗达磨的内容,及其发展到完成的程序。发展到对自相、共相、摄、相应、因缘的明确论列,就是上座部阿毗达磨论的成立。上座部没有再分化以前的,阿毗达磨论的成立,就是这里要说明的意义。

第二项　《舍利弗阿毗昙论》的剖视

现在,从汉译《舍利弗阿毗昙论》的解说下手。从这部比较古型的论书,看出阿毗达磨论的成立过程。这是为了说明的方便,并非说《舍利弗阿毗昙论》就是上座部根本的阿毗达磨;这部论义也是多经改变的。上面说到,舍利弗阿毗达磨系,是上座部。上座部中,南传锡兰的铜锞部、北传罽宾的说一切有部,论书很发达,都是以七部论为本论。而先上座部——雪山部,分别说系的大陆学派——法藏部等,犊子系本末五部,都以这部《舍利弗阿毗昙论》为本论。这部论,是多少保持古型的,依这部论的组织去研究,可以理解阿毗达磨论的成立过程。

这部论分为四分:一、"问分",凡十品。二、"非问分",凡十一品。三、"摄相应分"(法藏部等分此为二分),凡二品。四、

"绪分",凡十品。一共三十三品;综集这四分或五分,"名为阿毗达磨藏"。四分或五分,就是四论或五论。如六足毗昙,《大智度论》称之为"六分阿毗昙"①;《品类足论》也称为《众事分》。从各品的体裁去分析,可以分为三类:一、法相分别;二、随类纂集;三、相摄相应相生,论法与法间的关系。全论剖列如下:

法相分别	随类纂集	相摄相应相生
问分一　入品		
问分二　界品		
问分三　阴品		
问分四　四圣谛品		
问分五　根品		
问分六　七觉品		
问分七　不善根品		
问分八　善根品		
问分九　大品		
问分十　优婆塞品		
	非问分一　界品	
	非问分二　业品	
	非问分三　人品	
	非问分四　智品	
非问分五　缘品		

① 《大智度论》卷二(大正二五·七〇上)。

续 表

法相分别	随类纂集	相摄相应相生
非问分六　念处品		
非问分七　正勤品		
非问分八　神足品		
非问分九　禅品		
	非问分十　道品	
	非问分十一　烦恼品	
		摄相应分一　摄品
		摄相应分二　相应品
		绪分一　遍品
		绪分二　因品
		绪分三　名色品
		绪分四　假结品
		绪分五　行品
	绪分六　触品	
	绪分七　假心品	
		绪分八　十不善业道
		绪分九　十善业道品
	绪分十　定品	

如上表所列，属于随类纂集性质的，共有九品，毫无次第地杂列于"非问分"及"绪分"中。所以对本论的解说，别立这随类纂集一门。

第三项 阿毗达磨论初型

先说“问分”与“非问分”：除随类纂集的六品外，共有十五品，大抵为依经而立论。虽有问与非问的差别，实同为“分别解说”而先后集成。这十五品，与铜鍱部所传的《分别论》、说一切有部所传的《法蕴论》，论题非常相近，实为同一古型阿毗达磨，而部派的所传不同。《分别论》共十八品。十六“智分别”、十七“小事分别”，性质为随类纂集，与“非问分”的“智品”、“烦恼品”相当。十八“法心分别”，以蕴处界等十二门，作论门（论母）分别；其中附论到出生、寿量等，体例与前十五品完全不同。除了“智分别”、“小事分别”、“法心分别”——三品，共十五品；与《法蕴论》二十一品，本论十五品，对列如下：

《舍利弗阿毗昙论》	《分别论》	《法蕴足论》
1. 入品	2. 处分别	18. 处品
2. 界品	3. 界分别	20. 多界品
3. 阴品	1. 蕴分别	19. 蕴品
4. 四圣谛品	4. 谛分别	10. 圣谛品
5. 根品	5. 根分别	17. 根品
6. 七觉分品	10. 觉支分别	15. 觉支品
7. 不善根品		
8. 善根品		
9. 大品		
10. 优婆塞品	14. 学处分别	1. 学处品
（以上是问分）		

《舍利弗阿毗昙论》	《分别论》	《法蕴足论》
5. 缘品	6. 缘行相分别	21. 缘起品
6. 念处品	7. 念处分别	9. 念住品
7. 正勤品	8. 正勤分别	7. 正胜品
8. 神足品	9. 神足分别	8. 神足品
9. 禅品	12. 禅定分别	11. 静虑品
(以上是非问分)		
	11. 道分别	
	13. 无量分别	12. 无量品
		13. 无色品
	15. 无碍解分别	
		2. 预流支品
		3. 证净品
		4. 沙门果品
		5. 通行品
		6. 圣种品
		14. 修定品
		16. 杂事品

从三本的比对中,可见共同论题达十二项目。这就是以三十七菩提分——圣道为中心,及蕴、界、处、四谛、十二缘起等所集成。被称为摩呾理迦的阿毗达磨,早在《中阿含经》成立以前,就以"论阿毗达磨论"的姿态而展开。至于三本都没有五根与五力,那是因为五根(五力的法数相同)在二十二根中已说过了。本论与《法蕴论》没有八圣道,因为在四圣谛的道谛中已说

到了八圣道。

再说到问与非问：问，就是论门分别，如说"几有见，几无见"等。没有论门分别的，就名为非问。这些论门分别，铜鍱部的论书，称之为"论母"——论的摩呾理迦。依本论四分的次第，先"问分"而后"非问分"；然在阿毗达磨的发达过程上，却不是这样的。《分别论》表示了这样的次第：前十五分别（除缘行相分别），是先举"经分别"，次明"论分别"，然后举"问分"。在阿毗达磨论的发展过程中，"经分别"是对这些论究的项目，依契经所说而广为分别，这应是最先的。其次"论分别"，是对每一论题，依论门而作不同的分类或解说，使其明确精审。以论门分别一切法，是"问分"——论门分别。论分别，论门分别，都是以论门（论母）的集成为前提的。从《舍利弗阿毗昙论》来说，这是经随类纂集的"界品"而成立的。论门的集成较迟，到这才进入真正阿毗达磨论的时代。所以，阿毗达磨论先有"经分别"，等到论门的纂集完成，再以论门来分别一向论究的部分项目，这才形成"问分"与"非问分"二类。从《分别论》有"经分别"、"论分别"、"问分"——三类；《舍利弗阿毗昙论》有"问分"与"非问分"；而《法蕴论》却没有论门分别——"问分"，可以论定：先有经分别，次有论门分别；这是古型阿毗达磨的先后开展次第。

第四项 阿毗达磨论的新开展

阿毗达磨者所作的"经分别"，都不过是分别解说而已。能使阿毗达磨面目一新的，是随类纂集。《大毗婆沙论》曾道破了这一着，如《论》卷一(大正二七·一中)说：

> “世尊在世，于处处方邑，为诸有情，以种种论道，分别演说。……佛涅槃后，或在世时，诸圣弟子，以妙愿智，随顺纂集，别为部类。”

《阿含经》集成以后，对佛陀随机散说的一切经法，以圣道为中心的修证是确定的。但以圣道来说，佛说有种种道品，到底说了多少道品呢？以八圣道来说，佛陀随机说法，也有不同的解说。八圣道与其他道品，关系又如何？每每同一类型的经文，文句又或增或减。所以面对佛陀散说的经法，即使能依文解义，全部熟读，也不一定能深解佛法，立正摧邪(外道)的。这到底应如何论究，使佛法不仅是随机散说，而能成一完整有体系的法门。换句话说，佛法不仅是应机的个人修证，而是有一普遍妥当性的完整体系，而为一切圣者所共由的法门。这种求真实、求统一、求明确，实为当时佛教界的共同要求。阿毗达磨者的研究方法，先来一番“随顺纂集，别为部类”的工作。将一切经中的内容，随事而分别纂集，使佛法部类分明。然后依此法门的纂集，分别论究，以获得佛法的正确意义。

说到纂集，在经典集成时代，已应用这一方法了。略可分为三类：

一、如《中阿含经》(卷四七)的《多界经》，集经中所说的种种界为一类，共六十二界。《中部》(一一五经)的《多界经》，与本经同本，但仅有四十一界。宋法贤(Dharmabhadra)异译的《佛说四品法门经》，凡五十六界。虽以部派差别，多少不同，而同为种种界的类集。又如二十二根,也是类集所成的。但据《法蕴论》,这是佛为生闻(Jātiśroṇa)梵志说的①。这种"类"的纂集,经中已有,但规模还不大。

二、另一类的纂集,是类集而又依数目编次的,从一到十——增一法。如1.《长阿含经》(卷九)的《十上经》,是舍利弗为众比丘说,内容为:多成法、修法、觉法、灭法、退法、增法、难解法、生法、知法、证法。每一法都从一到十而编集,共为五百五十法。与《十上经》同本的,有《长部》(三四经)的《十上经》、汉安世高异译的《十报法经》。2.《长阿含经》(卷九)的《增一经》,佛为比丘众说,与《十上经》同一类型,但仅说五事:多成法、修法、觉法、灭法、证法。3.《长阿含经》(卷一〇)的《三聚经》,分趣恶趣、趣善趣、趣涅槃——三聚,每聚都以增一法说。这三部经,都是法的类集,但又应用增一的编次。

三、纯为增一法编次的,是《长阿含经》(卷八)的《众集经》。舍利弗奉佛命,为众比丘说。与《众集经》同本的,有《长部》(三三经)的《等诵经》、宋施护(Dānapāla)异译的《佛说大集法门经》。说一切有部的《阿毗达磨集异门足论》,就是这部经的分别解说;对阿毗达磨的重要性,可以想见。这种纯为法数的增一编次,扩大纂集而成的,就是《增一阿含经》了。说一切有部所传的古说,如《根本说一切有部毗奈耶杂事》说:"若经说一句事,二句事,乃至十句事者,此即名为增一阿笈摩。"②《增一阿含经》本来也是从一到十而止,但大众部(传说增一为百法)及

① 《分别论·根分别》,缺"经分别"。

② 《根本说一切有部毗奈耶杂事》卷三九(大正二四·四〇七下)。

分别说系各部,都是从一到十一事。法数的增一编集,辞典一样的便于记忆查考;对阿毗达磨论的成立,给予重大的便利!经典中的类集编次,如《十上经》、《众集经》,也都说是舍利弗集说的。这与舍利弗学系有关,也可说是"阿毗达磨的起源"之一。但这是阿毗达磨者的工作过程,而不是阿毗达磨者的论究重心,所以附带地论列于此。

阿毗达磨的发展而面目一新,随类纂集是最重要的一程,在《舍利弗阿毗昙论》中明白地发见出来。当时的随类纂集有二类(另一类非《舍利弗阿毗昙论》所有,姑且不说):

一、以一切法为对象,而作种种的分类。如有见与无见是一类,善与不善及无记是一类。这是论师分别诸法而作的分类法,将种种的分类综集起来,作为论究一切法的根本。这就是铜鍱部所说的"论母",说一切有部等所说的"论门"。《舍利弗阿毗昙论》的"非问分·界品",就是属于这一性质的类集。"界",是种类的意思。"界品"所纂集的:二法门(分为二类的,其他可以例知)凡三十八门:从色与无色,到有余涅槃与无余涅槃止。三法门凡十三门:从善、不善、无记起,到三出界止。四法门凡三门:从过去、未来、现在、非过去未来现在起,到欲界系、色界系、无色界系、不系止。五法门,二门。六法门,四门。七法门,一门。十八法门,一门。总共六十二门。"界品"的类集,可说是以《中阿含经》的《多界经》为基础,组集不同类的论门,依增一法编次所成的,所以内容包含《多界经》的六十二界,而大数也与六十二恰合。《舍利弗阿毗昙论》"问分"的论门分别,就是"界品"的二法门、三法门、四法门。不过在适用的原则下,略去十一门,实为四十三门分别。依此去考察说一切有部的论书,与“界品”有同样意义的,是《品类足论》(卷五——一〇)的“辩摄等品”。“辩摄等品”:一法门,五门。二法门,一百零三门。三法门,三十一门(末有六门,专说三业,与体例不合。除此,实为二十五门)。四法门,二十一门(前列四念住等十七门,也不是论门)。五法门,五门。六法门,二门。七法门,三门。八法门,三门。九法门,二门。十法门,二门。十一法门,一门。十二法门,一门。十八法门,一门。二十二法门,一门。九十八法门,一门。共有一百八十二门。这是据《舍利弗阿毗昙论》“界品”而更为扩大组集的。集录经论的法数不少,所以有些与分别论门的体例不合。依此而作论门分别的,是《品类足论》(卷一〇——一七)的“辩千问品”。传说凡五十论门,下面再为说到。依此法观察铜鍱部的论书,如《法聚论》的论母,三法门凡二十二门,次二法门凡一百门。《法集论》第三“概说品”、第四“义释品”,都是这些论母的分别解释。《分别论》的“问分”,就是依这些论母而分别的。论母的先三后二,没有四法门,虽与《舍利弗阿毗昙论》、《品类足论》不合,但二法为一百,三法为二十二,与《品类足论》的“辩摄等品”,数目与内容,都非常接近。《大智度论》说:“一切法,所谓色、无色,可见、不可见,有对、无对,……如是无量二法门,如阿毗昙摄法品中说。”①这可以理解:铜鍱部的《法集论》,《品类足论》的“辩摄等品”,龙树所传的“摄法品”,都是一样的;法集与摄法,只是译名不同而已。所

① 《大智度论》卷二七(大正二五·二五九中——下)。

以,从《舍利弗阿毗昙论》的“界品”,读《品类足论》的“辩摄等品”;以“辩摄等品”的二法门(百零三,龙树传百零二)、三法门,读《法集品》的论母,可见上座部各派阿毗达磨的一脉相通。在阿毗达磨的发达过程中,不同类(界)的论门的集成是非常重要的。以铜鍱部的论书来说,《法集论》第一“心生起品”,成立八十九心说;第二“色品”,作从一到十的种种分类,都要先有论门,才有组成及分类的可能。《分别论》的“问分”,依论门而分别,那更不必说了。界——不同类门的综集,是阿毗达磨论者用来观察一一法的严密方法。不问哪一法门,哪一法,只要在一一论门上,答复是的,或不是的,或部分是部分不是的。一一答复下来,那对某事或某法的实际情形,可说得到了具体的充分了解。正像填一分周详而严密的身份调查表一样。所以对一切法的处理论究,阿毗达磨论者的方法论是科学的、切实的,比起虚玄与想像的学风,应有它的真实价值!

二、以一法门为主,广为纂集,应用增一的编次法,共有八品:“业品”,“人品”,“智品”,“道品”,“烦恼品”,“触品”,“假心品”,“定品”。如“业品”以业为论题,类集了二业到四十业。这一类的纂集,是以经中所说的而为纂集。以现代的意义来说,这是资料的搜集。要论究某一论题,先将有关该论题的种种经说集录在一起。以增一法编次,又一一加以解说,使意义确定。全部资料的集成,可作进一步论究的依据(所以在论究的发展完成后,这类古型的类集就不再被重视了)。阿毗达磨论者,本以道品的举扬为主。后与毗陀罗论的法义问答结合,论题渐扩大到蕴、处、界、谛等。到了这一阶段,论题更普遍到佛法全体:

向生死边，是烦恼与业；向解脱边，是定与慧(智)；而统贯两方面的，如凡夫与圣人——人；心。这些随类纂集的论题，正是说一切有部论书——《发智论》、《俱舍论》等品目的来源。从此，阿毗达磨渐向烦恼、业、定、慧等论题而深入。

《舍利弗阿毗昙论》的随类纂集，与铜鍱部的论书有非常类似的部分。如《舍利弗阿毗昙论》的"非问分·人品"与《人施设论》，"非问分·烦恼品"与《分别论》的"小事分别"，"非问分·智品"与《分别论》的"智分别"，都非常近似，这是可以对比而知的。《阿毗达磨之研究》[①]对此已有部分的对比。铜鍱部旧传六施设：蕴施设，处施设，界施设，谛施设，根施设，人施设[②]。除《人施设论》以外，其余的施设论，已不能确指了。

第五项　摄与相应

阿毗达磨论者，对经法，既总集资料而成部类；不同类的分类法，又集成种种论门。依此，又进入相摄与相应的论究。论到相摄，有自性摄与他性摄二派，如《大毗婆沙论》卷五九(大正二七·三〇六中——下)说：

> "有说：诸法摄他性，非自性摄，如分别论者。……为止彼意，显一切法皆摄自性，是胜义摄。"

阿毗达磨论者是主张自性相摄的。举例说：总统统摄国家，总司令统摄三军，这叫他性摄。因为总统与国家，总司令与三

① 木村泰贤《阿毗达磨之研究》(一〇八——一二六)。
② 《人施设论》(南传四七·三五七)。

军，体性是不同的。应用这种论法——世俗的他性摄，仅能说明主属的关系，而不能分别明了彼此的实际内容。例如某人，有种种名字——化名，笔名，乳名等；又参加集会名理事，在某厂名厂长，在某公司名董事长。尽管名字不同，部门不同，经一一自性相摄，某人就是某人，这名为自性摄。

摄的论究，《舍利弗阿毗昙论》中，是"摄相应分"的"摄品"。"摄品"依古型阿毗达磨——"问分"十大论题，对谛、根、入、界等法门，色非色等论门，而以"阴、界、入"论相摄——"摄、非摄、亦非摄非不摄"。铜锞部而论相摄的，是《界论》。《界论》也是依古型阿毗达磨——《分别论》的论题（但增多了触、受、想、思、心、胜解、作意），及《法集论》的论母，而以蕴、界、处论摄不摄。这两部论关于"摄"的论究，性质与意趣，可说完全一致。不过《界论》的论门较广，不但论摄与非摄，更论所摄非摄，非摄所摄，所摄所摄，非摄非摄。说一切有部，论摄与不摄的，是《品类足论》的"七事品"。对界、处、蕴……六思身、六受身，而以蕴、界、处论摄不摄。阿毗达磨论师以五蕴、十二处、十八界为自相，所以都以蕴、界、处论摄不摄。其实，一一法都可以相对而论摄不摄的。

自性摄自性，不摄他性；这一相摄论门，对阿毗达磨来说，实际的意义非常重大。一、经摄或不摄的论究，对佛陀随机散说——异名而同实的法，就化繁为简而归于一。如《舍利弗阿毗昙论》说：

"择，重择，究竟择，择法，思惟，觉，了达（自相他相共相），思，持，辩，进辩，慧，智见，解脱，方便，术，焰，光，明，照，炬，慧眼，慧力，择法，正觉，不薄，是名慧根。”①

“念，忆念，微念，顺念，住，不忘，相续念，不失，不夺，不钝，不钝根，念，念根，念力，正念，是名念觉。”②

二、自性摄自性的论究，也就是一切法自性的论究。如定与慧，自性不同，不相摄，就立为二法。不同自性的，就成为不同的法。阿毗达磨论师，对佛陀所说的法，经长期的论究，终于整理出一张万有（有情世间，无情器世间，圣者修证）质素表。一般说的“小乘七十五法，大乘百法”，都是经自性摄自性的论究而渐次成立的。晚期的阿毗达磨，仅保留蕴、处、界摄法，或更简的以界摄法，而不知在古代，摄不摄的论究占有重要的地位，对阿毗达磨论有过重大的贡献！

与相摄论门同时开展的，是相应论门。摄是自性相摄，经摄不摄的论究，一切法就简明而不乱。但一般的身心活动，或是修证，法与法都不是孤立的，所以就论究到相应或不相应。《舍利弗阿毗昙论》综合相摄与相应为“摄相应分”（法藏部等分立为二分）。铜锞部的《界论》，先明相摄，次明相应，末后合明相摄与相应。这都可以看出：摄与相应，是同时展开论究的。

关于相应不相应，铜锞部《法集论》的论母中，除了三受相应而外，凡十一门。《品类足论》（卷五）“辩摄等品”，有五门。《舍利弗阿毗昙论》“问分”，与“非问分”的“界品”，只有二门。对列如下：

① 《舍利弗阿毗昙论》卷五（大正二八·五六〇下——五六一上）。
② 《舍利弗阿毗昙论》卷六（大正二八·五六八中）。

《法集论》	《舍利弗阿毗昙论》	《品类足论》
因相应因不相应		因相应因不相应
漏相应漏不相应		
结相应结不相应		
系相应系不相应		
暴流相应暴流不相应		
轭相应轭不相应		
盖相应盖不相应		
取著相应取著不相应		
心相应心不相应	心相应心不相应	心相应心不相应
取相应取不相应		
烦恼相应烦恼不相应		
	业相应业不相应	业相应业不相应
		有相应有不相应
		相应不相应

据上表所列，可见相应不相应，起初是从种种问题去论究的。归纳起来，不外乎心（心所）、烦恼、业。烦恼是心所，业是以思为主的，所以后来就专以心心所法论相应不相应了。初期的阿毗达磨论，纂集的风气盛，以详备为主，不免繁杂些。从详审的论究，渐化繁为简，这是阿毗达磨论的一般倾向。

《舍利弗阿毗昙论》的"摄相应分"，专以心心所法论相应不相应，是"相应品"。《界论》明相应不相应，与摄门一样，还是约蕴、界、处说。说一切有部，专明相应不相应的是《界身论》。

《界身论》的界，与《界论》的界，显然是渊源于同一古典而来。

第六项　因缘的论究

阿毗达磨论师，分别法的自性，立摄门；分别心、心所的同起同缘，立相应门；分别一切法间先后同时的关系，是因缘门。因缘门，在多方面观察而集成的论门中，早已注意到此。今以《法集论》的论母、《舍利弗阿毗昙》的"非问分·界品"，对列如下：

《法集论》论母	《舍利弗阿毗昙论》
因·非因	因·非因
有因·无因	有因·无因
因相应·因不相应	
因有因·有因非因	
因因相应·因相应非因	
非因有因与无因	
有缘·无缘	有缘·无缘
	有绪·无绪

说一切有部的《品类足论》（卷五）"辩摄等品"，与因缘有关的论门，凡二十门。说一切有部又称说因部，可见他对因的重视了。

一——四　心为因（等无间、所缘、增上，例），非心为因等
五——八　业为因·非业为因等
九——一二　有为因·非有为因等
一三　缘起·非缘起

一四　　缘已生·非缘已生
一五　　因·非因
一六　　有因·非有因
一七　　因已生·非因已生
一八　　因相应·非因相应
一九　　因缘·非因缘
二〇　　有因缘·无因缘

依有关因缘的论门作深入研究，终于成立有关因缘的论书。如《舍利弗阿毗昙论》的"绪分"(绪是由绪，与因、缘的意义一样)：第一品名"遍品"，立十因、十缘。第二名"因品"，举三十三因。以下有"名色品"、"结品"、"行品"、"触品"、"心品"——五品，都从经说的因缘而来。在铜鍱部论中，专明因缘的，是《发趣论》。立二十四缘，作极繁广的分别。在说一切有部中，《识身足论》明四缘：第三"因缘蕴"，明因缘。第四"所缘缘蕴"，明所缘缘。第五"杂蕴"——颂说"无间缘增"部分，明等无间缘及增上缘。广与略，部派间的距离，是那么大！但二十四缘的前五缘是：因缘，所缘缘，增上缘，无间缘，等无间缘。十缘的前四缘是：因缘，无间缘，境界缘，依(增上的异译)缘。这可见，二十四缘与十缘，都是以四缘为根本的。这是本于同一的因缘论，从要略到详备，又化繁重为简要。部派间的意见不能尽同，所以发展为各有特色的因缘论。

第七项　结说阿毗达磨成立的历程

上面根据阿毗达磨论师论究的主题——自相、共相、摄、相应、因缘，比对《舍利弗阿毗昙论》的“问分”、“非问分”、“摄相应分”、“绪分”，从组成的形式与内容进行分解。并分别指出：铜锞部与说一切有部，对古传阿毗达磨的分别解说，部类纂集，摄，相应，因缘，所有的各种论书。然后，对于上座部共通的，根本的阿毗达磨论，从发展到成立的过程，形式与内容，可以得一明晰的认识。

一、阿毗达磨论，渊源于舍利弗学系。在《中阿含经》集成以前，就以“论阿毗达磨论”为中心，展开毗陀罗论的法义问答，分别解说与纂集的工作。三十七道品——圣道为中心的阿毗达磨论，逐渐开展，论题扩充到蕴、界、处、谛、根等。四《阿含经》集成时，依经（题）作释的“经分别”（最初的，就是摩呾理迦），应该已经有了。

二、四《阿含经》集成，为了明确理解佛说，阿毗达磨学风大为开展。一方面，以一法门为主题，如“智”、“业”、“烦恼”等，依经说而广为搜集与整编。一方面，继承分别的学风，从不同观察而来的“类”分别，综集为“界”，也就是称为论母或论门的。类分别的集成，应有从简略到详备，又化繁广为精要的过程。

三、论门（论母）的集成，对传来的阿毗达磨论——“经的分别”，有了进一步的发展。以法门（如蕴、处等）为主，而作（二、三法门）种种的分类，称为“论分别”；以论门去分别一切法门，名为“问分”，这是《分别论》的情形。《舍利弗阿毗昙论》这才有了“问分”与“非问分”的分立。到了这，自相分别与共相分别——一一法体性的分别，种种类法门的分别，明显地成立；这是阿毗达磨论者的最先观察。但由于思想的不断开展，本义反而模糊了。《舍利弗阿毗昙论》说:“了达自相、他相、共相。”①自相与他相,就是自性与他性(性约体性说,相约可识说。佛法“以相知性”,所以相与性是可以通用的,如《大智度论》说)②。这是与摄自性不摄他性的“摄”法有关。然在“他相”自身,也还是“自相”,所以后来但说自相、共相,不说他相了。自相就是自性,与共相的差别,如《大毗婆沙论》卷三八(大正二七·一九六下)说:

“诸法自性,即是诸法自相。同类性是共相。”

自相与共相的分别,又如《大毗婆沙论》卷四二(大正二七·二一七上)说:

“分别一物相者,是分别自相。分别多物相者,是分别共相。”

“复次,分别一一蕴等者,是分别自相。分别二蕴、三蕴等者,是分别共相。”

“复次,十六行相所不摄慧,多分别自相。十六行相所摄慧,唯分别共相。”

第一说,是最根本的。属于一法的相,是自相;通于多法的相,是共相。依此定义,一一法体性的分别,不消说是分别自相;通于多法的种种论门,不能不是共相了。论门是通于多法的,如《大毗婆沙论》卷七六(大正二七·三九一上)说:

---

① 《舍利弗阿毗昙论》卷五(大正二八·五六〇下)。
② 《大智度论》卷三一(大正二五·二九三中)。

“聪慧殊胜智者，由此二法（门、三法门），通达一切，此二遍摄一切法故。”

起初，自相分别是就佛所说的一一法门——蕴、处、界、谛、根等，分别内容而了解其体性。其次，更以种种论门作共相分别。但说一切有部阿毗达磨论者，经“摄”的分别，而向两方向发展。1. 假与实的分别：自相约一物说，共相约多物说。那么，如蕴法门，但约色蕴说，是自相分别；通约二蕴或五蕴说，是共相分别。这如上所引《大毗婆沙论》的第二说。依此而论，多处是共相分别，一处是自相分别。如色处，有青、黄、赤、白等色，那青等一一色，才是自相；色处又是共相了。这如《大毗婆沙论》卷一三（大正二七·六五上）说：

“自相有二种：一、事自相；二、处自相。若依事（青等）自相说者，五识身亦缘共相。若依处自相说，则五识唯缘自相。”

青色等一一极微，才是自相，这就达到一一法的自性；自相分别与自性分别一致，如《大毗婆沙论》卷一（大正二七·四上）说：

“如说自性，我、物、自体、（自）相、分、本性，当知亦尔。”

2. 事与理的分别：这是与上一分别有关联性的。具体的存在，究极是一一法的自性，是自相；而遍通的理性（说一切有部不许有一抽象的遍通理性），如无常、苦、空、无我等，四谛的十六行相(或称谛理),才是共相。这如上所引《大毗婆沙论》说的第三说:“十六行相所摄慧,唯分别共相。”《大毗婆沙论》立事理二谛①,于是晚出的阿毗达磨论,几乎专以十六行相为共相了。这是经思想发展而成立的。然依古型阿毗达磨来说,自相不约一一法自性说,而约佛说一一法门当体说。一一法门的内容分别,是自相分别;而论门分别,是通于一切法门的共相分别了。

四、与类集工作同时进行,以类集工作的完成,而更迅速发展起来的,是“摄”、“相应”、“因缘”的分别。对佛说种种法门,以自性相摄,作摄不摄的分别。以蕴、界、处论摄不摄,分别出自性不同的一切法。又以佛法中最重要的心心所法,以他性相应或不相应,作相应的分别。然后心心所法的关系,明确地了解出来。阿毗达磨论者,早就重视“因缘”,与摄、相应同时进行分别。但集成因缘的名数,大大发展,作详广分别,成为阿毗达磨论的一独立部分,时间要迟一些。阿毗达磨论者不断地分别论究,对自相、共相、摄、相应、因缘——五大论门,分别成立一定形式的论法,那就是阿毗达磨根本论的成立。依此上座部共通的根本的阿毗达磨,由于部派的再分化、再研究,而成立各部派的本论。大概地说,《舍利弗阿毗昙论》多少保持了根本阿毗达磨的形态。

---

①《大毗婆沙论》卷七七(大正二七·三九九下)。

第三章 说一切有部及其论书

第一节 一切有与说一切有部

第一项 一切有的定义

说一切有部,是从上座部中流出的大部派,对印度佛教及中国佛教关系最为重大。说一切有部的论书与论师,为本书研究的主题。说一切有部,是从说"一切有"(sarvāsti)得名的。"说一切有",特别以所说的一切有为部名,到底"一切有"是什么意义?依世亲的解说,应依佛说而立论,如《俱舍论》卷二〇(大正二九·一〇六上)说:

"梵志当知:一切有者,唯十二处。"

所引的契经,是出于《杂阿含经》①的。《杂阿含经》卷八,广说一切——"一切无常",例说"一切苦"……"一切炽然"等。

① 此下,可参照《相应部》"六处相应"(南传一五·二五——四八)。

经中所说的一切，就是眼、色、眼识、眼触因缘所生受，（耳、鼻、舌、身）……意、法、意识、意触、意触因缘所生受①。这是以有情自体——六根为六内处，所取的色等六境为六外处（综合就是十二处）。由此根境相关而起六识、六触、六受。由此执著而流转生死，或于此不取著而得解脱。这是一切，现实的一切。佛法的知、断、修、证，都不外乎此。又《杂阿含经》中，佛为生闻婆罗门，说"一切"、"一切有"、"一切法"——三经，与《俱舍论》所引相近，如《杂阿含经》卷一三（大正二·九一上——中）说：

"佛告婆罗门：一切者，谓十二入处。眼、色，耳、声，鼻、香，舌、味，身、触，意、法，是名一切。若复说言：此非一切。沙门瞿昙所说一切，我今舍（之），别立余一切者，彼但有言说，问已不知，增其疑惑，所以者何？非其境界故。"

"一切有"、"一切法"的经说，文句全同②。所以，佛说"一切"、"一切有"、"一切法"，只是现实的一切。十二处是一切，一切有的；离了十二处，就没有什么可知可说、可修可证的。那些离十二处而有所施设的——超经验的、形而上的，在佛看来，那是戏论，是无关于实存的幻想，佛总是以"无记"去否定它。

然而，这样的"一切"、"一切有"，是佛法的根本立场，也是一切部派所共同的。并不能依此经文，显出"一切有"的特色。真能表示"一切有"说的，如《顺正理论》卷五一（大正二九·六

① 《杂阿含经》卷八（大正二·五〇上——中）。
② 《杂阿含经》卷一三（大正二·九一中）。

二五下)引经说:

"过去未来色尚无常,何况现在?若能如是观色无常,则诸多闻圣弟子众,于过去色勤修厌舍,于未来色勤断欣求,现在色中勤厌离灭。"

"若过去色非有,不应多闻圣弟子众,于过去色勤修厌舍;以过去色是有故,应多闻圣弟子众,于过去色勤修厌舍。若未来色非有,不应多闻圣弟子众,于未来色勤断欣求;以未来色是有故,应多闻圣弟子众,于未来色勤断欣求。"

《顺正理论》所引的经文,出于《杂阿含经》①。《相应部》"蕴相应"②也有同样的经文,但没有第二段——反证非有不可的文句。这就涉及了部派所传文句不同的问题;汉译《杂阿含经》,是与说一切有部所传相合的。从契经来说,这是由于圣弟子的精勤修习——厌舍过去色,不求未来色,而确信过去未来是有的,为佛说的真义。

在《杂阿含经》里,佛说的契经,确乎流露"三世有"的意趣,如《经》卷二(大正二·一三中)说:

"若所有诸色:若过去,若未来,若现在;若内,若外;若粗,若细;若好,若丑(异译作胜与劣);若远,若近:彼一切总说色阴。"

经中对于色、受、想、行、识,都以过去、未来、现在等,总摄为

① 《杂阿含经》卷三(大正二·二〇上)。

② 《相应部》"蕴相应"(南传一四·二九——三一)。

蕴。过去、未来、现在为一类，与内、外，粗、细，好、丑，远、近，共为五大类。在这一叙列中，过去、未来与现在，平列而没有任何区别的意味。这也是启发“三世有”说的有力教证。这五类，实在是最古典的论门（论母），从不同分类去理解一切。《法集论》的论母，有内外、劣（中）胜、过去未来现在——三门。《舍利弗阿毗昙论》的“非问分·界品”，有内外、劣（中）胜、粗细（微）、过去未来现在——四门。《品类足论·辩摄等品》，也有远近、劣（中）妙、过去未来现在——三门。阿毗达磨的主要论法，都可以上溯到佛陀的时代，这是一明显的例子。

我以为，重于“三世有”的一切有说，根源于佛法的实践性。佛告弟子：已观，今观，当观；已断，今断，当断——这类三世分别的文句，《阿含经》中是常见的。又如说：对于不善的、未生（未来）的要使它不起，已起（过去）的要使它断除；善的、未生的要使它生起，已生的要使它增长广大，这就是“四正勤”，离恶修善的精进。佛陀开示的修持法，无论是厌，是断，是修，是观，不如后代人师的直提“当下”，而是绵历于三世的。对不善法来说，要三世尽断，才不会再受过去不善的影响，引起未来的再生。从经文而来的一切有，三世有；三世是同样的有（到底是怎样的有，要等论师们来解说），与过去业不失的经说相合，加深了三世有的信仰。在佛教中，出现了“过未无而现在有”的思想，这才自称“说一切有”，以表示自部的正义。以“三世有”为说一切有，这应该是初期的思想。在说一切有部初成立时，未必就论到无为法的有无。所以，有关部派间的论辩，阿毗达磨论师的解说，多是着重于三世有，作为说一切有部的特色。世亲的《俱舍

论》卷二〇(大正二九·一〇四中)说:

"以说三世皆定实有,故许是说一切有宗。"

但在说一切有部的发达中,成立三无为法是实有。针对无为非实有的经部譬喻师说,那就应如《顺正理论》卷五一(大正二九·六三〇下)说:

"信有如前所辩三世,及有真实三种无为,方可自称说一切有。"

第二项 说一切有部的成立

说一切有部的成立,我国一向依世友的《异部宗轮论》(大正四九·一五中)说:

"其上座部经尔所时,一味和合。三百年初,有少乖诤,分为两部:一、说一切有部,亦名说因部。二、即本上座部,转名雪山部。"

这是说一切有部的传说。到底当时有什么小"乖诤"呢?旧传真谛《部执论疏》,如《三论玄义检幽集》卷六(大正七〇·四六三上——中)所引:

"上座弟子部,唯弘经藏,不弘律论二藏。"

"从迦叶已来,至优波笈多,专弘经藏,相传未异。以后稍弃根本,渐弘毗昙。至迦旃延子等,弃本取末,所说与经不相符。欲刊定之,使改末归本,固执不从。再三是正,皆执不回,因此分成异部。"

嘉祥的《三论玄义》，也是依真谛的传说，但多少修正。如说："上座弟子但弘经，以经为正。……故不正弘之，亦不弃舍二藏也。"①这一传说，以为上座部唯弘经藏，以迦旃延尼子等造论为弃本取末，为分立说一切有部的原因。这大概是晚期经部师不满阿毗达磨论者的传说。这一传说，即使是事出有因，也与实际有相当距离的。从部派的分化过程来说，根本二部中，大众部是重法——经的，上座部是重律的（上座部经律并重，但对大众部说，是更重于律的）。"论阿毗达磨论"的学风，在上座部中日渐开展，终于有了古型的阿毗达磨论。所以，说上座部不弘律、论，是决定不对的！上座部的再分化为二部：一、分别说部，也是自称为上座部的。这一部系，每分出一部——化地、法藏、饮光、铜鍱，就有一部不同的律，这可以说明上座部中的分别说系，是继承特重律部——上座部的一派。一直到现在，属于铜鍱部的——泰、锡等国的佛教，主要还是依严整的律制而延续。论书方面，古型阿毗达磨，组织近于《舍利弗阿毗昙论》的四分。分别说部而流传于海南锡兰的，成铜鍱部。对于阿毗达磨，继承类集的、分别的古代论风，而作更繁广的论究，演化为《法集》等六论。在大陆方面弘扬的，如法藏部等，对阿毗达磨的论究，适可而止，不再深求，所以就奉《舍利弗阿毗昙论》为论藏。二、分别说部脱出以后的上座部——先上座部，可能如真谛所传说，由于不满迦旃延尼子过分重视论部，引起分化。保持旧统的先上座部，转名雪山部，也是奉《舍利弗阿毗昙论》为论藏的。那时，

① 《三论玄义》（大正四五·九中）。

重视论书的,称为说一切有部的,更向北方罽宾山区发展。而旧住摩偷罗(Mathurā)一带的,过于"一切有"了,不但法是有的,补特伽罗也是有的。这是有名的犊子部,也是宗奉《舍利弗阿毗昙论》的。发展于罽宾山区的说一切有部,有经、有律、有论。一分特重阿毗达磨的,成立六论及《发智论》,成为说一切有部的主流。所以,充其量,只能说说一切有部偏重论书,因而引起分化,却不能说上座部不重律与论。

分别说系——化地、法藏、饮光(部分取一切有说)、铜鍱,对三世取分别的看法,主张现在实有,过去未来是无的,这应该是以"分别说"为部名的本意吧!分别说部脱出以后的上座部——先上座部,及从此而分出的说一切有部、犊子部,都是于三世有作平等观的,三世都是有,这是说一切有系。所以从部派的大系来看,"分别说"、"说一切有",是根本上座部中两大思想对立的标帜。起初,虽自以为是"分别说"的,"说一切有"的,都还是自称为上座部的。这一对立的意识,一直流传下来。在说一切有部中,自称为"应理论者",称对方为"分别论者",而存有厌恶的情绪。分别说系一再分化为四部,而南传的铜鍱部不忘"分别说"的传统,仍自称为分别说部。同样的,雪山部、犊子部等,都是三世有的,而北传罽宾的一系,继承了"说一切有"的光荣,以"说一切有"为部名。说一切有部中,对阿毗达磨论尊重的程度也是并不一致的,所以在说一切有部的流传中,还有内部的一再分化。关于说一切有系的分化,本书下面会分别地叙述。

在上座部的二流分化中,阿育王时,分别说系的目犍连子帝须，以为佛法是“分别说者”①，表示自系独得佛说的真意。有分别说者——过未无体、现在实有者（大众部也这样说），就有与之相对立的，三世实有的说一切有者。如《俱舍论》卷二〇（大正二九·一〇四中）说：

“谓若有人说三世实有，方许彼是说一切有宗。若人唯说有现在世（及过去世未与果业），说无未来及过去世已与果业，彼可许为分别说部。”

这是饮光部。虽认可“过去世未与果业”是有，还是分别说部；全无过去、未来的，那更是分别说了。“说一切有”与“分别说”对举时，阿毗达磨论者都是依三世的有无而说。所以，“说一切有”被作为法门的标帜来宣扬，应在上座部分化，与分别说对立的时代。在阿育王时，明显地见到分别说者的存在；说一切有者，也就已经存在了。但当时，二派还都以上座部自居。等到迦旃延尼子造论，广开三世论门，分别成就不成就等，三世有的立场更明朗化，才以说一切有部为名而发扬起来。

第二节　说一切有部的师承

第一项　五师相承

说一切有部，阿毗达磨论宗的渊源，应该是继承舍利弗、大

---

①《善见律毗婆沙》卷二（大正二四·六八四中）。

目犍连、大拘絺罗的学统。但说一切有部,并不限于阿毗达磨论者,所以别有师承的传说。在上座部的传说中,有两大师承——五师相承说。一、铜鍱部所传:从佛灭到阿育王时,有五师传承:优波离(Upāli),驮写拘(Dāsaka),苏那拘(Sonaka),悉伽婆(Siggava),目犍连子帝须(Moggaliputta Tissa)。这是传于锡兰的,重律的分别说系的传承①。二、传于罽宾的说一切有部的传说,从佛灭到阿育王时,也有五师。五师的古说,如西晋安法钦所译的《阿育王传》卷七(大正五〇·一二六中)说:

"(优波)毱多……语提多迦曰:子!佛以法付嘱迦叶,迦叶以法付嘱阿难,阿难以法付我和上商那和修,商那和修以法付我,我今以法付嘱于汝!"

这是说一切有系,重法者的传说②。

在传说中,师承是代代相传的。不但从师长亲受付嘱,还是从师出家受戒,成为直系相承的法统。实际上,无论南传、北传,怕都不适宜作这样拘泥的解说。在佛教的弘传中,什么时代,有哪位大德,领导僧伦;这样的先后继起,也许与事实更相近些。在说一切有部的传承中,大迦叶是五百结集的主持者,阿难是契经的结集者。说一切有系是上座部中重法的一流,所以仰推这二位为法统的根源。

商那和修(Sāṇaka-vāsin),玄奘传为商诺迦缚娑(Śāṇaka-

---

① 《善见律毗婆沙》卷二(大正二四·六八四中)。

② 五师传承的异说,参阅拙作《佛灭纪年抉择谈》(九——一九),本版《佛教史地考论》(八四——八六)。

vāsa),是阿难的弟子。主持七百结集,为当时西方系(后演化为上座部)的著名大德,这是各部广律所公认的。商那和修以摩偷罗为化区——当时西方的佛教中心。《阿育王传》说:“商那和修付嘱法已,至彼罽宾,入于禅定。”①《大唐西域记》也说:“商诺迦缚娑大阿罗汉,所持铁钵,量可八九升。……又有商诺迦缚娑九条僧伽胝,衣赤绛衣”②,都在梵衍那国(Bāmiyān)。西藏也有商那和修化导罽宾的传说③。那时的北方,佛法已经罽宾而到达现在的 Afghanistan 的 Hindu Kush 山地。商那和修时代有一重要的传说,如《大毗婆沙论》卷一六(大正二七·七九中)说:

“商诺迦衣大阿罗汉……彼阿罗汉般涅槃时,即于是日,有七万七千本生经,一万阿毗达磨论,隐没不现。”

阿毗达磨论与本生谈,传说为从此损失不少。如从历史的见地,应解说为,本生谈与阿毗达磨在商那和修涅槃前后开始引起人的注意,渐渐流行起来。这一传说,应有确切的事实背景;传说,每每是史实的变形。

阿育王时代,优波毱多(Upagupta)是上座部重心摩偷罗佛教的领导者。而上座部向西南阿槃提一带发展的,属于分别说系,目犍连子帝须为领导者。当时,东方首都华氏城(Pāṭaliputra)一带,大众部的力量极大;大天(Mahādeva)是知名的大师。传说目犍连子帝须、优波毱多,都曾受到阿育王的尊敬。依《善见

① 《阿育王传》卷四(大正五〇·一二〇中)。
② 《大唐西域记》卷一(大正五一·八七三中)。
③ Tāranātha《印度佛教史》(寺本婉雅日译本三一)。

律毗婆沙》所说，当时的分别说系，在东方与大众部合作（都主张过未无体、现在实有说），成为一代盛行的大派。大众部与分别说系的协和，对上座部中的说一切有系来说，多少有受制、受拒的感觉。说一切有部对于大天的厌恶，贤圣北游罽宾的传说①，都不会是无因的。

当时，说一切有系的大师——优波毱多，住于摩偷罗国优留蔓荼山的那罗跋利寺，为最卓越的大德。优波毱多是论师，是禅师，是优越的教化师。说一切有部的未来派别——阿毗达磨论师、譬喻师、瑜伽师，可说都是尊者的学众，各得一分而为偏重的发展。首先，优波毱多是论师：现在史料可考的，除传说佛的及门弟子，如舍利弗等而外，以优波毱多的《理目足论》为最古。《理目足论》并没有传译，《俱舍论》曾引一则："当言如来先起灭定，后起尽智。"②这一见解，与阿毗达磨西方师相合。约与《俱舍论》主同时而稍迟一些的，婆薮跋摩（Vasuvarman）所造的《四谛论》，引有《理（目）足论》四则。其中一则，如《四谛论》卷四（大正三二·三九四下）说：

> 《理足论》说：由境正故智正，不由智正故境正。有为有流相相应故，一切唯苦。决定知此，是名正见。"

这是以为认识的是否正确，并非由于主观，而在乎能符合客观的真相。这对于境界，赋以客观的实在性；如苦，不是主观的想像为苦，正由于有为有漏相是苦的，这确乎近于初期佛教的

---

① 《大毗婆沙论》卷九九（大正二七·五一〇下——五一二上）。

② 《俱舍论》卷五（大正二九·二五上）。

思想。

优波毱多又是大禅师。《阿育王传》说:“尊者如是名称满阎浮提,皆言:摩突罗国有优波毱多,佛记教授坐禅,最为第一。”[①]优波毱多的《禅集》,鸠摩罗什曾介绍一部分来中国,如《出三藏记集》卷九《关中出禅经序》(大正五五·六五上——中)说:

“其中五门,是……优波崛……禅要之中钞集之所出也。”

优波毱多的禅风,从《阿育王传》(卷五、六)及异译的《阿育王经》(卷九、一〇)所说,是活泼泼而有机用的。有人因说法、做事厌了,想修习禅法,尊者却教他去说法、做事;在这说法与做事中,证得阿罗汉。有人太瘦弱了,尊者就以优美的衣食供给他。有人贪著五百金钱,尊者却许他一千,教他先施舍那五百,这是以贪去贪的大方便。有人自以为证得究竟,尊者却设法引起他的欲念、慢心,使他自觉没有究竟,而进修证入。更有教人升到树上,下设火炕,要他放手、放脚;巧用这怖畏心的意志集中,使他得道。优波毱多的禅风,也许在传说中有些渲染,但他决不是拘谨的,偏于静止的。活泼泼的应机妙用,惟有在中国古代的禅宗里,见到这种风格。

优波毱多是优越的教化师。优波毱多的弘化事业,成就极大,如《阿育王经》卷六(大正五〇·一四九中——下)说:

---

① 《阿育王传》卷五(大正五〇·一二〇中)。

"优波笈多，无相佛，当作佛事，教化多人证阿罗汉果。……当知我（佛）后，教化弟子，优波笈多最为第一。"

传说优波毱多，在优留蔓荼山的石窟，作一房，广二丈四尺，长三丈二尺。如从尊者受学而得阿罗汉果的，就以四指长的筹，掷在石窟中。后来，筹都塞满了。教化得益的广大，传下"无相佛"的称誉。尊者的称誉，是历久不衰的！《大悲经》卷二（大正一二·九五四上——中）也说：

"优楼蔓荼山旁，当有比丘，名优波毱多……于彼当有千阿罗汉，集八万八千诸比丘众，共一布萨。……令我正法，广行流布。"

优波毱多的造作论书，发扬活泼的禅风，对未来的说一切有部给予极深远的影响。还有一位被人遗忘了的大师，是优波毱多的同门，顺便记在这里。如《大毗婆沙论》卷一六（大正二七·七九中）说：

"商诺迦衣大阿罗汉……是大德时缚迦亲教授师。"

时缚迦，凉译作耆婆迦（Jīvaka），是商那和修的弟子。《大毗婆沙论》偶尔地提到他，实是一位知名的大德，受到大乘学者的尊敬。如《大悲经》卷二（大正一二·九五五中——下）说：

"于未来世，北天竺国，当有比丘，名祇婆迦，出兴于世。……深信具足，安住大乘。……是比丘见我舍利、形像、塔庙，有破坏者，庄校修治，以金庄严树立幢幡。……令多众种善根故，作般遮跋瑟迦会。……祇婆迦比丘，令诸比丘着袈裟者，其心柔软，诸根无缺，具足深信。……彼祁婆迦比丘，修习无量种种最胜菩提善根已而取命终，生于西方，过亿百千诸佛世界无量寿国。”

这是大乘佛教者的传说。时缚迦是商那和修弟子，在北天竺弘化；说一切有部中，迦湿弥罗的毗婆沙论师知道这一位大德，是极为合理的。据《大悲经》所说，时缚迦有兴福德、重事行的倾向。据摩偷罗地方，Huviṣka 上寺的石幢刻文，幢为乌仗那（Udyāna）比丘 Jīvaka 所造的①；可能就是这位大德。在说一切有部中，重于一般教化的，都被称为菩萨。时缚迦在北方，重于福德的事行，是有大乘倾向的，所以大乘经传说他为“安住大乘”。早在阿育王以前五十多年，亚历山大王（Alexander）于西元前三二七年侵入印度西北。希腊艺术因此而输入，深深地影响了北方的佛教。本生谈，佛教界更广泛地流行起来。舍利、塔庙、形像（《法华经》称之为异方便）的供养，也一天天兴盛起来。时缚迦与优波毱多，都是对于北方佛教的开展给予有力影响的大德。北方的论师、大乘学者，都一致传说时缚迦，这是一位了不起的大师。

继承优波毱多的，是提多迦（Dhītika）。在摩偷罗弘法的情形，也见于《大悲经》卷二（大正一二·九五四上）：

“于优楼蔓茶山，那驰迦僧伽蓝，当有比丘名提知迦……能令我法广大流布，增益人天。”

---

① Lüders liste no. 62.

西藏传说:提知迦曾去吐货罗(Tukhāra)弘法,受到国王 Minara 的供养。Minara 就是 Milinda,为西元前二世纪中人。

这一法统的传承中,大迦叶与阿难,是全佛教的领导者。商那和修是七百结集中的西方上座。优波毱多已是上座部中说一切有系的大师。提知迦为阿育王以后的大德。传述这一法统的,是《阿育王传》,是说一切有部中譬喻师的撰述。

第二项　摩田提与罽宾

摩田提(Madhyāntika, P. Majjhantika 摩阐提),《阿育王传》说:是阿难弟子,到罽宾降伏龙王,"于罽宾国竖立佛法"①。摩田提的开化罽宾,对于北方佛教是一件大事。摩田提的时代,开化的区域,都是值得重视的。

说一切有部的传说——《阿育王传》,摩田提是阿难弟子;这在北方,已成为公认的事实。然锡兰所传:摩阐提为阿育王时代的大德,为阿育王子摩哂陀(Mahinda)授戒阿阇黎②。锡兰所传的,可能更近于事实。《分别功德论》卷二(大正二五·三七中)说:

> "阿难已将五百弟子,至中路恒水岸上,上船欲度,适至水半。……以神力制船,令住中流。时度弟子:一名摩禅提,二名摩呻提。告摩禅提:汝至羯宾兴显佛法,彼土未有佛法,好令流布。告摩呻提曰:汝至师子渚国,兴隆佛法。"

---

① 《阿育王传》卷四(大正五〇·一一六中——下)。

② 《善见律毗婆沙》卷二(大正二四·六八二上)。

在这传说中，将北传罽宾的摩禅提、南传锡兰的摩呻提（摩哂陀），都作为阿难的弟子。称为阿难弟子，无非表示直承阿难的法（经法）统而已。而说这两位大德同一时代，恰与锡兰的传说一致。

摩田提开化的区域，据锡兰所传的《岛史》（Dīpavaṁsa）（南传六〇·五八）说：

“摩禅提赴犍陀罗地方，降伏暴龙。”

在南传佛教中，这是现存最早的史传，著作于西元四、五世纪间。据此古典的传说，摩禅提开化的区域是健驮罗（Gandhāra）。西元五世纪著作的《一切善见律注》、《大史》，于健驮罗外，又加上罽宾。降伏的暴龙，名阿罗婆，还有半支迦夜叉①。这位阿罗婆龙王，《大智度论》说是“月氏国”②，《阿育王传》作“乌苌”③，《大唐西域记》卷三（大正五一·八八二中）说：

“乌仗那国……瞢揭厘城东北行二百五六十里，入大山，至阿波逻罗龙泉，即苏婆伐窣堵河之源也。”

《大唐西域记》所说，与《阿育王传》相合，阿罗婆楼龙池，在乌仗那。今 Swăt 河的河源。在古代，乌仗那的中心，远在陀历地方 Dardistan④。这一带属于健驮罗，而健驮罗曾为大月氏王

① 《一切善见律注序》（南传六五·八一——八三）。
② 《大智度论》卷九（大正二五·一二六中）。
③ 《阿育王传》卷一（大正五〇·一〇二中）。
④ “达丽罗川，即乌仗那国旧都。”见《大唐西域记》卷三（大正五一·八八四中）。

国的中心。所以说月氏、健驮罗、乌仗那，所指的区域——健驮罗迤北一带，都是一样的。《大史》等说，当时还有半支迦夜叉归信；据《根本说一切有部毗奈耶杂事》，半支迦是健驮罗夜叉半遮罗的儿子①。所以从摩禅提降伏的龙王、夜叉而论，传说中的摩禅提的教化区，明确无疑的是健驮罗。

南传的《大史》等，于健驮罗外，加上罽宾为化区；健驮罗与罽宾，是一还是二呢？这在汉译的《善见律毗婆沙》中，露出了文义上的矛盾。如《善见律毗婆沙》卷二（大正二四·六八四下——六八五中）说：

"大德末阐提：汝至罽宾、犍陀罗咤国中。"

"尔时罽宾国中有龙王，名阿罗婆楼。……末阐提比丘。……至雪山边，阿罗婆楼池。"

"是时罽宾，犍陀勒叉国人民，常以节日，集往祠会龙王。到已，见大德末阐提……从昔至今，罽宾国皆着袈裟，光饰其境。"

《善见律毗婆沙》，是《一切善见律注》的汉译本。《一切善见律注》、《大史》，只是泛说罽宾与健驮罗，对降伏龙王的地点含混不明。《善见律毗婆沙》修正而确定为：摩阐提降伏龙王，是罽宾。又说：罽宾与健驮罗人，去龙池会见摩阐提。但摩阐提降伏的龙王——阿罗婆楼，是健驮罗迤北山区的乌仗那；降伏的夜叉，是健驮罗，并非罽宾——迦湿弥罗。迦湿弥罗的龙王，是

① 《根本说一切有部毗奈耶杂事》卷三一（大正二四·三六一上）。

虎噜荼或息弄①。而且,罽宾与健驮罗为不同的区域,健驮罗人远去罽宾见摩阐提,是不可能的。《一切善见律注》、《大史》,为什么加上罽宾?《善见律毗婆沙》为什么指定为罽宾?唯一的合理解说,是调和北方佛教的传说。

北方的传说,摩田提开化的是罽宾。依文记而论,北传为罽宾——迦湿弥罗;南传本为健驮罗。传说不同,是难以和会或取舍的。如就事而推论:健驮罗为北方政治重心,所属的呾叉始罗(Takṣaśīlā),为北方著名的学艺中心(《阿育王传》,有阿育王子平定呾叉始罗乱事的记载)。摩田提北来,首先到健驮罗,然后北向乌仗那山区,最为可能。传乌仗那的古都陀历——达丽罗川,有摩田提(末田底迦)所造的木刻弥勒像。这不必是事实,但在传说中,有力地暗示了这一带佛化的开展是与摩田提有关的。

然从另一传说来说:罽宾的原语,无论为 Kaśpīra,或 Kaśmīra,在中国的史书中,往来僧侣的传说中,从汉到晋,地情显然与《大毗婆沙论》的集成处——迦湿弥罗不合。白鸟库吉《罽宾国考》,认为中国史书所见的罽宾,从汉到晋,罽宾是以健驮罗为中心,Kabul 河的下流。包括乌仗那,Swāt 河流域②。这论断大致可信。一直到北魏时,惠生的《使西域记》还说"乾陀罗国……本名业波罗"③。业波罗(Gopāla)与罽宾,音也相近。所

① 《根本说一切有部毗奈耶药事》卷九(大正二四·四〇下)。又《根本说一切有部毗奈耶杂事》卷四〇(大正二四·四一一上——中)。

② 白鸟库吉《西域史研究》上(四六一)。

③ 《洛阳伽蓝记》卷五(大正五五·一〇二〇下)。

以,如白鸟库吉所论证的可信,那么,摩田提的开化北方,南传说是健驮罗,北传说是罽宾,原来是异名同实的。古代的地名通泛,罽宾是以健陀罗为中心,向北入乌仗那,而更向东、向西延伸的。等到迦湿弥罗(《大毗婆沙论》集成处)的阿毗达磨渐盛,这才以摩田提的开化北方,为局指东部山高地。附会迦湿弥罗地本大湖,由迦叶招天神,使大地隆起——固有的传说,而成摩田提向龙索地,建设迦湿弥罗的神话。觉音从印度去锡兰,应熟悉北方的传说,因而有"罽宾、健驮罗"传法的调和说吧!

摩田提被派往,传说为初传佛法,事实是不会如此的。被派遣的大德,往边方去弘法的,如末示摩到雪山边国,昙无德往阿波兰多迦,这都是佛世就有佛法的地方。罽宾、健驮罗方面,也是一样。商那和修到罽宾坐禅,梵衍那留有遗物;优波毱多的同门时缚迦,在北天竺大兴福事;优波毱多时代,善见是罽宾的大德①。这些传说,都可见那时罽宾、健驮罗的佛法已相当发达。摩田提受王命而北来,受到推重,尊为创开罽宾佛法的第一人,也不过如汉明帝时代,佛法早在中国流行,而摄摩腾来洛阳,受王家的尊重,因而造成佛法初来的传说一样。

第三项 阿毗达磨论宗迦旃延尼子

说一切有部,并不限于阿毗达磨论师,然阿毗达磨论师确为说一切有部的主流。所以造《阿毗达磨发智论》的,奠定说一切有部的论义的迦旃延尼子,就被推为说一切有部的创立者。迦

① 《阿育王传》卷七(大正五〇·一二六上)。

旃延尼子，奘译作迦多衍那子。他的学统传承，《三论玄义》（大正四五·九中）说：

“优婆崛多付富楼那，富楼那付寐者柯，寐者柯付迦旃延尼子。……三百年初，迦旃延尼子去（出字的讹写）世，便分成两部：一、上座弟子部；二、萨婆多部。”

《三论玄义》的传说，不知有什么根据？然富楼那（Pūrṇa）与寐者柯（Mecaka），就是《大庄严经论》的富那与弥织，《萨婆多部记》的富楼那与弥遮迦或蜜遮迦。都是西元一世纪间的大师，传为迦旃延尼子的师承，显然是不足采信的。《出三藏记集》卷一二，《萨婆多部记》（中有旧记所传及齐公寺所传二说，多有同异），也有一传说（大正五五·八九上——下）：

旧记所传	齐公寺所传
优婆掘	优婆掘
慈世子（菩萨）	
迦旃延	迦旃延

依旧记所传：优婆掘（Upagupta）与迦旃延（尼子）间，有慈世子菩萨，事迹不可知。考《大毗婆沙论》，有名“尊者慈授子”的，凉译《毗婆沙论》作“弥多达子”。慈授子初生时，就会说“结有二部”①，堕在地狱中，还能说法度众生②。传说中的慈授子，

① 《大毗婆沙论》卷六三（大正二七·三二七中），又卷一二〇（大正二七·六二六上）。

② 《大毗婆沙论》卷二九（大正二七·一五二下）。

是一位不可思议的大德。我以为：迦旃延尼子所承的慈世子菩萨，就是这位慈授子；世是受字草写的讹脱。

迦旃延尼子所造的《发智论》，在说一切有部论宗中，或以为是佛说的，或以为本是佛说，而由迦旃延尼子纂集传布的①。所以，《发智论》被尊为《发智经》，作者迦旃延尼子当然有着最崇高的地位。迦旃延尼子的事迹，除传说专弘阿毗达磨外，极少流传。造论的地点，如《大唐西域记》卷四（大正五一·八八九中——下）说：

> "至那仆底国……答秣苏伐那僧伽蓝……如来涅槃之后，第三百年中，有迦多衍那论师者，于此制《发智论》焉。"

至那仆底，在今 Bias 河与 Sutlej 河合流处的南边。这里也有暗林僧伽蓝（印度寺院以此为名的，不止一处），为说一切有部的大寺之一。迦旃延尼子在这里造论的传说，似与《大毗婆沙论》的传说不合。《大毗婆沙论》卷五（大正二七·二一下——二二上）说：

> "尊者造此《发智论》时，住在东方，故引东方共所现见五河为喻。"

《发智论》引恒河（Gaṅgā）系的五河为比喻。《大毗婆沙论》的集成者，以为论主不引阎浮提（Jambudvīpa）的四大河，而说恒河系的五河，是因为在东方造论的缘故。东方，那就不能是至那仆底了。还有可以证明为东方的，如《大毗婆沙论》卷一四（大

---

① 《大毗婆沙论》卷一（大正二七·一上）。

正二七·六八上)说:

> "谓依世俗,小街,小舍,小器,小眼,言是灭街乃至灭眼。谓东方人见小街等,说言此灭。"

这是有关语言学的论证。《发智论》所说的灭(nirodha),是灭尽的灭,有世俗所说的灭。小街称为灭街,小舍称为灭舍,是东方所用的俗语。《发智论》主引用东方的俗语,那说《发智论》在东方造,是有很大的可能性了。说到东方,并非东印度。恒曲以东的,如华氏城、阿瑜陀一带,都是。如《顺正理论》说:"东方贵此,实为奇哉!"①在北方看来,恒河流域,都可说是东方的。如亚历山大侵入北印度时,听说 Prassi——东方,也就是恒河流域。这样,《大毗婆沙论》所说,与《大唐西域记》的传说,似乎不合。对于这,《婆薮槃豆法师传》可以给我们提出一项解决的途径。如《传》(大正五〇·一八九上)说:

> "有阿罗汉,名迦旃延子,母姓迦旃延,从母为名。先于萨婆多部出家,本是天竺人,后往罽宾国……与五百阿罗汉及五百菩萨,共撰集萨婆多部阿毗达磨,制为八伽兰他,即此间云八乾度。"

传说迦旃延(尼)子,在罽宾共集八伽兰他,显然与罽宾编集《大毗婆沙论》的传说相淆混;但说迦旃延(尼)子"本是天竺人",是非常重要的。天竺与罽宾,在中国史书是有差别的。天竺指恒河流域及南方。如迦旃延(尼)子是天竺人——东方人,

---

① 《顺正理论》卷二五(大正二九·四八二下)。

当然熟悉恒河系的五河与东方人的俗称。迦旃延尼子引用恒河系的五河、东方的俗语,不一定能证明他在东方造论,却可以信任他是从东方来的。如解说为:迦旃延尼子是东方——天竺人,到北方至那仆底造论,那就可以解说《大毗婆沙论》、《大唐西域记》所传的矛盾了。

迦旃延尼子的时代,也就是《发智论》撰集的时代、说一切有部论宗确立的时代。依《异部宗轮论》,应为佛灭"三百年初"。《大唐西域记》作"三百年中"①,普光等传说"三百年末"②。《发智论》为确立说一切有部论宗宗义的根本论,时代不能过迟。玄奘传说为"三百年中",较为近理,约为佛灭二五〇年前后。这是说一切有部的传说,应依说一切有部的传说来推定。阿育王立于佛灭百十六年,为西元前二七三年顷。这样,佛灭二五〇年前后,就是西元前一五〇年前后。以西元前一五〇年顷作为迦旃延尼子造论的时代,当不会有太大的距离。至于《婆薮槃豆法师传》的佛灭五百年说,那是误以为《大毗婆沙论》编集的时代了。

第三节 说一切有部阿毗达磨论

说一切有部,是特重阿毗达磨的部派,传译来我国的论书,数量都很大。统论一切阿毗达磨论书,可分为四期:一、本源时期;二、独立时期;三、解说时期;四、组织时期。

---

① 《大唐西域记》卷四(大正五一·八八九下)。
② 《俱舍论(光)记》卷一(大正四一·八下)。

一、本源时期：就是第二章所说的，阿毗达磨从起源到成立，为上座部的根本论书。其时代，从契经集成到上座部未分化时期。内容为自相、共相、摄、相应、因缘——五大论门的分别。现存《舍利弗阿毗昙论》，虽为分别说（大陆）系及犊子系所宗，有过不少变化，但在组织形式、论究主题方面，还是大致相近的。

二、独立时期：是上座部各派分立了，论书也分别独立了。铜鍱部与说一切有部，阿毗达磨特别发达。在南北不同的发展中，以五大论门为主，而形成各各独立（大致是四分、五分的分分独立）的论书，这就是六论又一论，为自宗的根本阿毗达磨。论门虽仍以五大论门为主，而在说一切有部的论书，成就不成就论门，已极为重要。固有的分别论法，更为细密，不厌其繁。如《发趣论》的分别，《发智论》的小七、大七分别等。对于色法、心所法的分类、条理，已略具规模。大概地说：铜鍱部七论，与说一切有部七论，为同一时代的论书。但铜鍱部的论法较为古朴，无论分别到怎样深细，也只是古朴的论义与论法。说一切有部的七论，如心不相应行的成立、四大种的论列、心所法的简别、因与缘的分别，在教义上，代表了深究细辨的学风。这一时期的说一切有部论书，传译来我国而现存的有：

1.《阿毗达磨法蕴足论》	一二卷	大目犍连造	唐玄奘译
2.《阿毗达磨集异门足论》	二〇卷	舍利子说	唐玄奘译
3.《施设（足）论》	七卷	（作者缺名）	宋法护等译
4.《阿毗达磨品类足论》	一八卷	世友造	唐玄奘译

A.《众事分阿毗昙论》　一二卷　世友造　宋求那跋陀罗等译①
B.《阿毗昙五法行经》　一卷　（作者缺名）　汉安世高译
C.《萨婆多宗五事论》　一卷　（作者缺名）　唐法成译
5.《阿毗达磨界身足论》　三卷　世友造　唐玄奘译
6.《阿毗达磨识身足论》　一六卷　提婆设摩造　唐玄奘译
7.《阿毗达磨发智论》　二〇卷　迦多衍尼子造　唐玄奘译
D.《阿毗昙八犍度论》　三〇卷　迦旃延子造　苻秦僧伽提婆等译

三、解说时期：由于七论渊源于古代论法，并不容易理解。七论的渐次成立，以《发智论》为中心的研究也发达起来。在论究中，各种不同的意见自由发表出来。那时期，重于确定定义、分别体性、提示纲要（略毗婆沙），更重于七论间差别的会通与取舍。论究的内容，更扩大到佛与菩萨的种种问题，及契经所说而论书还没说到的。约在西元一五〇年顷，将各家的解说综合、评定，集成了《大毗婆沙论》。说一切有部宗义，达到精密与完成的阶段。将一宗本论，作如此深广及长期的论究、解说，似乎铜鍱部论书，还没有。解说时期的论书，现存的有：

8.《阿毗达磨大毗婆沙论》　二〇〇卷　五百大阿罗汉造　唐玄奘译
E.《阿毗昙毗婆沙论》　六〇卷　五百罗汉释　北凉浮陀跋摩等译
F.《鞞婆沙论》　一四卷　尸陀槃尼造　苻秦僧伽跋澄译

四、组织时期：七论主要为“性相以求”，不重次第。经过深广的解说，更有“文广义散”的感觉。于是阿毗达磨论者倾向于论义的组织。到这时，不但古代的“随类纂集”已成过去，就是

① A至G，是全部或部分的异译。

不厌其繁的细密分别也逐渐减退，而代以精简扼要的论义，而为纲举目张的组织。节省大部分的心力——繁密论法，而重于精深的思考、部派间异义的抉择。《俱舍论》代表了这一时期论书最高的成就。这一时期的论书，传译而现存的有：

9.《阿毗昙甘露味论》	二卷	瞿沙造	曹魏失译
10.《阿毗昙心论》	四卷	法胜造	苻秦僧伽提婆等译
11.《阿毗昙心论经》	六卷	优波扇多释	高齐那连提耶舍译
12.《杂阿毗昙心论》	一一卷	法救造	宋僧伽跋摩等译
13.《五事毗婆沙论》	二卷	法救造	唐玄奘译
14.《入阿毗达磨论》	二卷	塞建陀罗造	唐玄奘译
15.《阿毗达磨俱舍论本颂》	一卷	世亲造	唐玄奘译
16.《阿毗达磨俱舍论》	三〇卷	世亲造	唐玄奘译
G.《阿毗达磨俱舍释论》	二〇卷	婆薮槃豆造	陈真谛译
17.《俱舍论实义疏》	五卷	安惠造	失译
18.《随相论》	一卷	德慧造	陈真谛译
19.《阿毗达磨顺正理论》	八〇卷	众贤造	唐玄奘译
20.《阿毗达磨显宗论》	四〇卷	众贤造	唐玄奘译

第四章　六分阿毗达磨论

第一节　总　说

说一切有部的主流，阿毗达磨论师，以七部论——六足论及《发智论》为本论。六足论是：《阿毗达磨法蕴足论》，《阿毗达磨集异门足论》，《阿毗达磨施设足论》，《阿毗达磨品类足论》，《阿毗达磨界身足论》，《阿毗达磨识身足论》。

六论的集为一组，最先见于龙树的《大智度论》，称为"六分阿毗昙"①。龙树说到六分阿毗昙时，同时说到"身义毗昙"。身是《发智论》，义是《大毗婆沙论》，这可见龙树的时代，已经称《发智论》为身、六论为支分了。《八犍度论·根犍度》末附记说：《八犍度》是体耳，别有六足。"②《俱舍论(光)记》说："前之六论，义门稍少；《发智》一论，法门最广。故后代论师，说六为足，《发智》为身。"③然身与足的对称，实是偏重《发智论》的毗

① 《大智度论》卷二(大正二五·七〇上)。
② 《八犍度论》卷二四(大正二六·八八七上)。
③ 《俱舍论(光)记》卷一(大正四一·八下)。

婆沙师的私说。上座部系的阿毗达磨，如《舍利弗阿毗昙论》分为四分，而《毗尼母经》等别为五种。南北所传的六论，大体为取四分或五种，而别为独立的组织，所以龙树仍称为六分。六分是阿毗达磨的六部分，本没有附属于《发智论》的意义。由于《发智论》系的高度发达，六论就不免逊色。毗婆沙师特重《发智论》，以《发智论》说为主，而解说会通六论。六分于是形成《发智论》的附属，也就称《发智论》为身，六分为六足了。

关于六论的作者，玄奘门下所传，如《俱舍论（光）记》卷一（大正四一·八中——下）说：

"舍利子造《集异门论》，一万二千颂，略者八千颂。大目乾连造《法蕴足论》，六千颂。大迦多衍那造《施设足论》，一万八千颂。已上三论，佛在世时造。佛涅槃后一百年中，提婆设摩造《识身论》，七千颂。至三百年初，筏苏密多罗造《品类足论》，六千颂。又造《界身足论》，广本六千颂，略本七百颂。"

现存西藏的称友《俱舍论疏》，也传一说：

"《品类足》（作者）上座世友，《识身》（作者）上座天寂，《法蕴》（作者）圣舍利弗，《施设论》（作者）圣目犍连耶那，《界身》（作者）富楼那，《集异门》（作者）摩诃拘绨罗。"

龙树的《大智度论》卷二（大正二五·七〇上）也说：

"六分阿毗昙中，第三分八品之名分别世处分，是目犍连作。六分中初分八品，四品是婆须蜜菩萨作，四品是罽宾阿罗汉作。余五(四?)分,诸论议师作。"

这三项传说,对六论的作者,都没有一致。但这六部论,可以分为两类:一、佛的及门弟子作——《法蕴论》、《集异门论》、《施设论》。二、后世的论师造——《品类论》、《界身论》、《识身论》。这表示了,前三部是源于古代传来而成立的,后三论是论师的撰作。代表古传的三部,如上面(第二章第一节第四项)说到:作为阿毗达磨的根源,佛世的大弟子,是舍利弗、大目犍连、大拘绨罗。所以称友疏中,有大拘绨罗而没有大迦多衍那,更为合理。而且,就以传说来说,玄奘所传,大迦多衍那造《施设论》,也与其他的一切传说不合。如 1. 晋译的《鞞婆沙论》说"如彼目连施设所说"①。2. 凉译《毗婆沙论》说"彼尊者目犍连作如是说,显有横死"——指《施设论》②。3.《大智度论》也说是目犍连造。4. 称友传为目犍连造。所以《施设论》的作者,除奘门的传说外,是一致传为目犍连造的。《施设论》的初品,名"分别世处"——"世间施设",传为依《长阿含经》的"世记品"——《楼炭经》造的。"世间施设",说到世界的成坏、四洲、轮王、须弥山、诸天、三恶道、阿修罗,以及劫初的传说。这些超越一般常识的事情,以神通第一的大目犍连来说明,真是恰合身份。当然,这也只是仰推大目犍连而已。

六论的次第,除上所引——奘门的传说、称友疏的传说外,近人吕澂又自推定一说:《法蕴论》,《施设论》,《集异门论》,

---

① 《鞞婆沙论》卷一四(大正二八·五一九下)。

② 《毗婆沙论》卷一五(大正二八·八四下)。

《品类论》,《界身论》[1]。福原亮严《有部阿毗达磨之发达》,依《大正藏》而列为次第。今以奘门的传说为准,而先举《法蕴论》,次第来说明。

第二节 《阿毗达磨法蕴足论》

《阿毗达磨法蕴足论》,唐玄奘于显庆四年(西元六五九)译,共十二卷,分二十一品。题大目乾连造,然称友传说为舍利弗造。在说一切有部中,这代表了最古典的阿毗达磨。如《十诵律》(说一切有部的律藏)说到论藏的结集,就举五戒为例,意指本论的第一品[2]。《根本说一切有部毗奈耶杂事》,说到结集论藏——摩窒理迦,项目也与本论相近[3]。唐靖迈《法蕴足论后序》也推重这部论,如《法蕴论》末(大正二六·五一三下)说:

> "《法蕴足论》,盖阿毗达磨之权舆,一切有部之洪源也!……至如八种犍度,鹜徽于发智之场,五百应真,驰誉于广说之苑。斯皆挹此清波,分斯片玉。"

在"阿毗达磨初型"(本书第二章第二节第三项)中,说到铜鍱部的《分别论》,《舍利弗阿毗昙论》的"问分"、"非问分",说一切有部的《法蕴论》,共同的论题达十二项目,推为阿毗达磨的初型。然这是各派论书取舍的共同,不可误解为:

---

① 吕澂《阿毗达磨泛论》(《内学》第二辑一六四——一六六)。
② 《十诵律》卷六〇(大正二三·四四九上)。
③ 《根本说一切有部毗奈耶杂事》卷四〇(大正二四·四〇八中)。

初为十二论题，后由各部的增益而不同。本论的二十一品，分为三类如下：

Ⅰ 1. 学处，2. 预流支，3. 证净，4. 沙门果，5. 通行，6. 圣种，7. 正胜，8. 念住，9. 神足，10. 圣谛，11. 静虑，12. 无色，13. 无量，14. 修定，15. 觉支（五根·五力·八圣道支）

Ⅱ 16. 杂事

Ⅲ 17. 根，18. 处，19. 蕴，20. 多界，21. 缘起

Ⅰ《中部》（一〇三经）《如何经》说：四念住……八圣道支——三十七道品，为"论阿毗达磨论"的内容①。这是举其宗要，以道品的修证为中心论题；道的项目，是不限于这七类的。本论的第一类，从"学处品"到"觉支品"，共十五品，都是道（及道果）的项目，就是古阿毗达磨论——摩窒里迦部分。

Ⅲ 古代的"论毗陀罗论"，早已涉及蕴、处的问答。蕴、处、界，是一切法，《阿含经》已综合为一类。二十二根，为流转还灭中的增上依。四谛明世出世间因果，缘起明因果流转。这六类，在阿毗达磨中，也自成一类（说一切有部，对于四谛，重在慧观的谛理，所以摄在道品类中。《发智论》也是这样）。本论先道品类而后蕴处等类；《舍利弗阿毗昙论》与《分别论》，都是先蕴处等而后道品类。次第虽恰好相反，而分为二类，是极为明显的。这二类的综合，也可说阿毗达磨论与毗陀罗论的结合，形成古阿毗达磨"经分别"——分别自相的主要项目。

---

① 《中部·如何经》（南传一一上·三一一）。

Ⅱ 在前后二大类间,本论有“杂事品”,与《分别论》的“小事分别”、《舍利弗阿毗昙论》“非问分”的“烦恼品”相当,是种种烦恼的随类纂集。随类纂集所成立的,一向都附于道品等分别以后的。随类纂集的,本论仅“杂事”一品;《分别论》有“智分别”、“小事分别”(、“法心分别”)——三品;《舍利弗阿毗昙论》“非问分”有“界品”等六品。此外,本论保存依经而作论分别的形式,《分别论》与《舍利弗阿毗昙论》,已直标论题而作分别。二论都有“问分”,本论还没有。从品目与形式方面来说,本论是更近于古型的。

本论源于古传的阿毗达磨,在法义中,一定有较古的部分。既发展独立而成说一切有部论书,也就有说一切有部的特殊论义。对于这,先举一例——《舍利弗阿毗昙论》“问分·入品”①,及《法蕴论》“根品”的一节②,试为说明阿毗达磨论义的发展与分化情形。

《法蕴论》	《舍利弗阿毗昙论》
	一 云何眼入?眼根是名眼入。
	二 云何眼入?眼界是名眼入。
一 云何眼根?谓眼于色,已正当见,及彼同分,是名眼根。	五 云何眼入?我分摄,已见色,今见色,当见色,不定(是名眼入)。

① 《舍利弗阿毗昙论》卷一(大正二八·五二五下)。
② 《法蕴论》卷一〇(大正二六·四九八中——下)。

《法蕴论》	《舍利弗阿毗昙论》
二 又眼增上发眼识，于色已正当了，及彼同分，是名眼根。	
三 又眼于色，已正当碍，及彼同分，是名眼根。	七 若眼我分摄，色已对眼，今对，当对，不定，若眼无碍（是名眼入）。
四 又眼于色，已正当行，及彼同分，是名眼根。	六 若眼我分摄，色光已来，今来，当来，不定，是名眼入。
五 如是过去未来现在诸所有眼根，名为眼根。…… 此复云何？谓四大种所造净色。	三 云何眼入？若眼我分摄，去来现在，四大所造净色，是名眼入。
	四 云何眼入？若眼我分摄，过去未来现在净色，是名眼入。
或地狱，或傍生，或鬼界，或天，或人，或中有，或修所成……	
六 谓名眼，名眼处，名眼界，名眼根，名见，名道路，名引导，名白，名净，名藏，名门，名田，名事，名流，名池，名海，名疮，名疮门，名此岸，如是眼根，是内处摄。	八 是眼入，是眼根，是眼界，是田，是物，是门，是藏，是世，是净，是泉，是海，是沃燋，是洄澓，是疮，是系，是目，是入我分，是此岸，是内入。

《分别论》与此相当的,如“处分别”(意译)(南传四六·八四)说:

“云何眼处?若眼我分摄,四大所造净色,不可见有对。”

“不可见有对眼,于可见有对色,已见,今见,当见,不定,是名眼处。”

“是眼处,是眼界,是眼根,是世间,是门,是海,是净,是田,是事,是导者,是目,是此岸,是空村,是名眼处。”①

《分别论》的分别,与《舍利弗阿毗昙论》的次第(三、五、八)相顺。首明眼以有情自体所摄的,四大所造净色为性。次约三世,明眼的作用,也就是眼之所以为眼的。末举经说的异名与比喻。在这些上,三部论都是一样的。本论与《舍利弗阿毗昙论》,从已今当见,更说已正当行,已正当碍,本论更说已正当了。解说虽大大地增广,但没有成为重要的异义。特别是“不定”,《分别论》作 passe,是可能(见)而没有能(见)的。这在说一切有部中,称为“彼同分”。名称不同,而意义还是一样。这都可见上座部阿毗达磨的共义。但本论总结上说的已正当见、已正当行、已正当碍、已正当了,而说“如是过去未来现在诸所有眼根”,与《舍利弗阿毗昙论》(三)说,可说相同,而“三世有”的思想,在本论中充分表显出来。上座部依经而作阿毗达磨论义,对蕴、处、界,以及知、断、证、修,都是作“已今当”——三世

① 《法集论》“色品”:已正当见外,有已碍、正碍、当碍。可以参阅(南传四五·一八八——一八九)。

的分别解说，这实在是“三世有”说最有力的启发。等到三世有说明确提出，一分学者不同意，而形成“说一切有”、“分别说”的对立。还有，本论对眼根的分别，五趣眼而外，特立“中有”眼，也是三世有者的不共论义。从上面的对比，阿毗达磨论的古义，以及三世有说的发现，说一切有部论义的增入，可以看出阿毗达磨论发展的部分情形。

根源于古阿毗达磨，而编成说一切有部的本论，时代是不会太迟的，还是说一切有部旧阿毗达磨师的时代。试举三例来说：

1. 本论“处品”，对色、声等的分别①，与《舍利弗阿毗昙论》“入品”②、铜锞部《法集论》“色品”③，都还是杂乱的资料堆集——从契经及世俗而来的，没有精简整理。本论稍为精简，但在说一切有部论书中还没有成熟，不能表彰自宗的特色。以色处为例如下：

《法集论》：“云何色处？……若色四大种所造，如色可见有对：青·黄·赤·白·黑·紫·哈利·哈利色·嫩芽色·长·短·小·大·方·圆·四方·六方·八方·十六方·低·高·影·光·明·暗·云·雾·烟·尘·月轮色·日轮色·星色·镜轮色·宝珠(色)·宝螺(色)·真珠(色)·琉璃色·金(色)·银色……是名色处。”

《法蕴论》：“云何色处？……谓四大种所造：青·黄·赤·白·云·烟·尘·雾·长·短·方·圆·高·下·正·不正·

---

① 《法蕴论》卷一〇(大正二六·五〇〇上——下)。

② 《舍利弗阿毗昙论》卷一(大正二八·五二六上——下)。

③ 《法集论》(南传四五·一九七——二〇三)。

影·光·明·暗·空一显色·相杂·红·紫·碧·绿·皂·褐,及余所有,眼根所见……名色处。"

《舍利弗阿毗昙论》:一、自身色。二、外色:"若外色,眼识所知:青·黄·赤·白·黑·紫·粗·细·长·短·方·圆·水·陆·光·影·烟·云·尘·雾·气·明·暗等,及余外色,眼识所知,是名色入。"

2. 对于色法,本论仅说"四大及四大所造"——眼等五根,及色等五尘,始终没有说到"无表色"——无见无对色,这是最值得注意的。说一切有部论宗,立无表色(业);《舍利弗阿毗昙论》,也立无表色。但在说一切有部——四大论师中,重经的法救、觉天,不立无表色。本论还存有分别契经(释经论)的形式;对于这,似乎代表了"无表色"还没有被热心讨论的时代。

3. 古代阿毗达磨论者,特重五根、五力、七觉支、八圣道支。如铜鍱部的《无碍解道》,处处详说五根、五力、七觉支、八圣道支于前,然后略说四念住、四正勤、四神足。《舍利弗阿毗昙论》,四念处、四正勤、四神足——三品,都属于"非问分",也表示了这一意义。其中,五根(五力)一直成为论究重心。因为,大众部(及大陆分别说系,《舍利弗阿毗昙论》也如此)以为五根唯是无漏的;而上座部中,铜鍱部、说一切有部、犊子部系,都说五根通于有漏及无漏。所以修证次第——从有漏到无漏,都约五根来说;以五根为世第一法,成为上座部系异于大众部的特点。这可从《大毗婆沙论》而明白地理解出来①。本论解说"法

① 《大毗婆沙论》卷二(大正二七·七下——八中)。

随法行”(没有说到四加行),也以有漏的五根为性,与旧阿毗达磨师相同。如《论》卷二(大正二六·四五九下)说:

“如理作意审正观察深妙义已,便生出离远离所生五胜善法,谓信、精进,及念、定、慧。……修习坚住,无间修习增上加行,如是名为法随法行。精勤修习法随法行,便得趣入正性离生。”

本论成为说一切有部的论书,如上引述,时间是不会迟于《发智论》的。但自《发智论》撰集流行以来,说一切有部进入了新的阶段。在阿毗达磨论义的弘传中,《法蕴论》是随时而有所修订、增补的。如《发智论》特创的九十八随眠说,已编入“沙门果品”①。《品类论》所综集的心所法(相应行)、心不相应行、无为法,已编入“处品”②。《施设论》新增的文义,也已编入“沙门果品”了③。《大毗婆沙论》卷六五(大正二七·三三七下)说:

“施设论中亦作是说:预流果有二种,谓有为及无为。云何有为预流果?谓此果得及此得得。(插入解说)……若诸学根、学力、学戒、学善根、八学法,及此种类诸学法,是名有为预流果。云何无为预流果?谓三结永断,及此种类诸结法永断;八十八随眠永断,及此种类随眠法永断,是名无为预流果。”

---

① 《法蕴论》卷三(大正二六·四六五上)。
② 《法蕴论》卷一〇(大正二六·五〇〇下)。
③ 《法蕴论》卷三(大正二六·四六四下)。

《施设论》对四果的说明,与奘译《法蕴足论·沙门果品》相同。“得得”,是比《发智论》(但说“得”)更进一层的论义。在《大毗婆沙论》集成时,这样的解说四果,还是《施设论》的特义。可见《法蕴论》的这一说明,是引取《施设论》说而为增补的。所以现存的《法蕴论》是古型的,但受有新阿毗达磨——《发智论》、《品类论》等影响。如一概以《法蕴论》为古型的,那将引起严重的误会。

第三节　《阿毗达磨集异门足论》

《阿毗达磨集异门足论》,玄奘于显庆五年到龙朔三年(西元六六〇——六六三)译出,凡十二品,二十卷。本论是《长阿含经》的《集异门经》的解说。旧译名《众集经》,《长部》(三三经)名《等诵经》,宋施护译,作《佛说大集法门经》,凉译《毗婆沙论》引文,作《摄法经》或《集法经》。经是舍利弗集出的,所以玄奘传说本论为舍利弗造。称友的《俱舍论疏》,说是大拘絺罗造。其实,在阿毗达磨学系中,舍利弗与大拘絺罗,早就难于分别的了。

集经的缘起是:当时离系亲子(Nirgrantha-jñātiputra)死了,徒众自相斗争而分散。舍利弗警觉到当来的释子比丘也可能分散,所以当佛在世时,就结集法数,预为防护。经文的结集法数,以增一编次,从一到十为十品。前有缘起,后有赞劝,所以论文为十二品。本论是经的解说,论体是标目与释义,被称为摩呾理迦。《根本说一切有部毗奈耶杂事》,结集摩呾理迦,说到“法集”,就指本论而说①。释义古朴而简要,为毗婆沙师所重视。后来大乘的《瑜伽师地论·闻所成地》的内明部分,也就是此经的另一解说②。

铜鍱部的《法集论》,首列论母及经母。经母部分,二法门凡四十二,并在“概说品”附有解说。《法集论》的经母,就是《集异门论》所依的《众集经》的二法门(略有增益)。《法集论》与本论,是渊源于同一的古传而自为撰述的。不知铜鍱部的论师们,以什么理由,专取二法门为摩呾理迦,而弃其他的部分,又加“心生起品”、“色品”,及论母、经母的解说,而成《法集论》?这才面目全非,几乎不知“法集”的古义了!

在《集异门论》中,略指“如《法蕴论》说”的,着实不少。如“恶言”、“恶友”、“善友”③;“欲界恚界害界”、“出离界无恚界无害界”、“欲界色界无色界”、“色界无色界灭界”④等。还有不曾明说,而内容与《法蕴论》一致的,如“三善寻”的六释⑤。本论依《长阿含》的《众集经》,而与《法蕴论》一样,同用《多界经》的六十二界说。本论有“有说”、“或作是说”,可见阿毗达磨论义,渐入部派异说阶段。所以《集异门论》的集释,必在《法蕴论》成立以后。

本论为经的解说,对说一切有部阿毗达磨新义,还很少引用。唐译《大毗婆沙论》,曾引《集异门论》,说到三界见修所断,

① 《根本说一切有部毗奈耶杂事》卷四〇(大正二四·四〇八中)。

② 《瑜伽师地论》卷一三——一五(大正三〇·三四七上——三五六上)。

③ 《集异门论》卷一(大正二六·三七〇上)。

④ 《集异门论》卷三(大正二六·三七八中——下)。

⑤ 《集异门论》卷三(大正二六·三七七中——三七八上)。

遍行不遍行随眠①,而实为《品类论·辩摄等品》的误译。《集异门论》虽成立于《法蕴论》以后,但直释经文,为体例所限,没有过多的修订、增补,所以论义反比现存的《法蕴论》为古朴。

第四节 《阿毗达磨施设足论》

第一项 品目与撰述的推论

说一切有部的阿毗达磨论——"六足"、"身义",玄奘几乎都翻译了,惟有《施设论》没有译出,这是很可惜的。《俱舍论(光)记》说"《施设论》一万八千颂"②。《大智度论》说:"第三分八品之名分别世处分,是目犍连造。"③本论是长达一万八千颂(可译五六十卷)、分为八品的大论。赵宋时,法护(Dharmapāla)等译出《施设论》,共七卷。论内别题为:"对法大论中世间施设门第一",缺。"对法大论中因施设门第二",到"对法大论中因施设门第十四"。西藏也有《施设论》,分"世间施设"、"因施设"、"业施设"。藏译的"因施设"部分,与法护译的《施设论》相当。但从旧传的一万八千颂、八品,以及《大毗婆沙论》的引文来说,不但汉译的残阙不全,西藏的译本也只是部分而已。

施设(prajñapti, P. paññatti),在上座部系阿毗达磨论书中,

---

① 《大毗婆沙论》卷一一四(大正二七·五九四中)。

② 《俱舍论(光)记》卷一(大正四一·八中)。

③ 《大智度论》卷二(大正二五·七〇上)。

意义重要，而应用极为普遍。铜鍱部有《人施设论》（与《舍利弗阿毗昙论》的“非问分·人品”相当）。在《人施设论》初，首举“六施设：蕴施设，处施设，界施设，谛施设，根施设，人施设”①。又《双论》等，都有“施设分”——立门，释义。以施设为论名，以施设为“分”名，都是类集、安立、分别的意思。《舍利弗阿毗昙论》有这样的话：

“今当集假结正门。”②

“今当集假触正门。”③

“今当集假心正门。”④

假结，假触，假心——假是什么意义？假，应为施设的异译。如《异部宗轮论》的“说假部”，《十八部论》就译为“施设论部”。又如《摩诃般若波罗蜜经·三假品》：法假施设，受假施设，名假施设；依《大智度论》，原文是法波罗聂提、受波罗聂提、名波罗聂提⑤。波罗聂提（prajñapti），可以译为“假”，也可译“施设”。鸠摩罗什译作“假施设”，那是重叠语，用来表达本义，以免误解了。这样，《舍利弗阿毗昙论》的假结、假触、假心，就是结施设、触施设、心施设了。《舍利弗阿毗昙论》中，同样的性质，标揭同样的文句而没有“假”字的，还有“今当集诸道门”⑥，“今当集诸

① 《人施设论》（南传四七·三五七）。

② 《舍利弗阿毗昙论》卷二六（大正二八·六九〇中）。

③ 《舍利弗阿毗昙论》卷二七（大正二八·六九四下）。

④ 《舍利弗阿毗昙论》卷二七（大正二八·六九七中）。

⑤ 《大智度论》卷四一（大正二五·三五八下）。

⑥ 《舍利弗阿毗昙论》卷一五（大正二八·六二五上）。

不善法门”①,“集诸因正门”②,“今当集名色正门”③。这种类集而立门释义的,都是假——施设。或以一法门为主而纂集经说;或以一切法为对象,而类集种种义门——论门、论母;或依一法门,而安立章门,分别解说。在阿毗达磨论中,施设一词的应用极广。

传为大目犍连所造的《施设论》,《大智度论》作“分别世处分”,分别也就是施设的异译。如真谛的《部执异论》,译说假部(施设论)为分别说部④。依《大智度论》说:论有八品,从第一品的“世间施设”得名。《大智度论》夹注,依《楼炭经》造。《楼炭经》是《长阿含经》的《世记经》,异译有《大楼炭经》、《起世经》、《起世因本经》。《世记经》,就是世分别;记有分别的意义。起世的起,也是施设安立的别译。所以,施设——波罗聂提,古来或译为“假”,或译为“分别”,或译为“记”。再来注意说一切有部古传的阿毗达磨——摩呾理迦,如:

“摩得勒伽藏者,所谓四念处……愿智三昧,增一定法,百八烦恼,世论记,结使记,业记,定慧等记。”⑤

“云何说智母?谓四念处……愿智,悉皆结集:法身,制说,寂静见等,是说智母。”⑥

---

① 《舍利弗阿毗昙论》卷一八(大正二八·六四六上)。

② 《舍利弗阿毗昙论》卷二六(大正二八·六八七中)。

③ 《舍利弗阿毗昙论》卷二六(大正二八·六八九上)。

④ 真谛《部执异论》的分别说部,与毗婆阇婆提(Vibhajyavādin)——分别说部,截然不同,不可混淆。

⑤ 《阿育王传》卷四(大正五〇·一一三下)。

⑥ 《阿育王经》卷六(大正五〇·一五二上)。

"所谓四念处……法集，法蕴，如是总名摩呾理迦。"①

"四念住……及集异门，法蕴，施设，如是等类，一切总谓摩呾理迦。"②

这是源于同一文句的不同传译。最初结集的阿毗达磨——摩呾理迦，首列四念处等，大致与《法蕴论》的品目相近。文末，《顺正理论》明说集异门、法蕴、施设——三部论的论名，这与《阿育王经》的结集、法身、制说(施设的别译)相合。最可注意的，是晋代初译的《阿育王传》，末作"世论记、结使记、业记、定慧等记"。准上所说，《世记经》的记，就是施设的古译；那么这就是"世论施设"，"结使施设"，"业施设"，"定施设"，"慧施设"了。藏译的《施设论》，分"世间施设"，"因施设"，"业施设"；而上文也有"世论记"与"业记"。所以，传说的《分别世处分》，总有八品，现在虽不能完全明白，但凭上来的文证，可以推定：世间施设，因施设，业施设，结使施设，定施设，慧施设——是《施设论》的部分品目。

《施设论》，《大智度论》作"分别世处分"；凉译《毗婆沙论》或称之为《施设世界经》③。《施设论》起初似乎是以初品——"世间施设"得名的。说到"世间施设"，传说是依《楼炭经》造的。《楼炭经》——《世记经》的内容，是从器世间的成坏、器世间的安立，说明有情世间——人、天、地狱、畜生、饿鬼等情形。《长阿含经》的《世记经》，凡五卷，分为"阎浮提洲品"、"欝单曰

① 《根本说一切有部毗奈耶杂事》卷四〇(大正二四·四〇八中)。
② 《顺正理论》卷一(大正二九·三三〇中)。
③ 《毗婆沙论》卷七(大正二八·四五下)。

品”、“转轮圣王品”、“地狱品”、“龙鸟品”、“阿须伦品”、“四天王品”、“忉利天品”、“三灾品”、“战斗品”、“三中劫品”、“世本缘品”——十二品。婆罗门教有《往世书》,叙述五事——宇宙的创造,宇宙的破坏与再建,神统与王统的世系,古代诸王治世的情形,月族的历史。《世记经》,可说是佛教立场的《往世书》。与《世记经》类似的,有陈真谛译的《立世阿毗昙论》,凡十卷,二十五品。《世记经》的缘起,如《经》卷一(大正一·一一四中)说:

“众比丘于食后,集讲堂上,议言:诸贤!未曾有也!今此天地,何由而败?何由而成?众生所居国土云何?尔时,世尊于闲静处,天耳彻听,闻诸比丘于食后集讲堂上,议如此言。……佛告诸比丘:……汝等欲闻如来记天地成败,众生所居国土不耶?……谛听谛听,善思念之,当为汝说。”

依经文,这是比丘们以世界成坏、众生所住的器世间为论题,而共同论议。如来知道了,就应机宜说。但内容非常类似的《立世阿毗昙论》,开端就说“如佛婆伽婆及阿罗汉说”①。论文中,或标“如是我闻”,直录经文(每有新的成分),或直叙而末了说:“是义佛世尊说,如是我闻。”这显然为经说及传说的类集。从《世记经》、《立世阿毗昙论》的内容来说,一部分是见于《杂阿含经》等的。或作佛及阿罗汉说,或作初由比丘们论议,后由佛

① 《立世阿毗昙论》卷一(大正三二·一七三上)。

说。这应解说为:这是依据古传的经说,由众比丘——阿罗汉们的整理、论议而集成,觉得完全符合于如来的意思。

说一切有部的《施设论》——“分别世处分”,我以为并非依《长阿含经》的《世记经》造的。《大智度论》夹注所说,只是译者或录写者所附加,并非论文。因为,编为经的体裁,作为佛为众比丘说,如《世记经》那样,只是某一部派的传说①,而不是各派公认的。如铜锞部的《长部》,就没有与《世记经》相当的契经。铜锞部并非没有说到这些问题,而是没有集成这样的部类,作为是佛说的。说一切有部的《大毗婆沙论》,论到有关的问题,没有引用《起世经》,却有《(世间)施设论》。还有不明部派(可能是犊子部系)的《立世阿毗昙论》,也是佛弟子援引佛说而撰述的。世间施设,是当时佛教界的共同论题、共同要求。各部派都有类似的部类,但或称为经,或称为论,并不一致。说一切有部的《施设论》,依经(或引经)而作问答,明白表示了佛弟子的撰述——论书的立场。

第二项　《施设论》与说一切有部

《施设论》,起初极可能为“世间施设”部分,后又增编成八品。以汉译的《施设论》——“因施设”来说:轮王七宝,轮王与佛,生死与动物眼,山林花果,大海,云雨雷电,与“世间施设”有关的问题,仍占十分之五。其余的,也是因轮王而说到佛与菩

---

① 法藏部《四分律》卷五四(大正二二·九六八中);《长阿含经》中,有《世界成败经》,与汉译《长阿含经》有《世记经》相合。《世记经》及汉译《长阿含经》,可能为法藏部诵本。

萨、神通变化等事情。从《大毗婆沙论》引文来看,世间安立、死生、神通变化、定慧,是《施设论》所重的,而对业与业报,说得特别多。

《施设论》,是有古代的论说为基础的。其渊源,与《长阿含经》的集成可能有关。《施设论》的成立,与《世记经》、《立世阿毗昙论》等同时,适应当时佛教界的一般需要而造作,离阿育王的时代不远。《施设论》,是不限于说一切有部的,如《大毗婆沙论》说:

> "有说:四沙门果唯是无为,如分别论者。……彼作是说:无为果中亦可说住,故《施设论》作如是说:彼住于断,不求胜进。"①

> "犊子部分别论者,欲立音声是异熟果。问:彼由何量作如是说?答:由圣言故。如《施设论》说:何缘菩萨感得梵音大士夫相?菩萨昔余生中,离粗恶语;此业究竟,得梵音声。由此说故,彼便计声是异熟果。"②

依上二文,可见《施设论》是被看作"圣言"的;不但为说一切有部所推重,也是犊子部、分别论者——大陆分别说系(通大众部)所信用。各部都推重这部论,这部论的成立是不会太迟的。说一切有部论师重视《施设论》,与《集异门论》、《法蕴论》,同样的推为古传的摩窒里迦;以《施设论》为自部的六论之一。然《施设论》的论义,每与说一切有部主流——《发智论》系

---

① 《大毗婆沙论》卷六五(大正二七·三三六下——三三七上)。

② 《大毗婆沙论》卷一一八(大正二七·六一二下)。

不合,如《大毗婆沙论》说:

1."云何无明?谓过去一切烦恼。"①

2."二唯有漏,谓惭、愧。"②

3."男子造业胜非女人,男子练根胜非女人,男子意乐胜非女人。"③

4."何缘故痴增?谓于害界、害想、害寻,若习若修若多所作,彼相应寻,名为害寻。"④

5."赡部洲人形交成淫……他化自在天相顾眄成淫。"⑤

毗婆沙师非常重视《施设论》,引用的多达七十余则。这是由于"世间施设","业施设",当时重视的问题,要借重《施设论》的缘故。但《施设论》义每与毗婆沙师不合,有的勉强地给予会通,有的就简单地说"彼不应作是说"⑥。这也可以说明,《施设论》并不是专属于说一切有部的。但由于说一切有部的重视,《施设论》毕竟成为说一切有部的论书了。说一切有部的新义,据《大毗婆沙论》所引,已增入不少。如得与得得,九十八随眠⑦,成就不成就⑧。九十八随眠,成就不成就,都是《发智

① 《大毗婆沙论》卷二三(大正二七·一一九上)。
② 《大毗婆沙论》卷三五(大正二七·一八一上)。
③ 《大毗婆沙论》卷三五(大正二七·一八二下)。
④ 《大毗婆沙论》卷四四(大正二七·二二七上)。
⑤ 《大毗婆沙论》卷一一三(大正二七·五八五中)。
⑥ 《大毗婆沙论》卷二三(大正二七·一一九上)。
⑦ 《大毗婆沙论》卷六五(大正二七·三三七下)。
⑧ 《大毗婆沙论》卷三六(大正二七·一八八中)。

论》时代的论义;而得得,还在《发智论》以后。《发智论》学系,将说一切有部的论义增补在《施设论》中;《大毗婆沙论》以后,才被公认为说一切有部的六论之一。《施设论》的说一切有部化,是不会太早的。

在说一切有部的论书中,《施设论》当然是很重要的。但对阿毗达磨论义,也许反而逊色。因为《施设论》的根本是"世间施设",对有关超越一般常识的事相,综集一切古传与新说的大成。"因施设"等,也还是继承这一特色。以超越一般常识的事相为对象,或是关于天象、地理——山、海、陆、岛、物理、生理、动物、植物等物质科学处理的问题,或是天宫、龙宫、地狱、饿鬼、神通、变化等信仰传说的问题。对这些问题,凭传说与推理而作成的答案,这是不可避免的,容易陷于谬误的推理,增加了佛法中的神奇成分。然而,这是当时佛教界的一般要求、共同论议,不只是《施设论》如此,更不是说一切有部一部的事。

顺应佛教的时代需要,以"世间施设"为主而集成《施设论》。那时的佛教界,业与空——两大论题,已非常地重视。《发智论》本没有重三三摩地——空空三摩地、无相无相三摩地、无愿无愿三摩地,是《施设论》所说的①。关于空,综集为十种空,如《大毗婆沙论》卷一〇四(大正二七·五四〇上)说:

> "《施设论》说:空有多种,谓内空,外空,内外空,有为空,无为空,无边际空,本性空,无所行空,胜义空,空空(如是十种空,如余处分别)。"

① 《大毗婆沙论》卷一〇五(大正二七·五四三上)。

《施设论》对于空义的解说，虽不应加以推测，但《施设论》对于空的重视，是不容怀疑的事。对于重三三摩地，有类似单修、重修、圆修的说明，如《大毗婆沙论》卷一〇四(大正二七·五三八下)说：

"《施设论》中初作是说：空三摩地，是空非无愿无相；无愿三摩地，是无愿非空无相；无相三摩地，是无相非空无愿。"

"即彼论中次作是说：空三摩地，是空亦无愿，非无相；无愿三摩地，是无愿亦空，非无相；无相三摩地，唯是无相，非空无愿。"

"即彼论中后作是说：空三摩地，是空亦无愿无相；无愿三摩地，是无愿亦空无相；无相三摩地，是无相亦空无愿。"

《施设论》的本义，是如说一切有部所说的吗？在佛教界，对于三解脱门，一向有三门别入、三门展转助成、三门实义无别的异说。《施设论》对于三三摩地的见解，是值得重视的了。

《施设论》——富于传说的、神秘的推理中，唯心论的气息增强了，如《大毗婆沙论》卷二六(大正二七·一三二上)说：

"佛告长者：此入出息，是身法，身为本，系属身，依身而转。"

"施设论说：何缘死者入出息不转耶？谓入出息由心力转；死者无心，但有身故。"

出入息,佛是作为生理现象的,所以又名“身行”。《施设论》以为由心力而起,虽可能是由禅定的部分经验而引出的结论,但不免偏于心了。

第五节　《阿毗达磨品类足论》

第一项　传译与作者

六分阿毗达磨中,《阿毗达磨品类论》表达了阿毗达磨思想的圆熟阶段。《品类论》虽是属于《发智论》系的,但地位几乎与《发智论》相等。大乘的龙树,于法相分别,大抵取《品类论》说,而不取《发智论》与《大毗婆沙论》。在说一切有部的阿毗达磨论书中,《发智论》而外,这是最值得重视的名著了。

《阿毗达磨品类论》,玄奘于显庆五年(西元六六〇年)译出,十八卷,分八品。异译有宋求那跋陀罗(Guṇabhadra)译的,名《众事分阿毗昙论》,十二卷,也分八品。这二部,都是全译。此外,《品类论》第一“辩五事品”,后汉建和二年(西元一四八)来中国的安世高,曾译为《阿毗昙五法行经》,一卷。唐大番国沙门法成,译为《萨婆多宗五事论》,一卷。从汉到唐,《品类论》的“辩五事品”,单行流通,是非常盛行的。安译的《阿毗昙五法行经》,在分别五法以前,有八智、十六行相、四谛——一段。这应该是译者取别处文句,附于论前的;其他的译本都没有这一段,不应该为此而作不必要的推论。

《品类论》是世友造的,这是一致的传说。这位世友,是否

《大毗婆沙论》所说的四大论师之一呢？四大论师之一的世友，是《发智论》的权威学者。九十八随眠说，传为《发智论》主的创说；《品类论》已充分引用，可见《品类论》也是成于《发智论》以后的。我以为：《品类论》作者世友，就是《大毗婆沙论》所说的四大论师之一的世友，约为西元前一〇〇年顷人。至于传说他为婆沙评家，主持第三结集，到下面再为论说。

《品类论》八品，传说为世友所造，但其中还有分别，如《大智度论》卷二（大正二五·七〇上）说：

> "六分中，初分八品，四品是婆须蜜菩萨作，四品是罽宾阿罗汉作。"

这是龙树所知所传的古说。世友所作的仅有四品，是哪四品呢？吕澂曾推论为："诸处品"，"七事品"，"随眠品"，"摄等品"——四品，是世友所作①。这是不能轻率论定的，试先审查全论八品的内容：

一、"辩五事品"：以色、心、心所、心不相应行、无为——五事，统摄一切法（阿毗达磨旧义，以蕴、界、处摄一切法）。这是继承《发智论》的分别，而整理成章的；明诸法的自相分别。二、"辩诸智品"：依上品所说的十智，作所缘，（智与智）相摄，有漏、无漏，有漏缘、无漏缘，有为、无为，有为缘、无为缘——六门分别。三、"辩诸处品"：举十二处，以有色、无色，……见苦所断、见集所断、见灭所断、见道所断、修所断（五断门）——三十

① 吕澂《阿毗达磨泛论》（《内学》第二辑一六七）。

三门作分别。然后以蕴、处、界、根、随眠——五门,论摄或不摄。本品明诸法的共相分别。四、“辩七事品”:首列十八界……六爱身,次一一解说(《众事分阿毗昙论》,缺解说)。然后以界、蕴、处,作摄不摄、相应不相应的分别。五、“辩随眠品”:这是本论最精密的一品;先以九十八随眠为本,作欲界系、色界系、无色界系,见断、修断,见苦所断、见集所断、见灭所断、见道所断、修所断(这里,插入随眠定义,九十八随眠与七随眠,十二随眠的相摄),遍行、非遍行,有漏缘、无漏缘,有为缘、无为缘,所缘随增、相应随增——七门分别。其次,又就九十八随眠,类分为二十法,唯二十法,二十心,四十八心,三十六随眠,四十八无明;一一作所缘随增、相应随增的分别。六、“辩摄等品”:列举一法门五,二法门一百零三,三法门三十一,四法门二十一,五法门五,六法门二,七法门三,八法门三,九法门二,十法门二,十一法门一,十二法门一,十八法门一,二十二法门一,九十八法门一,共一百八十二法门。其次,一一地解说。然后以蕴处界摄、智知、识识、随眠随增——作四门分别。七、“辩千问品”:依《法蕴论》的十八法门,一一以五十问(五十门分别)来分别。八、“辩抉择品”:是依“诸处品”造的。先列举有色、无色等三十三法门,就是“诸处品”用来分别的法门。次列举蕴、界、处、根、随眠——五门,就是“诸处品”用来论相摄的。综合了上说的三十八法门,然后以蕴处界摄、智知、识识、随眠随增——四门作分别,与“辩摄等品”的意趣相同。

经上面的内容分析,发见了《品类论》的八品,的确是分为两大类的:Ⅰ承受古论而改造的,Ⅱ整理古说而创新的。各有四品如下：

Ⅰ“辩七事品”·“辩摄等品”·“辩千问品”·“辩抉择品”

Ⅱ“辩五事品”·“辩诸智品”·“辩诸处品”·“辩随眠品”

先论承受古论而改造为说一切有部论书的。一、“辩七事品”：与铜鍱部的《界论》（《舍利弗阿毗昙论》的“摄相应分”）是源于同一古典，而部派不同。《界论》①与“七事品”②所举的法门，对列如下：

《界论》	《品类论·辩七事品》
五蕴·十二处·十八界	十八界·十二处·五蕴·五取蕴·六界
四谛·二十二根·缘起·四念处·四正胜·四正勤·四静虑·四无量·五根·五力·七觉支·八圣道支	十大地法·十大善地法·十大烦恼地法·十小烦恼地法·五烦恼·五触·五见·五根·五法
触·受·想·思·心·胜解·作意	六识身·六触身·六受身·六想身·六思身·六爱身

《界论》与“七事品”，前列蕴、界、处，后列触、受、想、思、识，可说是完全一致的。中间部分，《界论》还是古型的——《分别论》、《法蕴论》等品目；而“七事品”已进入新阶段，心所法已作

① 《界论》（南传四七·二一三）。

② 《品类论》卷二（大正二六·六九八中——下）。

成不同的分类。对于上列的法门,《界论》以三法——蕴、界、处,作摄与不摄的分别;以四法——受、想、行、识,作相应不相应的分别。而"七事品",以界、处、蕴,分别摄不摄,也以这三法分别相应不相应,这不是大致相同吗?《品类论》的"七事品",从来不知道是哪七事;作为"七事品"(部分)广说的《界身论》,也不知道为什么名为"界"。但现在可以断论:这都是依古传而来的。《界身论》的界,是从《界论》的界来的。而所以称为"七事",应该是渊源于古论的三法——蕴、界、处,四法——受、想、行、识而得名的。

二、"辩摄等品":上面曾说到:《舍利弗阿毗昙论》的"非问分·界品"、铜鍱部《法集论》的"概说品",与《品类论》的"辩摄等品",是一脉相通的①。"辩摄等品",《众事分阿毗昙论》作"分别摄品",《大智度论》引文作"摄法品"。摄法与法集,是完全同一的。《品类论》的"辩摄等品",承受古型的"界"——论母、论门,而附以蕴处界摄、智知、识识、随眠随增——阿毗达磨的新分别。

三、"辩千问品":依古阿毗达磨《法蕴论》的论题,而作诸门分别,这是不消多说的。然对"千问"的意义,还值得考虑。奘译《品类论》("辩千问品")卷一〇(大正二六·七三三上)说:

> "学处净果行圣种,正断神足念住谛,静虑无量无色定,觉分根处蕴界经。……经谓颂中前九后九,及各总为一,合有二十经。依一一经,为前五十问。"

---

① 本书第二章第二节第四项。

《众事分阿毗昙论》，虽分列前九后九——十八经，但没有总经；就是《品类论》，也是没有的。所以，奘译本想依二十经，各五十问，合成千问，以解说“千问品”的名义，与实际是不相符合的。考《大智度论》卷一八（大正二五·一九五上）说：

> “一切法摄入二法中，所谓名、色，色、无色，可见、不可见，有对、无对，有漏、无漏，有为、无为等，二百二法门，如千难品说。”

又《论》卷二七（大正二五·二五九中——下）说：

> “一切法，所谓色、无色法，可见、不可见，有对、无对，有漏、无漏……如是等无量二法门摄一切法，如阿毗昙摄法品中说。”

“千难品”，是“千问品”的异译。所说的“二百二法门”，应读为“二，百二法门”，就是二数的法门，有百零二门。这与“辩摄等品”（就是“摄法品”）的百零三门，《法集论》的百门，虽次第与内容有出入，但数目是非常接近的。据龙树所见的，“千问品”与“摄法品”是一样的。这在铜鍱部：《法集论》是二数的百法门，《分别论》的“问分”（论门分别）也还是二数的百法门。《舍利弗阿毗昙论》“非问分·界品”，凡六十二门；“问分”的分别，虽减省为三十四门，大致也还是相同的。但与此相当的“辩摄等品”、“辩千问品”，论门的距离很大。依龙树所见，“千问品”的论门分别，是与“辩摄等品”一致的。千问，只是形容论门问答的众多而已。或者对论门重新整理，大概是五十问吧（确数是很难计算的)! 这才以二十经,总成千问,这不是说一切有部“千问品”的原型。总之,《法集论》的论母与“概说品”,《舍利弗阿毗昙论》的“非问分·界品”,与“辩摄等品”相当。《分别论》的“问分”、《舍利弗阿毗昙论》的“问分”,与“辩千问品”相当。这都是承受古型的阿毗达磨,而成为某一部派的新论书。

四、“辩抉择品”:如上所说,是成立于“诸处品”以后。四门分别,与“辩摄等品”相同;虽不是承受古论而成,但属于“辩摄等品”一流。

再说整理古说而创新的。“辩五事品”等四品,是有一贯性的:1. “辩五事品”统摄一切法。对于心所法,十大地法而外,分为二类,善的与不善的。不善的,以“一切结、缚、随眠、随烦恼、缠”为总结。善的,以“诸所有智,诸所有见,诸所有现观”为总结。不善心所中,详说七随眠,分成九十八随眠;善心所中,详说十智。“辩诸智品”、“辩随眠品”,就依此而为独立的一品。2. 古型阿毗达磨,依道品及蕴处界等,作问答分别,如《分别论》“问分”、《舍利弗阿毗昙论》“问分”、《品类论》“千问品”。在自相分别中,蕴、处、界,渐为一切法的分类与统摄。所以阿毗达磨常例,是以蕴、界、处摄法的。在阿毗达磨开展过程中,起初重蕴,后以处摄一切法(三科以处为先,如《法蕴论》、《舍利弗阿毗昙论》“问分”),末后,说一切有部以十八界摄一切法为主。《品类论》以“处”为主,作诸门(共相)分别,立“辩诸处品”。同时,以《发智论》以来的论究成果,分色、心、心所、心不相应行、无为——五事,立“辩五事品”。作自相分别,摄一切法(代替固有的蕴、界、处)；阿毗达磨的面目一新，成为北方佛教最受推重的分类法。3. 这四品的成立，阿毗达磨的论门分别，也进入一新的阶段。如《阿毗昙心论》卷四(大正二八·八三〇中)说：

> “此佛说契经，显示于三门，识智及诸使(随眠的旧译)，分别此三门。”

这重要的三门分别，实从《品类论》的四品而来。“辩诸智品”，明智所知。“辩诸处品”，明识所识。“辩随眠品”，明随眠所随增。《大毗婆沙论》卷一〇八(大正二七·五五八上)说：

> “若问摄，应依十八界审思而答。若问识，应依十二处审思而答。若问随眠，应依五部审思而答。若问智，应依四圣谛审思而答。如是诸义，易可显示。”

《大毗婆沙论》以《发智论》为宗，所以约界(蕴、界、处)摄法(仍用阿毗达磨旧义)，约处明识所识，约四谛(十智依四谛等分别而成)明智所知，约五部(七随眠约三界、五部分别，成九十八)明随眠所随增。如依上说的四品，那么，如要摄法，应依五事(这到大乘中才广泛应用)。这四品的统系，试列表如下：

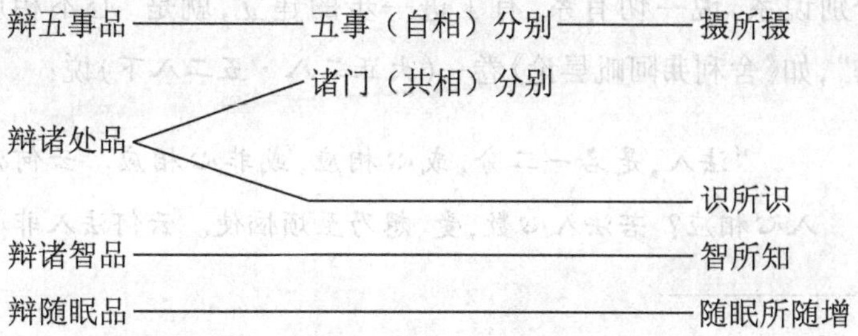

《品类论》八品，龙树说：四品是婆须蜜——世友作。我以为就是："辩五事品"，"辩诸处品"，"辩诸智品"，"辩随眠品"。世友为健驮罗的大论师，继承《发智论》而有卓越的建树。这四品，意义一贯，代表了世友的思想。其他四品，主要为渊源古论而改造为说一切有部的。"辩摄等品"、"辩抉择品"，都以蕴处界摄、识识、智知、随眠随增——四门分别，与迦湿弥罗毗婆沙师说相合；与龙树的传说——"四品是罽宾阿罗汉作"，也完全符合。

第二项　世友《品类论》的特色

依经分别，古以五蕴或十二处摄一切法。眼、耳、鼻、舌、身、色、声、香、味、触——十色处是色蕴；意处是识蕴；法处是受蕴、想蕴、行蕴，及五蕴所不摄的无为法。这是古典的、经师的分类法。上座系阿毗达磨论师的论义，如《分别论》十二处分别说："云何法处？受蕴，想蕴，行蕴，所有色无见无对法处所摄，及无为。"①成立法处所摄色（五蕴中属于色蕴），阿毗达磨论师的分类表有了新的进步。但铜鍱部不再深究，止于这一阶段，所以在有为法中，形成色心二元论，说命根有色与心的二类等。大陆的分别说系，说一切有系，有了进一步的建立，就是"心不相应法"，如《舍利弗阿毗昙论》卷一（大正二八·五二八下）说：

> "法入，是名一二分，或心相应，或非心相应。云何法入心相应？若法入心数，受、想乃至烦恼使。云何法入非心

① 《分别论》（南传四六·八五）。

相应？若法入非心数，生乃至非想非非想智。”

“心相应”，“非心相应”，本是阿毗达磨的论门（论母）。《舍利弗阿毗昙论》也是成立这二类的。所说的非心相应，在法入中，无为法也摄在非心相应以内。在行阴中，非心相应是“行阴若非心数，生乃至灭尽定”①。这一分别，已接近“心相应行”、“心不相应行”了。但《舍利弗阿毗昙论》，只是否定的，称之为非心相应，而不是肯定的，称之为心不相应。从非心相应到心不相应，似乎是理念上的死结，再也意会不过来。所以《舍利弗阿毗昙论》也就停止在那一阶段。在说一切有部中，到《发智论》，才明确地见到成立了“心不相应行”，如论异熟因时说：“色、心、心所法、心不相应行。”②又如说：“依命根、众同分，及余如是类心不相应行。”③世友承受论师们的论究成果，不再为蕴、界、处摄法的旧形式所拘束，而提出了以五事——色、心、心所、心不相应行、无为来摄一切法。这不能不说是卓越的成就！这难怪“五事品”的单行流通，从后汉到晚唐，一再译传到中国来，受到大乘瑜伽者的厚爱了。现在根据“辩五事品”，列五事摄法表如下：

- 色
  - 能造色——地·水·火·风
  - 所造色
    - 眼·耳·鼻·舌·身
    - 色·声·香·味·触一分
    - 无表色

---

① 《舍利弗阿毗昙论》卷三（大正二八·五四七中）。

② 《发智论》卷一（大正二六·九二〇下）。

③ 《发智论》卷一（大正二六·九二一下）。

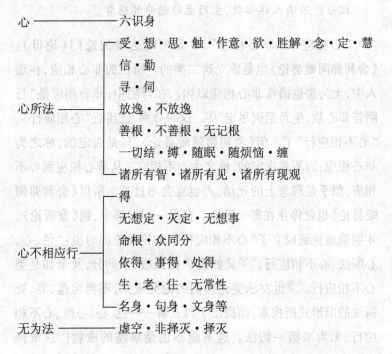

心	六识身
心所法	受·想·思·触·作意·欲·胜解·念·定·慧
	信·勤
	寻·伺
	放逸·不放逸
	善根·不善根·无记根
	一切结·缚·随眠·随烦恼·缠
	诸所有智·诸所有见·诸所有现观
心不相应行	得
	无想定·灭定·无想事
	命根·众同分
	依得·事得·处得
	生·老·住·无常性
	名身·句身·文身等
无为法	虚空·非择灭·择灭

从五事摄法表来看，心不相应行，已大体完成。得，本从众生初生的“得依、得事、得处”，及修证的得定、得果而来，所以都列举出来。心所法还在初阶段，受、想……定、慧，是十大地法，出于《发智论》“智纳息”①。念、定、慧连下文读，与信、勤合为五根；寻与伺，是禅支：这都是古代修证论的重要心所。此下，善不善相对。应断的烦恼，以经说的结、缚等为代表；应修的智慧，以智、见、现观为代表。这一心所的分类，还是古典的；可见《品类论》主世友的时代，是并不太迟的。世友为《发智论》的大家，

① 《发智论》卷一（大正二六·九二〇下）。

但不立异生性，与《发智论》的见解多少有些不同。这所以《大毗婆沙论》集成以后，部分不满专宗《发智》——毗婆沙师的论师，造作论书，都继承世友的传统。

《法蕴论》的"蕴品"与"处品"，所说心所法与心不相应行①，都与"辩五事品"一样。福原亮严解说为：世友继承《法蕴论》的成果②。《法蕴论》，当然是有古传渊源的，早于《品类论》的，但内容却在不断的增改中。沙门果有有为与无为，出于《施设论》；九十八随眠，出于《发智论》。所以心相应、心不相应行的分类，不是《法蕴论》创说，为《品类论》所禀承，反而是依《品类论》的新说，充实了古传的《法蕴论》。这在上面已经说到；如泛说《法蕴论》为古型的，将陷于严重的误解③！至于"辩七事品"的心所法分类，当在下一节说明。

《品类论》的另一特色，是不泛论一切，而集中于有代表性的法门。如通一切法的蕴、处、界，取处；种种智慧中，取十智；种种烦恼中，取九十八随眠（七随眠）。这比之《发智论》的广泛，更为精简，成为后代阿毗达磨论典型。其中，随眠——"辩随眠品"的精密论究，更为世友的特长。不但"辩随眠品"，"辩五事品"也广明随眠。"辩诸处品"的三十三门分别中，除常例的见修非所断——三断门外，并出六断门。以五法门摄法中，最后也就是九十八随眠。世友是重视随眠论的，《大毗婆沙论》所引的世友说，也可见对于随眠论的重视：

---

① 《法蕴论》卷一（大正二六·五〇〇下）。
② 福原亮严《有部阿毗达磨论书之发达》（一五八——一六〇）。
③ 本书本章第二节。

1.“由四事故，说诸随眠有随增义。”①

2.“由五事故，诸随眠断。”②

3.“相应随眠染污心故，所缘随眠不如是故。”③

世友造《品类论》——四品，引起了说一切有部阿毗达磨论者的推重。于是罽宾论师，在世友学的基础上，取古传的论义，而改作为“辩七事品”、“辩摄等品”、“辩千问品”、“辩抉择品”。而“辩摄等品”与“辩抉择品”，也就立蕴处界摄、智知、识识、随眠随增——四门分别。总编为八品的《品类论》，而传说为一切是世友所造的。

第六节　《阿毗达磨界身足论》

《阿毗达磨界身足论》，玄奘于龙朔三年（西元六六三）译出，凡三卷。全论分为二品：一、“本事品”，与《品类论》的“辩七事品”相同，只是减略些。二、“分别品”。这是六论中最后出的；因为与《品类论》的“辩七事品”有关，所以先为论究。

沙门释基的《界身足论后序》（大正二六·六二五下）说：

“原其大本，颂有六千。后以文繁，或致删略为九百颂，或五百颂者。今此所翻，有八百三十颂。”

序文说到广本与略本，而《界身论》又与《品类论》的“七事

① 《大毗婆沙论》卷二二（大正二七·一一二上）。
② 《大毗婆沙论》卷二二（大正二七·一一四中）。
③ 《大毗婆沙论》卷一一二（大正二七·一一二上）。

品"有关,所以福原亮严同意《品类论》为《界身论》的延长与扩大的说法①。这就是以略本为《界身论》,广本为《品类论》。吕澂也同意这种意见②。其实,这是不正确的。《品类论》本为四品,"辩七事品"是增补四品的一品。《界身论》与"辩七事品"有关,不应推论为与《品类论》全论有关。略本与广本的传说,应从《界身论》自身去寻求正确的意义。《界身论》的"分别品"这样说:

"(第四门)如以受对六触身,对六想身、六思身,广说亦尔。"③

"(第十五门)由斯理趣,其懈怠等诸门差别,应依前说一行方便,如理应思。"④

"(第十六门)如是略说有十六门,若广说有八十八门。"⑤

《界身论》的删略,就在这里。"分别品"共分十六门。初三门是:受根相应不相应门,识相应不相应门,无惭无愧相应不相应门。第四门起,是相摄门。依"一行"论法,从(十大地法的初二法)受相应、想不相应,何所摄起,到意触所生思相应、意触所生受不相应,何所摄止,一共有八十五门。如一一广说,那实在太繁了。奘译的《界身论》,是删略了的。第四门到十四门(共

① 福原亮严《有部阿毗达磨论书之发达》(一二九)。
② 吕澂《阿毗达磨泛论》(《内学》第二辑一六六)。
③ 《界身论》卷中(大正二六·六一九上)。
④ 《界身论》卷下(大正二六·六二四中)。
⑤ 《界身论》卷下(大正二六·六二五下)。

十一门),虽也有所删略,如上所引的第五门等文,还保存每一门的规模。十五、十六两门,更为简略,总摄了七十四门——十二到八十五门的内容。这样的简略,凡八百三十颂;如八十五门都分别广说,就有六千颂了。广本与略本,是《界身论》自身的事,与《品类论》无关。

《界身论》的"本事品"①,是依《品类论》的"辩七事品"②,而多少减略些。如下:

《品类论·七事品》	《界身论·本事品》
十八界·十二处	
五蕴·五取蕴·六界	
十大地法	十大地法
十大善地法(众事分缺)	
十大烦恼地法	十大烦恼地法
十小烦恼地法	十小烦恼地法
五烦恼·五触	五烦恼·五触
五见·五根·五法	五见·五根·五法
六识身·六触身	六识身·六触身
六受身·六想身	六受身·六想身
六思身·六爱身	六思身·六爱身

比对二论,有二点不同:一、"辩七事品"有十大善地法,《界身论》没有,《众事分阿毗昙论》也没有;这是后起的,依《大毗婆

① 《界身论》卷上(大正二六·六一四中)。

② 《品类论》卷二(大正二六·六九八中——下)。

沙论》而补入的。二、十八界到六界——五类,《界身论》也没有。

"辩七事品"所列的,可分三类。一、十八界到六界——五类,是综集经说的。《界身论》缺。二、十大地法到五法——八类五十五法,为心所法的分类。三、六识身到六爱身——六类,是经说的六六法门。其中最重要的,是心所法的分类,八类五十五法。(一)十大地法,是《发智论》"智纳息"、《品类论》"辩五事品"所已经成立了的。(二)十大烦恼地法:不信,懈怠,失念,心乱,无明,不正知,非理作意,邪胜解,掉举,放逸。(三)十小烦恼地法:忿,恨,覆,恼,嫉,悭,诳,谄,憍,害。上说的三类十法,与《大毗婆沙论》所列,完全一致[1]。但此下,《界身论》所列为:(四)五烦恼:欲贪,色贪,无色贪,嗔,疑。(五)五触:有对触,增语触,明触,无明触,非明非无明触。(六)五见:身见,边见,邪见,见取,戒禁取。(七)五根:乐,苦,喜,忧,舍。(八)五法:寻,伺,识,无惭,无愧。而《大毗婆沙论》在三类十法后,又列:(四)十大善地法;(五)五大不善地法;(六)三大有覆无记地法;(七)十大无覆无记地法。《大毗婆沙论》对于心所法的叙列,上三类十法而外,有了大善地法;而七类五十八法,都是经过论师的整理而成立的。可是《界身论》与"辩七事品",虽前三类相同,而后五类中,如五根、五见,都只是遵循旧说,而又没有善法。所以《界身论》心所法的整理,比《发智论》、《品类论》,虽又进了一步,但还不及《大毗婆沙论》。《大毗婆沙论》虽没有引

① 《大毗婆沙论》卷四二(大正二七·二二〇上)。

用《界身论》,而《界身论》的成立是应该早于《大毗婆沙论》的。

再来看“分别品”:相应门有四事:一、五受根的受;二、六识身的识;三、无惭;四、无愧。相摄门有三事:蕴,处,界。这样,现存《品类论》的“辩七事品”,虽不知七事是什么,但依《界身论》,却极为明白。《品类论》的“辩七事品”,是后人补作的,如上节所说。《品类论》的“辩七事品”,与《界身论》,可能同为一本。或将论的相摄门,依“一行”论法,推衍为繁长的六千颂,名《界身论》(再依之而有略本)。或将论的相应门,也以界处蕴作分别,成为现存于《品类论》的“辩七事品”。《界身论》的界,“辩七事品”的七事,上节曾说过,与铜鍱部的《界论》有关。《界论》以三法——蕴、处、界,分别摄与不摄;以四法——受、想、行、识,分别相应不相应。这与《界身论》大致相同,只是以受、识、无惭、无愧,代替受、想、行、识而已。因此,“辩七事品”以蕴、界、处,分别相应不相应,既不及《界论》与《界身论》的适合,又失去了“七事”(只有六事)的意义。不过参照《界论》、《界身论》列举的法门(本事),应该如“辩七事品”所说,前列界、处、蕴才是。

《界身论》,玄奘传为世友所造,这是以为与《品类论》的作者为一人。但世友只造四品;“辩七事品”已是别人所作,《界身论》更不是世友所造了。称友《俱舍论疏》,传说《界身论》为富楼那造。也许《界身论》与“辩七事品”,就是这位论师的杰作。

第七节 《阿毗达磨识身足论》

《阿毗达磨识身足论》,传为提婆设摩(Devaśarman)所造。

玄奘于贞观二十三年(西元六四九)译出,共十六卷,分为六蕴。在六分阿毗达磨中,极为重要,受到毗婆沙师的推重。《识身论》的内容,是以六识为中心的。先弹破二家,其次分别二事。所破的两家:一、“沙门目连”的“过去未来无,现在无为有”①。就是“目乾连蕴”第一。二、“补特伽罗论者”的“谛义胜义,补特伽罗可得可证,现有等有,是故定有补特伽罗”②,就是“补特伽罗蕴”第二。但“补特伽罗蕴”的第三嗢陀南,说到唯有六识身聚,十二缘起,心性无常,苦集苦灭的正观;六识有四缘。对上文说,这是说明没有补特伽罗,仅有以六识身为中心的缘起,苦集苦灭的正观。如对下文说,六识身有四缘,引起下文的四缘论。

《识身论》弹破的第一家,是“目连沙门”,就是从根本上座部分化而出的分别说系,阿育王时代目犍连子帝须领导的部派。这一系,无论是传化到锡兰的铜鍱部,或流行印度本土的化地部、法藏部、饮光部(略折中说一切有说),都是主张过未无体、现在是有的分别说者。这与三世实有的说一切有者,尖锐地对立。《识身论》以三世一切有的立场反复地难破他,主要是以“彼此共许的”佛说来证明。《识身论》有四项基本原则:一、二心不能并生:如观贪不善根等,不可能观现在贪,非过去(或未来)的不可。如观现在贪,那能观与所观,就同时有二心了。也就因此,意根不可能是现在的。无间灭入过去的意,为缘而能生意识,怎么可说没有过去?二、业与异熟果不能同时:业已灭而能感异熟果,所以非过去有不可。三、佛说我们的了别——识,

① 《识身论》卷一(大正二六·五三一上)。
② 《识身论》卷二(大正二六·五三七中)。

一定有境为所缘:过去未来的,可以观察,可以了别,所以过去未来是有的。四、成就的可以不现前:如有学现起缠心,而还是成就五根的。现入灭尽定的,还是成就少欲,羞惭,触,意思,识食。不现前而是成就的,那一定是过去未来有了。"目连沙门"仅提出了"有无所缘心"①,以为过去未来虽没有实体,但可以成为认识的境界。

弹破的第二家,"补特伽罗论者",就是从上座部说一切有中分化而出的犊子部及正量等四部。犊子部以为:"有为可得,无为可得,补特伽罗亦有可得。"②有补特伽罗,才能造业受苦乐;为慈悲的所缘。《识身论》自称性空论者,即无我论者,反复地责难他。一、从前后的关系说:如有真实的补特伽罗,那从这趣而另生他趣,或从初果到二果等。如前后是一,"彼即是彼",就犯是常是一的过失。如"彼异于彼",就犯是断是异的过失。假如说:"不可说彼或(是)彼或异(彼)",那也就不该说这"不可说彼或彼或异"的话了。二、如有补特伽罗,怎么知道呢?佛说六识所知的,是色、声、香、味、触、法,并没有补特伽罗;不能说六识以外,别有了别补特伽罗的第七识。依性空论者的见地,"诸法性有等有,由想等想,假说有情。于此(慈缘有情)义中,慈缘执受诸蕴相续"③。上二蕴,成立三世有的自宗,遮破补特伽罗实有,过去未来无体——二大系。从教理上,简要地表示了说一切有部的主要思想。

① 《识身论》卷一(大正二六·五三五上)。
② 《识身论》卷三(大正二六·五四五中)。
③ 《识身论》卷三(大正二六·五四三下)。

次明二事——“因缘”，“成就不成就”。一、以六识为主而广论四缘：“因缘蕴”第三，明因缘。“所缘缘蕴”第四，明所缘。“杂蕴”第五，明等无间缘与增上缘。论“因缘”，含有《发智论》的五因。从六识的三世，三性，四性，三界系（三界四性，成十心），五部断（三界成十五心）；而论为因，为缘，随眠随增，断等。论“所缘缘”，也约三世等六识（加学无学，成十二心），论所缘、随眠随增、断等。论义非常繁密，比起《品类论》的“辩随眠品”，是有过之而无不及的。二、“成就蕴”第六，明成就不成就，也是约十二心、十心等作论。

上座部阿毗达磨的根本论题，是自相、共相、摄、相应、因缘。《品类论》的“辩七事品”与《界身论》，明摄不摄、相应不相应。“辩摄等品”与“辩千问品”，是共相分别——“问分”的说一切有部论。《识身论》，就是明“因缘”，与铜鍱部《发趣论》、《舍利弗阿毗昙论》的“绪分”的意趣相合。说一切有部，明六因、四缘，《识身论》就是据此而造论的。说一切有部是三世有的，因此发展出一宗特殊的论门——成就不成就。

提婆设摩造论的传说，如《大唐西域记》卷五（大正五一·八九八下）说：

> “鞞索迦国……城南道左，有大伽蓝，昔提婆设摩阿罗汉，于此造《识身论》，说无我人。瞿波阿罗汉造《圣教要实论》，说有我人。因此法执，遂深诤论。”

鞞索迦（Viśākhā）为正量部的化区。说一切有部与正量部，以这两部论为代表，而引起二部的诤论，当然是事实。然《识身论》是深受《发智论》影响的，思想极为圆熟精密，传说佛灭一百年中，提婆设摩造《识身论》[①]，是绝无可能的。约为西元一世纪初的作品。

《识身论》深受《发智论》的影响，但对世友的《品类论》，风格更为接近。论烦恼时，以"一切结、缚、随眠、随烦恼、缠"作分别[②]。论五无间罪时，说"众同分，处得，事得，生长处得"[③]。所举的法数，与"辩五事品"相合。《识身论》虽隐用六因说，而以四缘说为主，这与《品类论》的"辩摄等品"、"辩千问品"相同。

《识身论》深受《发智论》的影响，但立义每与《发智论》不同。如《大毗婆沙论》引《识身论》说："身语恶行……是随烦恼"[④]，使毗婆沙师苦心地为他解说。但现存奘译的《识身论》已依毗婆沙师义，改为"非随烦恼"了[⑤]。《识身论》所说的十二缘起，与《发智论》不同，《大毗婆沙论》称之为"远续缘起"[⑥]；虽没有取为正义，但也没有加以责难。总之，《识身论》主是《发智论》的学者，在六论中有崇高的地位。但与偏宗《发智论》者不同；与世友的《品类论》一样，有自己的立场与独到的见解。

① 《俱舍论(光)记》卷一(大正四一·八下)。
② 《识身论》卷五(大正二六·五五七上——下)。
③ 《识身论》卷一一(大正二六·五八六中)。
④ 《大毗婆沙论》卷四七(大正二七·二四四上)。
⑤ 《识身论》卷一(大正二六·五三一下)。
⑥ 《大毗婆沙论》卷二三(大正二六·一一八下)。

第五章《发智论》与《大毗婆沙论》

第一节《阿毗达磨发智论》

第一项 翻译与组织

说一切有部阿毗达磨论宗,以迦旃延尼子所造的《发智论》为根本论。在说一切有部中,这是被推尊为佛说的。论题众多,几乎网罗了当时阿毗达磨的一切论题。内容的重要,如道安《阿毗昙八犍度论序》(大正二六·七七一上——中)说:

> "其说智也周,其说根也密,其说禅也悉,其说道也具。……其身毒来诸沙门,莫不祖述此经,宪章鞞婆沙,咏歌有余味者也。……周览斯经,有硕人所尚者三焉:以高座者尚其博,以尽漏者尚其要,以研几者尚其密。……诸学者游槃于其中,何求而不得乎?"

本论有两种译本:一、苻秦建元十九年(西元三八三),罽宾沙门僧伽提婆(Saṃghadeva)在长安诵出,由竺佛念译为华文,名

《阿毗昙八犍度论》，凡三十卷。八犍度，依论的组织立名。依“根品”后记[①]：初译缺“因缘品”。后由昙摩卑诵出，由僧伽提婆补译完成。二、唐显庆二年到五年（西元六五七——六六〇），玄奘再译，凡二十卷，名《阿毗达磨发智论》[②]。发智的意义，如《大毗婆沙论》卷一（大正二七·四下）所说，主要的意义是：

“诸胜义智，皆从此发，此为初基，故名发智。”

全论分为八蕴：“杂蕴”、“结蕴”、“智蕴”、“业蕴”、“大种蕴”、“根蕴”、“定蕴”、“见蕴”。旧译作八犍度。蕴是 skandha，犍度是 khandha，梵语小不同，但都是类聚的意思。八蕴共有四十四纳息。纳息的梵语不明，意义也不明白。旧译作跋渠（vagga），就是品。关于全论的组织体裁，《大毗婆沙论》卷一（大正二七·一中），曾这样说：

“迦多衍尼子……随顺纂集，造《发智论》。谓于佛说诸论道中，安立章门，标举略颂，造别纳息，制总蕴名。”

又在同《论》卷四六（大正二七·二三七中）说：

“其所造论，亦不错乱，能善立蕴纳息章门。”

据《大毗婆沙论》的分析，全论分四层，或五层的组织。一、

---

① 《八犍度论》卷二四（大正二六·八八七上）。

② 《婆薮槃豆传》，作《发慧论》（大正五〇·一八九上）。《大智度论》卷二，作《发智经八犍度》（大正二五·七〇上）。

“章”,就是论题。二、“门”,对于某一论题,分作几门去论说。如“世第一法”章,以七门来论说;“顶”章,作二门论说。先立章,次开门;先章后门的次第与意义,如《大毗婆沙论》广说①。三、将多少章组合为一,名“纳息”,就是品。每一纳息的内容、性质不一,所以每一纳息的名称,多半以第一章名为名,如“世第一法纳息”等。这与《论语》的篇名“学而”、“先进”等一样。四、组合多少纳息为“蕴”——犍度。每蕴的名称,是依该蕴的主要内容立名。这四层组织,就是《大毗婆沙论》所说的,“能善立蕴纳息章门”了。

或可分五层组织,这是在“安立章门”,与“造别纳息”间,加入“标举略颂”。依唐译,在每一纳息前,将各“章门”结为“略颂”,如《论》初(大正二六·九一八上)说:

> “世第一法七,顶二、暖、身见,十一见摄断,此章愿具说。”

旧译《八犍度论》,《论》初(大正二六·七七一中——下)是标举一连串的问题,如说:

> “云何世间第一法?何以故言世间第一法?世间第一法何等系——当言欲界系耶?色界系耶?无色界系耶?世间第一法,当言有觉有观耶?无觉有观耶?无觉无观耶?……此章义,愿具演说。”

这一连串的问题中,“世间第一法”是章,“云何”、“何以故

---

① 《大毗婆沙论》卷四六(大正二七·二三七上——中)。

言”等是门。在一品以前，先将问题列举，然后依着去分别，这种体裁，在阿毗达磨论中是经常见到的。如《界论》，《分别论》的“法心分别”，《舍利弗阿毗昙论》的“摄相应分”、“绪分”，《品类论》的“七事品”，《界身论》等。唐译仅有“略颂”，旧译的“杂犍度”各品只有一连串的标举问题；但自“结使犍度”起，都是先有“略颂”，次有“标举”。所以《发智论》原本，可以推定为本有“标举”与“略颂”的。如将“标举略颂”加上，在文字的组织上，就有五层组织了。

八蕴四十四纳息，构成了全部的《发智论》，今依唐译，列举名目如下：

杂蕴第一

世第一法纳息第一

智纳息第二

补特伽罗纳息第三

爱纳息第四

无惭纳息第五

相纳息第六

无义纳息第七

思纳息第八

结蕴第二

不善纳息第一

一行纳息第二

有情纳息第三

十门纳息第四

智蕴第三

觉支纳息第一

五种纳息第二

他心智纳息第三

修智纳息第四

七圣纳息第五

业蕴第四

恶行纳息第一

邪语纳息第二

害生纳息第三

表无表纳息第四

自业纳息第五

大种蕴第五

大种纳息第一

缘纳息第二

具见纳息第三

执受纳息第四

根蕴第六

根纳息第一

有纳息第二

触纳息第三

等心纳息第四

一心纳息第五

鱼纳息第六

因缘纳息第七

定蕴第七

得纳息第一

缘纳息第二

摄纳息第三

不还纳息第四

一行纳息第五

见蕴第八

念住纳息第一

三有纳息第二

想纳息第三

智纳息第四

见纳息第五

伽陀纳息第六

八蕴四十四纳息的《阿毗达磨发智论》，在体裁上，继承古传阿毗达磨论的特色："阿毗达磨性相所显"，与"素怛缆次第所显"不同[①]，所以不重次第。《发智论》是不重次第组织的[②]，但说它毫无组织，也是不尽然的。大概地说：顾名思义，"杂蕴"最为杂乱；"杂蕴"的次第，仅可用联想律去解说。如说"世第一法"，就想到"顶"与"暖"；想到初发无漏智时，所断的二十我我所见（"身见"）；又联想到"常见"等。这样，"智"，"识"，"二心

① 《大毗婆沙论》卷一（大正二七·一下）。

② 八蕴的次第组织，福原亮严《有部阿毗达磨论书之研究》（一八五页），以为本论八蕴，依四谛观而立，显与次第先后不合。

不(能同时)俱”起,那如何会有“忆念”?忆念祖宗的“祭祀”,是否有用?这样地联想下去,毫无次第前后地组合为“杂蕴”。然其他的七蕴,尤其是“结蕴”,列章与分门解说,可说极有条理。从《发智论》的组织形式来说,论主对于阿毗达磨论义,必先区别为几大类,如结、智、定、业等。每一大类,确立几大论题,然后列章分门地叙述出来。联想到的,也多少附编在里面。还有七蕴所没有论到的,有关法相的要义,确定体用,纠正异说等,再别立为“杂蕴”。“杂蕴”所论列的法义不限于一端,在说一切有部的教义中,极为重要。

第二项 《发智论》与六分阿毗达磨

在说一切有部中,以六分阿毗达磨为足,《发智论》为身。足是身的所依,《发智论》真是依止六论而进一步完成的吗?六论的性质不一,如《品类》、《界身》、《识身》——三论,明显地深受《发智论》的影响,比《发智论》还要迟些,当然不能说《发智论》是依此三论而造的。《法蕴》、《集异门》、《施设》——三论,虽被称为摩呾理迦,有古老的渊源,编集于《发智论》以前,然自《发智论》风行以后,又受它的影响,在不断的修编中才完成《法蕴论》等类译本的形态。所以现存的《法蕴》等三论,也不能看作纯粹的初期论书了。

迦旃延尼子承受上座系的思想,分别抉择,完成精深严密的《发智论》。这决非论主直接依据契经而创作,在论书的形式上,思想的内容上,一定有论说或师说的传承与启发的。可是,古传优婆毱多的《理目足论》已失传了,无可稽考。如据说一切有部的《法蕴》、《集异门》、《施设》——成立较早的三论，认为直接引发这样精严广博的论典，也是无法想像的。那么，《发智论》的渊源，是值得深思的了！

古老的阿毗达磨，称为摩呾理迦，以修道的项目为主，如《分别论》、《法蕴论》、《舍利弗阿毗昙论》"问分"。从阿毗达磨的发展来说，由于四《阿含经》的集成，引起阿毗达磨的大论究。一方面，以一法门为主而类集佛说，如"业品"、"智品"、《人施设论》等。一方面，于一切法作不同的分类观察，综集不同的类分别，就是"有色无色"等种种论门。由于这样的类集研究，"自相"、"共相"而外，又论到"相摄"、"相应"、"因缘"，成为上座系阿毗达磨的根本论门。这些，在本书第二、第三、第四章中，已一再地陈述了。这样的深入观察，广大论究，是上座系阿毗达磨所共通的。等到以说一切有为宗，更论究到"成就不成就"，才逐渐地演化，形成说一切有的论书。这样，从表面来说，现存的六分阿毗昙，不能充分说明《发智论》的思想承受。而从论究的内容来说，六论所论究的，正是从古传来而说一切有部化的；《发智论》也就是依据这种论义，而到达更高完成的。如《法蕴论》与《集异门论》，对于道品及种种法数，都有了明确的定义——出体与释名。《施设论》提供了世界与业力等重要理论。《品类论》的"七事品"与《界身论》，从说一切有的立场，说明了"相摄"与"相应"。《识身论》说明了"因缘"、"成就"。《品类论》的"辩摄等品"，组成了说一切有部化的，统摄一切法的种种论门。"辩千问品"，对《法蕴论》的法门，作诸门分别。这些，都是古传而说一切有部化的。迦旃延尼子深入于这样的阿毗达磨论义，承受从古传来的种种论门,种种论究的成果,而作成更深入、更广博的《发智论》。依佛及佛弟子的所说而作论,《大毗婆沙论》卷一(大正二七·一中)也曾表示了这样的见地:

> "若佛说,若弟子说,不违法性,世尊皆许苾刍受持。故彼尊者(迦多衍尼子)展转传闻,或愿智力,观察纂集。为令正法久住世故,制造此论。"

说到《发智论》的组织形式——八蕴,在玄奘所译的五论中,也是看不出渊源的。然从上座系阿毗达磨论去考察,显然的并非创作。如《舍利弗阿毗昙论》"问分",有"根品"与"大品";"非问分"及"绪分"中,有"智品"、"定品"、"烦恼品"等。这都是随类纂集,名为施设——"假"。又六论中的《施设论》,起初以"世间施设"为主,又集成"结施设"、"业施设"等。从《舍利弗阿毗昙论》与《施设论》的品目,发见了《发智论》八蕴名目的来源。

《发智论》	《施设论》	《舍利弗阿毗昙论》
杂蕴第一		
结蕴第二	结使记	烦恼品(非问分第十一)
智蕴第三	慧记	智品(非问分第四)
业蕴第四	业记	业品(非问分第二)
根蕴第五		根品(问分第五)
大种蕴第六		大品(问分第九)
定蕴第七	定记	定品(绪分第十)
见蕴第八		

“见”为类集的品目①,可能出于《施设论》的八品之中。七蕴以外,别立“杂蕴”(“杂犍度”),可说受了毗奈耶——律藏的影响。这与律藏的组为种种犍度(又称为“法”或“事”),又别立“杂犍度”一样。

第三项　法相的如实分别

佛法,是不满于生死流转的现实,而倾向于涅槃还灭的修证。阿毗达磨论者继承了这一立场,从事“有为无为”、“有漏无漏”——一切(生死、涅槃)法的分别,以求彻了佛法的“实相”,所以《大毗婆沙论》卷一(大正二七·一下)说:

“分别诸法自相、共相,是阿毗达磨。”

《发智论》是怎样的分别一切呢?

一、“经义的分别”:阿毗达磨,对于契经——阿含,并不只是依文解说的。因为佛陀的说法——经说,大都是随机说法:或略说,或偏约一义说,或随世俗假名说,或随顺世间说;所以契经所说,存有不同的甚至有近乎矛盾的说法。阿毗达磨论者,是要彻了事理的究竟实相,求得流转还灭的普遍必然的定律,所以论师每自称为“实相说”、“了义说”、“尽理说”等。《发智论》卷一(大正二六·九二二下),曾引经而表示这种分别契经的态度,如说:

---

① 《尊婆须蜜菩萨所集论》立十四犍度,也有“见犍度”,以“见”为类集的品目。

“故于契经,应分别义。如世尊说:兽归林薮,鸟归虚空,圣归涅槃,法归分别。”

《大毗婆沙论》卷二八(大正二七·一四五下),对这“分别经义”的态度,明确地解说为:

“于诸契经,应善分别了不了义。……智者应于契经善分别义,不应如说而便作解。若如说而解者,则令圣教前后相违,亦令自心起颠倒执。”

“分别经义”,本是阿毗达磨论者所共同的。说一切有部论师更彻底地采取这一态度。渊源于古师传承,到《发智论》而更明确地表现出来。所以,这是《随顺正理》的以理为宗的学派。

二、“诸法性相(静态)的分别”:《发智论》所表示的思想,法是无限差别的;无限差别而有种类不同的共通性,所以可分为一类一类的法门。这样,应从二方面去说明。

1. 佛是分别说法的,如五蕴、十二处、十八界、四谛等。但这是为了圣道的实践,可说是为了实用而作的分别。《发智论》虽同样的以圣道实践为主,但倾向于究理的,说明的分别,所以论中多处提到了“色、心、心所、心不相应行”①——客观的分类法。“色”是物质的,“心”、“心所”是精神的,“心不相应行”是非色非心的中立体。上来三法,有生灭现象,称为“有为法”。此外,“无为”是不生不灭的实法。这一分类法,为说一切有部(论师)、大乘唯识学者所尊重。物质——“色”,有色、声、香、

---

① 《发智论》卷一(大正二六·九二〇下),卷一五(大正二六·九九八下)。

味、触(境,物理的);眼、耳、鼻、舌、身(根,生理的);法处所摄的色——无表业。"业"属于色法,与《舍利弗阿毗昙论》相同。上来的十一法,名为所造色;依于通遍的物质——地、水、火、风——四大种,名为能造色。《发智论》特立"大种蕴",广泛地论到大种与造色,为本论的特色之一。精神中,复杂的心理作用,称为"心所"(有法)。论主仅综合了受、想等十法为一类①。其他复杂而性质不一的心所,还没有严密的整理。但对意义类似的心所,论主非常的重视,在"杂蕴"中作种种的分别,以免淆讹。如爱与敬②,无惭无愧③,惭与愧④,掉举与恶作⑤,惛沉与睡眠⑥,思与虑⑦,寻与伺⑧,掉举与心乱⑨,无明与不正知⑩,憍与慢⑪。一切心所,更依于通遍的精神——了别的六识,被称为"心"王。色与心,各分为两类的不同实体,永远是说一切有部阿毗达磨论师的见解。"心不相应行",也是有实体的,论主曾费力地成立它。如"得",任何一法,与(假名)有情成为有关的,就不能没有彼此间的关系体,这就是"得"⑫。如"生住老无常"

① 《发智论》卷一(大正二六·九二〇下)。
② 《发智论》卷二(大正二六·九二三上)。
③ 《发智论》卷二(大正二六·九二四下)。
④ 《发智论》卷二(大正二六·九二五上)。
⑤ 《发智论》卷二(大正二六·九二五中)。
⑥ 《发智论》卷二(大正二六·九二五中)。
⑦ 《发智论》卷二(大正二六·九二七中)。
⑧ 《发智论》卷二(大正二六·九二七中)。
⑨ 《发智论》卷二(大正二六·九二七中)。
⑩ 《发智论》卷二(大正二六·九二七中)。
⑪ 《发智论》卷二(大正二六·九二七下)。
⑫ 《发智论》卷一七(大正二六·一〇〇八上——中)。

(生住异灭),为有为法的一般现象。一切有为是恒住自性的,所以有生有灭,是由于与法俱的生与灭。从有为法的生灭相,知有使一切法成为生灭相的“生”与“灭”①。“得”与“生住异灭”,论虽没有明说,而显然是“不相应行”。如有情的人与人,天与天,凡夫与凡夫,也有成为人相、成为天相的通性,名为“众同分”②;成为凡夫的通性,是“异生性”③。又如从寿命的一期不断,而知有“命根”④。“色”、“心”以外,有此非色非心的“心不相应行”,所以不但是心与色的多元论,而更是名理、关系的多元论。“无为法”中,有“择灭”与“非择灭”⑤,还没有说到“虚空无为”。总之,一切法的分类,虽还没有详尽,但略分为“色”、“心”、“心所”、“心不相应行”(“无为”)——五大类,大纲已经确立了。

2. 一一法或一类一类的法,经体用的分别而确定,如一切法分五类,心法分为六识等。这是辨异的“自相”观察。一一法与一一类法,有种种不同的通遍的“共相”。这在论中,虽也说到“因相应因不相应”、“有所缘无所缘”、“有执受无执受”等二门⑥,而最重视的,是五种二门、五种三门的分别⑦:

有色无色

有见无见

---

① 《发智论》卷二(大正二六·九二六上——中)。

② 《发智论》卷一(大正二六·九二一下)。

③ 《发智论》卷二(大正二六·九二八下——九二九上)。

④ 《发智论》卷一(大正二六·九二一下)。

⑤ 《发智论》卷二(大正二六·九二三中)。

⑥ 《发智论》卷一四(大正二六·九八八中)。

⑦ 《发智论》卷三(大正二六·七八〇中——下)等。

有对无对

有漏无漏

有为无为

过去未来现在(三世)

善不善无记(三性)

欲界系色界系无色界系(三界系)

学无学非学非无学(三学)

见所断修所断不断(三断)

不同类的二门、三门,不是分别一切法自相,而是通于一切法的。如过去、未来、现在,不定属于一法,而遍通一切有为法。所以《大毗婆沙论》卷七五(大正二七·三八九中)说:

“聪慧殊胜智者,由此二法通达一切,此二遍摄一切法故。”

从二门、三门去观察,能觉了一切法的通遍相,从通遍的二门、三门去观察一一法时,能更精密地了解一切法。如意识,在五种二门中,是无色的,无见的,无对的,有为的,通于有漏无漏的。在五种三门中,是遍通于三种三类的。所以虽同样的是意识,而可分为众多的部类。如约三性说,可分为善意识、不善意识、无记意识。无记又可分有覆无记、无覆无记,就成为四类不同的意识。后人从三性、三界、三学,去分别意识,成为十二类心。每一法,从时间、空间、性质等不同去分别,重重分别,成为无限多的一切法自性。一切法不出于这些部类;要理解一切法的活动与彼此关系,不能不从这些部类去理解。具体的一切法,随时随处而有复杂的不同情况。阿毗达磨论者，是现实的具体观察者。

三、"诸法关系（动态）的分别"：从一一法的特性、一一法的通相去分别，成立无限多的一切法性。但一切法虽是无限多的，而现在一刹那中，过去与未来的关联中，法与法间，有着错综复杂的关系。《发智论》的主要思想特色之一，是对于刹那间的活动，看作复杂的、融和的集体活动。没有一法能起个别的作用，惟有在彼此的关系下，才有可能。而且，刹那间的多法共起，并非全是不同作用的结合，而是有融和统一作用的。这对于差别法性的现起作用，没有落入机械论的说明，是非常有意义的。对于复杂而融和的集体活动及其现象，世俗每但见其显著的，据以立名；就是佛的应机说法，无论是烦恼、道品，以及身心活动，也每随俗，或就其主要的举以为代表。然从究尽的实相来说，决不如此。表示这一意义的，如旧阿毗达磨者说："世第一法五根为性。"论主以为刹那间的一切心心所法，同有刹那引发无漏的力用，所以修正为世第一法心心所法为性①。如佛说十二缘起，在前后不同的阶位，或说无明，或说取；或说行，或说有：这只是举以为代表而已②。对于这一解说，《大毗婆沙论》称之为"分位缘起"，解说为一一位中，都是具足五蕴（或四蕴）的③。又如一般说业感异熟果，论主以为：并非只是思业或身语业感果，在作业时俱起的一切法，如为同一目的而起综合作用的，实在都是能感

① 《发智论》卷一（大正二六·九一八上）。
② 《发智论》卷一（大正二六·九二一中）。
③ 《大毗婆沙论》卷二三（大正二七·一一七下）。

果的。如《论》卷一(大正二六·九二〇下)说:

"云何异熟因?答:诸心、心所法,受异熟色、心、心所法、心不相应行,此心、心所法,与彼异熟为异熟因。复次,诸身语业,受异熟色、心、心所法、心不相应行,此身语业,与彼异熟为异熟因。复次,诸心不相应行,受异熟色、心、心所法、心不相应行,此心不相应行,与彼异熟为异熟因。"

能感异熟果的,是通于色(身语业)、心、心所法、心不相应行的。法法差别,易陷于机械的说明;而《发智论》所代表的说一切有部阿毗达磨,法与法间,有融和的统一作用,是它的特色。在同时共聚的动作中,有必然营为共同作用的,如心与心所法。而色与心不相应行,或是同的,或是异的,阿毗达磨论师依不同的性质而作有精细的辨别。

在念念生灭过程中,法与法间有种种的关系,所以立种种论门。最一般的论门,就是"因缘"、"相摄不相摄"、"相应不相应"、"成就不成就等"。每一特殊事项,有特殊问题,就有特殊的论门。如随眠,有"随眠随增"、"令有相续"、"结系"。智,有"智所知"。定,有"出入"、"依定灭"。善法,有"修习"。大种,有"造"。业,有"业感异熟"。见,有"自性"、"对治"。有关修持的,有"断与遍知"、"断与作证"、"遍知与作证"。从诸法和合假名有情说,圣者有"断结"、"摄果"、"成就法"、"果摄"等,异生有"死生"等。这些论门,散在全论;从这些论门的名称,也可略见本论所说的内容了。

对于重要的论门,这里略为介述。"因缘":契经但说四缘,论主创立为六因——相应因,俱有因,同类因,遍行因,异熟因,能作因①。佛在经中,通泛地称为因,称为缘,而因缘对果的关系,实际上是多种多样的。所以论师们依佛的教说,而归纳为种种不同类的因或缘。论主根源于古师的传说②,精密论究而成立六因。兹列表以略明六因的大意如下:

- 刹那同时的
  - 心心所法…………相应因
  - 有为诸法(一分)…………俱有因
- 前后异时的
  - 同性类的
    - 三性各生自类…………同类因
    - 烦恼遍生五部…………遍行因
  - 异性类的(约善恶对无记说)…………异熟因
- 不限时分的…………能作因

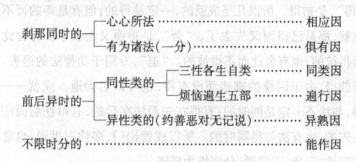

"相摄":凡体性相同的,彼此相摄,否则不相摄。这一论门,或以一法对一法,或以一法对多法,或以一类对一类,或以一类对多类,互论摄或不摄。经此相摄不相摄的论究,彼此间的同异就非常明确了。然阿毗达磨论所常用的,有"蕴界处摄"③或"处摄"④,这是沿用佛说的分类法,而明一切法的性质与所摄属的。

"相应":凡属心心所法,彼此间或是一定相应的,或可以相应而不一定相应的,或性质不同而不能相应的,所以要作相应不相应的分别。然本论以修道断惑的实践为主,多沿用契经旧说,对心与心所,还没有专重的辨析,所以不同后代的泛约心与心所

① 《发智论》卷一(大正二六·九二〇下)。

② 参阅本书第九章第二节第三项。

③ 《发智论》卷二〇(大正二六·一〇二六下——一〇二七上)等。

④ 《发智论》卷一三(大正二六·九八七上)。

而明相应。本论对于"相应",多用于功德法的分别,如约觉支与道品论相应等①。其中,"智相应","根相应",尤为本论常用的论门。

"成就":这是说一切有部特重的论门。成就,是已得而没有失去的意思。与成就不成就相关的,有"得"、"舍"、"退"②。"得",是初得。所以凡是成就的,一定是得的;但有是得的而不成就,那是已得而又失去了。"舍",是得而又失去了。有舍此而得彼的,也有舍此而不得彼的。"退",专用于功德法的退失。可能得,由于因缘的乖违而没有得,也可以名为退。成就——得,与法不一定是同时的:有得在先而法在后的,有得在后而法在先的,也有法与得同时的。所以成就论门,多约三世说;也常约三性、三界、三学说,分别极为繁密。

第四项 四十二章

《发智论》"安立章门":章是标章,标举所论的法;门是释义,以种种论门来分别法义。先立章,次作门,这是《发智论》的体裁,也是阿毗达磨的一般论式。

《发智论》"结蕴"的"十门纳息",首列四十二章③,然后以十门分别。晋译《八犍度论》,仅有四十章,缺少"三重三摩地"与"五顺上分结"④。《发智论》的释论——凉译的《毗婆沙论》

---

① 《发智论》卷七(大正二六·九五二下——九五四中)。
② 《发智论》卷一七(大正二六·一〇一一上——下)。
③ 《发智论》卷五(大正二六·九四三中)。
④ 《八犍度论》卷八(大正二六·八〇二中)。

卷三七,缺“三重三摩地”,共四十一章①。晋译的《鞞婆沙论》,共四十二章。但缺“四轭”及“三重三摩地”,另增列“中阴”及“四生”两章。所以虽有四十二章,实只四十章而已。比对研究起来,《发智论》原本,应该是四十章。因为,《发智论》“大种蕴”的“执受纳息”,列举“四静虑”……“三三摩地”——八章,与“十门纳息”相合,也没有“三重三摩地”②。可见奘译本的“三重三摩地”,是依《大毗婆沙论》而增列的。“五顺上分结”,不但《八犍度论》及《鞞婆沙论》没有列举,凉译《毗婆沙论》卷二五(大正二八·一八二上),更明确地说:

> “尊者瞿沙作如是说:……此二论(‘五结’及‘九十八随眠’)非经所说,是故应除五结,说五上分结。何以故?五上分结是佛经故。”

晋译《鞞婆沙论》卷一(大正二八·四一八中)也说:

> “除五结已,当立五上结。何以故?答曰:彼是佛契经(所说)。”

依据释论,都说应除去“五结”而补“五上分结”,可见《发智论》原本,是没有“五上分结”的。我想,《发智论》原本,上下列举“五结”及“五下分结”,“五结”应为“五顺上分结”的错脱。这才列举契经所没有的“五结”,而经中常见的“五顺上分结”反而没有了。除去“五结”而改为“五顺上分结”,为最正确的看

① 《毗婆沙论》卷三七(大正二八·二七〇中)。
② 《发智论》卷一四(大正二六·九八九中)。

法。但一般论师不敢轻易改动，这才另加"五顺上分结"，又补上"三重三摩地"，成为四十二章。

这是极有兴味的问题！本来是四十章，即使加上"五顺上分结"也只是四十一，何以唐译本又补列"三重三摩地"而成四十二呢？如《鞞婆沙论》，实际上也是四十章，何以又另加"中阴"及"四生"，凑成四十二呢？"四十二"，到底有什么意义，而非凑足此数不可呢？这可能由于佛教界的一项共信而来。如菩萨的行住，本有不同（系统）的次第阶位，如"十住"、"十地"等，而终于被统一组成"十住"、"十行"、"十回向"、"十地"、"等觉"、"妙觉"——四十二位。如西元一世纪，初传中国的佛书，从五部（五阿含）经中集录所成的，也恰好是四十二章。《法集论》中的"经母"，本出于《长部》（三三经）的《等诵经》。《等诵经》为增一法门，但铜鍱部的论师不知为什么但取二法门，又在二法门三十三外，增益而凑足四十二经母？初期的大乘经中（分别说系的法藏部，也用）有四十二字母，为一切语文的根本。这是"字母"，是"初章"；这是富有启发性的。四十二为根本数，应为佛教界所熟悉的。这才叙菩萨行位、集录经的摩呾理迦（母）、集录佛书，都取四十二为数。《发智论》总列法义为四十章，以十门来分别。虽不是四十二，但因为是章，所以在传诵中也就演化为四十二了。

《发智论》的四十（二）章，依《大毗婆沙论》，分别为三大类——境界类，功德类，过失类①。这一分类，与《法蕴论》的二

---

① 《大毗婆沙论》卷九〇（大正二七·四六六中）。

十一品，可分为三类——道品类、烦恼类、蕴界等类相合①。本论先举境界类、功德类，与《分别论》，《舍利弗阿毗昙论》的"问分"、"非问分"的次第相顺。这一分类，也与犊子系的《三法度论》将一切法统列为"德"、"恶"、"依"——三法，有着同样的意义。犊子系与说一切有部，本来有密切关系的。对于四十(二)章的三大类，为了说明章与门的意义，特分列为四类如下：

Ⅰ 二十二根·十八界·十二处·五蕴·五取蕴·六界

Ⅱ 有色无色·有见无见·有对无对·有漏无漏·有为无为·过去未来现在·善不善无记欲界系色界系无色界系·学无学非学非无学·见所断修所断无断

Ⅲ 四谛·四静虑·四无量·四无色·八解脱·八胜处·十遍处·八智·三三摩地·(三重三摩地)

Ⅳ 三结·三不善根·三漏·四瀑流·四轭·四取·四身系·五盖·五结·五顺下分结·(五顺上分结)·五见·六爱身·七随眠·九结·九十八随眠

论主标列四十(二)章，如不分门地分别观察，是不能阐明法义的。所以立章，必又作门，为阿毗达磨论的共通论式。《有部阿毗达磨论书之发达》称此四十二章为"论母"②。然在说一切有部中，一般是称之为"章"的。为了说明章与门，试为搜检论书，略加论述。

A.《分别论》：

章：蕴·处·界·谛·根·缘起·念处·正勤·神足·

---

① 参阅本书第四章第二节。

② 福原亮严《有部阿毗达磨论书之发达》(一七四——一八〇)。

觉支·道支·禅·无量·学处·无碍解(下有智、小事,是类集。法心,另列)

门:善不善无记等(三法门二十二)·因非因等(二法门一百)

B.《分别论》"法心分别":

章:蕴·处·界·谛·根·因(善不善无记因)·食·触·受·想·思·心

门:欲界色界无色界不系·欲界系色界系无色界系·系不系(插入三界初生,人天寿量等一段)·所知通所遍知·所断所修所证非所断非所修非所证·有所缘无所缘·有所缘所缘无所缘所缘·见闻觉识·善不善无记等(三法门五)·色无色·世间出世间

C.《舍利弗阿毗昙论》"问分":

章:入·界·阴·谛·根·七觉·不善根·善根·大·优婆塞(五戒)

门:色非色等(二法门三十六)·善不善无记等(三法门五)·欲界系色界系无色界系不系等(四法门二)

D.《品类论》"诸处品":

章:十二处

门:色无色等(二法门二十六)·善不善无记等(三法门三)·欲界系色界系无色界系不系等(四法门二)·苦集灭道非谛(五法门)·见苦所断见集所断见灭所断见道所断修所断非所断(六法门)·摄不摄

E.《品类论》"辩千问品":

章:学处·证净·沙门果·通行·圣种·正胜·神足·念住·圣谛·静虑·无量·无色·修定·觉支·根·处·蕴·界

门:色非色等(二·三·四法门五十)

F.《界论》:

章:蕴·处·界·谛·根·缘起·念处·正勤·神足·静虑·无量·根·力·觉支·道·触·受·想·思·心·胜解·作意·善不善无记等(三法门二十二)·因非因等(二法门一百)

门:摄非摄等·相应不相应等

G.《舍利弗阿毗昙论》"摄相应分·摄品":

章:谛非谛系·圣谛非圣谛系·根非根·谛非谛系根·圣谛非圣谛系根·谛非谛系非根·圣谛非圣谛系非根·入(法入下,广列心所法,心不相应法,无为法)·界·阴·谛·根·觉支·不善根·善根·大·五戒·色非色等(二法门三十六)·善不善无记等(三法门五)·欲界系色界系无色界系不系等(四法门二)

门:摄不摄

H.《舍利弗阿毗昙论》"绪分·结品":

章:十结·十二入·十八界·五阴·四谛·二十二根·五道(三界)·法(二法门·三法门·四法门)人

门:见断修断·欲界系色界系无色界系(约十结分别)·眠没·生死眠没

I.《品类论》"辩摄等品":

章：所知法等（一法门五）·有色无色等（二法门百零三）·善不善无记等（三法门三十一）·四念住等（四法门二十一）·五蕴等（五法门五）·六界等（六法门二）·七随眠等（七法门三）·八解脱等（八法门三）·九结等（九法门二）·十遍处等（十法门二）·十一法·十二入·十八界·二十二根·九十八随眠

门：界处蕴摄·智知·识识·随眠随增

J.《品类论》"辩抉择品"：

章：色无色等（同"诸处品"三十八门）

门：界处蕴摄·智知·识识·随眠随增

比较上来列举的论书，可以理解的是：一、上面所引述的，对章与门的分别，A、B、C、D、E是第一类：蕴、界、处、觉支等是章——所标的法体；二法门、三法门等是门，以这些通遍的论门来分别。这些古型的阿毗达磨，章与门的差别最为分明。F、G、H、I是第二类：二法门、三法门等，与蕴、处、界等，同样的作为标章，而另以摄不摄、相应不相应等论门来分别。这因为二法门等，虽是论门，但作为论题来观察，也就成为章了。J是第三类：专以二法门等为章，以摄不摄等四门来分别。前二类，通于现存南北各派的论书，第三类但是说一切有部的。本论列举四十（二）章，含有五种二法门，五种三法门，与第二类相合。

二、A、B、C、E、F、G、H，都是蕴、处、界、谛、根为次第。处与界、蕴，佛以此摄法。据此一切法，而明流转还灭的，世出世间因果的，是四谛。流转还灭中，有增上力的诸法，是二十二根。这就是《施设论》所说的，"六施设"的前五施设。与蕴、处、界、谛、根并列为章的,A、C、E、F、G,是觉支等(三十七道品全部或部分),H是十结。这是以所修的道品,所断的烦恼,与蕴、处、界等为论题的。综合这三类的,如《分别论》附说“智分别”、“小事分别”;《法蕴论》有“杂事品”。从这一意义来看,论主列举四十(二)章,内有境界法十八类,功德法九(或十)类,过失法十四(或十五)类,实继承古代阿毗达磨的论题。但这是说一切有部的,“四谛”约观慧的谛理说,属于功德法,与《法蕴论》相同。

三、善恶无记等三法门、二法门,《法集论》称之为“论母”。据说一切有部的解说,“母”——摩呾理迦的古义,是标举法体,为诸门分别所依处,这就是道品及蕴、处、界、谛、根等。等到阿毗达磨论盛行,这些论题是被称为章的。与章相对的,依章而作问答分别的——二法门、三法门等,是门。门,也是可以作为章来观察的,但在阿毗达磨论中,如标与释那样,章与门是相依而存立的,不会有章而没有门,也不能有门而没有章的。《法集论》“概说品”,标三法门等为论母,而一一解释。标法释义,是可以称为母——章的。但在《分别论》“问分”,二法门等,只能说是门了。觉音辨五种论门[1],这是不分章与门,而将构成论体的成分都称为论母了。然依说一切有部,论主所立四十(二)章,称为与门相对的章,意义要明确得多了。

第五项　分别思择的论法

《发智论》对“相应”、“成就”等论门,多用句法。《大毗婆

① 《界论注》(南传四七·三二三——三二四)。

沙论》说到造论因缘时，就提到阿毗达磨的句法，如《论》卷一（大正二七·二下）说：

> "何者顺前句？何者顺后句？何者四句？何者如是句？何者不如是句？于如是等所知境中，令诸有情开发觉意，无有能如阿毗达磨！"

句法有好几类：一、如分别相应不相应时，甲与乙的含义完全相同的，就用"如是句"，如说："甲相应时亦乙耶？答：如是。乙相应时亦甲耶？答：如是。"二、如甲与乙的含义完全不同，那就用"不如是句"，如说："甲相应时亦乙耶？答：不尔。"三、或甲的含义广而乙狭，或乙的含义广而甲狭，那就同中有异，应作"顺前句"或"顺后句"，如说："甲相应时亦乙相应；有乙相应时而甲不相应，如某法（应举出具体的事例）。"或甲与乙的含义，互有广狭，各有所同，各有所异，那就应作四句，如说："有甲相应非乙相应，有乙相应非甲相应，有甲相应亦乙相应，有俱不相应（这都应举出实例）。"这样的句法，称为"是句"。也可从反面立论，作"非句"，如说："非甲相应时亦乙耶"等。这些，都因法与法间的或同或异，而作不同句法的分别。

在句法的分别中，本论有一极严密的论法，也可说繁琐之极的。这就是"一行"、"历六"、"小七"、"大七"；这四门，合成一完整的分别观察。如"结蕴"的"一行纳息"，"定蕴"的"一行纳息"，都具足这一论法；也有但依"一行"作论的。这四门，试为举例来说。如甲、乙、丙、丁、戊——五法，作这样的分别观察时，先观察甲与乙，甲与丙，甲与丁，甲与戊；乙与丙，乙与丁，乙与戊;丙与丁,丙与戊;丁与戊:这样的十番观察,分别彼此间的关系,名为"一行"。进一步,从时间(三世)的关系中,对每一法作六番的观察。如过去甲与未来甲(未来甲与过去甲同),过去甲与现在甲,现在甲与未来甲,未来、现在甲与过去甲,过去、现在甲与未来甲,过去、未来甲与现在甲。每一法作六番的分别,名为"历六"。再进一步,从时间的关系中,而观此法与彼法的关系。如过去甲与过去乙(过去乙与过去甲,同),过去甲与未来乙,过去甲与现在乙;过去甲与过去、现在乙,过去甲与未来、现在乙,过去甲与过去、未来乙;过去甲与过去、现在、未来乙:共七句。以过去甲为首,有此七句;以未来甲,现在甲,过去、现在甲,未来、现在甲,过去、未来甲;过去、未来、现在甲为首,与乙对论,就有七种七句。甲与乙如此,从甲与丙……丁与戊,就有十番的七种七句。这还是"小七"呢!"大七"是:多法与一法,从时间关系中去分别观察。如甲、乙与丙,与丁,与戊;甲、乙、丙与丁,与戊;甲乙、丙、丁与戊,一一有七种七句。这样的分别观察,能精密地了解一一法间的或同或异。具体的法界,当然是不能抽象地泛论了事。

《发智论》专从具体的事例中去分别思择一切,初学者确有茫无头绪的慨叹。《发智论》的研究者,从这繁复的关系网络中,求出彼此间的关系法则。把握了诸法的定义与关系法则,就能解说本论的一切。论师们依据传承师说,经长期的多数人的反复论究,到《大毗婆沙论》的集成,才读破这部精深的阿毗达磨,而给予更精密的发展。

第二节《阿毗达磨大毗婆沙论》

第一项　《毗婆沙论》的传译

《大毗婆沙论》,是《发智论》的释论,与《发智》合称"阿毗昙身及义"①。这是遵循《发智论》的思想路数,分别解说《发智论》;会通、抉择、深究,而达到完备与严密的。"毗婆沙师","毗婆沙义",被看作说一切有部的主流。如《异部宗轮论》②所说的说一切有部宗义,都与《大毗婆沙论》相近。在这部论中,阿毗达磨论师,说一切有部旁系譬喻师,上座别系,大众部说,以及外论,都有详尽或部分地说到。在部派佛教的研究中,这部论可说是非常丰富的宝藏。

本论译为华文,全部或部分的,共经三译,文义以《阿毗达磨大毗婆沙论》为详备。这是唐玄奘于显庆元年到四年(西元六五六——六五九)在长安译出,共二百卷。鞞婆沙或毗婆沙(Vibhāṣā),是广说、种种说的意思,为注释的通称。本论本名《阿毗达磨毗婆沙论》,唐译称为《大毗婆沙论》,是比对其他的毗婆沙论,而加一"大"字的。

本论的异译有二:一、《鞞婆沙论》,或作《阿毗昙毗婆沙》、《鞞婆沙阿毗昙》,共十四卷。《大正藏》(卷二八)作"尸陀槃尼撰,苻秦僧伽跋澄译"。这部论的译者,一向是有异说的。现存

① 《大智度论》卷二(大正二五·七〇中)。
② 《异部宗轮论》(大正四九·一六上——下)。

最古的经录——僧祐《出三藏记集》卷一三《僧伽跋澄传》(大正五五·九九上)说:

"外国宗习《阿毗昙鞞婆沙》,而跋澄讽诵,乃四事礼供,请译梵文。……以伪建元十九年译出,自孟夏至仲秋方出。"

这与释道安所作,载在《出三藏记集》卷一〇的《鞞婆沙序》一致,如《序》(大正五五·七三中——下)说:

"鞞婆沙广引圣证,言辄据古,释阿毗昙(八犍度论)焉。……会建元十九年,罽宾沙门僧伽跋澄,讽诵此经四十二处。……来至长安,赵郎饥虚在往,求令出焉。……自四月出,至八月二十九日乃讫。"

《鞞婆沙》(论),为建元十九年(西元三八三)僧伽跋澄(Saṃghabhūti)所译。但曾经僧伽提婆的改译,如《出三藏记集》卷一三《僧伽提婆传》(大正五五·九九下)说:

"安公(主持下)先所出阿毗昙(八犍度论)、广说(鞞婆沙)、三法度等诸经,凡百余万言。译人造次,未善详审;义旨趣味,往往愆谬。……提婆乃与冀州沙门法和,俱适洛阳。……方知先所出经,多所乖失。法和叹恨未定,重请译改,乃更出阿毗昙及广说。先说众经,渐改定焉。"

《鞞婆沙》是僧伽跋澄在长安所译,经僧伽提婆在洛阳译改,成为定本,约为西元三八九或三九〇年。译出而又经译改,成为定本,依《传》及《序》,是非常明白的。但僧祐在经录中叙述得非常混乱，如《出三藏记集》卷二《新集经论录》，僧伽跋澄所译，有（大正五五·一〇中）：

"杂阿毗昙毗婆沙十四卷（伪秦十九年四月出，至八月二十九日出讫，或云杂阿毗昙心）。"

僧伽提婆所译的，有（大正五五·一〇下）：

"鞞婆沙阿毗昙十四卷（一名广说，同在洛阳译出）。"

这一记录，与上引的《传》、《序》都不合。僧祐在《出三藏记集》卷二《新集异出经录》，竟将不同部类的阿毗昙集为一类，而说"阿毗昙""凡九人出"。其中说到（大正五五·一三上）：

"僧伽提婆出阿毗昙鞞婆沙十四卷，阿毗昙心四卷。僧伽跋摩出阿毗昙毗婆沙十四卷，阿毗昙心十六卷。……僧伽跋摩出杂阿毗昙心十四卷。"

从这一叙述中可以看出，僧祐将僧伽跋澄与僧伽跋摩（Saṁghavarman）混乱了。僧伽跋摩曾译《杂阿毗昙心》十四卷，所以说僧伽跋澄所译的，是"杂阿毗昙十四卷"，而且说"或云杂阿毗昙心"了。这样，"鞞婆沙阿毗昙"，就只记录于僧伽提婆的名下。

僧祐经录的混乱，隋法经的《众经目录》是承袭其误的①。

① 《众经目录》卷五"小乘阿毗昙藏录"（大正五五·一四二中）。

《大唐内典录》①,并录僧伽跋澄的“阿毗昙鞞婆沙十四卷”,僧伽提婆的“毗婆沙阿毗昙一十四卷”。但在“历代翻本单重人代存亡录”中②,仅录僧伽提婆译本,那是以现存论本为提婆所译了。智升的《开元释教录》中,僧伽提婆所译③,没有“鞞婆沙阿毗昙论”,而僧伽跋澄所译④,却是有的。这与《大唐内典录》不同,而以现存论本为僧伽跋澄所译。又在僧伽跋摩所译的“杂阿毗昙心论十一卷”下,注有“亦云杂阿毗昙毗婆沙,尊者法救造,或十四卷”⑤,还是受到僧祐经录混乱的影响。

总之,历来的记录,都不尽然,道宣《大唐内典录》所说比较好。应该是:

“鞞婆沙论十四卷,僧伽跋澄初译,僧伽提婆重译改定。”

《鞞婆沙论》,本不只此十四卷的,据道安《序》(大正五五·七三下)说:

“经本甚多,其人忘失,唯四十事。……其后二处,是忘失之遗者,令第而次之。”

所以,对于十四卷的《鞞婆沙论》,一向看作单译,其实是《大毗婆沙论》的部分译出,只是简略些,今对比如下:

---

① 《大唐内典录》卷三(大正五五·二五〇中)。
② 《大唐内典录》卷七(大正五五·二〇一上)。
③ 《开元释教录》卷三(大正五五·五〇五上)。
④ 《开元释教录》卷三(大正五五·五一〇下)。
⑤ 《开元释教录》卷一三(大正五五·六二一上)。

《鞞婆沙论》	《大毗婆沙论》
序阿毗昙(卷一)	卷一
小品章义(卷一——三)	卷四六——五〇
大品章义(卷四——一三)	卷七一——八六·一〇四——一〇六
中阴章义(卷一四)	卷六九——七〇
四生章义(卷一四)	卷一二〇

二、《阿毗昙毗婆沙论》,西元四二五——四二七年道泰与浮陀跋摩(Buddhavarman)在凉州译出,共一百卷。那时,凉国新败,凉土动乱,论文散失了四十卷。现存六十卷,仅为八犍度中前三犍度的广说。这如参预当时法会的,道挺所作的《毗婆沙序》所说①。

第二项 编集的时代与地点

《大毗婆沙论》的集成,为北方佛教的大事,传说为第三结集。据唐玄奘的传说,《大毗婆沙论》的编集与迦腻色迦王(Kaniṣka)有关,如《大唐西域记》卷三(大正五一·八八六中——八八七上)说:

> "健驮逻国迦腻色迦王,以如来涅槃之后,第四百年,应期抚运。……王乃宣令远近,召集圣哲。……结集三藏,欲作毗婆沙论。……迦腻色迦王,遂以赤铜为鍱,镂写论文。"

---

① 《出三藏记集》卷一〇(大正五五·七三下——七四上)。

同《记》卷二(大正五一·八八二上)也说:

"迦腻色迦王与胁尊者,招集五百贤圣,于迦湿弥罗国作毗婆沙。"

玄奘虽说"结集三藏",然依《西域记》,只是解释三藏,着重于《毗婆沙论》的撰作。西藏也有迦腻色迦王结集三藏的传说①,但认为这是结集三藏,并非造释论。西藏没有《大毗婆沙论》的传译,对《大毗婆沙论》的编集,传有晚期的种种传说②,流于想像,没有可信的价值。在汉地,一向依据玄奘的传说,但经近代学者的研究③,已不能予以信任。今再为申论:

护持佛法的迦腻色迦大王,古来传述他的事迹,都没有说到集众结集三藏,或作《毗婆沙》。如鸠摩罗什(西元四一〇顷译)《大庄严经论》的"真檀迦腻吒",或"栴檀罽尼吒"④;道安(西元三八四作)《僧伽罗刹经序》的"甄陀罽贰王"⑤;《高僧法显传》(西元四一六作)的"罽腻伽王"⑥;吉迦夜(西元四六〇顷译)《杂宝藏经》与《付法藏因缘传》的"旃檀罽腻吒王"⑦;《洛阳伽蓝记》(西元六世纪作)的"迦尼色迦王"⑧。而古来说到《毗婆

① Tāranātha《印度佛教史》(寺本婉雅译本九九)。

② Tāranātha《印度佛教史》(寺本婉雅译本九五)。

③ 木村泰贤《阿毗达磨之研究》第四篇。

④ 《大庄严经论》卷六(大正四·二八七上),又卷三(大正四·二七二上)。

⑤ 《出三藏记集》卷一〇(大正五五·七一中)。

⑥ 《高僧法显传》(大正五一·八五八中)。

⑦ 《杂宝藏经》卷八(大正四·四八四上——中)。《付法藏因缘传》卷五(大正五〇·三一五中——三一七上)。

⑧ 《洛阳伽蓝记》卷五(大正五一·一〇二一上)。

沙论》的，却都没有提到“迦尼色迦王”，如鸠摩罗什译的《大智度论》①、道安（西元三八三作）的《鞞婆沙序》②、道梴（西元四三〇顷作）的《毗婆沙经序》③。到真谛（西元五四六——五六九）的《婆薮槃豆法师传》④，才说到与马鸣（Aśvaghoṣa）同时的国王，但还没有说到国王的名字。这些古代的传记，虽说古记简略，但古代传记一律如此，那对于玄奘的晚期（西元七世纪）传说，就不能不特别注意了。而且，《大毗婆沙论》卷一一四（大正二七·五九三上），说到：

“昔健陀罗国迦腻色迦王。”

《毗婆沙论》编集的时代，据此论文的自身证明，迦腻色迦已是过去的国王了。以我的研究，各式各样的第三结集，都是没有事实的；都是部派的私集，不过攀附名王，自高地位而已。迦腻色迦王的深信佛法是无可怀疑的，他确是信奉说一切有部的。由于迦腻色迦王的信奉，说一切有部得到有利的条件，促成阿毗达磨的高度隆盛，引起《毗婆沙论》的编集，这是可以想像得到的。迦腻色迦王以后，编集《大毗婆沙论》，而传说为与迦腻色迦王有关，甚至说迦腻色迦王发起结集三藏，也不外乎攀附名王，以抬高自己的地位而已。

《大毗婆沙论》的编集，到底在什么时代呢？古代的传说有

---

① 《大智度论》卷二（大正二五·七〇上）。
② 《出三藏记集》卷一〇（大正五五·七三中）。
③ 《出三藏记集》卷一〇（大正五五·七四上）。
④ 《婆薮槃豆法师传》（大正五〇·一八九上）。

四:一、道梴《毗婆沙经序》作佛灭"六百余载"①。二、真谛《婆薮槃豆法师传》作"佛灭度后五百年中"②。三、嘉祥《三论玄义》作"六百年间"③。四、《大唐西域记》作四百年,如上引述。《大毗婆沙论》末,玄奘所作"回向颂"(大正二七·一〇〇四上)也说:

"佛涅槃后四百年,迦腻色迦王瞻部,召集五百应真士,迦湿弥罗释三藏。其中对法毗婆沙,具本文今译讫。"

虽有这些传说,由于佛灭纪年的传说不一,所以也难以论定。考迦腻色迦王的年代,学者间异说极多。然依中国史书,这必是丘就却(Kujūla Kadphises Ⅰ)、阎膏珍(Wīma Kadphises Ⅱ)以后的大王。丘就郤与阎膏珍,一般论为自西元三四十年到百年顷。迦腻色迦王约于西元二世纪初在位;《大毗婆沙论》的编集,必在迦腻色迦王以后。龙树的《大智度论》多处说到《毗婆沙论》,龙树为西元二、三世纪人。《大毗婆沙论》的编集,在迦腻色迦王以后,龙树以前,所以或推定为西元二世纪中——一五〇年前后④,大体可信。这样,依阿育王出佛灭百余年说来推算,《大毗婆沙论》的集成,应为佛灭六百年中,与《三论玄义》的传说相近。

《毗婆沙论》编集的地点,旧传为"罽宾"、"北天竺",《大唐西域记》卷三(大正五一·八八六下)也说是迦湿弥罗:

---

① 《出三藏记》卷一〇(大正五五·七四上)。
② 《婆薮槃豆法师传》(大正五〇·一八九上)。
③ 《三论玄义》(大正四五·二中)。
④ 木村泰贤《阿毗达磨之研究》二五六页。

“众会之心，属意此(迦湿弥罗)国。此国四周山围，药叉守卫。……建立伽蓝，结集三藏。”

玄奘于七世纪初，亲身巡访，确认迦湿弥罗为编集处。然相隔仅四百余年，到底在哪一寺编集，竟无法确指。如确为传说那样的名王护法，千众共集，就不免可疑了！然依论文来看，编集于迦湿弥罗，是确乎可信的。理由为：一、论中引述迦湿弥罗国的传说特别多，这已为近代学者所列举①。二、唐译《大毗婆沙论》每说“此迦湿弥罗国”。② 虽凉译残缺，不能一一勘对，然如唐译所说：“昔有牝象，名曰摩荼，从外载佛驮都，来入迦湿弥罗国。”③凉译也说“来入罽宾国”④。从外方“来入”，这是合于迦湿弥罗编集者的观点。三、论中如以迦湿弥罗论师与健驮罗师、西方师等对论，总是以迦湿弥罗师义为正义的。四、采用迦湿弥罗的诵本，如《大毗婆沙论》卷一八(大正二七·九一中——下)说：

“品类足说：九十八随眠中，三十三是遍行，六十五非遍行。……西方尊者所诵本言：九十八随眠中，二十七是遍行，六十五非遍行，六应分别。……何故迦湿弥罗国诸师不作此诵？……又此国诵：三十三是遍行，六十五非遍行。”

---

① 木村泰贤《阿毗达磨之研究》二一四页。

② 《大毗婆沙论》卷四四(大正二七·二三一上)，又卷一二五(大正二七·六五四下)等。

③ 《大毗婆沙论》卷四二(大正二七·二一六上)。

④ 《毗婆沙论》卷二二(大正二八·一六五上)。

凉译《毗婆沙论》卷一一(大正二八·七五下)所说也相同:

"波伽罗那作如是说:……三十三一切遍,六十五非一切遍。……西方沙门,此文作如是说:……罽宾沙门何以不作此说?"

凉译虽不称罽宾为此国,但《毗婆沙论》所引的《品类论》,确是迦湿弥罗的诵本。此外,如古代共传为"北天竺"、"罽宾"、"迦湿弥罗",而世亲《俱舍论》卷二九(大正二九·一五二中)说得更为明确:

"迦湿弥罗议理成,我今依彼释对法。"

《大毗婆沙论》的正义,属于迦湿弥罗论师;论书编集于迦湿弥罗,当然可信。至于玄奘不能指实在哪一寺院,那是由于《大毗婆沙论》的编集出于少数学者,并不如传说那样的结集盛会。

第三项 编集的因缘

《发智论》的释论——《毗婆沙论》的大部编集,不是容易成办的。到底为了什么,有大部编集的必要?对于这,木村泰贤氏曾就论文自身,而作有良好的解说①,可以参考。

《大毗婆沙论》的编集因缘,可说是:说一切有部在北方不断发扬;经迦腻色迦王的护持,促成北方佛教大开展所引起。北方佛教的大开展,说一切有部隆盛了,思想的自由发展也加速

---

① 木村泰贤《阿毗达磨之研究》第四篇第二章。

了。在这种情势下，无论对内对外，都有设法维持其优越地位的必要。这一任务，由重传承、深究实相而带保守性的阿毗达磨论师出来承担。这就是以《发智论》为本，评论百家，归宗于一的《大毗婆沙论》。

试分别来说：在编集的因缘中，主要的，自为对于论文的分别解说。毗婆沙，就是"广解"的意思。《发智论》，为说一切有部的多数学者——论师们，看作"佛说"，尊为解说佛法的准量。但论文重于种种论门的分别，读者如不明"章义"，不明定义，及法与法间的关系定律，实在是难以读通的。所以《发智论》问世以来，早就有了注释书。阿毗达磨论义的不断发扬，到那时候，有更综合更详备解说的必要。论文深密，是需要分别解说的。以此为造论因缘，如《大智度论》卷二（大正二五·七〇上）说：

"发智经八犍度，初品是世间第一法。后诸弟子等，为后人不能尽解八犍度故，作《鞞婆沙》。"

其次，《大毗婆沙论》编集前夕，阿毗达磨论师间已经是异义纷纭。一、在传诵中，《发智论》的诵本多有不同。如"系念眉间"①，有六本不同；"相续智见"②，有五本不同。诵本不同，解说也就别异了。又如"正性离生"，或作"正性决定"；妙音与世友就所取不同③。这种诵本不同，是需要论定或贯通的。二、《发智论》问世以来，阿毗达磨论风急剧地兴盛起来，异义也就

① 《大毗婆沙论》卷四〇（大正二七·二〇五上）。
② 《大毗婆沙论》卷一二（大正二七·五八上）。
③ 《大毗婆沙论》卷三（大正二七·一三上——下）。

多起来。旧有的《施设论》等，固然有所增补；而世友、妙音、法救，及一切阿毗达磨论者，都时有不同的见解。这与他们对《发智论》的态度，及个性与思想方法不同有关。在不同的论义中，或是与《发智论》不同的，如《发智论》说有情“分位缘起”，《品类论》说“一切有为缘起”，《识身论》说“相续缘起”，寂授说“一心缘起”①。或是《发智论》本没有说明，由后人推论而起的异解，如说一切有，而四大论师对一切有的解说不同②。此外如释义不同，出体不同，“因论生论”而论断不同。从《大毗婆沙论》看来，真可说异义无边。在异义异说中，犍陀罗为主的西方阿毗达磨论师，也就是北方佛教重镇，古称“罽宾”的论师们，每与迦湿弥罗论师不合。尤其是说一切有部中的持经师，本着“以经简论”的态度，逐渐形成譬喻师一大流，与阿毗达磨宗义越离越远。这些，如为学者所重的论典与论师，应该抉择、会通；一般论师的异义，应明确地给予评破。在说一切有部阿毗达磨论师看来，这是对于保持说一切有部（其实是论师）宗义，是有迫切需要的。道梴的《毗婆沙经序》（大正五五·七四上），就说到了这一点：

“前胜迦旃延，撰阿毗昙以拯颓运。而后进之贤，寻其宗致，儒墨竞构，是非纷然。故乃澄神玄观，搜简法相，造《毗婆沙》，抑正众说。”

还有，与上座部对立的，是大众部。同属上座系，而立义与

---

① 《大毗婆沙论》卷二三（大正二七·一一七中——一一八下）。

② 《大毗婆沙论》卷七七（大正二七·三九六上）。

说一切有对立的,是分别说部;法藏、饮光、化地(铜鍱部在南方,所以《毗婆沙论》中没有说到),都属于这一系,本论每称为之"分别论者"。"分别论者"的立义,每与说一切有部阿毗达磨论义不合。针对这些异部,破他显自,未必是编集《大毗婆沙论》的主因,但也是因缘之一。《大唐西域记》卷三(大正五一·八八六中),就有这样的传说:

"如来去世,岁月逾邈。弟子部执,师资异论,各据闻见,共为矛盾。"

那时,大乘佛教在北方,佛灭"后五百岁"(五百年后),到了非常隆盛的时代。说一切有部中,如胁、马鸣等,都是大乘的同情者。大乘有大乘经,同情大乘者,也就摘取大乘经义,赞颂如来的功德①。毗婆沙论师对这些赞颂采取了批评而会通的态度,不认为是了义的,如《大毗婆沙论》卷七九(大正二七·四一〇中)说:

"不必须通,非三藏故。诸赞佛颂,言多过实。"

菩萨本生谈,可说是大乘法的滥觞,《大毗婆沙论》也采取了批评而会通的态度,如《论》卷一八三(大正二七·九一六中)说:

"然灯佛本事,当云何通?答:此不必须通。所以者何?非素怛缆、毗奈耶、阿毗达磨所说,但是传说,诸传所

① 《大智度论》卷二七(大正二五·二五六上)。

说,或然不然。”

当时的大乘佛法,非常流行。在这种环境中,对佛与菩萨的功德,论师们自应通过自宗的理论而加以说明。所以,《发智论》本没有重视这些论题,仅在“见蕴”中说到“齐何名菩萨”①,“世尊依不动寂静定而般涅槃”②,但在《大毗婆沙论》中就说到了:

佛之心力(力无畏等功德)————卷三〇——三一
菩萨六根猛利——————————卷一三
菩萨眼见———————————卷一五〇
菩萨修行阶位—————————卷一七六——一七七

《大毗婆沙论》的编集者,显然存有抗拒大乘佛陀观的意念,而坚主人间的佛陀、人间(天上)的菩萨观。然由于对佛及菩萨功德的推重,仍不免有摄取大乘法以庄严自宗的嫌疑。《大智度论》卷二六(大正二五·二五五下——二五六上)曾指摘此事:

> “汝所信八十种好,而三藏中无。”
>
> “如是十八不共法,非三藏中说,亦诸余经所不说。……皆于摩诃衍十八不共法中取已作论议。”

总之,由于北方佛教的大隆盛,引起了摩诃衍与声闻、分别

① 《发智论》卷一八(大正二六·一〇一八上)。
② 《发智论》卷一九(大正二六·一〇二四上)。

说与说一切有、持经譬喻师与阿毗达磨论师、西方论师与迦湿弥罗论师间发展诤竞。说一切有部中,重传承而富有保守的迦湿弥罗论师们,起来为《发智论》造《毗婆沙》,对于倾向譬喻师的西方论师、倾向分别说系的譬喻师、倾向大乘的分别说者,严厉地评破这违反自宗的一切。不顾大乘佛教时代的到来,而在山国中,为专宗声闻藏的阿毗达磨而努力!

第四项　编集者与编集概况

说到《大毗婆沙论》的编集,应先论到第三结集。第三结集,向来是无此传说的。一直到玄奘归国,出《大唐西域记》(西元六四六成书),才传说迦腻色迦王集众结集三藏①。但叙述的,只是三藏的解释,主要为《大毗婆沙论》的撰集。Tāranātha《印度佛教史》,以为第三结集是一回事,编集《毗婆沙》又是一回事②。第三结集的实际意义姑且不论,现在就《大毗婆沙论》的编集进行论究。

《大毗婆沙论》的编集者,所有不同的传说,列举如下:

A.《大智度论》卷二:(迦旃延后)"诸弟子"③。

B. 道安《鞞婆沙序》:"三罗汉"④。

C. 道梴《毗婆沙经序》:"五百应真"⑤。

D. 真谛《婆薮槃豆法师传》:"五百阿罗汉及五百菩萨",迦

---

① 《大唐西域记》卷三(大正五一·八八六中——八八七上)。
② Tāranātha《印度佛教史》(寺本婉雅译本九五·又九九)。
③ 《大智度论》卷二(大正二五·七〇上)。
④ 《出三藏记集》卷一〇(大正五五·七三中)。
⑤ 《出三藏记集》卷一〇(大正五五·七四上)。

旃延子主持,马鸣润文①。

E. 嘉祥《三论玄义》:"五百罗汉"②。

F.《大唐西域记》卷二、三:"五百贤圣";胁尊者发起,世友为上座③。

在这些传说中,"五百阿罗汉"或"五百贤圣"是较一般的传说。然"五百阿罗汉"是罽宾传说的成语,如《阿育王传》卷五(大正五〇·一一六下)"摩田提因缘"说:

"摩田提即时现身满罽宾国。……有五百罗汉。……必常有五百不减。"

又如《大毗婆沙论》卷四四(大正二七·二三〇上)说:

"昔此迦湿弥罗国中,……寺有五百大阿罗汉。"

"罽宾五百罗汉"是传说中的成语,形容人数不少。《大唐西域记》等看作实数,模拟王舍城(Rājagaha)的"五百结集",那就不免误会了!

《大唐西域记》说:世友菩萨为上座。《婆薮槃豆法师传》说:五百菩萨参与编集。如约《大毗婆沙论》所引的论师来说,确有被称为菩萨的。如说"五百罗汉"以外别有菩萨众,而且参与编集审查的工作,那是不可能的。因为《大毗婆沙论》充分表现了坚执的,属于声闻的,对当时的大乘佛法存有抗拒意图的。

① 《婆薮槃豆法师传》(大正五〇·一八九上)。
② 《三论玄义》(大正四五·二中)。
③ 《大唐西域记》卷三(大正五一·八八六下)。

《婆薮槃豆法师传》说:《发智论》与《大毗婆沙论》都由迦旃延子主持而撰集,这无疑为错误的。至于说《大毗婆沙论》由马鸣润文,也不足采信,马鸣是出生于《大毗婆沙论》编集以前的。《大唐西域记》说世友为上座,而《大毗婆沙论》说到世友等四大论师①,因而有"四大评家"的传说。其实,四大论师、胁、马鸣,都不可能参与《大毗婆沙论》的编集,下文当一一地分别论究。

那么,谁是《大毗婆沙论》的编集者呢?《大智度论》说:"后诸弟子",虽说得简略,却最为切合实际。这是迦旃延尼子的后学者——发智学者,而且是迦湿弥罗的发智学者。

道安曾提到《毗婆沙论》的撰述者,如《鞞婆沙序》(大正五五·七三中)说:

> "有三阿罗汉:一名尸陀槃尼,二名达悉,三名鞞罗尼。撰《毗婆沙》,广引圣证,言辄据古,释阿毗昙焉。其所引据,皆是大士真人,佛印印者也。达悉迷而近烦,鞞罗要而近略,尸陀最折中焉。其在身毒,登无畏座,僧中唱言,何莫由斯道也!"

这是西元四世纪中,道安从罽宾阿毗达磨论师得来的消息。那时,离《大毗婆沙论》的编集还不过二百年,比起晚期的传说,可信的成分当然高得多。三阿罗汉的名字与事迹,都是不熟悉的。惟有鞞罗(尼),可能就是《萨婆多部记》中,"旧记"所传的

① 《大毗婆沙论》卷七七(大正二七·三九六上)。

韦罗。韦罗记录在胁、富楼那、马鸣之间①，与《大毗婆沙论》编集的时代相近。《付法藏因缘传》作比罗②，传说为马鸣后人，时代也相合。传说比罗"造无我论，足一百偈"，其他的事迹不详。然道安所传的三阿罗汉，并非三人合编，而显然是略本与广本——初编本与增订本。所以对《大毗婆沙论》编集者的论定，应注意到编集的情形。

《大毗婆沙论》编集以前，《发智论》早有了不同的解释。如世友、妙音，对《发智论》有所解释，在《大毗婆沙论》中，是有明文可证的。在《发智论》的解释中，应有专释"章义"的作品。《发智论》的体裁，先标章，次开门分别。所标的章，大都是没有解说的。如不先理解章义，就无法了解诸门分别。所以在《发智论》的研究中，必先有章义。如晋译《鞞婆沙》，就是《发智论》的章义。虽然这是从《大毗婆沙论》集出来的，但章义的单行，应由于先有章义，后有广释的缘故。对勘凉译与唐译，章义的先后每不合。这因为章义可以单行，移前移后，并无多大问题。凉唐二译的先后不同，择要录出如下：

唐译本		凉译本
五趣————	定蕴（卷一七二）………………	杂揵度（卷七）
四律仪———	业蕴（卷一一九）……………	杂揵度（卷一〇）
得—————	定蕴（卷一五八）………………	杂揵度（卷一七）
转法轮———	定蕴（卷一八二——一八三）…	杂揵度（卷二一）

① 《出三藏记集》卷一二（大正五五·八九上）。

② 《付法藏因缘传》卷五（大正五〇·三一七上——中）。

唐译本	凉译本

四圣种———定蕴(卷一四二——一四三)…杂揵度(卷二二)

灭定———根蕴(卷一五二——一五三)…使揵度(卷四四——四五)

八智———智蕴(卷一〇五——一〇六)…使揵度(卷四五)

三三摩地——智蕴(卷一〇四——一〇五)…使揵度(卷四五——四六)

三重三摩地—智蕴(卷一〇五)………………使揵度(卷四六)

在《尊婆须蜜菩萨所集论》中,也可以证明有章义的存在,如:

1."世间八法,摄几阴几持几入?如章所说。"①

2."复次,章义,作实谛相……"②

3."或作是说:……彼非智章(所说)。……如彼智章。"③

这三则,1. 见于《大毗婆沙论》"世间八法章"的第一说④。2. 见于《大毗婆沙论》"四谛章"的大德法救说⑤。3.《大毗婆沙论》没有。所说的"智章",应就是《发智论》的章义。关于章义,更可从《大毗婆沙论》得明确的线索,如说:

"如是等章,及解章义,先领会已,次应广释。"

---

① 《尊婆须蜜菩萨所集论》卷二(大正二八·七三三上)。
② 《尊婆须蜜菩萨所集论》卷二(大正二八·七三二下)。
③ 《尊婆须蜜菩萨所集论》卷一(大正二八·七二五中——下)。
④ 《大毗婆沙论》卷一七三(大正二七·八七二中)。
⑤ 《大毗婆沙论》卷七七(大正二七·三九九上——中)。

每品开端,都有这同样的文句。这是说,先要对每一章的章义有所领会,才能进一步的广释论文。这是理解《发智论》的应有次第,也是古代解说《发智论》的先后历程。

《发智论》先有了各家的章义与文句;逐渐严密,异说也逐渐增多。到了有统一与论定的必要时,综合不同的章义与文句,加以组织、抉择、贯通,给以严密的论定,成为《大毗婆沙论》。古代的传说,曾暗示了这种情形,如道安的《鞞婆沙序》(大正五五·七三中)说:

"撰《鞞婆沙》,广引圣证,言必据古,释阿毗昙焉。其所引据,皆是大士真人,佛印印者也!"

又道梴的《毗婆沙论序》(大正五五·七四上)说:

"后进之贤,寻其(指《发智论》)宗致,儒墨竞构,是非纷然。故乃澄神玄观,搜简法相,造《毗婆沙》,抑正众说,或即其殊辩,或标之铨评。"

所以,《大毗婆沙论》所引的论师说,是编集者所要抉择、评破、取舍的,而不是《大毗婆沙论》的编集者。编集者,道安从僧伽跋澄、僧伽提婆等罽宾学者得来的消息,当时的《毗婆沙论》共有三本,但不是完全不同的别本,而是略本与广本,也可说是初编本与修订本。不妨说,鞞罗尼初编,尸陀槃尼增订,达悉再增补,成为略中广的三本。所以,《大毗婆沙论》不是创作,而是集成。综集而整编者、增订者,对一切论义,参加自己的见解,而作成定论,这就是"作义者说"或"评曰"。"于此义中复有分别”——这样的文句，唐译本是很多的；凉译作“作义者说”。“作义者”，就是编集《大毗婆沙论》者。对于列举的古传今说，或者不加评论，或加评破，或者说：“如是义者”；“应作是说”，“评曰”，那就是编集者的抉择与论定了。《大毗婆沙论》的编集，依道安所得的当时传说，是鞞罗等论师。所引证的古说，都是“大士真人”，所以《大毗婆沙论》是先后诸贤圣的集录，泛称为“五百罗汉造”，也没有什么不可，不过不是同时罢了。

《大毗婆沙论》集成以后，又不止一次地经过改编、增补、修正。比对现存的译本，到处可见。如“杂蕴·世第一法纳息”，《发智论》初（大正二六·九一八上）这样说：

> “云何世第一法？答：若心心所为等无间入正性离生，是谓世第一法。”
>
> “有作是说：若五根为等无间入正性离生，是谓世第一法。”

本论分为二节，释论的凉译[①]也分为两段：一、先引文，次解说。二、先引文，次解“有作是说”为：1. 旧阿毗昙人，2. 犊子部，3. 持诵修多罗（经）者，列举昙无多罗（法救）、佛陀提婆（觉天）。这可见法救与觉天都是持经师。唐译是：先总列二文，次解“有作是说”为：1. 旧阿毗达磨论师，2. 经部说，3. 犊子部说，4. 法救与觉天说[②]。唐译本有了重大的改编，将法救、觉天与持经师分开。但考究起来，法救与觉天，确是说一切有部中的

① 《大毗婆沙论》卷一（大正二八·五中——下）。

② 《大毗婆沙论》卷二（大正二七·七中——八下）。

经师，所以凉译是对的。唐译的所以改编，大抵由于晚期的说一切有部与经部分化，而《大毗婆沙论》曾说法救与觉天是说一切有部的四大论师之一。不知在《大毗婆沙论》编集时，持经师还是说一切有部的一派呢！这是改编的实例。

妙音说：色界六地，对于欲界烦恼，能作二种对治①。唐译卷三加以评破，凉译却没有评文。考唐译卷八〇，又引到此义，也没有评破②。这可见起初是没有评破的，唐译卷三的评正是后人所增补。又如《发智论》但说“世第一法”、“顶”、“暖”；论义发展到“暖”、“顶”、“忍”、“世第一法”——“四种顺抉择分”，对此就应加解说。凉、唐二译，都以“经中不显了说”为理由，而明《发智论》的没有明显说到忍③。但唐译卷六说：“尊者七门分别世第一法，顶唯二门，忍之与暖，但说自性。”④这段文是凉译所没有的，与前文乖反；尊者何曾说过“忍”的自性呢？这都是增补的例子。

修改的例子更多，如说眼界彼同分，凉译《毗婆沙论》卷三八（大正二八·二八〇上）这样说：

> “外国法师作如是说：彼分眼有四种。……罽宾沙门说：彼分眼有五种。”

唐译《大毗婆沙论》卷七一（大正二七·三六八上——中）却这样说：

---

① 《大毗婆沙论》卷三（大正二七·一五上）。
② 《大毗婆沙论》卷八〇（大正二七·四一一下）。
③ 《大毗婆沙论》卷五（大正二七·二三下）。
④ 《大毗婆沙论》卷六（大正二七·二九中）。

"彼同分者,此诸师说有四种。……外国诸师说有五种。……旧外国师同此国说,旧此国师同外国说。"

据此可见,凉译是旧义,而唐译是依后代论师的演变而加以修正。《大毗婆沙论》编集以后,又多经改组、增补、修订。所以道安传说,有三罗汉的略中广三本。大抵晋译为中本(从中本集出),凉译为广本;唐译是增广更多了!鞞罗编集的略本,也许就是初编本吧!

第五项　论义略说

《大毗婆沙论》的广大文义,这里不能广说,但想说到的是:

一、在《大毗婆沙论》中,每一法门,大抵可略出而自成章义。凡解说《发智论》的法门分别,先有"略毗婆沙",是揭示法门分别的要则。对法门分别来说,是极重要的,便于记忆的。但《大毗婆沙论》不只是《发智》的释论,是扩大了阿毗达磨的内容。如推论到与论题有关的,或并无多大关系的新问题,照样地广引各家,给予评正,这名为"因论生论"。如解说"世第一法"、"暖"、"顶",就附论"顺抉择分"、"顺解脱分"①。解说佛的"身力",就论到"心力"——"十力"、"四无所畏"、"五圣智三昧"等②。解说"声非异熟",就论到"大士梵音"③。解说"诸见"就引经而明"六十二见"④。又有推演的,如《发智论》以十门分别

① 《大毗婆沙论》卷七(大正二七·三五上——中)。
② 《大毗婆沙论》卷三〇——三一(大正二七·一五六下——一六一上)。
③ 《大毗婆沙论》卷一一八(大正二七·六一二下——六一三中)。
④ 《大毗婆沙论》卷一九九——二〇〇(大正二七·九九六中——末)。

四十二章，毗婆沙师就以种种门通前四十二章①。这些因便附论的部分，在《大毗婆沙论》中，在二十卷以上。所以《大毗婆沙论》的编集，可说是阿毗达磨论义的大集成。

二、《大毗婆沙论》义，被称为迦湿弥罗毗婆沙师义。其实，这是从《发智》到《毗婆沙》——三百年间，经诸大论师的长期论究的成果。这是根据《发智论》的，《发智论》的思想，到这才充分确切地阐明出来；内容已不限于《发智论》所说，而有了新的充实。迦湿弥罗论师为论定者，但所有论义，为说一切有部诸大论师累积的业绩，并非全为迦湿弥罗论师的创见。这点，是应该首先认定的。论中引证的有名的论师，下面当分别叙说。《大毗婆沙论》——说一切有部论义，这里作几点说明。

1. "自性"：自性，是一极重要的术语。对于法的解说，《大毗婆沙论》有"自性门"，说明某法的体性是什么，这就是"出体"。自性以外，还有"本性"等，如《论》卷一（大正二七·四上）说：

"如说自性，我、物、自体、相、分、本性，应知亦尔。"

说一切有部论师，对世间、身心一切现象，了解为复杂的综合体；分析复合体而发见内在单一性的本质，就是自性。这就是实有与假有，如《论》卷九（大正二七·四二上）说：

"然诸有者，有说二种：一实物有，谓蕴界等。二施设有，谓男女等。"

① 《大毗婆沙论》卷九〇——九二（大正二七·四六六中——四七八下）。

实物有，是"一切法各住自性"的，也就是上面说的"自性……本性"。施设有，是复合的假有。对存在的一切而析为二类，为说一切有部的根本见地。这也就是世俗与胜义的差别，例如《论》卷一三三（大正二七·六八九上）说：

"地云何？答：显形色，此是世俗想施设地。……地界云何？答：坚性触，此是胜义能造地体。"

常识中的地，是和合有，是世俗假想施设而非真实的。佛说的地界——地大，那是胜义有，也就是有实自性的。从复合的总聚，而探得一一法的自性，如上所引，也称为"分"。"分"是不可再分析的；如可以分析为多分，那就是"有分"而不是"分"了。单一性的实法，也称为"我"，如《论》卷九（大正二七·四一上）说：

"我有二种：一者法我，二者补特伽罗我。善说法者，唯说实有法我，法性实有，如实见故。"

"我"是"自在"义；一切法自性，是"自有"、"自成"的，永恒存在的，所以《论》卷二一（大正二七·一〇五下）说：

"诸法实体，恒无转变，非因果故。"

总之，自性是一切法不可再分析的实体，可说是"其小无内"的，无限差别而难以数量的，法性恒住如如不变的。

2."极微"：法自性，可分为"色"、"心"、"心所"、"心不相应行"、"无为"——五类。说到色法，分为能造的四大，所造的眼等五根，色等五境，及无表色——十一种，这是《发智论》以来的定说。这些色法(除无表色),常识所得的,都是众多积集的和合色;分析推究到不可再分析时,名为"极微",如《论》卷一三六(大正二七·七〇二上)说:

"极微是最细色,不可断截破坏贯穿,不可取舍乘履抟掣;非长非短,非方非圆,非正不正,非高非下;无有细分,不可分析;不可睹见,不可听闻,不可嗅尝,不可摩触:故说极微是最细色。此七极微,成一微尘,是眼、眼识所取色中最微细者。"

最细的极微色,是不可析、不可入的色自性,近于古代的原子说。极微是一般眼所不能见,……身所不能触的,也就是感官所不能经验到的。不可再分析,不能说方说圆,因为不这样,可以再分析,就不是极微了。但不可说有质碍,而在实际上,极微是不能单独而住,不离质碍的。不可说有方圆,而实不离方分,所以极微的积集,是中间一微,六方六微。这样的七微和合,成为肉眼所见的最细色。色的极微,分能造的四大极微,所造的眼等极微。所造色极微有十,能造四大也有十。四大极微是互不相离的;四大极微与造色极微,和合而住,成为内而根身、外而器界的一切色。

3."心与心所":众生的内心活动,是复合而融和的活动,所以称为"心聚"。简要地说,心与心所,心所与心所,是相应而起的;是同一所依,同一所缘,同一行相,同作一事的[①]。关于

---

① 《大毗婆沙论》卷一六(大正二七·八一上)。

“心”，或称为“意”，或称为“识”；论师们虽有不同的解说，大致以“体性无别，约义有异”为正义①，不外乎六识。“心所”方面，经论师的多方论究，到《大毗婆沙论》，组为七类，如《论》卷四二（大正二七·二二〇上——下）说：

A.“大地法”（十）：受·想·思·触·欲·作意·胜解·念·三摩地（定）·慧

B.“大烦恼地法”（十）：不信·懈怠·放逸·掉举·无明·忘念·不正知·心乱·非理作意·邪胜解

C.“小烦恼地法”（十）：忿·恨·覆·恼·谄·诳·㤭·悭·嫉·害

D.“大善地法”（十）：信·精进·惭·愧·无贪·无瞋·轻安·舍·不放逸·不害

E.“大不善地法”（五）：无明·惛沉·掉举·无惭·无愧

F.“大有覆无记地法”（三）：无明·惛沉·掉举

G.“大无覆无记地法”（十）：受·想·思·触·欲·作意·胜解·念·三摩地·慧

七类分别，有些是重复的，有些心所又没有列入，如贪、瞋、慢、疑、见、恶作、睡眠等。这一分类，或者觉得未臻完善。但在古代论师，也许并未意识到一切心所法的完备分类，而另有重点。这可以是分类发展的三过程。一、“十大地法”，是《发智论》所说的。这是遍一切心——一切地，一切识，一切性的；只要是心法生起，十法是一定相应的。这是首先被论师注意到的。

① 《大毗婆沙论》卷七二（大正二七·三七一上——中）。

二、关于烦恼法:"大烦恼地法",是"一切染污心俱起"的;"小烦恼地法",是经论早已集为一类,"若一起时必无第二"的。分烦恼为定遍与定不遍的二类。三、再从四性而分别定遍的:"大善地法",是"唯在一切善心中可得"的。"大不善地法",是"一切不善心中可得"的。"大有覆无记地法",是"一切有覆无记心中可得"的。"大无覆无记地法",是"一切无覆无记心中可得"的。心所法的相应与不相应,是极复杂的;上面七类心所法的分别,除小烦恼地而外,着重于定遍的,所以名为"大"。

4."刹那与虚空":说一切有部,并不以时间为另一实法,而认为就是有为法的活动。有为法是有生灭的:生灭的一刹那,是现在;未生是未来;已灭名过去。离开有为法的生灭,是无所谓时间的。所以《论》卷七六(大正二七·三九三下)说:

"三世以何为自性?答:以一切有为为自性。……世是何义?答:行义是世义。"

"世"就是时间。从多法的前后相续说:从过去到现在,从现在到未来。依"行"(有为法的别名)而施设为时、日、月、年、小劫、中劫、大劫。若从一一法的生灭说,三世是从未来到现在、现在到过去的。一一法的即生即灭,只是一"刹那",刹那是最短的时间。如《论》卷一三六(大正二七·七〇一上)说:

"时之极少,谓一刹那。"

又如《论》卷三九(大正二七·二〇一下)说:

"诸刹那量,最极微细,唯佛能知。"

"刹那"是时间点,就是有为法,刹那以外是没有时间可说的。"极微"是物质点,占有空间而不是空间。有空间意义的,在说一切有部中,有"空界"与"虚空"。如《论》卷七五(大正二七・三八八中)说:

"云何空界?谓邻碍色。碍谓积聚,即墙壁等。有色近此,名邻碍色。如墙壁间空,……往来处空,指间等空。"

"空界",是物质与物质间的间隙形态。有些学派,以为这是眼所见的、身体所触觉的。说一切有部论师,以为"空界"色是"眼虽见而不明了",普遍存在于一切(色)处。这是说,哪里有物质,哪里就有"空界"。至于"虚空",如《论》卷七五(大正二七・三八八中——下)说:

"虚空非色……无见……无对……无漏……无为。……若无虚空,一切有物应无容处。……若无虚空,应一切处皆有障碍。"

"色"是质碍的,有往来聚散的。色的"极微",虽说是无质碍的,但还是积集而成为六方(立体)的。色的"空界",是邻近质碍而显现的色。比起极微来,质碍——色的特性,更为微乎其微。"虚空"无为,只是无障碍相,是不生不灭的无为法,是不受色的集散起灭而有任何影响的。这是从"空界"色,进一步论究无障碍的绝对空间,与近代的"以太"说相近。在物质的波动、放射、运行中,不能测知因以太而有的任何影响,所以有的否认以太的存在。但依说一切有部说,"虚空"是不与物质为碍的绝对空间,不属于物质,而为物质存在活动的依处。由“虚空”而“空界”,而“大种极微”,而“所造色”,而“心心所”的展转因果,《大毗婆沙论》卷七五(大正二七·三八九上)曾有次第的叙述:

“虚空无为无有作用,然此能与种种空界作近增上缘。彼种种空界,能与种种大种作近增上缘。彼种种大种,能与有对造色作近增上缘。彼有对造色,能与心心所法作近增上缘。”

5.“三世因果”:三世有,是说一切有部的标帜。未生以前,已经有了;灭入过去,还是有的。过去与未来的有,虽有种种的教证与理证,而实成立于一项信念:有的不能成为没有的,没有的也不可能成为有。所以法性是不增不减的,如《论》卷七六(大正二七·三九五下——三九六上)说:

“三世诸法,因性果性,随其所应,次第安立。体实恒有,无增无减;但依作用,说有说无。”

这是说:约法体恒有说,未来有,现在有,过去有,不能说“从无而有,有已还无”的。依作用说,可以说有说无。可以说有说无,也就可以说转变,但这是不能依自体说的。如《论》卷三九(大正二七·二〇〇上——中)说:

“诸行自性,无有转变。”

“有因缘故无转变者,谓一切法各住自体……无有转变。有因缘故有转变者,谓有为法得势(得力等)时生,失势时灭……故有转变。”

这可见有为法的生灭有无，约作用、功能而说；自体是恒住自性，如如不变的。说一切有部，称此为“恒有”，与不生不灭的“常”住不同。常是超越三世的；恒是与“生”“灭”俱，在因缘和合下，能刹那生灭，而流转于三世的历程。

现有的刹那存在，根有取境的作用，识有了别的作用，色有质碍的作用；而且都有引生同类法的作用。这些作用，在过去与未来，是没有的。如未来的识，没有了别的作用；色法也没有质碍用。但说一切有部，每说“是彼类故”。或说“彼亦是色，得色相故”①。

因果，无论是同时的、异时的，都是成立于自他的作用，而不是自性，可说自性恒有而非因果的。如《论》卷二一（大正二七·一〇五下）说：

“我说诸因，以作用为果，非以实体为果。又说诸果以作用为因，非以实体为因。诸法实体，恒无转变，非因果故。”

因果，仅为自他间作用的别名。但审细地论究起来，因果要从二方面说。一、“不自待他”义，如《论》卷五五（大正二七·二八三中）说：

“诸有为法，自性羸劣，不得自在，依怙于他，无自作用，不随己欲。”

一切有为法，是不能自主而起作用的，一定要依待于因缘。

① 《大毗婆沙论》卷七五（大正二七·三八九下）。

所以说“不得自在”、“不随己欲”;“诸法作用,必假因缘”①。乍看起来,一切唯是因缘所生起,近于法自性作用的否定论。但另有“自体作用差别”义,如《论》卷七三(大正二七·三七九上)说:

“云何建立十二处耶?答:以彼自性作用别故。谓十二处虽在一身,而十二种自性作用有差别故,非互相杂。”

有为法自性恒住,各各差别,作用也本就不同。如眼能见色,诚然要由于因缘和合才能起见色的作用,但因缘只是助成,见色还是眼根自体所有的作用。这两方面结合起来,就是:一切法待因缘而起作用,作用实为一一法体所有。说一切有部的论义,到达了作用从属于自体,都是三世有的结论。所以因果相生,无论约自性说,约作用说,都不是从因缘而有新体用的产生。自体根本不属于因果,作用也只是本有的发现。

6.“展转论法”:因果是自他间的作用关系。作用是对他而非对自的,这是《发智论》以来的定义,如智“不知自性”,识“不了自性”②。任何作用,都是能所关系,自体是不能说有能所的,如《论》卷九(大正二七·四三上)说:

“何缘自性不知自性?答:勿有因果,能作所作,能成所成,能引所引,能生所生,能属所属,能转所转,能相所相,能觉所觉,无差别过。”

① 《大毗婆沙论》卷二一(大正二七·一〇八下)。

② 《发智论》卷一(大正二六·九一九中)。

> “自性于自性,无益无损……诸法自性不观自性,但于他性能作诸缘,是故自性不知自性。”

> “世间现见,指端不自触,刀刃不自割,瞳子不自见,壮士不自负,是故自性不知自性。”

《大毗婆沙论》在说明能作因“除其自性”时①,有与上文同样的叙说。

这一说明,可能是对的;但说一切有部以不相应行为实法,似乎不免感到了困扰。依论说,一切法的所以生起——从未来来现在;又刹那灭去——从现在入过去,当然是由于因缘。而不相应行的“生”与“灭”,与法俱起,对恒住自性的诸行,现起生与灭的形态,更有重要的作用。所以有为法是生所生、灭所灭的。不相应行的“生”与“灭”,也是实法,恒住自性,与法俱起时,又是谁所生,谁所灭呢?说一切有部论义,是“生不自生”、“灭不自灭”的,所以推论为“生复有生”,有称为“生生”的能生于“生”,“灭灭”能灭于“灭”。这样,问题又来了,“生生”与“灭灭”,又是谁所生所灭呢?论师采用了更互为因的论法:如“法”是“生”所生的,“生”是“生生”所生的,“生生”又为“生”所生,这才解免了无穷的过失,如《论》卷三九(大正二七·二〇〇下)说:

> “诸行生时,九法俱起:一者法,二者生,三者生生,四者住,五者住住,六者异,七者异异,八者灭,九者灭灭。……由此道理,无无穷失。”

---

① 《大毗婆沙论》卷二〇(大正二七·一〇四中)。

同样的情形,也见于“得”的说明。凡法而摄属有情的,由于“得”。得也是需要属于有情而不失的,那就是“得得”。这如《论》卷一五八(大正二七·八〇一中)说:

“一刹那中但有三法:一彼法,二得,三得得。由得故成就彼法及得得,由得得故成就得。由更互相得,故非无穷。”

这是由于说一切有部,“自不观自”,而引起的论法;这样,法相是更繁复了!

7.“自相与共相”:自相与共相,为阿毗达磨论的基本论题。主要的定义,如《论》卷四二(大正二七·二一七上)说:

“分别一物相者,是分别自相。分别多物相者,是分别共相。”

“如种种物,近帝青宝,自相不现,皆同彼色,分别共相慧应知亦尔。如种种物,远帝青宝,青黄等色,各别显现,分别自相慧应知亦尔。”

自相与共相,本相对而安立,所以可因观待而不同,如《论》卷七八(大正二七·四〇五下)说:

“然自共相,差别无边。且地大种,亦名自相,亦名共相。名自相者,对三大种;名共相者,一切地界皆坚相故。大种造色合成色蕴,如是色蕴,亦名自相,亦名共相。名自相者,对余四蕴;名共相者,谓色皆有变碍相故。即五取蕴合成苦谛,如是苦谛,亦名自相,亦名共相。名自相者,对余三谛;名共相者,诸蕴皆有逼迫相故。思惟如是有逼迫相,即是思惟苦及非常空非我相。”

照这一意义来说，自相是不限于一物，而可通于一类的特性。阿毗达磨的自相与共相，本为对佛所说的法门，作一一体性的观察，与不同的类观察。然经长期的论究，说一切有部论师以蕴处界，尤其是界为自相，所以说“此十八界，依相而立”①；而以四谛的义相——无常、苦、空、无我；因、集、缘、生；灭、尽、妙、离；道、如、行、出：十六行相为共相。在习用中，几乎就以十六行相为共相了。蕴处界，为佛说的分类法，依此而立自相，深入恒住自性的法体。四谛为佛说迷悟、染净、世出世间的分类，依此四谛理而立共相；作四谛十六相观，才能悟入而得解脱。说一切有部的自相与共相，还不失实用的立场。

三、《大毗婆沙论》的无边论义，是值得研究的；研究也不限于一隅的。我想举研究一例，来结束本章。

“世第一法”，是本论的初章。旧阿毗达磨师、持经师，与说一切有部的近支——犊子部，都是说“五根为性”。这显明地分别了与大众分别说系的不同。大众分别说系，以为五根唯是无漏的、出世的；有部与犊子部，说世第一法五根为性，这当然通于有漏了。到了《发智论》，却说“心心所法为性”，这为什么呢？犊子部以为“唯是五根为性”，而《发智论》主从融和综合的观点，知道心与心所是相应的，是营为同一事业的，所以不应如犊子部那样说②。到了《大毗婆沙论》，从三世有的，融和综合的见

① 《大毗婆沙论》卷七一(大正二七·三六七中)。
② 《大毗婆沙论》卷一(大正二七·八中)。

地,推论得更深细。过去、未来的心心所法,是否世第一法?结论是:过去的是;未来法不成等无间缘,所以不是的。世第一法(心心所)的随转色,心不相应行(四相),是否世第一法?世第一法的"得",是否世第一法?结论是:除"得"以外,其他的都是。这样,世第一法到达了"五蕴为性"的毗婆沙师义。《大毗婆沙论》的五蕴为性,实本于《发智论》的思想原则发展而来。

《发智论》但说"世第一法"、"顶"、"暖",并没有说到忍。所以,《大毗婆沙论》卷五(大正二七・二三下——二四上),"有余师说":

> "若契经中显了说者,尊者于此彰显而说。忍于经中不显了说,是故于此覆相说之。"

以"忍"为修行的位次,是契经所没有明说的。事实上,《发智论》主也但说三法,并没有加以综合的条理。暖、顶、忍、世第一法的组成四加行,是经文所没有,是论师所组成的。经中说暖,说顶,是否合于这样的次第,也还有问题。这样,犊子部立忍、名、相、世第一法为四加行,就不觉得稀奇了。进一步说,大众部称世第一法为性地,不是一刹那;不立四加行,还是古代素朴的教说呢!例如顶,有部列为四加行的第二位。有的解说为登峰造极,所以到达顶,就是入正位——入正性离生了①。这些问题,从《发智论》、《毗婆沙》去研究,对部派思想的分流与发展,是很有意义的。

---

① 《大智度论》卷四一(大正二五・三六二上)。

第六章　说一切有部的四大论师

第一节　大德法救

第一项　大德与大德法救

尊者法救，为说一切有部的四大论师之一，在初期的说一切有部中，有极崇高的地位，其独到的思想，对后起的经部譬喻师给予最深远的影响。

尊者的名字，在唐译《大毗婆沙论》中极不一致，如：

尊者法救①

尊者达磨逻怛多②

法救③

大德法救④

① 《大毗婆沙论》卷二（大正二七·八下），又卷一三（大正二七·六一下）等。

② 《大毗婆沙论》卷一八五（大正二七·九二八上）。

③ 《大毗婆沙论》卷一二〇（大正二七·六二三下）。

④ 《大毗婆沙论》卷一（大正二七·一中），又卷七九（大正二七·四一〇下）等。

大德①

唐译的达磨逻怛多，就是法救的音译（晋译《鞞婆沙论》，译为昙摩多罗。凉译《毗婆沙论》，译为达磨多罗）。唐译所引，有"大德法救"说，有更多的"大德"说。大德就是大德法救的略称，还是另有其人呢？在论究大德（尊者）法救的思想时，这是应先加以论定的。据凉译《毗婆沙论》，凡唐译所引的大德说，都译为"尊者婆檀陀"，"尊者浮陀提婆"，或"尊者佛陀提婆"②。"婆檀陀"，梵语 Bhadanta，意译为大德，本为佛的尊称③。佛灭后，被移用为上座的尊称，也可以译为"尊者"④。所以凉译的婆檀陀，为大德的音译；而尊者婆檀陀，是由于婆檀陀私名化（专指一人），而又加上通名的尊者了。但"尊者婆檀陀"，等于说"尊者大德"、"大德大德"、"尊者尊者"，似乎不大妥当。此外，凉译大都译为"浮陀提婆"或"佛陀提婆"。唐译的"大德"，凉译的译主是看作佛陀提婆——觉天的略称，可说毫无疑问。但从唐译等看来，以大德为觉天，到底是难以赞同的。有许多地方，讨论同一问题，唐译是大德说与觉天说并列，决不能看作一人。而在凉译，每大刀阔斧地将觉天说删去，或改为"有说"，而

---

① 《大毗婆沙论》卷一（大正二七·四中）等。

② 在《大毗婆沙论》中，译为"尊者婆檀陀"的，如卷一（大正二八·三下）等；作"尊者佛陀提婆"的，如卷四（大正二八·二七上）等；译为"尊者浮陀提婆"的，如卷二五（大正二八·一八七上）等。

③ 《大智度论》卷二（大正二五·七三中）。

④ 《增一阿含经》卷三七（大正二·七五二下）说："大称尊，小称贤。"《说一切有部毗奈耶杂事》卷三八（大正二四·三九九上），与上文相当处，作："小下苾刍于长宿处……应唤大德，或云具寿；老大苾刍应唤小者为具寿。"可见"尊"与"大德"，实为同语异译。

将唐译的大德说，译为"尊者佛陀提婆"。我以为，《大毗婆沙论》的大德说，原文只是婆檀陀。而凉译或作"尊者婆檀陀"，或作"尊者佛陀提婆"，都出于译者——根据某种传说而增译的。

僧伽跋澄的晋译《鞞婆沙论》，与唐译的大德说相当的，除了简略而外，都译为"尊者昙摩多罗"；僧伽跋澄确信大德为法救，与唐译相同。晋译有一特殊译语，如《鞞婆沙论》卷一（大正二八·四一八上）说：

> "尊者昙摩多罗说曰：诸尊，染污清净、缚解、轮转出要，谓之法也。"

在"尊者昙摩多罗说曰"下，晋译每插入"诸尊"或"尊人"二字，这是对勘凉、唐二译所没有的。其实，"诸尊"或"尊人"，就是婆檀陀的对译。晋译依一般传说，确信婆檀陀为昙摩多罗，所以译为"尊者昙摩多罗"；而原文的婆檀陀，照旧保存下来，译为"诸尊"或"尊人"，成为特殊的译语。依据这一特殊的译语，使我们相信："尊者昙摩多罗"是译者增译的，原文只是婆檀陀而已。僧伽跋澄的另一译典——《尊婆须蜜菩萨所集论》，有"尊昙摩多罗说"，及更多的"尊作是说"①。尊作是说，等于大德作是说。论中最初引述"尊作是说"时，附注说（大正二八·七二三下）：

> "尊昙摩多罗入三昧方知。"

① 《尊婆须蜜菩萨所集论》卷一（大正二八·七二一下），又卷四（大正二八·七四八下）等。

从此可知,僧伽跋澄是确信大德为尊者法救的。《杂阿毗昙心论》的译者求那跋摩(Guṇavarman),对此也持有同样的见解,如《论》卷九的“尊者说曰”下,附注说(大正二八·九四六中):

“此(杂心论主)达摩多罗,以古昔达磨多罗为尊者。”

总之,婆檀陀——大德说,从晋译,历宋而至唐译,都确信为尊者法救。比起凉译的觉天说,更为可信。

“大德”是婆檀陀的意译,也可以译为“尊者”。《大毗婆沙论》中,别有“尊者”说四则①。有的就是大德说,如《论》卷一三一(大正二七·六八〇下)说:

“尊者亦说:缘是诸师假立名号,体非实有。”

同样的问题,《论》卷五五(大正二七·二八三上),就作大德说:

“大德说曰:诸师随想施设缘名,非实有性。”

但也有尊者说与大德说并列,似乎可以看作二人的,如《论》卷一九一(大正二七·九五四上)说:

“尊者说曰:阿罗汉最后心,……缘自身。”

“大德说曰:阿罗汉最后心,缘见闻觉知境。”

---

① 《大毗婆沙论》卷一三一(大正二七·六八〇下),又卷一四二(大正二七·七三二中),又卷一七九(大正二七·八九七下),又卷一九一(大正二七·九五四上)。

二说不同。然依论说,尊者是依"相续命终心说,非刹那最后心"。所以对这不同的异说,不妨看作同一人的不同解说,而实质上并无矛盾。

第二项 持经譬喻大师

大德法救,是说一切有部的四大论师之一。他在说一切有部演化为持经的譬喻师、宗论的阿毗达磨论师的过程中,是持经譬喻师的权威者。以法救为"持修多罗者",凉译是有明文可据的①。以大德或法救为譬喻师,唐译也有明白的叙述,如《大毗婆沙论》说:

> "如譬喻者;大德说曰。"②
>
> "谓譬喻者拨无法处所摄诸色;故此尊者法救亦言。"③
>
> "如譬喻者;……大德亦说。"④
>
> "如譬喻者……彼大德说。"⑤

大德(法救)为譬喻大师。将大德与譬喻者联结在一起,而思想一致的,据《大毗婆沙论》,有:

> 1. 异生无有断随眠义。⑥

---

① 《大毗婆沙论》卷一(大正二八·六上)。

② 《大毗婆沙论》卷五二(大正二七·二六九中),又卷五一(大正二七·二六四中)。

③ 《大毗婆沙论》卷七四(大正二七·三八三中)。

④ 《大毗婆沙论》卷九五(大正二七·四八九中)。

⑤ 《大毗婆沙论》卷一四四(大正二七·七四一下)。

⑥ 《大毗婆沙论》卷五一(大正二七·二六四中),又卷一四四(大正二七·七四一下)。

2. 心粗细性(寻伺)三界皆有。①

3. 诸心心所,次第而生。②

4. 施设缘名,非实有性。③

5. 拨无法处所摄诸色。④

6. 化非实有。⑤

7. 下智名忍,上智名智。⑥

大德或大德(尊者)法救所说,虽未明说,而确与譬喻师相契合的,有:

1. 诸心心所是思差别。⑦

2. 信等五根能入见道。⑧

3. 心但为同类等无间缘。⑨

4. 非实有,谓所造触。⑩

5. 不相应行蕴无实体。⑪

6. 有身见……是不善。⑫

---

① 《大毗婆沙论》卷五二(大正二七·二六九中),又卷一四五(大正二七·七四四中)。

② 《大毗婆沙论》卷九五(大正二七·四九三下)等。

③ 《大毗婆沙论》卷五五(大正二七·二八三上)。

④ 《大毗婆沙论》卷七四(大正二七·三八三中)。

⑤ 《大毗婆沙论》卷一三五(大正二七·六九六中)。

⑥ 《大毗婆沙论》卷九五(大正二七·四八九中)。

⑦ 《大毗婆沙论》卷二(大正二七·八下)。

⑧ 《大毗婆沙论》卷二(大正二七·八下)。

⑨ 《大毗婆沙论》卷二(大正二七·九中)。

⑩ 《大毗婆沙论》卷一二七(大正二七·六六二中)。

⑪ 《大毗婆沙论》卷一四二(大正二七·七三〇中)。

⑫ 《大毗婆沙论》卷五〇(大正二七·二六〇上)。

7. 上界烦恼……皆是不善。[①]

8. 此虚空名,但是世间分别假立。[②]

9. 胜义中无成就性。[③]

据此大德法救的教说,去观察譬喻师说,那么譬喻师所说的"智与识不俱"[④],"思虑是心差别"[⑤],"寻伺即心"[⑥],都是"诸心心所是思差别"的说明。"名句文身非实有法"[⑦],"诸有为相非实有体"[⑧],"异生性无实体"[⑨],"无实成就不成就性"[⑩],就是"不相应行非实有体"的解说。而"断善根无实自性"[⑪],"退无自性"[⑫],"顶堕无别自性"[⑬],又只是不成就性非实的分别说明了。

据《大毗婆沙论》,大德对《发智论》("杂蕴·补特伽罗纳息")有所解说[⑭]。但这位说一切有部的古德,即使与《发智论》有过关系,也不能算作《发智》系——新阿毗达磨论师。在大德

① 《大毗婆沙论》卷五〇(大正二七·二六〇下)。
② 《大毗婆沙论》卷七五(大正二七·三八八下)。
③ 《大毗婆沙论》卷九三(大正二七·四八〇中)。
④ 《大毗婆沙论》卷九(大正二七·四四中)。
⑤ 《大毗婆沙论》卷四二(大正二七·二一六中)。
⑥ 《大毗婆沙论》卷四二(大正二七·二一八下)。
⑦ 《大毗婆沙论》卷一四(大正二七·七〇上)。
⑧ 《大毗婆沙论》卷三八(大正二七·一九八上),又卷一九五(大正二七·九七七中)。
⑨ 《大毗婆沙论》卷四五(大正二七·二三一中)。
⑩ 《大毗婆沙论》卷九三(大正二七·四七九上)。
⑪ 《大毗婆沙论》卷三五(大正二七·一八二下)。
⑫ 《大毗婆沙论》卷六〇(大正二七·三一三上)。
⑬ 《大毗婆沙论》卷六(大正二七·二七下)。
⑭ 《大毗婆沙论》卷二八(大正二七·一四六上)。

法救的时代，阿毗达磨论宗已日渐隆盛；而法救继承说一切有部的古义（重经的），对阿毗达磨论宗取着反对的立场。如《大毗婆沙论》卷五二（大正二七·二六九中）说：

“大德说曰：对法——阿毗达磨——诸师所说非理。……故对法者所说非理，亦名恶说恶受持者。”

大德法救为一反阿毗达磨论宗的持经譬喻大师，依上来文义的证明，可说毫无疑问。古来或称他为“婆沙评家”、“毗婆沙师”，未免误会太大了。

第三项　大德法救的思想

大德法救的思想，代表说一切有部中重经的古义。从《发智论》类分的五法来说，意见非常不同。其中心及心所，大德虽主张“心所法非即是心”①，而又不同于阿毗达磨论师。但在《大毗婆沙论》中，对心所的叙说，存有自相矛盾的歧义。如说：

A.“尊者法救作如是言：诸心心所是思差别。……信等思（心）前后各异，无一并用信等五根为等无间入见道者。……有用信思（信心）为等无间入于见道，乃至或用慧思（慧心）为等无间入于见道。”②

“大德亦说：诸心所法次第而生，非一时生。”③

“彼大德言：心心所法一一而起，如经狭路，尚无二并，

① 《大毗婆沙论》卷一二七（大正二七·六六二中）。

② 《大毗婆沙论》卷二（大正二七·八下）。

③ 《大毗婆沙论》卷九五（大正二七·四九三下）。

何况有多!"①

B."尊者法救,说离大种别有造色,说心所法非即是心。"②

"大德说曰:心与受等一和合生,如心是一,受等亦一,故无有(二心俱生)过。"③

"大德说曰:同伴侣义是相应义,识与心所互相容受,俱时而生,同取一境。"④

依A说,心心所法是次第生而非一时的。同是"思"的差别,如同时相应而生,就等于自性与自性相应了。依B说,心所是离心有体的,这还可以与A说相贯通;但说心所是与心相应而同时生的,就与A说矛盾。这一截然相反的歧说,不但是大德说,也是法救说。《大毗婆沙论》的编集者,对此相反的歧说不加理会,这表示了他们对于大德的思想,由于时间上的距离,已多少有点隔膜了。

对于上述的歧义,应怎样的去抉择呢? 先引《尊婆须蜜菩萨所集论》卷一(大正二八·七二四上),再为解说:

"痛及想及心及识,有何差别?"

"尊作是说:眼缘色,生眼识,自相受识。识流驰此诸法,还更以此差降,意有三法,识别与识共俱:彼所得苦乐;造诸想,追本所作亦是想;心所行法是心。"

---

① 《大毗婆沙论》卷一四五(大正二七·七四五上)。
② 《大毗婆沙论》卷一二七(大正二七·六六二中)。
③ 《大毗婆沙论》卷一〇(大正二七·五〇上)。
④ 《大毗婆沙论》卷一六(大正二七·八一上)。

这是大德——尊对于心心所法的解说。译文虽非常拙劣，但还可以了解。识以外的痛、想、心，就是受、想、思的异译。依大德的解说：例如依眼缘色而生眼识，眼识是但受（取）自相的识。因识于诸法上驰流，就差降——次第递演而生意。意，是意行的意，是一切心所法的别名。称一切心所法为意，《尊婆须蜜菩萨所集论》卷三（大正二八·七四二下），有明白的说明：

"以何等故诸相应法，想痛是意行耶，非余相应法？或作是说：此一切由意行兴，是世尊劝教语。说此（想痛）为首，则说一切意。"

依此，一切意就是一切心所。从识而引起的意（心所法），有三法："得苦乐"的是受（痛）"造诸想"，是构画名相；"追本所作"，是忆想过去的境界，这都是想。"心所行法"，是内心的造作力，是心；心是思的别译。受、想、思的次第生起，实只是意的差别。这些次第生起的心所，"识别与识共俱"，就是能识别别相，又能识别总相。对于心心所法，大德是主张识、受、想、思——次第生起的，与譬喻师相同。《大毗婆沙论》的法救说"诸心心所是思差别"，与上说极为吻合。而说法救"说心所法非即是心"，也是对的。因为受、想、思是从识的差降——次第而生起，与识是前后不同的。

大德法救的教说，确是"心心所法是思差别"，"心心所法次第而生"的。那么，对B说中大德所说的"和合相应"义，应以怀疑的目光去重新论定了！如上所引，大德以为，"心与受等一和合生"，这是心心所法的同时相应。考凉译，这不是大德——婆檀陀或佛陀提婆说①。这是《大毗婆沙论》初编所没有的，不知唐译为什么增入而误作大德说？也就难怪大德的“心心所法次第而生”，自相矛盾了。还有上面所引的“同伴侣义是相应义”，也是同时相应说。深细地研究起来，原来《大毗婆沙论》卷一六（大正二七·八一上），世友、大德对“相应”的解说，是参照《尊婆须蜜菩萨所集论》卷三“心犍度”的（大正二八·七三八下）。次第完全相合，但（第十义）大德的解说却不同。兹对列如下：

《大毗婆沙论》	《尊婆须蜜菩萨所集论》
相引生义	乘载义
不相离义	不移动义
有所缘义	有因缘义
同所缘义	一因缘义
常和合义	有悕望义
恒俱生义	俱生义
俱生住灭义	一起一住一尽义
同一所依所缘行相义	一悕望一因缘一时造义
同作一事义	一事所须义
同伴侣义	千义

在《尊婆须蜜菩萨所集论》中，对于前九义，一一地加以评破（但在《大毗婆沙论》中，又一一地加以答救）；对末后的“千义”没有评难，显然地作为正义。这与前九义，应有根本的不同

① 《毗婆沙论》卷六（大正二八·三七下）。

处。这一末后正义——“千义”,与《大毗婆沙论》相当的,是大德的“同伴侣义”,但与《大毗婆沙论》说不同:

“或作是说:千义,是相应义。识所适处,各相开避,心所念法,则有算数。”

“千义”,不易理解,或是“伴义”的脱略。“识所适处,各相开避”,是说:识于所缘法转时,开避而起种种“心所念法”。这与《大毗婆沙论》的“识与心所,互相容受,俱时而生”,完全不同。譬喻者本有前后相伴的相应义:如人一前一后,中间没有什么间隔,也可说彼此为伴而相应的。《尊婆须蜜菩萨所集论》的“千义”,与譬喻师前后相伴的相应义相合,也就是《大毗婆沙论》的大德说同伴侣义的本意。考凉译《毗婆沙论》,也与《尊婆须蜜菩萨所集论》相合,如《论》卷一〇(大正二八·六六中)说:

“佛陀提婆(大德的别译)说:同伴义是相应义。如识随所缘事,为诸数名,离于俱生,是相应义。”

《大毗婆沙论》,是故意修改为适合于阿毗达磨论宗的。上来的研究,可见大德法救的心心所说是:心与心所别体,心所是意差别,次第生起,前后相应。

法救对于色法的意见,如《大毗婆沙论》卷一二七(大正二七·六六二中)说:

“尊者法救说离大种别有造色……然说色中二非实有,谓所造触及法处色。”

法救的大种外别有造色,与阿毗达磨论者相同,但不立法处色及所造触。不立法处所摄色，就是以无表色（业）为假色，而实为思业的造作增长，与譬喻师同①。不立所造触，据《顺正理论》②，也与譬喻师相同。法救以为：“诸所有色，皆五识身所依所缘。”③五识的所依是眼等五根，所缘是色等五境。法救的色法观，惟有十色处，与一般的物质（物理、生理）概念相合。把这作为佛法的初期解说，应该是大致无误的。

“心不相应行”——这一术语，在学派中是有异说的。这是学者论究所成立的；法救以为这是假说而无实性的，也与譬喻师相同。

至于无为法，如《大毗婆沙论》卷一九〇（大正二七·九四九下）说：

> “大德说曰：……若计度外事于内取相，及于事取补特伽罗，并法处所摄色，心不相应，无为相：如此类境皆名心受，以于非实有境分别转故。”

大德以无为为非实有境，与譬喻者的“择灭非择灭……非实有体”④相合。

大德法救的教说，与《发智论》系——阿毗达磨论宗不同。法救是三世实有论者（《大毗婆沙论》所说的譬喻师，也是这样），不失为说一切有部的大师。他已论到极微等，有北方佛教的特色，但思想直承阿毗达磨论开展以前的佛法。对阿毗达磨

---

① 《大毗婆沙论》卷七四（大正二七·三八三中）。
② 《顺正理论》卷四（大正二九·三五二下）。
③ 《大毗婆沙论》卷七四（大正二七·三八三中）。
④ 《大毗婆沙论》卷三一（大正二七·一六一上）。

论的论门,如“相应”,给予不同的解说。“因缘”,“成就不成就”,也是看作非实有性的。法救的教说,代表了说一切有部的初期思想,可为原始佛教的良好参考。佛陀对现实世间的开示,是以有情为中心,而有情是以情识为本的。经中说心、说意、说识,决非以知为主,而是重于情意的。法救对于心及心所,解说为:“心心所法是思差别”①,正道破了情意为本的心识观。作为生死根本的无明,法救也不以为是知的谬误,而解说为:“此无明是诸有情恃我类性,异于我慢。”②无明与我慢相近,但慢是对他的轻凌,而无明是自我的矜恃,这也是从情意根本去解说无明的。大德法救的思想,上承北方上座部的初期教学,为晚期经师所承受。

法救是说一切有部中的持修多罗者、譬喻者,是一位众所周知,不需要称呼名字的大德。《大毗婆沙论》的编集者,对大德法救的态度有点故弄玄虚。尽管逐条地驳斥他,同时又推重他,确认他是说一切有部论师,大同阿毗达磨论宗。如说:

“谓此部内有二论师,一者觉天,二者法救。……尊者法救……立蕴处界,如对法宗。”③

“说一切有部有四大论师,各别建立三世有异。谓尊者法救说类有异。”④

法救所说,触处无所造色,法处无法处色,心心所是思差别,

① 《大毗婆沙论》卷二(大正二七·八下)。

② 《俱舍论》卷一〇(大正二九·五二上)。

③ 《大毗婆沙论》卷一二七(大正二七·六六一下——六六二中)。

④ 《大毗婆沙论》卷七七(大正二七·三九六上)。

心不相应行非实，无为非实：与对法宗，实在距离太远了！在北方佛教界，法救有最崇高的地位，是被尊为大德而不直呼名字的。这样的大师，如学者承受他的反阿毗达磨立场，对发智系是大为不利的。而且，迫使这样的大师成为敌对者，也不是明智的办法。《大毗婆沙论》的编集者，于是乎故弄玄虚，尊重他，融会他，修改他（如上说的相应义），使一般人不以为他是反阿毗达磨论的。如说：

“法处所摄色，依四大种而得生，故从所依说在身识所缘中；故彼尊者说亦无失。”①

“法救论说：尸罗从所能处得。……当知彼尊者以密意说，……故彼所说，理亦无违。”②

“大德说曰：若初得入正性离生，于诸谛宝皆名现信。问：彼大德亦说：于四圣谛得现观时，渐而非顿，今何故作此说？答：彼说若住苦法忍时，若于四谛不皆得信，必无住义。”③

《大毗婆沙论》的会通，密意说等，不外乎曲解原意，以削弱大德教学的反对力量。如对于法处所摄色，虽说“故彼尊者说亦无失”，而在《大毗婆沙论》卷一二七（大正二七·六二二中），给予彻底的评破了：

“彼亦不然。……若无法处所摄色者，无表戒等不应

---

① 《大毗婆沙论》卷七四（大正二七·三八三中）。
② 《大毗婆沙论》卷一二〇（大正二七·六二三下）
③ 《大毗婆沙论》卷一〇三（大正二七·五三三中）。

有故。”

反对《发智论》——阿毗达磨论宗，而发智学者不能不推重他，这可以想见大德在北方佛教界所有的崇高威望了！

第四项　大德法救的菩萨观

再来论究法救的菩萨思想。法救对菩萨的认识，是非常深刻的。《大毗婆沙论》论到菩萨入灭尽定，阿毗达磨论者以为菩萨是异生，没有无漏慧，所以不能入；有以为菩萨遍学一切法，所以能入。大德却这样说①：

> “菩萨不能入灭尽定。以诸菩萨虽伏我见，不怖边际灭，不起深坑想，而欲广修般罗若故，于灭尽定心不乐入，勿令般若有断有碍，故虽有能而不现入——此说菩萨未入圣位。”

大德的意思是：对于止息自利的灭尽定，菩萨不是不能入，而是为了广修般若而不愿入。这是为了佛道而广修般若，不求自利的止息；重视般若的修学，深合于菩萨道的精神。

如论到菩萨的不入恶趣，阿毗达磨者以为：三阿僧祇劫修行中，有堕入恶趣的可能。要到修相好业，才决定不堕②。有的以为：菩萨乘愿往生恶趣③。大德的见解非常卓越，如《尊婆须蜜菩萨所集论》卷八（大正二八·七七九下）说：

---

① 《大毗婆沙论》卷一五三（大正二七·七八〇上）。
② 《大毗婆沙论》卷一七六（大正二七·八八七上）。
③ 《异部宗轮论》（大正四九·一五下）。

"尊昙摩多罗作是说:(菩萨堕恶道)此诽谤语;菩萨方便不堕恶趣。菩萨发意以来,求坐道场,从此以来,不入泥犁,不入畜生、饿鬼,不生贫穷处裸跣中。何以故?修行智慧,不可沮坏。复次,菩萨发意,逮三不退转法:勇猛,好施,智慧,遂增益顺从,是故菩萨当知不堕恶法。"

菩萨是发心以来,就不堕恶趣的。这由于得三种不退,主要是智慧的不可沮坏。大德对菩萨道的般若,那样的尊重,修学,是应有一番深切理会的。他在泛论不堕恶趣时,如《大毗婆沙论》卷三二(大正二七·一六五上)说:

"大德说曰:要无漏慧觉知缘起,方于恶道得非择灭,离圣道不能越诸恶趣故。"

毗婆沙师责难说:"菩萨九十一劫不堕恶趣,岂由以无漏慧觉知缘起?"但这并不能难倒大德。因为大德的见地,不是九十一劫以来不入恶趣,而是菩萨发心以来就不入恶趣。对于灭尽定,菩萨能入而不愿入(依《般若经》说,入灭尽定是易堕二乘的)。对于恶趣,菩萨没有得非择灭,可能入而却不会入。这都是与声闻道不同的。菩萨的特胜,因为他还是凡夫。凡夫而有超越声闻圣者的力量——不入灭定,不堕恶道,这是值得钦仰的!同样的,菩萨不是不起恶寻思,一直到菩提树下,还起三种恶寻。但这如滴水的落于热铁上一样,立刻就被伏除;菩萨真是不放逸者①!大德法救这样地阐明了菩萨的真面目,无怪乎僧

① 《大毗婆沙论》卷四四(大正二七·二二七中)。

睿的《出曜经序》,要称法救为菩萨了。

第五项　法救的事迹与时代

大德法救的事迹,传说下来的并不多。四大论师的结集《大毗婆沙论》,是传说而不足采信的,可以不论。我国古代有一项传说,法救是婆须蜜(Vasumitra)的舅父,如《出曜经序》(大正四·六〇九中)说:

"《出曜经》者,婆须蜜舅法救菩萨之所撰也。"

这一传说,当然从《出曜经》的译者——僧伽跋澄得来的。僧伽跋澄是《尊婆须蜜菩萨所集论》的译者,所以所说的婆须蜜——世友,指《尊婆须蜜菩萨所集论》的作者,而非四大论师之一的世友。据玄奘所传:健驮罗是法救的本生地;布色羯逻伐底(Puṣkarāvatī)城北伽蓝,是法救造论处。但这都指《阿毗达磨杂心论》主法救,而非《大毗婆沙论》所说的法救。西藏 Tāranātha《印度佛教史》说:迦湿弥罗的婆罗门须陀罗,资产非常丰富,经常供养大德法救与他的弟子们①。这是很可能的。法救受到迦湿弥罗论师们的尊敬,甚至直称之为大德,在《发智论》没有在迦湿弥罗大流行以前,法救是迦湿弥罗敬仰的权威。

大德法救的著作,有著名的《法句经》,如《大毗婆沙论》卷一(大正二七·一中)说:

"犹如一切邬陀南颂,皆是佛说。……佛去世后,大德

---

① Tāranātha《印度佛教史》(寺本婉雅译本九八)。

法救展转传闻,随顺纂集,制立品名。谓集无常颂,立为无常品,乃至集梵志颂,立为梵志品。”

《法句经》为法救所集,是说一切有部学者所公认的。其实,《法句》是声闻各部派所共有的,决非法救初编。如《出三藏记集》卷七《法句经序》(大正五五·四九下)说:

“阿难所传,卷无大小。……是后,五部沙门,各自钞采经中四句、六句之偈,比次其义,条别为品,……曰法句。”

从“五部沙门各自钞采众经”来说,大抵说一切有部所传的《法句》,从无常品到梵志品(与《出曜经》的品目相合),曾经过法救的整编。《法句》的譬喻部分,或也经过法救的选定。法救与《法句譬喻》有关,是值得留意的事;法救成为众所共知的大德,可能就从这通俗教化的《法句譬喻》而来。《大毗婆沙论》卷一(大正二七·四中)有这样的话:

“大德说曰:于杂染清净、系缚解脱、流转还灭法,以名身、句身、文身次第结集,安布分别,故名阿毗达磨。”

大德对阿毗达磨的解说,与“随顺纂集,制立品名”——整编《法句》的方法,恰好一致。法救以佛典的整理、纂集、分别,为阿毗达磨,与阿毗达磨论宗的见解是不同的。此外,法救还有著述,有称为论的,有称为经的,如《大毗婆沙论》卷一二〇(大正二七·六二三下)说:

“法救论所说,当云何通?如彼说:尸罗从所能处得,慈从所能非所能处得。”

又《大毗婆沙论》卷四七(大正二七·二四三上)说:

> “大德法救于彼经中,摄诸烦恼皆入三品,谓贪嗔痴三品差别,说一则说彼品一切。”

法救的著作不传,不能明确地明了其内容。但法救论议的风格,摄烦恼入三品,与《蜫勒论》的学风相同①。这种统贯而简要的学风,在北方佛教中,与持经譬喻师相合。

大德法救,曾对《发智论》有所解说②,也曾直斥对法宗为恶说③,法救一定是出生于《发智论》以后的。《发智论》初流行于健陀罗一带,阿毗达磨逐渐隆盛,取得说一切有部的主流地位。那时,法救弘化于迦湿弥罗,维持古义,而取反阿毗达磨论的立场。法救虽反对阿毗达磨论宗,而已富有北方佛教的特色:如极微说的论究,对菩萨道有深切的体认,时代也不会过早的。《俱舍论(光)记》说:“法救,梵名达磨多罗,佛涅槃后三百年出世。”④传说出世的时代,与迦旃延尼子相当。这是说一切有部古代著名的持经譬喻者,离迦旃延尼子的时代,不会太远。大概与(阿毗达磨论师)世友同时,或者多少早一点,出于西元前二世纪末。

---

① 《蜫勒论》说“一切结使皆入三毒”,见《大智度论》卷一八(大正二五·一九二下)。

② 《大毗婆沙论》卷二八(大正二七·一四六上——中)。

③ 《大毗婆沙论》卷五二(大正二七·二六九中)。

④ 《俱舍论(光)记》卷一(大正四一·一一上)。

第二节　觉　天

四大论师中的觉天,梵音为佛陀提婆,或作浮陀提婆。除了不足采信的传说——参加《大毗婆沙论》的结集法会而外,事迹都无从稽考。

觉天与法救,同为说一切有部中的诵持修多罗者(经师),凉译《毗婆沙论》卷一(大正二八·六上——中)所说极为明显:

> "诵持修多罗者说言:五根是世第一法。尊者达磨多罗说曰:世第一法体性,是思名差别耳。尊者佛陀提婆说曰:世第一法体性,是心名差别耳。"

说一切有部中的经师,是以五根为世第一法体性的。这其中又有二流:法救是思差别论者,觉天是心差别论者,都不许五根同时俱起的。在本章第一节第一项"大德与大德法救"的考论中,说到凉译的《毗婆沙论》,每以唐译的大德说为觉天说;唐译中大德与觉天并列的,又总是略去觉天说(或作"有说"),而以大德说为觉天说的。凉译的传说虽不可信,但可以想像而知的:法救与觉天,同为持经的譬喻者,有着近似的思想,类似的崇高声誉。所以在《大毗婆沙论》的流传中,对直称大德而不举别名的法救说,或误传为觉天了!

觉天的独到思想,如《大毗婆沙论》卷一四二(大正二七·七三〇中)说:

> "诸有为法有二自性:一、大种;二、心。离大种无造色,

离心无心所。诸色皆是大种差别,无色皆是心之差别。”

同样的思想,又如《大毗婆沙论》卷一二七(大正二七·六六一下)说:

“觉天所说,色唯大种,心所即心。彼作是说:造色即是大种差别,心所即是心之差别。”

觉天以为:有为法虽多,而归纳起来,不外乎大种与心——物理与心理的两大元素。这样,与阿毗达磨论宗的世友、妙音说,持经的大德法救说,形成说一切有部中的三大系:

世友等——心心所别体同时生·大造别体有所造触

法救———心心所别体前后生·大造别体无所造触

觉天———心心所一体前后生·造色即是大种差别

觉天与法救同为持经者,而非重论的阿毗达磨论师。但比起法救来,觉天与阿毗达磨论宗更疏远,也更接近了。这怎么说呢?法救虽说心心所法前后相生,没有所造触、无表色,但还符合阿毗达磨论者的根本义——心与心所别体,大种与造色别体。觉天以为:心所即心,造色就是大种,对有为法的根本性质,采取了二元而不是多元的立场。这与阿毗达磨论者的思想,不是更疏远了吗?法救说无为无实性,而觉天与阿毗达磨论者相同,立三无为法①。法救说不相应行没有实性,而觉天曾说:“诸能得(的)得,恒现在前。”②无想异熟的“命根、众同分,是第四静虑

① 《大毗婆沙论》卷一二七(大正二七·六六二上)。

② 《大毗婆沙论》卷六一(大正二七·三一六中)。

有心业果"①。得与命根、众同分——不相应行法，虽不是别有非色非心的中立实体，但却给予（或色或心的）相对的实在性。无为也好，不相应行也好，觉天采取了比较积极的建设性，这不是与阿毗达磨论者更接近了吗？

觉天也是出生于《发智论》以后的。他曾解说《发智论》主的"五结"说②；对《发智论》说的"欲色界成就声"，解说为"此本论文，从多分说"③。觉天是持经者，对《发智论》有所研究。他在根本思想上，更极端而疏远阿毗达磨；在无为与不相应行方面，不免受了发智学系的更多影响。理解了觉天思想的这一特色，可说他是继承法救的学说，而在阿毗达磨日见隆盛的气运中，有了进一步的发展。觉天的时代，大概为西元前后。西元一八六九年，摩偷罗发现出土的狮子柱头铭文④，记有"轨范师佛陀提婆，并说一切有部比丘"字样。学者推定为西元前一〇年到西元一〇年间⑤。也许这就是四大论师之一的觉天吧！

第三节　世　友

第一项　事迹与著作

世友，梵语伐苏蜜呾罗，旧音译为和须蜜、婆须蜜、和须蜜

① 《大毗婆沙论》卷一九（大正二七·九七上）。
② 《大毗婆沙论》卷四九（大正二七·二五二中）。
③ 《大毗婆沙论》卷九〇（大正二七·四六四下）。
④ Konow No. 15.
⑤ 福原亮严《有部阿毗达磨论书之发达》（六六）。

多。印度而称为世友的，不止一人；现在所说的，是说一切有部四大论师之一。

玄奘的《大唐西域记》，曾两处说到世友：

"布色羯逻伐底城……城东有窣堵波，无忧王之所建也。……伐苏密呾罗（唐言世友，旧曰和须蜜多，讹也）论师，于此制《众事分阿毗达磨论》。"①

"迦湿弥罗国……建立伽蓝，结集三藏，欲作毗婆沙论。是时，尊者世友户外纳衣……请为上座。凡有疑义，咸取决焉。"②

世友的参与《大毗婆沙论》的结集，为一不足信的传说，下文当再为说到。世友在布色羯逻伐底造《众事分》——就是《品类足论》。西藏 Tāranātha《印度佛教史》说到③：

"迦腻色迦王崩后，……睹货罗附近，阇提长者，富有资财，于北方供养一切法塔。招致摩卢国毗婆沙师大德世友、睹货罗国大德妙音来此国，十二年间，供养三十万比丘。"

摩卢（Maru），就是《汉书·西域传》的木鹿，现在属于苏联的谋夫。世友生于摩卢，曾在睹货罗受阇提（Jāti）长者的供养。从他出生、弘法、造论的地点来说，是一位印度西北的大论师。

---

① 《大唐西域记》卷二（大正五一·八八一上）。

② 《大唐西域记》卷三（大正五一·八八六下——八八七上）。

③ Tāranātha《印度佛教史》（寺本婉雅译本一〇四）。

据我国古代的传说,在说一切有部的师资传承中,世友是迦旃延尼子以下的大德。如《出三藏记集》卷一二《萨婆多部记》(大正五五·八九上——下)说:

旧记所传	齐公寺所传
七、迦旃延罗汉	五、迦旃延菩萨
八、婆须蜜菩萨	六、婆须蜜菩萨

迦旃延尼子创说的九十八随眠,世友《品类论》已充分引用。从《大毗婆沙论》引述的世友说来看,世友为《发智论》作解说的就不少。世友已见到《发智论》的不同诵本,一作"入正性离生",一作"入正性决定"①。世友无疑为《发智论》的权威学者。《大毗婆沙论》的编集者,对迦旃延尼子与世友的谁先谁后,已有不同的传说,如《大毗婆沙论》卷四五(大正二七·二三一下)说:

"此(发智)论已说异生性,故《品类足论》不重说之。……此显彼(品类)论在此后造。有作是说:彼论已说异生法故,此不重说……此显彼论在此先造。"

《大毗婆沙论》的编集者,对迦旃延尼子与世友,时间的距离久了些;而世友又离迦旃延尼子的时代不远,所以有谁先谁后的异说。实际是,世友为迦旃延尼子的后学,相距不会太远的。大概弘法于西元前一〇〇年顷。

---

① 《大毗婆沙论》卷三(大正二七·一三下)。

说到世友的著作，唐玄奘所译的，就有三部：

一、《阿毗达磨品类足论》　　十八卷

二、《阿毗达磨界身足论》　　三卷

三、《异部宗轮论》　　一卷

《品类论》的作者世友，是否《大毗婆沙论》所称引的世友呢？我以为是的。如《大毗婆沙论》引世友说：

> "云何无想定？谓已离遍净染，未离上染，出离想作意为先，心心所法灭，是名无想定。"①
>
> "云何灭尽定？谓已离无所有染，止息想作意为先，心心所法灭，是名灭尽定。"②

《大毗婆沙论》所引的世友说，与《品类论》的"辩五事品"③，句义完全相合。所以推定《大毗婆沙论》所引的世友与《品类论》的作者世友为同一人，是没有什么困难的。关于《界身论》，在本书第四章第六节中，已有所解说。

《异部宗轮论》，鸠摩罗什初译，名《十八部论》。真谛第二译，名《部执异论》。真谛与玄奘的译本，论初都有"世友大菩萨"句，《十八部论》缺。这决非世友的自称，而是后人所增益的。论中所说的部派分裂，为说一切有部的传说。所叙的部派异义，为汉译中唯一的宗派异义集。所说的说一切有部宗义，与《发智》、《品类论》等相合。所说的说经部义，还是初期的说转

① 《大毗婆沙论》卷一五一（大正二七·七七二下）。
② 《大毗婆沙论》卷一五二（大正二七·七七四上）。
③ 《品类论》卷一（大正二六·六九四上）。

部义，与晚期的经量部不同。这可见《异部宗轮论》所显示的宗派实况，不会迟于《大毗婆沙论》的。中国所传的世友菩萨，就是《大毗婆沙论》所说的世友。Tāranātha《印度佛教史》以为造《品类论》的世友不能与造《异部宗轮论》的世友混为一人①，《异部宗轮论》的作者，是为世亲《俱舍论》作注释的世友②。与世亲同时的鸠摩罗什，已将《异部宗轮论》译为汉文了，怎么作者会是世亲的后学呢？

玄奘传译的《品类论》等而外，世友的著作还有：一、偈论：世友应有以偈颂论义的偈论，如《大毗婆沙论》说：

“由五因缘，见所梦事，如彼颂言：由疑虑串习，分别曾更念，亦非人所引，五缘梦应知。”③

“诸行无来，亦无有去，刹那性故，住义亦无。”④

“如有颂言：若执无过去，应无过去佛；若无过去佛，无出家受具。”⑤

这些偈，在晋译《鞞婆沙论》中，作“尊婆须蜜所说偈”。二、从《大毗婆沙论》及《尊婆须蜜菩萨所集论》引文，可见世友有关于《发智论》的著作。但这二类著作，都已失传，由《大毗婆沙论》等引文，而多少保存下来。

---

① Tāranātha《印度佛教史》（寺本婉雅译本一一四）。
② Tāranātha《印度佛教史》（寺本婉雅译本二四六）。
③ 《大毗婆沙论》卷三七（大正二七·一九三下）。
④ 《大毗婆沙论》卷七六（大正二七·三九三下）。
⑤ 《大毗婆沙论》卷七六（大正二七·三九七中）。

第二项 世友菩萨为婆沙上座的传说

世友为阿毗达磨大论师；在中国，一向传说为菩萨，这是值得注意的事。在印度，西元二、三世纪间，龙树作《大智度论》，就说到"婆须蜜菩萨"①。在中国，汉支谶（Lokarakṣa）所出的《惟日杂难经》，就有世友菩萨的传记（大正一七·六○九上），如说：

> "惒须蜜菩萨，事师三讽经四阿含。……惒须蜜复自思惟：我欲合会是四阿含中要语，作一卷经，可于四辈弟子说之。诸道人闻经，皆欢喜，大来听问，不而得坐禅。诸道人言：我所听经者，但用坐行故。今我悉以行道，不应复问经，但当舍去。惒须蜜知其心所念，因以手着火中，不烧。言：是不精进耶？便于大石上坐。有行道当于软坐！惒须蜜言：我取石跳，一石未堕地，便得阿罗汉。已跳石便不肯起，天因于其上，牵其石不得令堕。言：卿求菩萨道，我曹悉当从卿得脱。却后二十劫，卿当得佛道，莫坏善意！"

在这古老的传记中，世友作一卷经，就是造一部论。这部论，使当时的学者都来学习，因而引起专心坐禅的不满。从禅师中心移转到论师中心，引起部分禅者的不满，原是事实所不免的。世友自信为大乘者，不是不能证阿罗汉，而是嫌他平凡。所以有"我取石跳，一石跳未堕落，便证阿罗汉"的宣说。由于诸

---

① 《大智度论》卷二（大正二五·七○上）。

天的劝请,没有退证小果。在《大唐西域记》卷三(大正五一·八八六上),也有大同小异的传说:

> "世友曰:我顾无学,其犹涕唾;志求佛果,不趋小径。掷此缕丸,未坠于地,必当证得无为圣果。……世友即掷缕丸,空中诸天接缕丸而请曰:方证圣果,次补慈氏,三界特尊,四生攸赖,如何于此欲证小果?时诸罗汉,见是事已,谢咎推德,请为上座。凡有疑义,咸取决焉。"

故事是多少演变了。《杂难经》是世友造论时,而《大唐西域记》是在结集《大毗婆沙论》时。《杂难经》说,很多人对他不满;而《大唐西域记》说,大众信服而推他为上座。《惟日杂难经》的早期传说,实在近情得多。不过,这位未证果的学者——世友,就是造《品类论》的四大论师之一的世友吗?这是值得研究的,且留在《尊婆须蜜菩萨所集论》的研究中去说明。

世友的思想,与专宗《发智论》的毗婆沙师最为契合。在《大毗婆沙论》引述的诸家中,世友说是多受尊重、少受评责的第一人。世友依作用而立三世,为毗婆沙师——说一切有部正统所禀承。因此,世友被误传为"四大评家"之一,误传为《毗婆沙论》结集法会的上座。佛教的故事是有模仿性的。王舍城(Rājagṛha)第一结集时,阿难还没有证阿罗汉果,五百比丘少一人。等阿难证得罗汉,才来参加法会,集出经藏。毗舍离(Vaiśālī)第二结集时,也就有一位级阇苏弥罗,见七百人少一人,以神通来参加,被推为代表之一。《大毗婆沙论》的编集,被渲染而传说为第三结集,那也就应该有这么一位。《大毗婆沙论》所重的大论师，是世友；恰好有一位未证罗汉，要证并不难的菩萨，也叫世友。于是乎被牵合于《大毗婆沙论》的结集，推为上座了。总之，世友的被称为菩萨，为一项古老的传说，其实是别有其人的。至于《品类论》作者世友，被传说为婆沙法会的上座，那只是王舍城结集时阿难故事的翻版，与世友是毫无关系的。

第三项 世友论义的特色

世友为西方的发智学者。他的论义，大都为迦湿弥罗东方学者所采用。举最重要的论义来说，如依作用而安立三世①，成为说一切有部的正宗。又如说："我不定说诸法皆空，定说一切法皆无我"②，为西北印学者"他空说"的定论。世友思想的卓越，是非常难得的。

然而，世友的论义风格，多少与迦湿弥罗系不同。举例来说：一、倾向于组织化：如《发智论》，虽含有五法的分类，但没有综合的统摄一切法。《大毗婆沙论》，体裁为注释的，虽极其严密深细，终不免有杂乱的感觉。世友《品类论·辩五事品》，就以五法为分类，统摄一切法，条理分明。色、心、心不相应行、无为，都达到完成的阶段。二、代表性的重点研究：阿毗达磨曾经过"随类纂集"工作，所以在说明上，不免重复。《品类论》开始了一种新的方向——选择具有代表性的法门，作重点论究。如"处品"，以十二处为代表，摄一切法，作法门分别；不再列举蕴、处、界了。"智品"，以十智为代表，不如《发智论》那样，广辩见、

① 《大毗婆沙论》卷七七（大正二七·三九六上——中）。

② 《大毗婆沙论》卷九（大正二七·四五中）。

智、慧、明，三三摩地，三无漏根，七觉支，八正道支。“随眠品”，以九十八随眠为代表，不像《发智论》那样的广列十五章。这样的论究，阿毗达磨论才会远离古典的重复，进入更精严的领域。三、着重于名义的确定：每一法的名义是需要明确论定的。《大毗婆沙论》所引的世友说，对名义非常的重视。如阿毗达磨，以六复次来解说[①]；自性不知自性，以十复次来解说[②]；等无间缘，以七复次解释等[③]。每一定义，世友总是从多方面去说。一一地分别起来，每一解说都不够圆满；如总和起来，却与实际相近。这也可说是《发智论》精神——从彼此关系中去了解的表现。四、好简要：对佛说的法数，或三或四而不增不减，世友总是以随机所宜——有余说、略说等去解说。如三不善根[④]，四果[⑤]，四食[⑥]，九有情居[⑦]，七识住等[⑧]。世友是阿毗达磨论者，然不作不必要的推论。这种好简要的学风，到胁尊者而到达极点。

世友论师的论义特色——重组织、重扼要、重简明、重定义，对后来的阿毗达磨给予深远的影响，引起阿毗达磨西方系的新发展。这里有不容忽略的，世友《品类论》的立义，每被毗婆沙师称为西方师、外国师说。如《大毗婆沙论》卷一五六（大正二七·七九五中）说：

① 《大毗婆沙论》卷一（大正二七·四上）。
② 《大毗婆沙论》卷九（大正二七·四三上——中）。
③ 《大毗婆沙论》卷一〇（大正二七·五〇中）。
④ 《大毗婆沙论》卷四七（大正二七·二四一下）。
⑤ 《大毗婆沙论》卷六五（大正二七·三三八上）。
⑥ 《大毗婆沙论》卷一二九（大正二七·六七四下）。
⑦ 《大毗婆沙论》卷一三七（大正二七·七〇八中）。
⑧ 《大毗婆沙论》卷一三七（大正二七·七〇七下）。

"西方诸师说：无记根有四，谓无记爱、见、慢、无明。"

四无记根说，出于《品类论》的"辩五事品"①。这也就是大乘唯识学者，末那四惑相应说的渊源。又如《大毗婆沙论》卷五〇（大正二七·二五七中）说：

"外国诸师作如是说：由四种义，故名随眠。谓微细义、随逐义、随增义、随缚义，是随眠义。"

随眠四义说，是出于《品类论·辩随眠品》的②。世友为摩卢的大论师，是西方学者。他的思想，并非与迦湿弥罗——毗婆沙师相对立；他的论义，大都为毗婆沙师所采用。由于世友的生长西方，论义的风格为阿毗达磨西方学者所推重，这才与迦湿弥罗系形成对立的情态，世友说才被传说为西方别系了。

第四节　妙　音

第一项　传说的事迹

四大论师之一的妙音，梵语瞿沙（Ghoṣa）。Tāranātha《印度佛教史》，说到妙音是睹货罗大德，曾应阇提长者的礼请，与世友同受长期的供养③。妙音为睹货罗人，为西方系的阿毗达磨大论师。他的事迹，除传说参加《毗婆沙论》的结集法会外，有

---

① 《品类论》卷一（大正二六·六九三上）。
② 《品类论》卷三（大正二六·七〇二上）。
③ Tāranātha《印度佛教史》（寺本婉雅译本一〇四）。

治王子目疾一事,如《大唐西域记》卷三(大正五一·八八五上——中)说:

“菩提树伽蓝,有瞿沙大阿罗汉者,四辩无碍,三明具足。(无忧)王将盲子(拘那罗),陈告其事,惟愿慈悲,令得复明。时彼罗汉受王请已,即于是日宣令国人:吾于后日,欲说妙理,人持一器,来此听法,以承泣泪也。……说法既已,总收众泪,置之金盘而自誓曰:……愿以众泪洗彼盲眼,眼复得明,明视如昔。发是语讫,持泪洗眼,眼遂复明。”

这就是阿育王子拘那罗(Kuṇāla)失眼的故事。西晋译的《阿育王传》①、梁译的《阿育王经》②、魏译的《付法藏因缘传》③,都只说王子失眼,而没有说治眼。苻秦译的《阿育王息坏目因缘经》④,有治眼的传说,但王子的师长,别有其人。治眼的方法,但依誓言,也没有说法收泪等事。然妙音治眼的传说,鸠摩罗什译的《大庄严经论》卷八(大正四·二九七下),也有这样的传说:

“汉地王子,眼中生膜。……时竺叉尸罗国……有一比丘,名曰瞿沙,唯彼能治。”

说法收泪来治眼的传说虽同,但汉地——应是西域一带王子,而不是阿育王;是竺叉始罗而不是摩竭陀(Magadha);是眼

① 《阿育王传》卷三(大正五〇·一〇八上——一一〇中)。
② 《阿育王经》卷四(大正五〇·一四四上——一四七下)。
③ 《付法藏因缘传》卷四(大正五〇·三〇九上——下)。
④ 《阿育王息坏目因缘经》(大正五〇·一七二中——一七九中)。

中生膜,而不是失眼。《大庄严经论》的传说虽似乎离奇,但怛叉尸罗的医学确是闻名于印度的。所以,这是怛叉尸罗的治眼传说,妙音也可能为兼通医学及方术的大德。但这一治眼传说,与阿育王子的失眼故事(也在怛叉尸罗)合化。因而治眼的故事,被移到摩竭陀去。妙音不可能为阿育王时代的大师;西方的大论师说他在菩提树伽蓝,也不可信。

《印度佛教史》说妙音与世友同时①。然从《大毗婆沙论》看来,妙音曾说到世友的《品类论》②、提婆设摩的《识身论》③,所以妙音的时代应比世友迟得多。《出三藏记集》卷一二《萨婆多部记》(大正五五·八九上——下)这样说:

旧记所传	齐公寺传
八、婆须蜜(世友)	六、婆须蜜
九、吉栗瑟那	七、吉栗瑟那
十、胁	八、勒
十一、马鸣	九、马鸣
十二、鸠摩罗驮	
十三、韦罗	
十四、瞿沙	十、瞿沙
十五、富楼那	十一、富楼那
十六、后马鸣	

---

① Tāranātha《印度佛教史》(寺本婉雅译本一〇四)。

② 《大毗婆沙论》卷五一(大正二七·二六七上)。

③ 《大毗婆沙论》卷三五(大正二七·一八三上)。

据此古代的传说,瞿沙——妙音比世友迟得多,而是与胁及马鸣的时代相近。妙音的时代,应在西元一、二世纪间。

第二项 妙音的论义

从《大毗婆沙论》所见的妙音说,可断言妙音为西方系的阿毗达磨大论师。妙音有《生智论》的著作①;从论名来说,显然受有《发智论》的影响。妙音为有数的《发智论》的权威学者。如有关《发智论》与《品类论》的异义——八十八随眠,到底是唯见所断,还是见修所断?妙音以为:《发智论》是尽理的决定说②。妙音也如《发智论》那样,以"自性"、"对治"——二事,寻求见趣③。说缘性是实有的④。约相待的意义,明"三世实有"⑤。这都可以看出,妙音与《发智论》的契合。但妙音的论义,在唐译《大毗婆沙论》中,大半受到毗婆沙师的评破。为什么呢?这可以约三点来说:

一、妙音不违反《发智论》,而是不合毗婆沙师的论义,这可以举三义来证明:1. 妙音说暖、顶是欲界系,为毗婆沙师所破。暖、顶、忍、世第一法——四顺抉择分善根,本非《发智论》所说,《发智论》但说世第一法、顶、暖——三事⑥。四顺抉择分的综

---

① 《大毗婆沙论》卷二(大正二七·五下);卷八(大正二七·三八中);卷六三(大正二七·三二六上);卷七七(大正二七·三九七中)。

② 《大毗婆沙论》卷五一(大正二七·二六七上)。

③ 《大毗婆沙论》卷八(大正二七·三八中)。

④ 《大毗婆沙论》卷五五(大正二七·二八三中);卷一三一(大正二七·六八〇下)。

⑤ 《大毗婆沙论》卷七七(大正二七·三九六上)。

⑥ 《发智论》卷一(大正二六·九一八上——九一九上)。

合，可能就是妙音的功绩（世友与觉天说，凉译都作“有说”），如《大毗婆沙论》卷二（大正二七·五下）说：

“妙音《生智论》说：云何暖？云何顶？云何忍？云何世第一法？”

对于四顺抉择分善根，《大毗婆沙论》引妙音说：“顺抉择分总有二种：一、欲界系，二、色界系。欲界系中，下者名暖，上者名顶。色界系中，下者名忍，上者名世第一法。”①毗婆沙师以为：暖、顶是定相应的修慧，所以与忍、世第一法一样，都是色界系的。而妙音以为：暖、顶是不定地的闻思慧，所以是欲界系。这样，忍是初得色界系的善根，所以初忍也惟有同类修，增长忍才能同类又不同类修，与暖善根一样②。毗婆沙师当然不以为然，然这是论师间的立义不同，与《发智论》并无不合。2. 妙音说“眼识相应慧见色”，似乎与《发智论》的“二眼见色”不合③。其实，妙音的意思是说：“色处”是肉眼、天眼的二眼境界，是眼识的所缘④。“一切法皆是有见，慧眼境故。”⑤“极微当言可见，慧眼境故。”⑥凡称为色的，必是可见的，所以极微是色，应是可见的。慧眼能见极微，慧眼能见一切法，达到一切法皆有见的结论。这样，色处不但是二眼的境界——是眼所见，也是眼识相应

① 《大毗婆沙论》卷六（大正二七·二九下）；卷一八八（大正二七·九四四下）。

② 《大毗婆沙论》卷七（大正二七·三一中）。

③ 《大毗婆沙论》卷一三（大正二七·六一下）。

④ 《大毗婆沙论》卷七三（大正二七·三七九下）。

⑤ 《大毗婆沙论》卷七五（大正二七·三九〇中）。

⑥ 《大毗婆沙论》卷一三二（大正二七·六八四上）。

慧所见的。妙音决非主张“眼识相应慧见色”，而不许眼根见色的。3. 妙音以为：“行声唯说诸业”①，“能引后有诸业名有”②；与毗婆沙师的分位缘起，确是不合的。然《发智论》卷一（大正二六·九二一中）说：

“无明缘行者，此显示业先余生中造作增长，得今有异熟及已有异熟。取缘有者，此显示业现在生中造作增长，得当有异熟。”

妙音所说，又怎能说与《发智论》不合呢？

二、妙音说初为《毗婆沙论》所许，其后才受到评破的，如《大毗婆沙论》卷三（大正二七·一五上）说：

“妙音作如是说：色界六地，于欲界惑，皆得具有二种对治。上五地道，非不能断，由未至地先已断故，虽有断力而无可断。”

毗婆沙师以“上五地于欲界，无断对治”，而予以评破。然妙音说与毗婆沙师所说，在《大毗婆沙论》卷八〇，是双存二说而不加可否的③。考凉译，也是双存二说的④。又如《大毗婆沙论》卷七二（大正二七·三七三中）说：

“尊者妙音作如是说：欲界善心无间，有未至定，或初

① 《大毗婆沙论》卷二五（大正二七·一二七上）。
② 《大毗婆沙论》卷六〇（大正二七·三〇九中）。
③ 《大毗婆沙论》卷八〇（大正二七·四一一下）。
④ 《毗婆沙论》卷四一（大正二八·三〇八上）。

静虑,或静虑中间,或第二静虑现在前。彼四无间,欲界善心现在前,如超定时。"

这一问题,有四说不同;唐译与凉译,都有所评论①。在《大毗婆沙论》卷一九二,同样的叙列四说,却不加可否②。又如得的感异熟果,《大毗婆沙论》中,前后二次引妙音说:

"得不能引众同分等;诸业引得众同分等时,于眼等根处,但能感得色香味触。"③

"得不能感众同分果;余业感得众同分时,于其眼处乃至意处,得亦能感相状异熟。"④

初说,《大毗婆沙论》有评破,凉译没有评⑤。后说,唐译也没有评破。依上三则,可见妙音说的被评破,有些还在《毗婆沙论》编集以后。

三、妙音说与毗婆沙师正义不合,然与《发智论》无关:例如八补特伽罗实体有八⑥;四十四智事是所缘事⑦;异生性就是众同分⑧;无想定初后唯一刹那心⑨;无想定退,成就而不现前的,

① 《毗婆沙论》卷三八(大正二八·二八三上)。
② 《大毗婆沙论》卷一九二(大正二七·九六二中)。
③ 《大毗婆沙论》卷一九(大正二七·九七中)。
④ 《大毗婆沙论》卷一一八(大正二七·六一五中)。
⑤ 《毗婆沙论》卷一一(大正二八·八〇下),但作佛陀罗叉说。
⑥ 《大毗婆沙论》卷六三(大正二七·三二五下)。
⑦ 《大毗婆沙论》卷一九六(大正二七·九八〇中)。
⑧ 《大毗婆沙论》卷四五(大正二七·二三五上)。
⑨ 《大毗婆沙论》卷一五四(大正二七·七八四中)。

可能证入正性离生①;从无想天殁,必堕地狱②;有依一四大而造二处色的③;生地狱时,生地狱已,都可能续善根④;五圣智三摩地,六智摄⑤;宿住智,通四念住,六智摄⑥;死生智,四智摄;妙愿智,八智摄⑦。像这些论义,与毗婆沙师不合,但都与《发智论》无关。

总上三点,可得一结论:妙音是《发智论》的权威学者,对阿毗达磨论是有重大贡献的。他与迦湿弥罗的毗婆沙师,意见大有出入(世友与迦湿弥罗系相近)。他是西方系的大师,在阿毗达磨论师的东西日渐对立过程中,妙音的论义,起初为毗婆沙师所容忍的,也渐被拒斥。后来《杂心论》主仍对东方毗婆沙师说、西方妙音说,双存二说的不少,这可见妙音的论义一直受到阿毗达磨论者的重视。

此外,妙音与僧伽筏苏(Saṃghavasu)——众世论师的见解,有类似的地方,这是属于西方系的。如《大毗婆沙论》卷一二四(大正二七·六四七中)说:

"妙音、众世说曰:应言近住或全无支,或一二三乃至或七,非要具八方名近住。"

---

① 《大毗婆沙论》卷一五二(大正二七·七七三中)。
② 《大毗婆沙论》卷一五四(大正二七·七八四上)。
③ 《大毗婆沙论》卷一三二(大正二七·六八四下)。
④ 《大毗婆沙论》卷三五(大正二七·一八四上)。
⑤ 《大毗婆沙论》卷三一(大正二七·一六一上)。
⑥ 《大毗婆沙论》卷一〇〇(大正二七·五一八中);卷一〇六(大正二七·五四七上)。
⑦ 《大毗婆沙论》卷一〇六(大正二七·五四七上)。

受八关斋戒的，名近住戒。妙音与众世，态度较为宽容，以为不一定要具足八支。迦湿弥罗毗婆沙师的态度要严格些，认为近住是非具足八支不可的。这如近事戒，健驮罗师以为："唯受三归，及律仪缺减，悉成近事。"迦湿弥罗师以为："无有唯受三归，及缺减律仪，名为近事。"近事是要具足五戒的。僧伽筏苏採取了折中的立场说："无有唯受三归便成近事，然有缺减五种律仪，亦成近事。"[①]论虽没有引述妙音说，可能与众世（或健驮罗师）相同。关于律仪，妙音有一富有意义的解说，如《大毗婆沙论》卷一一七（大正二七·六〇七中）说：

> "尊者妙音作如是说：若受上命，讯问狱囚，肆情暴虐，加诸苦楚；或非理断事；或毒心赋税，如是一切名住不律仪者。"

住不律仪者，旧说有十六种，就是以杀（屠者、猎者等）、盗、淫等为职业的。妙音引申了佛的意趣，扩充到严刑、重税、不公平的宣判——以从政为职业，而非法虐害人民的，都是住不律仪者（要堕落恶趣的）。妙音与众世所说而大体一致的，还有关于二十二根的解说。妙音以为：胜义根唯八——眼、耳、鼻、舌、身、意、男、女、命根。众世以为胜义根有六——眼、耳、鼻、舌、身、命根（男、女根是身根的一分）[②]。这都是着重有情——异熟报体，都是唯属无记性的。妙音以有情自体为重，又见于四谛的说明，

---

① 近事的三说不同，见《大毗婆沙论》卷一二四（大正二七·六四五下——六四六中）。

② 《大毗婆沙论》卷一四二（大正二七·七三二上——中）。

如《大毗婆沙论》卷七七(大正二七·三九七中)说:

"若堕自相续五蕴,若堕他相续五蕴,若有情数及无情数诸蕴,如是一切,皆是苦是苦谛。修观行者起现观时,唯观堕自相续五蕴为苦,不观待他相续五蕴,及无情数诸蕴为苦。所以者何?遍切行相是苦;现观堕他相续及无情数蕴,于自相续非遍切故(余三谛均例此)。"

泛说四谛,是通于有情的——自身及他身,无情的;而修起现观来,就限于有情自身。这比起毗婆沙师的泛观有情无情、自身他身,要鞭辟近里得多了。

汉译有《甘露味阿毗昙论》,末署"得道圣人瞿沙造"。但考察起来,与《大毗婆沙论》的妙音说不一致,这是《大毗婆沙论》编集以后的作品,应断为另一妙音所作。

第五节　四大论师的三世观

第一项　总　叙

从上面分别的论究,可以知道:大德法救与觉天是持经的譬喻师,世友与妙音为持论的阿毗达磨论师。法救代表了初期的经师传承,到觉天的时代,面对阿毗达磨的隆盛,而取更极端的反阿毗达磨的立场,却不免多受阿毗达磨的影响。世友为发智学者,以健驮罗为中心,而阐扬阿毗达磨。对迦湿弥罗来说,是西方大师,但论义都为后起的迦湿弥罗毗婆沙师所信用。妙音的论义,发扬了西方的特色,与东方迦湿弥罗论师的距离渐远。时代先后不同的四位大师,所以被集合在一组,甚而误传为婆沙法会的"四大评家",实由于《大毗婆沙论》的"说一切有部,有四大论师,各别建立三世有异"一文而来。同时,这四位论师的论义,确为说一切有部中最有力的论师。

说到"一切有",本义是以"三世实有"得名的。在上座部中,针对现在有而过未无的"分别说"系,自称"说一切有"而成为别部。说到三世有,先应了解,如约相续流转的假有说,是从过去到现在,又从现在到未来的:这是一般的三世说。现在所要说的,约一一法自性——实有说。例如一念贪,刹那生起,现有作用,这是现在。这一念贪,在未生起以前呢?刹那灭了以后呢?说一切有部的见地,在未生起以前,已经存在,名为未来有。刹那灭去,还是存在的,名为过去有。有为法在时间形式的活动中,是从未来来现在,又从现在入过去的。虽有未来、现在、过去——三世的别异,而法体是恒有的,而且是体性一如的。这就是三世有——一切有说。然而,如法体没有别异,那又怎么会分别为未来法、现在法、过去法呢?对于这一问题,说一切有部中有四大论师,各提出安立三世差别的理论。《大毗婆沙论》总集四家的理论,加以抉择,以世友说为正义。现在依《大毗婆沙论》卷七七(大正二七·三九六上——中),叙四家的意见如下:

"说一切有部,有四大论师,各别建立三世有异,谓尊者法救说类有异,尊者妙音说相有异,尊者世友说位有异,尊者觉天说待有异。"

"说类异者,彼谓诸法于世转时,由类有异,非体有异。

如破金器等作余物时，形虽有异而显色无异。又如乳等变成酪等时，舍味势等，非舍显色。如是诸法，从未来世至现在世时，虽舍未来类，得现在类，而彼法体无得无舍。复从现在世至过去世时，虽舍现在类，得过去类，而彼法体亦无得无舍。"

"说相异者，彼谓诸法于世转时，由相有异，非体有异。一一世法有三世相，一相正合，二相非离。如人正染一女色时，于余女色不名离染。如是诸法，住过去世时，正与过去相合，于余二世相不名为离。住未来世时，正与未来相合，于余二世相不名为离。住现在世时，正与现在相合，于余二世相不名为离。"

"说位异者，彼谓诸法于世转时，由位有异，非体有异。如运一筹，置一位名一，置十位名十，置百位名百，虽历位有异，而筹体无异。如是诸法经三世位，虽得三名而体无别。此师所立，体无杂乱，以依作用立三世别。谓有为法，未有作用名未来世，正有作用名现在世，作用已灭名过去世。"

"说待异者，彼谓诸法于世转时，前后相待，立名有异。如一女人，待母名女，待女名母；体虽无别，由待有异，得女、母名。如是诸法，待后名过去，待前名未来，俱待名现在。"

第二项 四家异义的研究

从《发智》到《大毗婆沙论》，对于时间，都以为是依法而立，并无时间的实体，如《大毗婆沙论》卷七六（大正二七·三九三上）说：

"显世与行，体无差别，谓世即行，行即是世。故(《发智论》)大种蕴作如是说：世名何法？谓此增语所显诸行。"

"世(时间)即是行"(有为法)，为说一切有部宗义；四大论师的三世有说，都契合于这一定理。大德法救为初期的譬喻师，所立的"类异"说，据上所引《大毗婆沙论》文，有"未来类"、"现在类"、"过去类"；三世的"类"，是有得有舍的。法体是没有三世差别的；三世差别，是由于类的得舍。法救于法体外，别立时间的类性，与毗婆沙师不合，所以《大毗婆沙论》的编集者评责法救说："说类异者，离法自性，说何为类？故亦非理。"①法救的类是什么呢？法救的"类"，真谛的《俱舍释论》译作"有"。《顺正理论》也常说"有性类别"。这是有为法存在的不同类性，是使有为法成为未来、现在、过去的通性(但是各别的小同性，不是大同性)。从他所举的譬喻来说，同一金体而有多种物的形态，同一显色而有乳、酪的变化。可知法救的类异说，是从同一法体而相用有异的见地，推论出差别的所以然——由于类。得现在类而舍未来类，就起现在的相用。如舍现在类而得过去类，就与过去相相应。毗婆沙师的见解，离开法的自体，没有类的实体；如依法体而有类性，是假有而没有实用的。所以法救的类异说，为毗婆沙师所不取。然法救对一切不相应行，都是假有的，那假有的类，也不妨使法体成为三世差别吧！

法救的"类异"说，《俱舍论》主评为："执法有转变故，应置

---

① 《大毗婆沙论》卷七七(大正二七·三九六中)。

数论外道朋中。"①这说得太严重了！这是依于乳变为酪的譬喻而引起的误会。《顺正理论》批评《俱舍论》说："但说诸法行于世时，体相虽同而性类异，此与尊者世友分同，何容判同数论外道？"②《顺正理论》主众贤（Saṃghabhadra），重视"性类差别"，以为"体相无异，诸法性类非无差别"③。他在世友"依用立世"的见地上，融会了法救的"类异"说。众贤以为：如同为四大，有内四大与外四大的类别；同为受心所，有乐受与苦受的类别。所以体相相同，是不妨有类性差别的。他从同时多法的体同类别，推论到异时一法的体同类别。类别，就是依作用的差别而有三世，所以说与"世友分同"。然而众贤的解说到底是附会的。法救的类，有得也有舍。所以法救的依类立异，不是依作用差别而有三世的类别；反之，却是依三世类性的差别，而法体有作用已生、未生、已灭、未灭的不同。法救类异说的思想理路，与阿毗达磨论师所说，有为法有生、住、异、灭——有为相一样。

妙音的"相异"说，毗婆沙师评为："所立三世，亦有杂乱，一一世法，彼皆许有三世相故。"④其实，妙音的"相异"说，是合于阿毗达磨者的论理方式的，三世也是不会杂乱的。妙音说的"相"，是世相，就是未来、现在、过去的时间形态。所以妙音的"相"、法救的"类"，性质是大同小异的。"类"约通性说，"相"约通相说，都是与法体相合，而不就是法体的存在。我以为：妙

① 《俱舍论》卷二〇（大正二九·一〇四下）。
② 《顺正理论》卷五二（大正二九·六三一中）。
③ 《顺正理论》卷五二（大正二九·六三二下）。
④ 《大毗婆沙论》卷七七（大正二七·三九六中）。

音的“相异”说，受有法救说的影响，而多少修正。法救的“类”，有得也有舍；法体与时类的关系，极为松懈。妙音以为：每一有为法——活动于时间形态中的法体，与三世相是不相离的。不过与其中的一相相应（如法救的得类），就成为三世中的某世。约与“相”相应不离说，一一法有三世相，就没有或得或舍的情形。法体与世相间，关系非常紧密。约与“相”不离说，有为法有三世的特性；约与“相”相合说，就有时间前后的差别，所以三世也并不杂乱。这样看来，法救的“类”，是前后别起的；妙音的“相”，是体同时而用前后的。如参照有为法有三相的解说，就会更明白些。一切有为法，有三有为相，如一切有为法，有三世相。譬喻者以为：三有为相不是一刹那的，是前后次第而起的①；法救的“类异”说，也就是这样。毗婆沙师说：有为法与三相是不相离的。那么，为什么不同时即生即老即灭？为什么不三相杂乱呢？这因为，“谓法生时，生有作用，灭时老灭方有作用，体虽同时，用有先后……故无有失”②。这如妙音的“相”，不离三世相，而没有杂乱的过失。说一切有部宗义，受《发智论》说的限定，不能发展“世”为不相应行。所以妙音说的世“相”，为毗婆沙师所破斥，且诬以三世杂乱的过失。否则，妙音说是合于阿毗达磨的推理方式，将成为权威的定论。

毗婆沙师所推重的正义，是世友的“位异”说。世友的依作用立三世，是专从法体去解决这三世差别的难题，不像法救与妙音那样的在时间的通性与形式上着想。世友所说的作用，《顺

① 《大毗婆沙论》卷三九（大正二七·二〇〇上）。
② 《大毗婆沙论》卷三九（大正二七·二〇〇上）。

正理论》更为明确的解说,专指"引果功能","唯引自果名作用故"[①]。约这种作用的未有、正有、已灭,分别三世的差别。法体是无差别的,依作用可说有三世类别。世友的依作用立三世,与法救、妙音不同,所以没有"类异"、"相异"说的困难,但另有困难,那就是法体与作用的同异问题(如《俱舍论》广破)。《顺正理论》解说为不一不异:作用不离于自体,不可以说是异的;而法体或起作用,或不起作用,所以也不可说一[②]。然而,法体无别而作用有别,体用之间,岂非显然有差别存在?或是有作用的,或是没有作用的,这种不离作用的法体,能说没有任何差别吗?如坚执地采取体无别异而用有别异的立场,那就体用隔别;也许所说的作用,会与法救及妙音说合流。

依作用差别安立三世,而法体无别,所以世友说"位异"。如运筹的,着于一位就是一,着于十位就是十,着于百位就是百。有一、十、百的差别,而筹体是无别的。这一譬喻,并不能恰当地表显"由位有异,非体有异"的见地。因为筹体的经历一、十、百位,是与筹体无关的位置变化,所以筹体不变。而法体的经历三世,是由于不离法体的作用,有起有灭。这与筹体的不变显然有所不同。据世友的意见来说:法体未起作用,就说法体在未来位;法体正起作用,就说法体在现在位;法体作用已灭,就说法体在过去位。三世的位异,实由于法体所有的作用——未起或已起、未灭或已灭。这与人为的假定的一、十、百位,也不能相合。假使说,由于法体上作用的起灭,而经历于时间位置中;这样的

---

① 《顺正理论》卷五二(大正二九·六三一下)。
② 《顺正理论》卷五二(大正二九·六三二下)。

“位异”，又近于法救的“类异”、妙音的“相异”了。说一切有部的论师们坚持法体的三世不变，所以建立三世，都有值得研讨的地方。以世友说为正义，不过是毗婆沙师的论定而已。

觉天立“待异”说。“待异”，真谛译为“异异”，就是观待前后的别异，而安立三世的差别。从《大毗婆沙论》以来，一般都评破觉天的“待异”，说他犯有三世杂乱的过失，实在是不对的。觉天的“诸法于世转时，前后相待”，是观待法体所有作用的有无，也就是从未来到现在，从现在到过去——“行”义，说此无别异的法体，为过去的、现在的、未来的。这是从一法的活动中，观待他的前后别异而安立的。然而毗婆沙师竟误会而评破起来，说他：“前后相待，一一世中有三世故。”①毗婆沙师不是以无别的法体，所有的相用为观待对象，而是总观三世一切法的。退一步说，即使以一切法为观待境，也不会有三世的杂乱。依阿毗达磨者的见地，一切法在未来世中，是杂乱住的，没有前后相的。未来法，只能说是未来，不能观待什么前后，而称为过去或现在的。如以一法为观待境，那更不能说未来法中有三世了。其实，毗婆沙师也是不妨观待而立三世的，如《大毗婆沙论》卷七六(大正二七·三九四中)说：

> “复次，诸有为法，观过去现在故施设未来，不观未来故施设未来，无第四世故。观未来现在故施设过去，不观过去故施设过去，无第四世故。观过去未来故施设现在，不观现在故施设现在，无第四世故。如是名为三世差别。依此

---

① 《大毗婆沙论》卷七七(大正二七·三九六中)。

建立诸行行义，由此行义，世义得成。”

毗婆沙师自己不妨观前后而安立三世，并没有杂乱的过失，而对于觉天的“待异”却那样的责难。这除了师承的偏见而外，还能说什么呢？

上面所说，法救与妙音，着重于法体外的类或相。法救的类，是前后得舍的；妙音的相，是体同时而用前后的。现在要说，世友与觉天，着重于法体自身所起的作用或别异。世友的作用，约“引生自果”说；觉天的“异”，约前后别异说。依作用而有前后的别异；也从前后的别异，而分别作用的起灭。这样的法体行世而别为三世；三世是时间相，时间是不离观待而成立的。世友的“位”，如不假观待，怎能分别是十是百呢？觉天所举的女人的譬喻，同一女人，如法体没有差别。起初从母生，后来能生女，如法体行世而有的作用差别。称为女儿，后又称为母亲，如法体的名为未来，名为现在，又名为过去一样。世友的“位异”，觉天的“待异”，是相差不多的。不过觉天重于待异，世友重于起用。观待安立，或以为是假立的；也许为了避免假立的误会，世友所以专重依用立世吧！世友的“位异”说，仍存有观待的遗痕。

第三项　譬喻者的三世观

直到《大毗婆沙论》时代，譬喻师多数还是说一切有部的一系，也还是说三世有的。法救与觉天而外，属于譬喻师的时间观，也附论在这里。如《大毗婆沙论》卷七六（大正二七·三九三上）说：

"如譬喻者分别论师,彼作是说:世体是常,行体无常。行行世时,如器中果,从此器出,转入彼器。亦如多人,从此舍出,转入彼舍。诸行亦尔,从未来世入现在世,从现在世入过去世。"

这一见解,是把时间看作独立存在的常住实体。时间有过去、未来、现在——三区,法体是活动于这样的时间格子里。这一思想,显然受有法救"类异"说的影响。法救的舍此类、得彼类,与譬喻者的出此器、入彼器,是怎样的类似!但法救的类,是小类,一法有一法的类;而譬喻者的时体,常住实有,是时类的普遍化、实在化,可说是从法救的"类异"说演化而来。将世体看作常住实有的,已脱出说一切有部的范围,成为譬喻者分别论师了。

《尊婆须蜜菩萨所集论》,如下面所要说到的,这是继承大德法救的学统——初期譬喻师的要典。在该《论》的"聚犍度"①,也论到三世的安立,与《大毗婆沙论》大致相近。可惜译文过于晦涩,不能作明确的论定。《论》说:一、"相有若干",主张"本有此相",与妙音的"相异"说相合。二、"事有若干",极简略,这是法救的"类异"说(凉译也是译为"事"的)。三、"缘生或不生"。四、"三世处或生或不生"。这是成立时体,所以《论》问:"世与行有异耶?"与《大毗婆沙论》的譬喻者相同。五、"一一事不同或生或不生",是从一一法的或起或不起而立三世。依论文所破,是观待立三世,是觉天的待异说。六、成立

① 《尊婆须蜜菩萨所集论》卷一(大正二八·七二四中——下)。

“自相相应”,如说:“我(主张)相未生,未来世;生不坏,现在世。不以生无生为异,是故世有常处也。”①这是世友的位异说。大抵与《大毗婆沙论》相同,但次第不同,究竟评取哪一家,不能明确地指出。

《尊婆须蜜菩萨所集论》别有“一切有犍度”②,专论“一切有”。《论》的宗致,是不以一切有说为然的,加以种种责难,引“尊作是说”来作证。可惜文义也晦涩难解,但不许无保留地说一切有,论文是很明显的。论中,约阴、入、持(界)而论三世的有不有,有二复次。初复次,作二句说。第二复次,作四句分别。对于三世的有与非有,取分别的态度。如过去的,或是有的,如结使的过去而没有断灭;或是非有的,是过去而已经断灭了。未来的,或是有的,如未生法行而一定当生的;或是非有的,如未生法行而不会生起的。现在的,或是有的,如诸色的生而便灭;或是非有的,如余处可能有而此间是没有的。三世的一切法,都可说是有的,也可说是非有的。饮光部说:过去业而未感果的,是有的;已感果的,是非有③,与《尊婆须蜜所集论》的有非有说相近。这是大德法救以后,一分譬喻师继承法救的学统,而倾向于分别说的一流,正如《大毗婆沙论》所说的“譬喻者分别论师”。

---

① 《尊婆须蜜菩萨所集论》卷一(大正二八·七二四下)。
② 《尊婆须蜜菩萨所集论》卷九(大正二八·七九五中——七九六下)。
③ 《异部宗轮论》(大正四九·一七上)。

第七章 《大毗婆沙论》的诸大论师

第一节 西方系的阿毗达磨论师

第一项 健驮罗师·西方师·外国师

《大毗婆沙论》引述的论师，不是属于阿毗达磨系，就是属于持经譬喻系。如上章所说，四大论师中，法救与觉天是持经的譬喻师，世友与妙音是重论的阿毗达磨师。四大论师以外的论师，见于《大毗婆沙论》的，本章再来略为介述。

《大毗婆沙论》，是迦湿弥罗论师所集成的。迦湿弥罗以外的阿毗达磨者，在《大毗婆沙论》中，有"西方尊者"、"西方诸师"、"西方沙门"、"西方师"；"外国诸师"、"迦湿弥罗国外诸师"；"健驮罗国诸论师"。这三类，依名字来说，健驮罗师，当然指健驮罗的论师。西方师，指迦湿弥罗以西，健陀罗、睹货罗、摩卢等地的论师。外国师，似乎意义更广，不单是西方，也可通于迦湿弥罗的南方与东方。但这三类的同异，是不能望文生义而下定论的。这应从两方面去考察：

先从论义的同异来说：A. 西方师与外国师一致的，有：1. "色法无同类因"，"外国诸师有作是说"①；又作"西方诸师"②。2. "菩萨学位先起灭定，后得菩提"，是"西方师说"③；又作"外国诸师"④。3. "非无间道不断烦恼，非解脱道不证彼灭"，是"西方沙门"说⑤；又作"外国诸论师"⑥。4. "说修有六"，是"西方诸师"⑦；凉译就作"外国法师"⑧。B. 西方师与健驮罗师一致的，有：1. 饥渴"非异熟生"，是"健驮罗国西方师言"⑨。2. 如来"出定"而般涅槃，是"西方健驮罗国诸师作如是说"⑩。3. 成就男女根及忧根时，论到过未成就几根，三世成就几根，或是"西方师言"，或是"健驮罗国说"，都与《发智论》的见解不同，而差别都在乎"受名不定"⑪，这实为同一思想的两处解说。C. 外国师与健驮罗师一致的，有：1. "眼相应心说名为略"，是"健驮罗国诸论师言"⑫；又作"迦湿弥罗外诸师言"⑬。2. "唯受三归及律仪缺减，悉成近事"，是"健驮罗国诸论师

---

① 《大毗婆沙论》卷一七(大正二七·八七下)。
② 《大毗婆沙论》卷一三一(大正二七·六八二下)。
③ 《大毗婆沙论》卷五四(大正二七·二七九上)。
④ 《大毗婆沙论》卷一五三(大正二七·七八〇中)。
⑤ 《大毗婆沙论》卷九〇(大正二七·四六五下)。
⑥ 《大毗婆沙论》卷一〇八(大正二七·五五七上)。
⑦ 《大毗婆沙论》卷一〇五(大正二七·五四五上)。
⑧ 《毗婆沙论》卷五四(大正二八·三八八下)。
⑨ 《大毗婆沙论》卷一二七(大正二七·六六五下)。
⑩ 《大毗婆沙论》卷一九一(大正二七·九五五中)。
⑪ 《大毗婆沙论》卷一五六(大正二七·七九三下——七九四上)。
⑫ 《大毗婆沙论》卷一五一(大正二七·七七〇上)。
⑬ 《大毗婆沙论》卷一九〇(大正二七·九五〇下)。

言"①;在《俱舍论》中,就说是"外国诸师"②。从上面所引的文证来看,这三者是并无严格界别的;是以健驮罗为中心,迦湿弥罗以外的西方师。当然,西方或外国师等,并非一人,而是众多论师,所以应有不同的解说,而未必完全一致的。如关于"色法无同类因",《论》作"外国诸师有作是说",就可见外国师中也有不作这样说的。在《大毗婆沙论》中,西方师与外国师立说不同的,仅是关于色界有几天的解说。毗婆沙师说:色界十六天。"西方诸师"说"色界十七"③,就是别立大梵天处。"外国师说:第四静虑处别有九"④,那就是别立无想天处,是色界十八天说。虽有这少少差别,然大概地说,这三者是没有严格界别的。

再从对《发智论》的态度来说:健驮罗师、西方师、外国师,对于《发智论》,同样地研究它,也同样地修正它。为《发智论》作解说,《大毗婆沙论》是有明文可证的。外国师诵习《发智论》,确有不同意《发智论》说而主张修改的,如说:"我于他论,何事须通!若必须通,应作是说。"⑤但健驮罗师与西方师,也还是这样,如《大毗婆沙论》说:

> "健驮罗国诸论师言……彼说不应通,以违他说而作论故。若欲通者,当改彼文。"⑥

---

① 《大毗婆沙论》卷一二四(大正二七·六四五下)。

② 《俱舍论》卷一四(大正二九·七五下)。

③ 《大毗婆沙论》卷一七(大正二七·八五中)。参《论》卷九八(大正二七·五〇九上)。

④ 《大毗婆沙论》卷一五四(大正二七·七八四中)。

⑤ 《大毗婆沙论》卷一七(大正二七·八七下)。

⑥ 《大毗婆沙论》卷一五一(大正二七·七七〇上)。

“西方诸师说：无记根有四。……依彼以释(《发智》)四句义者，此文应(改)作是说。”①

西方师、健驮罗师、外国师，对于《发智论》的态度，研究而又修正它，也是没有什么差别的②。《发智论》是阿毗达磨的杰作，为后学所宗仰。但在西方师等，并不把它看作佛说，尊敬而不迷信；决不明知其不可通，而转弯抹角地去会通它。西方学系——健驮罗、西方、外国师的治学精神，比迦湿弥罗毗婆沙师要合理得多。

第二项　迦湿弥罗师与西方学系

健驮罗等西方师，也是阿毗达磨论师，与迦湿弥罗的毗婆沙师，距离并不太远，没有严格对立的部派意义。从二系不同的特征来说，主要有三点：

一、论究与论定：迦湿弥罗与西方论师们，对于阿毗达磨，都有了进一步的阐发——论究与解说。迦湿弥罗论师的编集《大毗婆沙论》，是博采众说的。所有西方学系的精研成果，早为毗婆沙师所引用，如世友的论义。所以《大毗婆沙论》的广大论义，并非迦湿弥罗一系的业绩，而是说一切有部阿毗达磨论师的全体成果。迦湿弥罗论师不过从自系的立场，加以抉择论定而已。也就因此，《大毗婆沙论》义仍大体为西方论师所推重。西方学系，是不能看作与《大毗婆沙论》对立的。最好的例子，如

---

① 《大毗婆沙论》卷一五六(大正二七·七九五中)。

② 吕澂《阿毗达磨泛论》以为“外国师立说，最为极端”(《内学》第二辑一七四页)，实不足信。

《发智论》仅说"世第一法"、"顶"、"暖",而四顺抉择分善根的综合论说,见于妙音的《生智论》[1],妙音是西方的大论师。"西方尊者"对于四顺抉择分有详细的论列,如《大毗婆沙论》卷七(大正二七·三〇下)说:

> "西方尊者,以十七门,分别此四(顺抉择分善根),如彼颂言:意趣依因所缘果,等流异熟及胜利,行相二缘慧界定,寻等根心退为后。"

西方尊者这样的综合而精严的分别,《大毗婆沙论》是全盘地承受了。这说明了西方学系的论义,大部分为《大毗婆沙论》正义,融合于《大毗婆沙论》中。至于《大毗婆沙论》指出的西方师、外国师、健驮罗师说,仅是少数异义而已。

二、旧说与新义:西方诸师的异义,多数是阿毗达磨的旧义,初起而还没有精审的论义。如西方、外国师所立的法数,总是比迦湿弥罗师说为多。这表示了西方师义的初起性,多少还杂而未精,毗婆沙师是抉择而陶炼了的新义。这如:

西方系	迦湿弥罗系
色界十七处(或十八处)	十六处[2]
九果	五果[3]

---

① 《大毗婆沙论》卷二(大正二七·五下)。

② 《大毗婆沙论》卷一七(大正二七·八五中);又卷九八(大正二七·五〇九上);又卷一五四(大正二七·七八四中)。

③ 《大毗婆沙论》卷一二一(大正二七·六二九下——六三〇中)。

西方系	迦湿弥罗系
眼界五彼同分	四彼同分①
随眠四义	随眠三义②
六波罗蜜多	四波罗蜜多③
六种修	四种修④

又如西方学系的解说《发智论》，大抵直依论文，而毗婆沙师是从全体的论究中，作成精审的新义。如 1. 西方（此下并泛说西方，论文或是健驮罗师、外国师）立"色法无同类因"，与《发智论》"杂蕴·智纳息"并无不合，《论》说同类因，也是但约心心所法说的。毗婆沙师据"大种蕴"，而说色法也有同类因⑤。2. 西方师说"道现观时……有四证净"，与《发智论》"智蕴·他心智纳息"所说也并无矛盾。但迦湿弥罗论师从别体四证净的见地，予以修正⑥。3. 西方师说："唯无间道断随眠得，唯解脱道能证彼灭"，本依《发智论》先后二段——"遍知"、"证灭"而说。但迦湿弥罗论师以为断惑时就能证灭，所以修正为"无间道能断烦恼……亦能证灭"⑦。4. 西方师说："与慧俱生诸蕴相续自身摄者，名俱有法。"《发智论》说"智不知俱有法"，没有明

① 《大毗婆沙论》卷七一（大正二七·三六八上）。

② 《大毗婆沙论》卷五〇（大正二七·二五七上——中）。

③ 《大毗婆沙论》卷一七八（大正二七·八九二上——中）。

④ 《大毗婆沙论》卷一〇五（大正二七·五四五上）。

⑤ 《大毗婆沙论》卷一七（大正二七·八七下）；又卷一三一（大正二七·六八二下）。

⑥ 《大毗婆沙论》卷一〇三（大正二七·五三三下）。

⑦ 《大毗婆沙论》卷九〇（大正二七·四六五下）。

说俱有法是什么，所以作这样解说。迦湿弥罗论师详加研究，论断为：俱有法是“此随转色，及此随转不相应行”①。

从上所引来看，迦湿弥罗师说代表了精审的新义。除了彼此异说，可以两存而外，西方系的某些论义，是难于与毗婆沙论抗衡的。

三、谨严与宽容：从西方学系的异义来说，还可见出宽容与自由的精神。健驮罗中心的西方，为譬喻师与大乘教学的活跃区，这一地带的阿毗达磨论师，当然也有某种程度的共同倾向。这在摄受在家弟子的律仪方面，充分地表现出来。如《大毗婆沙论》卷一二四（大正二七·六四五下）说：

“健驮罗国诸论师言：唯受三归及律仪缺减，悉成近事。”

优婆塞（夷）——近事弟子，但受三归而不受五戒，或受而不具足。这就是没有行为改善的心行，但凭对于三宝的信愿，已可成为在家的佛弟子。对在家而受八支斋戒的近住弟子，妙音也有同样的意见，如《大毗婆沙论》卷一二四（大正二七·六四七中）说：

“妙音、众世说曰：应言近住或全无支，或一二三乃至或七，非要具八方名近住。”

这是认为：近住弟子，不一定要受八支，就是一支都没有受，能近僧而住，也可称为近住弟子了。对于在家佛弟子的宽容，就

---

① 《大毗婆沙论》卷九（大正二七·四三下）。

是重视普遍摄受的大乘作风。近事不持五戒，近住不受八支，西方健驮罗的论师们以为这是可以的。然依迦湿弥罗论师，这是不可以的；非受五戒或八支，是不配称为近事或近住弟子的。如受而不能全持，那是不妨的，这是不圆满的少分持，不是没有戒行，只是有缺陷而已。

宽容而不严格，在论议的风格中，就是自由取舍的精神。《发智论》是伟大的，但不必是尽善尽美的。传说妙音（或作法救）曾据经文而修正《发智论》，如《大毗婆沙论》卷四六（大正二七·二三六中）说：

> "妙音作如是说：一切阿毗达磨，皆为释经，因如是如是经，作如是如是论。非经说者（指五结及九十八随眠），皆应除之。"

如西方师说的"眠名略心"①，也是依经改论的一例。西方学者如认为应加修正，就不顾《发智论》的尊严。这不是极端，而是以经简论，以理为定的——西方的自由取舍精神。这不但是对于《发智论》，就是西方系的世友《品类论》，也被依理而成修正本。如关于"遍行非遍行"②，"结法非结法"③。这种态度，与迦湿弥罗论师的偏宗《发智论》，看作佛说，一毫都不容修正，是完全不同的（其实，不是没有修正，而是阳奉阴违，在巧妙的说明中给予改正）。阿毗达磨论——《发智》学的研究，到《大毗

① 《大毗婆沙论》卷一五一（大正二七·七七〇上）。

② 《大毗婆沙论》卷一八（大正二七·九一下）。

③ 《大毗婆沙论》卷四九（大正二七·二五四中）。

婆沙论》而大成。从此,被迦湿弥罗学者拘谨地保守起来,成为极端的毗婆沙师。然而,阿毗达磨论义还是亏了西方论师的努力,引导推进到一新的途径。

第二节 胁·富那(望满)·马鸣

第一项 胁尊者

胁,梵语波栗湿缚,旧音译为波奢、婆奢。鸠摩罗什所译的《大智度论》、僧睿的《禅经序》,作"勒比丘","勒"应为"胁"的假借。

胁尊者为健驮罗人,弘法于健驮罗,玄奘曾巡礼其故居,如《大唐西域记》卷二(大正五一·八七九下——八八〇中)说:

"健驮逻国……胁尊者等本生处也。"

"大窣堵波西有故伽蓝……第三重阁,有波栗湿缚尊者室,久已倾顿,尚立旌表。"

关于尊者的传说,有年老出家,受少年轻侮,卧不着席,发起第三结集——四事。今总列于下:

"如勒比丘,年六十始出家,而自结誓:我胁不着席,要尽得声闻所应得事,乃至得六神通阿罗汉。"①

"时长老胁,始从北天竺,欲至中国,城名释迦,路逢诸

① 《大智度论》卷九九(大正二五·七四八下)。

沙弥，皆共戏之。……长老胁颜无异容，恬然不计。”①

“胁比丘由昔业故，在母胎中六十余年。既生之后，鬓发皓白。……往就尊者佛陀蜜多，稽首礼足，求在道次，即度出家。……勤修苦行，精进勇猛，未曾以胁至地而卧，时人即号为胁比丘。”②

“初尊者之为梵志师也，年垂八十，舍家染衣，城中少年便诮之。……时胁尊者闻诸讥议，因谢时人而自誓曰：我若不通三藏……具八解说，终不以胁而至于席。……时人敬仰，因号胁尊者。”③

“胁尊者曰：如来去世，岁月逾邈，弟子部执，师资异论，各据闻见，共为矛盾。时（迦腻色迦）王闻已，甚用感伤，悲叹良久，谓尊者曰：……敢忘庸鄙，绍隆法教；随其部执，具释三藏。”④

在这些传说中，《大智度论》的记录最早，事实也近情可信。六十岁出家，《西域记》作八十岁，而《付法藏因缘传》竟以为“在母胎中六十余年”。这一离奇的传说是有来源的，如《大毗婆沙论》卷二九（大正二七·一四八下——一四九上）说：

“谓彼上座，在母胎中经六十年。既出胎已，形容衰老，无有威德，故初生已，立上座名。后虽出家而被嗤笑：少年强盛，昼夜精勤，尚难得果，况此衰老，气力羸劣能得

① 《马鸣菩萨传》（大正五〇·一八三中）。
② 《付法藏因缘传》卷五（大正五〇·三一四下）。
③ 《大唐西域记》卷二（大正五一·八八〇中）。
④ 《大唐西域记》卷三（大正五一·八八六中）。

果耶?"

这是佛世有名为"上座比丘"的传说。《撰集百缘经》的"长老比丘在母胎中六十年缘"①,也是演绎这一传说的,与胁尊者无关。《付法藏因缘传》的编者以此为胁尊者事,可说是旧调新翻了。其实,中国的传说——老子在母胎中八十年,生而发白,也从此而来。上座比丘的故事,也说到初出家时被人嗤笑,与《大唐西域记》的胁尊者相合。依《马鸣菩萨传》,是尊者去中天竺,路经释迦——奢羯罗城(Śākala)的事。总之,老年出家,谁也会被人嗤笑的。《大智度论》、《大唐西域记》、《付法藏因缘传》,都说到尊者的胁不着席,精勤修行。胁不着席,中国俗称"不倒单",长坐不卧,在近代的中国佛教中也还是常见的。尊者的被称为"胁",也许由此而来。胁尊者传与迦腻色迦王同时,迦王确是信奉说一切有部的。但胁尊者与迦王,都出于《大毗婆沙论》编集以前,所以发起结集三藏——结集《大毗婆沙论》的传说,为事实所不可能。

《付法藏因缘传》说:胁尊者从佛陀蜜多(Buddhamitra)出家,也不足信。

胁尊者是有著作传世的,可考见的有二种:一、"禅集":如《出三藏记集》卷九《关中出禅经序》(大正五五·六五上——中)说:

"其中五门,是……勒比丘……禅要之中,抄集之所

① 《撰集百缘经》卷一〇(大正四·二五〇中——下)。

出也。”

二、“四阿含优婆提舍”：如《大智度论》卷九九（大正二五·七四八下）说：

“勒比丘……作四阿含优婆提舍，于今大行于世。”

龙树与胁尊者，相去不过百余年。龙树目睹胁尊者的四阿含经论大行于世，是一可信的重要史实。胁尊者是西方的健驮罗人，从他所作的禅要与阿含经论来说，是持经譬喻师一流（与西方论师较近）。四阿含的优婆提舍，数量是不会少的。传说尊者为第三结集的发起人，而《大唐西域记》说到：“先造十万颂邬波第铄论，释素怛缆藏。”①综合《大智度论》与《大唐西域记》的传说来看，十万颂的邬波提铄论，似乎就是胁尊者的四阿含优婆提舍。也许胁尊者所发起的，是契经的解说，而与《大毗婆沙论》无关。

说到胁尊者的思想，首先值得重视的，是在他的言论中明白地提到了大乘佛教。《大毗婆沙论》卷一二六（大正二七·六六〇上）说：

“胁尊者言：此中般若，说名方广，事用大故。”

胁尊者与迦腻色迦王同时，那时候，《般若经》已广大地流行于北方，这是明见于论书的重要史实。以《般若经》为十二分教的方广部，与后来的《瑜伽师地论》的见解相合。“大乘是佛

---

① 《大唐西域记》卷三（大正五一·八八七上）。

说”，显然为胁尊者所确信的事实。“外现声闻身，内秘菩萨行”，不恰好为尊者写照吗？这与偏狭的、毁拒大乘的毗婆沙师，心境是大大不同的。

《大毗婆沙论》引述的胁尊者说，共百余则，而十分之四都表达同一见解，就是不需要分别，用不着推求。例如说：

“不应如是推求见趣，如不应责无明者愚，盲者堕坑。”①

“佛知诸法性相势用，余不能知。若法应立不善根者，则便立之，故不应责。”②

“此不应问，所以者何？若多若少，俱亦生疑，不以疑故便为乖理。然于法相如实义中，唯应有五，不增不减。”③

说一切有部，又名说因部，什么都得加以思考，推求个为什么。眼睛与耳朵，为什么生两只，也要议论一番。为什么佛说四谛、五盖，不多说又不少说？总之，什么都要推求它的所以然（说因）。无论推理的成果如何，这总是说一切有部中阿毗达磨论师的特色。胁尊者却不以为然，以为不必推求。佛是法王，佛说是不会错的。只要不违法相——与事理实际不矛盾，就不必多费思考，何必多作无意义的推论？如瞎子一样，瞎子走路是会跌跤的，落在坑中的，这有什么可推求的呢？在上一章第三节——世友的论究中，曾说到世友也偶有这种见解，胁尊者就充

① 《大毗婆沙论》卷八（大正二七·三八中）；参卷九八（大正二七·五〇七中）。

② 《大毗婆沙论》卷四七（大正二七·二四一下）。

③ 《大毗婆沙论》卷一七五（大正二七·八八一下）。

分地使用了这一论法，达到极点。这是健驮罗自由学风的一流，与大乘的作风相近。胁尊者的爱好简略，也表现于解说经文，如说：

> “胁尊者言：先作白已，后次行筹，受筹名答。”①
>
> “以十义分别亲近善士，乃至以十义分别法随法行。”②

《阿含经》中，为了表示佛弟子间的见和同解，每说同一问题，问五百比丘，五百比丘都同样的回答。尊者解说为：这是举行集会，受筹表决，一致同意，名为五百比丘答。这比之一位一位地问，一位一位地答，何等简明！又如舍利弗为给孤独长者说法，以十义分别四预流支。论师们以十义配四支，各说各的。胁尊者以为，每一支都以十义分别，这可说一举而廓清了。胁尊者的学风，与偏重繁密分别的毗婆沙师决不相合。《大毗婆沙论》引述胁尊者说，也是少有赞同的。然除了一二则外，也没有明决地评责他。从精勤苦行、胁不着席的传说，可论断为尊者是重于实践的，是重契经，重禅思，年高德劭，为迦腻色迦王尊敬的大师。对于这位说一切有部的近代大师，《大毗婆沙论》的编集者当然也要表示敬意。好在义理的辩论不是胁尊者所重的，自也不必多所诤辩了。

然而，胁尊者仍不失为阿毗达磨论师。他引用《识身论》③。又《大毗婆沙论》卷七九（大正二七·四〇六下）说：

---

① 《大毗婆沙论》卷二九（大正二七·一四八中）。

② 《大毗婆沙论》卷九四（大正二七·四八七上）。

③ 《大毗婆沙论》卷二四（大正二七·一二一上）。

“胁尊者言：世尊唯说应遍知苦，或谓唯苦是应遍知；故对法中，说一切法是所遍知。……此则显示经义不了，阿毗达磨是了义说。”

契经是有不了义的，所以要有阿毗达磨来抉择。这是阿毗达磨论师的立场，而为胁尊者所同意的。所以，他的不必分别，是不作不必要的推论；而合理的分别，并不反对。如对于心意识的分别，胁尊者就有重要的分别，如《大毗婆沙论》说：

“胁尊者言：行缘识，说中有识。名色缘识，说生有识。二缘生识，说本有识。”①

“胁尊者言：滋长分割是心业，思量思惟是意业，分别解了是识业。应知此中滋长者是有漏心，分割者是无漏心。思量者是有漏意，思惟者是无漏意。分别者是有漏识，解了者是无漏识。”②

其他如以四证净为四不坏净③，以解脱为有所背舍④，都为后代学者所重。

第二项 望 满

《大毗婆沙论》，有“尊者望满”，是值得重视的论师。对勘凉译，作“富那奢”，或作“富那耶奢”、“富楼那耶奢”。《杂心

① 《大毗婆沙论》卷二三（大正二七·一二〇上）。
② 《大毗婆沙论》卷七二（大正二七·三七一中）。
③ 《大毗婆沙论》卷一〇三（大正二七·五三四下）。
④ 《大毗婆沙论》卷八四（大正二七·四三四下）。

论》引文,作"富那耶舍"①。可见唐译的"望满",实为 Pūrṇayaśas 的意译。如依一般的意译,"富楼那耶舍"应作"满称"。称,是名称、称誉,所以奘译"望满"的望,是名望的意思。

据《付法藏因缘传》②:胁尊者付法与富那夜奢,再传为马鸣。马鸣菩萨传说:马鸣从胁尊者出家③。胁与富那夜奢为次第,也如《大庄严经论》卷一(大正四·二五七上)说:

"富那胁比丘,弥织诸论师,萨婆室婆众,牛王正道者:是等诸论师,我等皆随顺。"

随顺,是随顺而行,依奉他的教授而自行化他的意思。随顺萨婆室婆——说一切有部论师,而特别列举富那、胁、弥织——三位论师,说一切有部的名上座。所说的富那,显然是"富那耶舍"的略称。先富那而后胁,先胁而后富那,虽传说不定,但时代总是相近的,约在西元二世纪初。

富那耶舍——望满论师,在《大毗婆沙论》中虽引述不多,却是一位深受重视的论师。如《大毗婆沙论》卷二四(大正二七·一二五上)说:

"由诸有支皆有三世,尊者望满所说义成。如说:无明行位现在前时,二支现在,乃至广说。"④

望满所说缘起法与缘已生法的四句分别,也为《杂阿毗昙

---

① 《杂阿毗昙心论》卷八(大正二八·九三六上)。
② 《付法藏因缘传》卷五(大正五〇·三一四下)。
③ 《马鸣菩萨传》(大正五〇·一八三上)。
④ 十二有支皆有三世说,如《大毗婆沙论》卷二四(大正二七·一二三中)。

心论》①所引。望满对缘起法,可说是特有研究的。

望满——富那(耶舍)论师,也是有著作的,如《大唐西域记》卷三(大正五一·八八八上)说:

"(迦湿弥罗)王城西北行二百余里,至商林伽蓝。布剌拏(唐言圆满)论师,于此作释毗婆沙论。"

六足论中的《界身论》,玄奘传为世友所造。称友的《俱舍论释》,传说为富楼那作。《界身论》是依《品类论》的"辩七事品"而广为解释,也许就是这部《释毗婆沙论》。这是卓越的大论师,是属于世友的学统,而接近迦湿弥罗学系的。

第三项 马 鸣②

《大毗婆沙论》中,并无名为马鸣的论师。但经考证,马鸣的作品,确已为《大毗婆沙论》所引用。马鸣,《出曜经》(西元三七五顷译)译为马声,为佛教界有数的名德,受到中国学者的非常尊重。这位出现于《大毗婆沙论》的大德,关系于北方佛教极深,试为分别论列:

一、马鸣的名字与作品:马鸣的名字不少,著作也多。可以考见的,汉译有:

A.《佛所行赞经》:五卷,凉昙无谶译,分二十八品,题"马鸣菩萨造"。考《大毗婆沙论》,有"大德法善现"或"达磨苏婆底"

---

① 《杂阿毗昙心论》卷八(大正二八·九三六上)。

② 拙作《佛教的文艺大师——马鸣菩萨》修正编入;原文载《海潮音》四二卷十月号(六——九页)。

(Dharmasubhūti)。晋译《鞞婆沙论》作“法实”,凉译《毗婆沙论》作“法须菩提”。《俱舍释论》作“达磨须部底”、“达磨须婆吼底”;而奘译《俱舍论》作“法救善现”。Tāranātha《印度佛教史》,以为马鸣有毗罗(Vīla)、达磨弥迦须菩提(Dharmamikasubhūti)等别名①。这一传说,比对《佛所行赞》与《大毗婆沙论》,得到了证实,如:

“达磨苏部底所说……应念过去佛,于此迦尸宫,仙论施鹿林,亦初转妙法。”②

“一切诸牟尼,成道必伽耶;亦同迦尸国,而转正法轮。”③

《大毗婆沙论》中,更有法善现的“白象相端严”颂,颂说佛陀的降神入胎④,应出于《佛所行赞》,但昙无谶的译本中缺。凉译的五卷本,约二千四百颂。据义净的《南海寄归内法传》说:马鸣的佛本行诗,别有十余卷的大本⑤。“白象相端严”颂,可能在广本中。本赞也有藏文译本,并存有梵本。

另外,有宋宝云译的《佛本行(赞)经》,凡七卷、三十一品,《出三藏记集》也说是马鸣造的。颂文虽提到六牙白象,文句与《大毗婆沙论》并不一致。印度的《佛本行赞》,不限于马鸣所作。如坚意的《入大乘论》,就一再说到婆罗楼志(Vararuci)的

① Tāranātha《印度佛教史》(寺本婉雅译本一四七)。
② 《大毗婆沙论》卷一八三(大正二七·九一六中)。
③ 《佛所行赞经》卷三(大正四·二九上)。
④ 《大毗婆沙论》卷七〇(大正二七·三六一下)。
⑤ 《南海寄归内法传》卷四(大正五四·二二八上)。

《佛本行偈》。佛本行的偈赞,依《本行经》(佛传)而作,次第当然差不多,但不能因此而看作一人所造。宝云的译本,托为金刚神所说,多一层神秘的渲染。与凉译马鸣赞对勘,不能说是一人的手笔。

B.《分别业报略》:一卷,大勇菩萨造,刘宋僧伽跋摩译。本论颂,有与《大毗婆沙论》法善现颂相合的,如:

"大德法善现颂……心常怀忿毒,好集诸恶业,见他苦生悦,死作琰魔卒。"①

"恚憎不善行,心常乐恶法,见他苦随喜,死作阎罗卒。"②

据 Tāranātha《印度佛教史》说:马鸣又名毗罗——勇,应就是所说的"大勇菩萨"了。法善现、勇,就是马鸣,又可依本经的三种异译而确定:

1.《佛说分别善恶所起经》		汉安世高译
2.《六趣轮回经》	马鸣造	赵宋日称等译
3.《六道伽陀经》		赵宋施护译

《佛说分别善恶所起经》,前有佛在祇园,为比丘说五戒、十善一段。以下的偈颂,与《分别业报略经》相同。《分别善恶所起经》,《出三藏记集》作"失译"。后人推为安世高所译,虽未必可信,但译出是确乎较早些。日称的译本,明确地指为马鸣所造③。

---

① 《大毗婆沙论》卷一七二(大正二七·八六六中)。

② 《分别业报略经》(大正一七·四四七中)。

③ 藏译与此同本的,名《正法念住偈》,作者为 Dharmika-Subhūtighoṣa,似为法善现(马)鸣的简称。

法善现、勇，就是马鸣的别名，更得到了证实。赵宋的二种译本，作“六趣”与“六道”。然颂说阿修罗，仅一颂，而且还附于四王天及忉利天之间。《分别业报略经》说“五趣所缘起”，与说一切有部义更为契合。《分别业报略经》（大正一七·四四六下）这样说：

“普为诸世间，开示契经义；随智力所及，分别业果报。……种种相烦恼，无量诸业行，次第略分别，随顺大仙说。”

依文而论，这是马鸣的依经撰述，而不是集。依佛的教说，略为分别，从地狱到非想非非想天的种种业果。

C.《十不善业道经》：一卷，马鸣菩萨集，赵宋日称等译。以《分别业报略》及《十不善业道经》而论，马鸣的撰述，与《正法念处经》有关。《正法念处经》，以“说一切业果报法”为宗，元魏的瞿昙般若流支（Gautama-Prajñāruci）译，凡七十卷，西藏也有译本。全经分七品：一、“十善业道品”，二卷，明十善业道与十不善业道。二、“生死品”，三卷，观生死的可厌，修出家行，渐登比丘的十地。三、“地狱品”，十卷。四、“饿鬼品”，二卷。五、“畜生品”，四卷。阿修罗的业果，含摄在这一品中。六、“观天品”，共四十二卷，只说到夜摩天；夜摩天有三十二处，仅说到第十五处而止。这可见“观天品”是没有译全的。上来这四品，说三恶道与天道的业果。七、“身念处品”，七卷，依四洲的人趣而说。古代的唯识学者说：“正法念处经蛇眼闻声，正量部诵。”然从经文去考察，这是西北印度编集的，与说一切有部更相近。如阿修罗业果,附于畜生品中,没有自成一品。又如经说十大地法,三无为法,十一种色法①;十大地法,十烦恼大地法,十染污地法,十善大地法②;四谛十六行相,四加行道③,都与说一切有部相近。但经中说四禅,除五净居天而外,每禅有四天④,与说一切有部不合。天上有菩萨说法,虽与大乘的意趣未能尽合,但已表示出声闻法所受大乘教学的影响。《大毗婆沙论》没有提到《正法念处经》,《俱舍论》就有所引述。《正法念处经》的集成,就在这一时代——西元三四世纪吧!这部经,似乎后来的影响更大,赵宋时就译出了两种略集本:

1.《妙法圣念处经》		八卷	宋法天译
2.《诸法集要经》	观无畏集	十卷	宋日称等译

《妙法圣念处经》末说:“集伽陀颂讫。”《诸法集要经》发端说:“依正法念处,广大契经海,集成此伽陀,为作世间眼。”这两部,都是集《正法念处经》而成的。《妙法圣念处经》说到:二空真理⑤,一百二十八使,二障⑥,参入了瑜伽大乘的教理。《诸法集要经》,虽还说九十八烦恼,十六现观,但也说:“及彼十六空,了我法二相……出二种生死。”⑦晚期的《正法念处经》,已深受大乘教学的润饰了。盛行于西北印度的《正法念处经》,与马鸣的撰述富有一致的倾向。如《分别善恶所起经》,在五趣的善恶

---

① 《正法念处经》卷四(大正一七·二〇中——二三中)。
② 《正法念处经》卷三三(大正一七·一九二上——一九三中)。
③ 《正法念处经》卷三四(大正一七·一九七上——中)。
④ 《正法念处经》卷三四(大正一七·二〇二中)。
⑤ 《妙法圣念处经》卷三(大正一七·四二六中)。
⑥ 《妙法圣念处经》卷三(大正一七·四二七中——下)。
⑦ 《诸法集要经》卷六(大正一七·四八九下)。

业果颂以前,先说五戒、十善,次第也与《正法念处经》相合。但马鸣是造论,决非从《正法念处经》集出。反之,可能由于马鸣论的通俗教化,广大流通,引起西北印度学者的重视,依之而敷衍成那样庞大的部帙。

D.《大庄严经论》:十五卷,凡九十事,姚秦鸠摩罗什译。本论为马鸣所造,从来没有异说。然近代在新疆的库车县,Kizil废墟,发现本书的梵文残本,题为"譬喻庄严"或"譬喻鬘",作者为Kumāralāta,就是经部本师鸠摩罗罗多。因此,对本书的作者,引起学界的异说①。《大庄严经论》曾一再提到旃檀罽尼吒王(第十四事、三十一事),而说"我昔曾闻"。《大庄严经论》的作者,显然为出于迦腻色迦王以后。又《大庄严经论》曾说到:"释伽罗王,名卢头陀摩。"②这就是赊迦族(Saka)卡须多那(Cashtana)王朝的卢陀罗达摩王(Rudradāman)。卢王约于西元一二〇——一五〇年在位。据此二事,《大庄严经论》的作者不能与迦腻色迦王同时。所以,如以《大庄严经论》为鸠摩罗陀所作,似更为合理。

E.《禅集》:鸠摩罗什所传的禅法,本不限于马鸣。但当时的人,竟称为马鸣禅。如慧远的《修行方便禅经统序》说:"顷鸠摩罗耆婆,宣马鸣所述,乃有斯(禅)业。"③依僧睿所受于鸠摩罗什的具体解说,如《关中出禅经序》(大正五五·六五上——中)说:

---

① 详见《望月佛教大辞典》(三二六八中)。

② 《大庄严经论》卷一五(大正四·三四三中)。

③ 《出三藏记集》卷九(大正五五·六五下)。

"后二十偈,是马鸣菩萨之所造也。其中五门,是……马鸣(等)……禅要之中,钞集之所出也。六觉中偈,是马鸣菩萨修习之以释六觉也。"

马鸣的《禅集》,虽没有全部译出,但已部分译出,而传入中国了。

F."三启":马鸣集出三启,如《南海寄归内法传》卷四(大正五四·二二七上)说:

"所诵之经,多诵三启,乃是尊者马鸣之所集置。初可十诵许,取经意而赞叹三宝。次述正经,是佛亲说。读诵既了,更陈十余颂,论回向发愿。节段三开,故云三启。"

三启,不是经论的名称,是印度读诵佛经的体例。前有赞三宝颂,后有回向发愿颂,中间是佛经。三启,是三折或三段的意思。这并非马鸣的创作,如《阿育王传》说,当时比丘的经呗者,就作三启①。中间所诵的佛经,也没有限定。义净所译的《佛说无常经》,是病死时所诵的,就附有三启的体裁。一、归敬三宝,七颂;二、无常颂,十颂。其次,是《三不可爱经》。末了,有五言十二颂,七言四颂,回向发愿。马鸣的三启,就是归依三宝及回向发愿颂。由于音韵文义的巧妙,为佛教界普遍所采用。

此外,不是马鸣撰作,而传说为马鸣作的,有:

1.《一百五十赞佛颂》 摩咥里制吒作 唐义净译

2.《金刚针论》 法称作 宋法天译

---

① 《阿育王传》卷五(大正五〇·一二一中)。

3.《事师五十法颂》　马鸣作　宋日称译

4.《尼乾子问无我义经》　马鸣菩萨集　宋日称等译

《一百五十赞佛颂》,藏译作马鸣造;而西藏的传说:摩咥里制吒(Mātriceṭa),也就是马鸣的别名。然依《南海寄归内法传》,摩咥里制吒与马鸣,是各有著作的别人,只是学风有些类似而已。《金刚针论》,现存梵本作马鸣造。然法天译时,作法称(Dharmakīrti)造,今依古传为定。《事师法五十颂》,为晚期密宗时代的作品,如颂说:"恒以诸难施,妻子自命根,事自三昧师,况诸动资财。"①这是真言密教的事师法;说一切有部论师的马鸣,对奉献妻女的事师法是不会赞扬的。晚期的密教,每托为龙树、提婆、马鸣的著作,这是很好的例子。与《尼乾子问无我义经》的类似译本,有赵宋法天译的《外道问圣大乘法无我义经》。但经中作佛说,又改部分偈颂为长行。这是汉译所有的。在为外道说明世谛有我、胜义谛无我以后,又告以本净的菩提心,属于大乘经。既有马鸣集与佛说的传说不同,显为晚期集成的典籍,应非龙树以前的马鸣所造。此外,还有中国佛教界所推重的,如:

5.《大乘起信论》

6.《大宗地玄文本论》

这不会是龙树以前的马鸣的作品(可能为龙树以后的论师造),为近代学者所公认,而不需解说的了。

二、马鸣的事迹与时代:说到马鸣的事迹,首先要注意到,印

---

① 《菩提道次第广论》所引,法尊译本卷二(二〇上)。此在日称译本,作:"又复于师所,乐行于喜舍,不希于己身,何况于财物!"

度佛教史上的马鸣,到底有几人?印度人同名的极多,所以说马鸣不止一人,这是可能的。然见于印度佛教史,为佛教著名大德的马鸣,还只是龙树以前的那位佛化的文艺大师(《释摩诃衍论》,是韩人伪作;论中的六马鸣说,没有研考的价值)。《萨婆多部记》所传:"旧记"有二马鸣:一、第十一师;二、第十六师。佛驮跋陀罗(Buddhabhadra)所传,只有一位马鸣①。旧记的二马鸣,都出于胁及蜜遮迦之间。先后数十年间,真的有二位马鸣吗?即使有二马鸣,佛教名德的佛化艺人,也必然为其中的一人而已。

中国佛教所传,马鸣为龙树以前的大德。

1. 晋僧睿的《大智释论序》(大正五五·七四下)说:

> "马鸣起于正法之余,龙树生于像法之末。"

2. 萧齐昙景译的《摩诃摩耶经》卷下(大正一二·一〇一三下)说:

> "六百岁已,九十六种诸外道等,邪见竞兴,破灭佛法。有一比丘,名曰马鸣,善说法要,降伏一切诸外道辈。七百岁已,有一比丘,名曰龙树。"

3. 梁僧祐《萨婆多部记》,传马鸣为十一师,又十六师,龙树为第三十四师②。

4. 元魏吉迦夜译《付法藏因缘传》说:马鸣为第十一师,龙

---

① 《出三藏记集》卷一二(大正五五·八九上——下)。
② 《出三藏记集》卷一二(大正五五·八九上——下)。

树为第十三师。从此,马鸣为龙树以前的大师,为中国佛教界的定论。

西藏的晚期传说,马鸣从阿梨耶提婆出家,为龙树的再传弟子①。这本是不值得采信的,远在龙树以前的《大毗婆沙论》,已引有马鸣——法善现的《佛所行赞经》、《分别业报略经》,如上文所证实,马鸣怎能是提婆的弟子呢?近人受西藏传说的诱惑,所以推想为龙树以后,有马鸣论师;并引《南海寄归内法传》,以为义净可能也暗示此意。其实,《南海寄归内法传》是这样说的:“远则龙树、提婆、马鸣之类,中则世亲、无著、僧贤、清辨之徒。”②文中先提婆而后马鸣,如据此而以马鸣为提婆弟子,那么先世亲而后无著,无著也该出于世亲以后了!义净的笔下,何曾暗示着先后的意义?西藏传说的淆讹——以马鸣为提婆的弟子,可能因摩咥里制吒而来;西藏是以摩咥里制吒为马鸣别名的。依义净《南海寄归内法传》,摩咥里制吒的赞颂,受到无著、世亲、陈那(Diṅnāga)的推崇。这位摩咥里制吒本是外道,确为提婆之后、无著以前的佛化文艺家③。摩咥里制吒的风格,类似古代的马鸣,因而在传说中混淆而误认为一人。马鸣与摩咥里制吒,决不能混作一人的。

马鸣为龙树以前的大德,既如上论定,就可综合各种的传记,来论马鸣的事迹。依鸠摩罗什所译的《马鸣菩萨传》说:马鸣为东天竺的桑岐多国(Sāketa)人(《法苑珠林》所引如此,今本

---

① Tāranātha《印度佛教史》(寺本婉雅译本一三六——一三七)。
② 《南海寄归内法传》卷四(大正五四·二二九中)。
③ 《南海寄归内法传》卷四(大正五四·二二七中)。

缺),本为外道,压倒当时的佛弟子,使中天竺的僧众不敢公然地鸣楗椎。胁尊者从北天竺来,折伏了他,在佛法中出家,称辩才比丘①。《萨婆多部记》,第十师为长老胁,十一师为马鸣②。僧睿的《禅经序》,也以“勒比丘、马鸣”为次第③。马鸣为胁尊者的后辈学者,是毫无疑问的。

《马鸣菩萨传》说为桑歧多国人。《婆薮槃豆法师传》也说:“马鸣菩萨是舍卫国,婆(娑之误)枳多土人。”④Tāranātha《印度佛教史》以马鸣为柯刺多(Khorta)人⑤,可能是摩咥哩制吒的故乡。马鸣为娑枳多人,而早年游化于华氏城。考《大唐西域记》⑥,波吒厘子城鸡园寺西北的故伽蓝,有“击楗椎声”窣堵波,这是提婆难破外道,重行击楗椎的纪念物。击楗椎声窣堵波北面,有马鸣难破诡辩婆罗门的故基。《马鸣菩萨传》与《大唐西域记》,可见有着同一的传说:难破外道而重举楗椎;马鸣弘化于华氏城。难破外道与再举楗椎,据(西元五世纪初出)《马鸣菩萨传》,本为胁尊者(马鸣的师长)的功绩。到西元七世纪,玄奘得来的传说,归功于专破外道而负盛名的提婆。这本为马鸣师长的功绩,既误传为提婆,所以西藏的晚期传说更演变为:马鸣本为外道,为提婆所破而出家了。马鸣的故乡为娑枳多,早年弘化于华氏城,都在东方。《大唐西域记》说“东有马鸣”⑦,与

① 《马鸣菩萨传》(大正五〇·一八三下)。

② 《出三藏记集》卷一二(大正五五·八九上)。

③ 《出三藏记集》卷九(大正五五·六五中)。

④ 《婆薮槃豆法师传》(大正五〇·一八九上)。

⑤ Tāranātha《印度佛教史》(寺本婉雅译本一四七)。

⑥ 《大唐西域记》卷八(大正五一·九一二下——九一三上)。

⑦ 《大唐西域记》卷一二(大正五一·九四二上)。

此恰好相合。

《马鸣菩萨传》说：小月氏国王侵伐中国，要求三亿金的贡献；如没有，可以佛钵及辩才比丘——马鸣相抵。马鸣这才到了月氏（健驮罗为中心）①。《付法藏因缘传》所说大致相同。这位月氏国王，作旃檀罽昵吒（Caṇḍa Kaniṣka）②，就是迦腻色迦王。《大庄严经论》也说到："真檀迦腻吒，讨东天竺。"③《杂宝藏经》也说："月氏国有王，名旃檀罽尼吒，与三智人以为亲友，第一名马鸣菩萨。"④马鸣到了北印度，并为迦腻色迦王所尊敬。从《大毗婆沙论》引述法善现颂而说，马鸣于"北天竺广宣佛法"，应该是确实可信的。

马鸣与迦腻色迦王同时，传与《大毗婆沙论》的编集有关。《婆薮槃豆法师传》说：马鸣受请，十二年中为《大毗婆沙论》润文⑤。Tāranātha《印度佛教史》说：马鸣不愿北上，命弟子代行，因而传有致迦尼迦王书⑥。然《大毗婆沙论》，引有法善现颂，及迦腻色迦王的事。《大毗婆沙论》编集在后，马鸣是不可能为之润文的。至于西藏所传，马鸣致迦尼迦王书，性质与龙树的"亲友书"相近，或可以证实马鸣与迦腻色迦王的关系。

关于马鸣出世的年代，如上所引，僧睿说"正法之余"，就是佛灭五百年末，与《婆薮槃豆法师传》相合。《萨婆多部记》作三

① 《马鸣菩萨传》（大正五〇·一八三下）。
② 《付法藏因缘传》卷五（大正五〇·三一五中）。
③ 《大庄严经论》卷六（大正四·二八七上）。
④ 《杂宝经》卷七（大正四·四八四中）。
⑤ 《婆薮槃豆法师传》（大正五〇·一八九上）。
⑥ Tāranātha《印度佛教史》（寺本婉雅译本一四九）。

百余年,可能为五百余年的笔误。《摩诃摩耶经》作六百年。依说一切有部的佛灭传说(阿育王出佛灭一百余年),出五百年末,弘法于六百年中,马鸣应为西元二世纪初人,与迦腻色迦王的时代相当。

三、马鸣的学风与大乘:中国佛学界因《大乘起信论》而尊马鸣为唯心大乘的大师。近人如梁启超,摭拾日人的论说,论断"马鸣为小乘魁杰,而与大乘绝无关系"①。这都不能正确了解马鸣在佛教中的实际情形。从上来著作与事迹的论述,可以确定:

A. 马鸣为佛化的文艺大师:《大毗婆沙论》卷一七二(大正二七·八六六中)评法善现说:

> "此不必须通,以非素怛缆、毗奈耶、阿毗达磨所说,但是制造文颂。夫造文颂,或增或减,不必如义。"

文颂,就是诗偈等文学作品。马鸣的长于文学,也如《婆薮槃豆法师传》(大正五〇·一八九上)所说:

> "马鸣菩萨……通八分毗伽罗论,及四皮陀,六论,解十八部三藏。文宗学府,先仪所归。"

马鸣本为著名的婆罗门学者,精于当时日见盛行的梵语文学。梵语与音韵有密切关系,所以梵语学者大都是会作诗偈的,而诗偈是可作音乐歌唱的。如《高僧传·鸠摩罗什传》(大正五〇·三三二中),鸠摩罗什说:

① 梁启超《大乘起信论考证》。

"天竺国俗,甚重文制。其宫商体韵,以入弦为善。凡觐国王,必有赞德。见佛之仪,以歌叹为贵。经中偈颂,皆其式也。"

马鸣精于梵语文学,富有文艺天才,所以他的作品以偈颂为主。如《佛所行赞经》、《分别业报略经》,三启中的归依颂,发愿回向颂,禅集(一般都是偈颂),《出曜经》所引的"马声"说,也是颂。马鸣以偈颂弘法,为印度文学史上有数的诗家。他并通音乐,曾作《赖吒啝罗伎》,不但是按谱填词的作曲者,还能亲自去演奏,如《付法藏因缘传》卷五(大正五〇·三一五上)说:

"马鸣……作妙伎乐,名赖吒啝罗。其音清雅哀婉调畅,宣说苦空无我之法。……令作乐者演畅斯音。时诸伎人,不能解了曲调音节,皆悉乖错。尔时,马鸣着白氎衣,入众伎中,自击钟鼓,调和琴瑟,音节哀雅,曲调成就。"

B. 马鸣是通俗教化而富感化力的大师:阿毗达磨,只能适合少数富有思考力的学者,而一般信众所需要的法味,却是马鸣那样的作品。如《佛所行赞经》,赞颂如来的一代化迹,引发信众对于如来的仰慕——归依的虔诚。如《分别业报略经》、《十不善业道经》,重于业果的分别,诫恶劝善,也是一般的教化作品。如《赖吒啝罗伎》,更应用音乐的哀婉,以激发人生的厌离情绪。这都是通俗教化的成功作品。在高度的文学修养中,充满了归依的虔诚,为法的热忱。融合了宗教的严肃与文艺的兴味,鼓舞千千万万民众的内心,向上向解脱,而成为佛化的新人。马鸣教化力的伟大,可举二事来证明。1.《赖吒啝罗伎》的奏出,使华氏城的王子们出家,使华氏城王不得不下令禁止①。2.《佛所行赞经·大般涅槃品》,佛的最后教诫,其后演为长行,就是鸠摩罗什译的《佛说遗教经》。又如《分别业报略经》与《十不善业道经》,流通极广,其后敷衍为广大的《正法念处经》。马鸣作品的教化力,影响是这样的深切!

C. 马鸣为禅者:马鸣的禅法,曾部分地传入中国。他虽是一代艺人,而决非浪漫而染有名士积习的。他的内修禅观,外重教化,显为譬喻师的一流。

D. 马鸣是摧邪显正的雄辩家:《马鸣菩萨传》称马鸣为"辩才比丘";说他"善通言论",就是通达当时的辩论术。《佛所行赞经》,有折破外道的名论。当时,数论(Sāṃkhya)与胜论(Vaiśeṣika)的教理,已大体完成。五分作法的正理学(后佛法中称为因明,就是论理学),也已在学界流行。如《大庄严经论》卷一(大正四·二五九下)说到:

"如僧佉经说有五分,论义得尽:第一言誓,第二因,第三喻,第四等同,第五决定。"

"僧佉经中说:钵罗陀那不生,如常。"

在婆罗门教——六派哲学兴起,及耆那教盛行的气运中,佛教开始受到威胁。那时候,马鸣菩萨出来,折破外道而护持正法。这不但由于他文学优美,也由于他通达当时的学术以及论理学。所以:

---

① 《付法藏因缘传》卷五(大正五〇·三一五中)。

"天竺传云：像正之末，微马鸣、龙树，道学之门，其沦胥溺丧矣！其故何耶？实由二乘（原作未）契微，邪法用盛。虚言与实教并兴，险径与夷路争辙。始进者化之而流离，向道者惑之而播越，非二匠其孰与正之！"①

E. 马鸣是说一切有部的菩萨：佛法传入中国以来，马鸣是一向被推重为菩萨的。如秦鸠摩罗什所译的《马鸣菩萨传》，僧睿的《禅经序》，凉昙无谶的《佛所行赞经》，梁僧祐的《出三藏记集》，陈真谛的《婆薮槃豆法师传》。马鸣被称为菩萨，是东晋末年以来的定说，与（陈隋间出）《大乘起信论》的译出无关。我们知道，说一切有部（犊子部等）中，凡是譬喻师与禅师，如法救、世友、僧伽罗刹（Saṃgharakṣa）、僧伽斯那（Saṃghasena）等，在中国都是称为菩萨的。说一切有部与菩萨，并非绝对不可融合的名词。马鸣的被称为菩萨，也因为他是譬喻师、禅师。马鸣从中印度来，弘化于北方——健驮罗中心的大月氏，承受说一切有部的宗风。但心量广大，更融通诸部，传说马鸣"解十八部三藏"。如"白象相端严"颂，为说一切有部阿毗达磨者所不能认可的。据《异部宗轮论》说："一切菩萨入母胎时，作白象形"，是大众部的教说。"死作琰魔卒"颂，是经部譬喻师、正量部的主张。马鸣这种不拘一宗的风格，正是说一切有部中，西方譬喻师的新倾向。马鸣的师长胁尊者，为确信大乘是佛说的见过《般若经》的长老。马鸣属于这一系统，当然与当时流行于北方的大乘精神相吻合。依传记所载，也可见出马鸣是大乘比丘的风范，如说：

① 《出三藏记集》卷一〇（大正五五·七五上）。

"(马鸣)比丘为王说法,其辞曰:夫含情受化者,天下莫二也。佛道渊宏,义存兼救。大人之德,亦以济物为上。世教多难,故王化一国而已。今弘宣佛道,自可为四海法王也!比丘度人,义不容异。功德在心,理无远近。宜存远大,何必在目前而已!"①

"马鸣着白氎衣,入众伎中,自击钟鼓,调和琴瑟。"②

如上所说,纯为大乘学者的精神。尤其是着白氎衣,奏乐作曲,在严格的声闻律中是不容许的。这与龙树的躬持赤幡,奔走于王前七年;提婆的受募,为王作宿卫,方便救世的大乘风格,完全一致。马鸣的被称为菩萨,并不是偶然的。

第三节 其他知名的论师

第一项 寂 授

《大毗婆沙论》卷八三(大正二七·四三〇下)说:

"复有说者:尊者寂授能解此义。此本论师当造论时,逢彼在定,不获请问。"

《大毗婆沙论》的偶然提及,使我们对于这位不大熟悉的大论师,引起深刻的注意。据古师传说,这是与迦旃延尼子——

① 《马鸣菩萨传》(大正五〇·一八三下)。
② 《付法藏因缘传》(大正五〇·三一五上)。

《发智论》主同时，早期的权威论师，连阿毗达磨论者宗仰的迦旃延尼子，也有向他请益的可能，这是一位不平凡的大德。在凉译《毗婆沙论》，音译为奢摩达多，或作奢摩达，可见这就是奘译的设摩达多。寂授为梵语Śarmadatta的意译，玄奘是音译与意译并用的。

《大毗婆沙论》引寂授（设摩达多）说十则，最值得重视的，是"刹那缘起"，如《大毗婆沙论》卷二三（大正二七·一一八下）说：

> "尊者设摩达多说曰：一刹那顷有十二支，如起贪心害众生命，此相应痴是无明，此相应思是行，此相应心是识……。"

这一解说，毗婆沙师认为是可以这样说的，名为"刹那缘起"。但毗婆沙正宗，是"分位缘起"。尊者的"刹那缘起"，与世友《品类论》的"刹那"或"连缚缘起"、提婆设摩《识身论》的"远续缘起"、《发智论》的"分位缘起"，总称四种缘起①。寂授的论义，能获得四种缘起说的一席，可见论师地位的重要了！《佛华严经·十地品》第六地中，就有这刹那缘起说，被称为"一心缘起"，为后代的唯心论者所推重。虽然意义已多少演变了，但尊者一念缘起的教说，关系是异样的深远。

关于中有，《大毗婆沙论》还没有定论。大德说：如受生的因缘不具足，中有可以无限期地延续。世友说：到第七天，必定

---

① 《大毗婆沙论》卷二三（大正二七·一一七下）。

要死;但如因缘不具足,是会再生再死的。寂授却说:"中有极多住七七日,四十九日定结生故。"①此后一般的解说:中有到七天必死;再生再死到七七为止,一定会受生。这是世友说与寂授说的综合。此外,寂授对随眠的随增②、随眠的断③、随眠的为因④,都有深细的分别。虽没有全为毗婆沙师所赞同,但无疑为阿毗达磨的大论师。

第二项 众 世

僧伽筏苏,凉译作僧伽婆修,晋译作僧迦婆修,玄奘或意译为众世。《大毗婆沙论》引用众世的论义,有三十多则;除四大论师、胁以外,这是一位极重要的论师。众世所作的解说,多数为毗婆沙师所破斥。众世与妙音的思想相近,所受的破斥也相同。惟关于缘起法,受到了毗婆沙师的尊重。如《大毗婆沙论》卷五五(大正二七·二八三下)说:

> "有执:惟有无明缘行,乃至生缘老死,是缘起法。为令彼迷得开解故,显有为法皆是缘起,众世所言,此中应说。"

"众世所言",凉译作"僧伽婆修所说喻"。《大毗婆沙论》虽没有明确的引述,但以一切有为法为缘起,与阿毗达磨论师的见解一致。众世的见解虽多数被驳斥,然也有极有意义的,如:

---

① 《大毗婆沙论》卷七〇(大正二七·三六一中)。
② 《大毗婆沙论》卷二二(大正二七·一一三中)。
③ 《大毗婆沙论》卷二二(大正二七·一一四中)。
④ 《大毗婆沙论》卷一九(大正二七·九五下)。

一、退起烦恼，引发身语业，毗婆沙师确定为意识的作用；五识是没有分别力，没有主动的引发作用。众世却重视五识（近于大众系），以为：

“住五识退，于理何违？五识取境时，亦生烦恼故。”①

“五识亦能发身语业，作因等起及刹那等起。”②

二、关于律仪，众世不像迦湿弥罗师那样的严格，近于西方系，采取了折衷的立场，如说：

“妙音、众世说曰：应言近住或全无支，或一二三乃至或七，非要具八方名近住。”③

“僧伽筏苏分同前二（迦湿弥罗师及西方师）师说，彼说：无有唯受三归便成近事，然有缺减五种律仪亦成近事。”④

三、“得”，《发智论》本没有详细论列，所以与得有关的问题，论师们解说不同。众世以为：“遍行得亦是遍行因。”⑤“得亦能受眼等五根，及命根众同分异熟果。”⑥这样的解说，都是毗婆沙师所不能同意的。

四、寻绎众世的思想，以为住果与住向，是可以同时的，所以

① 《大毗婆沙论》卷六一（大正二七·三一五中）。
② 《大毗婆沙论》卷一一七（大正二七·六一〇上）。
③ 《大毗婆沙论》卷一二四（大正二七·六四七中）。
④ 《大毗婆沙论》卷一二四（大正二七·六四六中）。
⑤ 《大毗婆沙论》卷一八（大正二七·九二上）。
⑥ 《大毗婆沙论》卷一九（大正二七·九七上）；又卷一一八（大正二七·六一五中）。

住预流果，就名为二果向；住二果，就名为三果向①。又以为：根性是可以不舍钝而得利，不舍退法而得思法等②。他是以为：在进修的过程中，可如此而又如彼的。所以解说为：未舍二迟通行，而得二速通行③；已离色染而得正性离生的，及菩萨在道类智时，得色尽爱遍知④；先来所断的欲界五品修惑，在道类智时，得无漏离系得⑤。种种的异说，都由这一见解的不同而来。

众世所论的问题，都是深入其微的。这是妙音一系的，与瞿沙伐摩为同一倾向者。在西方系的学者中，这是一大家。

第三项　侍毗罗与瞿沙伐摩

侍毗罗，或作时毗罗，凉译作耆婆罗（Jīvera）。瞿沙伐摩，又作窭沙伐摩（Ghoṣavarman）。二位论师的事迹，都不可考。《大毗婆沙论》曾一再地合论二位论师，而二位的见解，恰好是相反的。如《大毗婆沙论》卷一四三（大正二七·七三四下）说：

> “尊者时毗罗，偏称赞慧；尊者窭沙伐摩，偏称赞灭定。”

毗婆沙师评论说：“此二所说，俱唐捐其功；于文无益，于义无益。”的确，定与慧，佛法中都是重要的。可以说，偏赞哪一边，都是不正确的。然而，对圣者功德的慧胜或灭定胜，也必然

① 《大毗婆沙论》卷六三（大正二七·三二五上）。
② 《大毗婆沙论》卷六七（大正二七·三四八上）。
③ 《大毗婆沙论》卷九三（大正二七·四八三中）。
④ 《大毗婆沙论》卷六三（大正二七·三二五上——三二七上）。
⑤ 《大毗婆沙论》卷一五八（大正二七·八〇四中）。

是修持者,重定还是重慧,甚至是应先修定或先修慧,这实在是佛教中古老而常新的问题。时毗罗是重慧的,瞿沙伐摩是重定的,各代表着一面的立场。又《大毗婆沙论》卷六〇(大正二七·三一下——三一一上)说:

"尊者侍毗罗作如是说:……如是永断,是圣者,非异生;是圣道能,非世俗道。"

"尊者瞿沙伐摩作如是说:……如是永断,是圣者,亦异生;是圣道能,亦世俗道。"

二师的异点是:侍毗罗以为:惟依根本定,才能断烦恼,这必然是无漏的、圣者的。而瞿沙伐摩却以为:圣者或异生,有漏道或无漏道,都是可以断惑的。侍毗罗重慧,所以推重无漏道;瞿沙伐摩重定,所以也不妨异生以有漏道断。这一思想,本是与上一诤论相关的。好在《发智论》但说"依定",没有说无漏或有漏,所以毗婆沙师和会说:"如是二说,俱得善通;此本论文,容二义故。"

瞿沙伐摩的论义,《大毗婆沙论》还引有好几则,但不外乎二事:一、四洲中南洲胜,人中男人胜。瞿沙伐摩对于断善根①,转根②,重三三摩地③,愿智④,总是说:唯有南洲,唯有男人,才有可能。这受有《施设论》的影响,都被毗婆沙师评破了。二、

① 《大毗婆沙论》卷三五(大正二七·一八二下)。
② 《大毗婆沙论》卷六七(大正二七·三四九上)。
③ 《大毗婆沙论》卷一〇五(大正二七·五四四中)。
④ 《大毗婆沙论》卷一七八(大正二七·八九六中)。

抉择二十二根,以为"唯意一种是胜义根"①。这位重定的、重男人的、重心的阿毗达磨论者,实接近禅者的意境。

瞿沙伐摩与僧伽筏苏,思想上非常接近。如关于超定②、无净行③、无碍解④,僧伽筏苏也说:"唯赡部洲,唯男子能。"而且,瞿沙伐摩说胜义根唯意根,僧伽筏苏立"唯命(及眼耳鼻舌身)等六是胜义根"⑤。二人的思想相近,论究的问题也大同。

第四项 达磨难提与达罗达多

达磨难提(Dharmanandi),凉译作昙摩难提。达罗达多,又作陀罗达多(Dharadatta)。这二位论师,在《大毗婆沙论》中,或引为教证,或加以会通,可见地位的重要。

《发智论》先说智,次说识,毗婆沙师解说为"经论旧法",引世友的《品类论》,及达磨难提说为证⑥。在毗婆沙师的心目中,这是古代的值得尊重的大德。

达罗达多说"中有趣向彼趣,即彼趣摄"⑦;"下方世界无边,上方世界无边"⑧,毗婆沙师都给予会通。如说三十七品时,就引达罗达多说,证明有这部契经⑨。以"名"与"义"来分别二谛⑩,

---

① 《大毗婆沙论》卷一四二(大正二七·七三二上)。
② 《大毗婆沙论》卷一六五(大正二七·八三六中)。
③ 《大毗婆沙论》卷一七九(大正二七·八九九下)。
④ 《大毗婆沙论》卷一八〇(大正二七·九〇五上)。
⑤ 《大毗婆沙论》卷一四二(大正二七·七三二上)。
⑥ 《大毗婆沙论》卷九(大正二七·四四下)。
⑦ 《大毗婆沙论》卷六九(大正二七·三五八中)。
⑧ 《大毗婆沙论》卷一九三(大正二七·九六六中)。
⑨ 《大毗婆沙论》卷九六(大正二七·四九六上)。
⑩ 《大毗婆沙论》卷七七(大正二七·四〇〇中)。

与世友说相近。但在说中有时,《大毗婆沙论》卷六九(大正二七·三五八中)说:

“达罗达多是文颂者,言多过失,故不须通。”

达罗达多也是文学家。但从他所说:世界、中有,都是与《施设论》的问题相同,而意趣不相合的。

论二谛,晋译《鞞婆沙论》作陀罗难提。论中有,晋译作昙摩难陀,又作昙摩难提。晋译的译者,是将达罗达多与达磨难提混作一人。依唐译及凉译,应为各别的论师。

第五项　佛　护

佛护,凉译作佛陀罗测(Buddharakṣa)。凉译所引的佛陀罗测说,有些是唐译的妙音说。唐、凉二译一致的,唯有信胜解转根作见至一事①。毗婆沙师评为:在欲界不在色无色界,依静虑不依无色定,用无漏道不用世俗道,是合理的。说用法智非类智,是已退非未退,住果非住果胜进,是不对的。

第六项　左　受

左受,奘译又作左取。凉译作婆摩勒,晋译作婆跋罗;可知奘译的婆末罗(Vāmalabdha),也就是左受的对音。

左受,是一位重视训释的论师。如阿毗达磨②,三界③,瀑

① 《大毗婆沙论》卷六七(大正二七·三四八中——下)。

② 《大毗婆沙论》卷一(大正二七·四中)。

③ 《大毗婆沙论》卷二九(大正二七·一四九中)。

流[①],有执受与无执受[②],有对与无对[③],等无间缘[④],不共(无明)[⑤],都给以解释。此外,以二义立五顺下分结[⑥],以四事立十八界[⑦],以十义分别四预流支[⑧],对治四愚立八智[⑨]。立义都还平允。虽在思想上,左受是平凡的,但也尽着应有的努力。

有对与无对的训释,凉译有婆摩勒说,与此相当的,唐译作世友。然前文已引有世友说,唐译必为误译无疑。

第七项 雾尊者

雾尊者,凉译作婆已,又作婆多,原语不详。

雾尊者的论义,唐译有四则,是凉译所没有的,而凉译也别有三四则。凉、唐二译共同的,仅二则:一、"四事等(时分等,所依等,所缘等,现行——行相等)故,说名相应。"[⑩]二、善与不善,都有四类:自性、相应、等起、胜义[⑪]。虽只寥寥二则,但在阿毗达磨论中,都为后学所采用。特别是善不善的四事分别,分别论者也乐于引用。

① 《大毗婆沙论》卷四八(大正二七·二四七中)。
② 《大毗婆沙论》卷一三八(大正二七·七一二下)。
③ 《大毗婆沙论》卷七六(大正二七·三九一中)。
④ 《大毗婆沙论》卷一〇(大正二七·五〇中)。
⑤ 《毗婆沙论》卷二〇(大正二八·一四七下)。
⑥ 《大毗婆沙论》卷四九(大正二七·二五三上)。
⑦ 《大毗婆沙论》卷七一(大正二七·三六七下)。
⑧ 《大毗婆沙论》卷九四(大正二七·四八七中)。
⑨ 《大毗婆沙论》卷一〇六(大正二七·五四七中)。
⑩ 《大毗婆沙论》卷一六(大正二七·八〇下)。
⑪ 《大毗婆沙论》卷五一(大正二七·二六三上)。

第八项　达腊婆与筏素罗

这是传说中的迦湿弥罗论师。

达腊婆(Dravya),凉译作实法师。他以具缚的凡夫身,由于以自性、等起、对治——三事的寻求见趣,能在生死流转中,不再现起见趣①。这是传说中,重视分别抉择的人物。

筏素罗(Vasura),凉译作婆秀罗。传说外道扇帙略主张"一切立论皆可答报"的,尊者以默然不答而破斥他②。《尊婆须蜜菩萨所集论》,有"尊者拔苏卢"③,可能就是筏素罗。

① 《大毗婆沙论》卷八(大正二七·三八中——下)。
② 《大毗婆沙论》卷一五(大正二七·七六下)。
③ 《尊婆须蜜菩萨所集论》卷一〇(大正二八·八〇〇中)。

印顺法师佛学著作系列

说一切有部为主的论书与论师之研究

（下）

释印顺 著

中華書局

第八章　说一切有部的譬喻师

第一节　譬喻者的学风与学说

第一项　譬喻与譬喻师

《大毗婆沙论》，有"譬喻尊者"，"譬喻师"，这是当时的一大系。如看作经量部，与说一切有部分立的经部譬喻师，那是不大妥当的。《大毗婆沙论》时代（及以前）的譬喻师，虽与说一切有部的阿毗达磨论师相对立，但是属于说一切有部的。在说一切有部中，阿毗达磨论师是重论的，譬喻师是持经者。在北方佛教的开展中，说一切有部的譬喻师有着无比的功绩，值得特别的重视。

先说"譬喻"：譬喻是什么意义？在汉文中，译为譬喻的，原语不止一种。如十二部经中的譬喻，梵语为 Avadāna（P. Apadāna），音译为阿波陀那，或阿婆檀那，是一部的专名。如《阿含》中的《蛇喻经》、《象迹喻经》，《妙法莲华经》的"譬喻品"。这里的喻或譬喻，梵语为 Aupamaya（P. Upamāna）。如《妙法莲华经·方便品》中的"种种譬喻"，因明三支中的"喻"支，所说的喻或譬喻，梵语为 Dṛṣṭânta。譬喻者或譬喻师，梵语为 Dārṣṭântika，从Dṛaṭânta一词而来。Aupmaya Dṛaṭânta，是一般的比况的意思。在说法时，对某一义理，为了容易了解，取事比况来说明。所以说"智者因喻得解"。十二部经的阿波陀那，或译譬喻，或译本起、本末，与 Aupmaya Drṣṭânta 原义是否相近，是另一问题。而在北方佛教，也就是譬喻师非常活跃的区域中，阿波陀那与譬况说法的譬喻，倾向于一致。

说一切有部阿毗达磨论师，对阿波陀那——譬喻的解说，如(西元二世纪)《大毗婆沙论》卷一二六(大正二七·六六〇上)说：

> "譬喻云何？谓诸经中所说种种众多譬喻，如长譬喻、大譬喻等；如大涅槃，持律者说。"

长譬喻，是《中阿含》长寿王故事；大譬喻，是《长阿含》(《大本缘经》)七佛的故事。"如大涅槃，持律者说"，是《说一切有部毗奈耶杂事》卷三五——三九，佛入大般涅槃的故事，与《长阿含》的《游行经》大同。据此而说，譬喻是佛菩萨的伟大事行。西元三世纪，龙树作《大智度论》，继承《大毗婆沙论》的解说，而更倾向于文学的观点，如《论》卷三三(大正二五·三〇七中)说：

> "阿波陀那者，与世间相似柔软浅语。如《中阿含》中长阿波陀那经，《长阿含》中大阿波陀那。毗尼中，亿耳阿波陀那，二十亿阿波陀那。解二百五十戒经中，欲阿波陀那一部，菩萨阿波陀那出一部。如是等无量阿波陀那。"

从龙树所举的内容来说,阿波陀那仍为贤圣的事行。长阿波陀那、大阿波陀那,已如上说。属于毗尼——律藏的,亿耳阿波陀那,二十亿阿波陀那,出于犍度的皮革事。欲阿波陀那,是佛度难陀(Nanda)的故事。菩萨阿波陀那,是释尊未成佛时,诞生、出家到成佛的故事(集出别行,就是《普曜经》等佛传)。依《大智度论》所引述的阿波陀那,还有:

1. 弥勒受记——《中阿含本末经》①

2. 释迦赞弗沙佛——《阿波陀那经》②

3. 舍利弗不知小鸟事——《阿婆檀那经》③

4. 韦罗摩大施——《阿婆陀那经》④

5. 长爪梵志故事——《舍利弗本末经》⑤

6. 佛化除粪人尼陀——《尼陀阿波陀那》⑥

7. 然灯佛授释迦记——《毗尼阿波陀那》⑦

这些阿波陀那——譬喻或本末,都是圣贤的事迹。但内容更广,本生、授记,也含摄在内了。然从阿波陀那的形式来说,《大智度论》表示了两项意义:一、文学的意味,如说"与世间相似柔软浅语"。这是世间文艺化的,是通俗的、轻松的、富有文学趣味的作品,与严肃的说教完全不同。二、是以彼喻此的,就是本末。这如(西元四世纪作)《成实论》卷一(大正三二·二四

① 《大智度论》卷一(大正二五·五七下)。
② 《大智度论》卷四(大正二五·九二下)。
③ 《大智度论》卷一一(大正二五·一三八下——一三九上)。
④ 《大智度论》卷一一(大正二五·一四二中)。此出《菩萨本生经》。
⑤ 《大智度论》卷一(大正二五·六一中)。
⑥ 《大智度论》卷三四(大正二五·三一〇上)。
⑦ 《大智度论》卷七四(大正二五·五七九下)。

五上)说:

“阿波陀那者,本末次第说是也。如经中说:智者言说,则有次第;有义有解,不令散乱:是名阿波陀那。”

鸠摩罗什所译的《大智度论》,也有“本末”字样,如“中阿含本末”、“舍利弗本末”。本末,或作本起,就是阿波陀那的意译。《成实论》的“本末次第说”是说:标一事义,次举一事例来说明,使事义易于解了。以事例来次第解说,是古代通俗教化的实际情形。“智者言说,则有次第,有义有解”,也就是“智者因喻得解”了。所以称为“本末”,是穷源竟委,举一事例,说得源源本本的,因果分明。依《大智度论》说:“譬喻有二种:一者假以为喻,二者实事为喻。”①阿波陀那——古今圣贤事行,如作为说法时举事例来解明,使人容易了解,那就与比况的譬喻一样。因此,同时撰集的大乘瑜伽者的论书,阿波陀那与一般譬说,就等量齐观了。如说:

“譬喻者,谓有譬喻经,由譬喻故,隐义明了。”②

“何等譬喻?谓诸经中有比况说。”③

“云何譬喻?谓于是中有譬喻说。由譬喻故,本义明净,是名譬喻。”④

在北方佛教的弘传中,阿波陀那的内容,除了佛菩萨、佛弟

---

① 《大智度论》卷三五(大正二五·三二〇中)。

② 《显扬圣教论》卷一二(大正三一·五三八下)。

③ 《阿毗达磨集论》卷六(大正三一·六八六中)。

④ 《瑜伽师地论》卷二五(大正三〇·四一八下)。

子的事行外，还含摄了本生、授记。连民间的故事，也含摄进去。在说法时，比丘们引用这些事证而譬喻化；譬喻已成为通俗教化的主要工具。不但如此，譬喻也含摄了因缘。因缘的原义，这里可不用解说。总之，譬喻与因缘，已没有严格的界别，这是一切传记、一切故事的总汇。如《出三藏记集》卷九《贤愚（因缘）经记》（大正五五·六七下）说：

> “旷劫因缘，既事照于本生；智者得解，亦理资于譬喻。《贤愚经》者，可谓兼此二义矣。……三藏诸学，各弘法宝；说经讲律，依业而教。学等八僧，随缘分听。于是竞习胡音，析以汉语。精思通译，各书所闻。……此经所记，源在譬喻；譬喻所明，兼载善恶。善恶相翻，则贤愚之分也。”

《贤愚（因缘）经》，是八位去西域参学的比丘，在般遮于瑟大会上，听讲经律而译录编成的。这可见当时弘法引用贤圣故事作譬喻的实际情形。由于引用这些，广明善恶因缘，所以也称为《贤愚因缘经》。譬喻、本生、因缘的混融情形，可见一斑了。

如北方所传的早期佛教传记，自佛灭到阿育王时代，集为“阿育王缘”、“优婆毱多因缘”等；综合的编集，就是汉译的《阿育王传》、《阿育王经》。阿育王故事，汉译作“缘”、“因缘”、“本缘”的，据西藏所传，都是譬喻，共有七种：阿育王譬喻，阿育王教化譬喻，阿育王龙调伏譬喻，法塔譬喻，法会譬喻，黄金献供譬喻，鸠那罗王子譬喻①。这可见《阿育王传》的故事，都是譬喻

---

① Tāranātha《印度佛教史》（寺本婉雅译本六一）。

(梵文现存的《譬喻集》,有耶舍卖人头及半庵摩勒布施二事)。譬喻而被称为因缘,如鸠摩罗什译的《灯指因缘经》,就是典型的譬喻。理解了这种情形,再去考察汉译的教典,那就可见譬喻的众多了。以譬喻为名的,有:

1.《杂譬喻经》	一卷	汉失译
2.《杂譬喻经》	二卷	后汉失译
3.《旧杂譬喻经》	二卷	吴康僧会译
4.《杂譬喻经》	一卷	道略集
5.《法句譬喻经》	四卷	西晋法炬共法立译
6.《出曜(譬喻的意译)经》	一九卷	姚秦僧伽跋澄译
7.《无明罗刹喻集》	二卷	秦失译
8.《百喻经》	二卷	宋求那毗地译
9.《阿育王譬喻经》	一卷	东晋失译

有些集本,没有称为譬喻,而性质相同的,称为因缘或本缘。有些集本的子目,作缘或因缘的,有:

1.《大庄严经论》	一五卷	姚秦鸠摩罗什译
2.《杂宝藏经》	八卷	元魏吉迦夜等译
3.《贤愚因缘经》	一三卷	元魏慧觉等译
4.《撰集百缘经》	一〇卷	宋求那毗地译
5.《菩萨本缘经》	四卷	宋求那毗地译
6.《辟支佛因缘论》	一卷	秦失译

专明菩萨阿波陀那而集为专书的,如《瑞应经》、《过去现在因果经》(化地部作《毗尼藏因缘》)等。专明一事的,如《阿育王息坏目因缘经》等,还有不少。这些,都是广义的譬喻集,含

有本生、授记、因缘,佛弟子的事迹,民间的故事。如汉失译的《杂譬喻经》,吴康僧会译《旧杂譬喻经》,还含有大乘的传记。康僧会的《六度集经》,以本生为主,也含有譬喻,及大乘常悲(常啼)菩萨的故事。总之,北方佛教的譬喻,是广义的;譬喻与因缘,性质相近。这都是被用来辅助教化,作为法义的例证而被广大宣扬的。

再说"譬喻师":譬喻师(譬喻者)的见于文记,是《大毗婆沙论》,但早就存在了的。如法救为譬喻师,如本书第六章第一节说。觉天也是譬喻师,觉天说"诸色皆是大种差别"①;《顺正理论》就作"譬喻论师"说②。法救与觉天,为说一切有部中早期著名的譬喻者。《大毗婆沙论》总集以后,譬喻师从说一切有部中脱出,自成经部,也称为譬喻师。在古代,譬喻师是被称为诵经者的,如《毗婆沙论》卷一(大正二八·六上——中)说:

> "诵持修多罗者说言:五根是世第一法。尊者达磨多罗(法救)说曰……尊者佛陀提婆(觉天)说曰……"

譬喻师与诵持契经有关,这是先后一致的。为了说明这点,应略述佛教学者的侧重不同。佛法在弘传中,起初有"论法者"、持律者,也就是法与律的着重不同。"论法者"或称"持法者",本为受持经法、宣扬经法的通称。由于经典的结集受持,因而又分出"诵经者",与"论法者"对立。"论法者"着重于深义的论究,流出"阿毗达磨者"。"诵经者"宣扬经义,为众说法,

---

① 《大毗婆沙论》卷一四二(大正二七·七三〇中)。

② 《顺正理论》卷五(大正二九·三五六中)。

又流出“譬喻者”。发展分化的过程，大致如此：

持律者（律师）

论法者—┬—论法者（法师）——————阿毗达磨者（论师）
　　　　└—诵经者（经师）——————譬喻者（譬喻师）

依经法而为深义的论究，是进行于僧伽内部的，成为阿毗达磨者。但这是不能通俗的，深入浅出（起初，阿毗达磨与譬喻论者并不是对立的）而向外宣化，就成为诵持契经的譬喻者了。古代的向外教化，都是依契经而加以阐扬的，如阿育王派遣宣教师分化各方，情形就是这样①。如：

传教师	教化区	说经
1. 末阐提	罽宾揵陀罗	蛇譬喻
2. 摩诃提婆	摩醯娑慢陀罗	天使经
3. 勒弃多	婆那婆私	无始经
4. 昙无德	阿波兰多	火聚喻经
5. 摩诃昙无德	摩诃勒咤	摩诃那罗陀迦叶本生经
6. 摩诃勒弃多	臾那	迦罗罗摩经
7. 末示摩	雪山边	初转法轮经
8. 须那迦	金地	梵网经
9. 摩哂陀	狮子洲	咒罗诃象譬经

这里面，有三种譬喻，一种本生，其他的也都有事缘，可见古代向外说法的实际情形。说经而参入本生、譬喻、民间故事，成

① 《善见律毗婆沙》卷二（大正二四·六八四下——六八八下）。

为普及民间的大教化，本是一切学派所共同的。但说一切有部中，重于通俗教化而特有成就的，成为譬喻师。他们开展于阿毗达磨究理的气氛中，也有究理的倾向。但在义理的论究时，多附以有趣味的譬喻，如《大毗婆沙论》中，譬喻师就有射箭喻，陶家轮喻①；失财喻，露形喻，破衣喻②；拳指喻③；天衣喻④；女人喻⑤；行路喻⑥，充分表现了譬喻师的风格。持经的譬喻者，近于中国从前的讲经法师。

第二项　学风及其影响

如上文所说，譬喻师是从"诵经者"演化而来的。重视通俗教化，在一切学派中，都可以有这类人物。但北方以说一切有部为主流，所以譬喻师也是说一切有部的。起初，譬喻者与阿毗达磨是有相当关系的。但由于倾向不同，日渐分化，显出了不同于论师的风格。譬喻师的特色，是通俗教化师，是禅师，多数被称为菩萨。

如大德法救，为说一切有部的著名譬喻大德。法救是北方《法句经》的整编者。《法句》颂的解说，必附以譬喻、因缘（如汉译《法句譬喻经》、《出曜经》），为通俗教化的要典。在说一切有部中，法救受到崇高的推重⑦。如僧伽罗刹，约与法救同时。他

---

① 《大毗婆沙论》卷二一（大正二七·一〇五上）。
② 《大毗婆沙论》卷六〇（大正二七·三一三上）。
③ 《大毗婆沙论》卷九三（大正二七·四七九上）。
④ 《大毗婆沙论》卷一二二（大正二七·六三四中——下）。
⑤ 《大毗婆沙论》卷五六（大正二七·二八八中）。
⑥ 《大毗婆沙论》卷一四五（大正二七·七四五上）。
⑦ 如本书第六章第一节说。

是著名的禅师,著有《修行道地经》。这部禅集,成为一般教化的讲本,每段附以歌颂佛德。在策励修行的讲说中,附以擎油钵、索琴声、犯法陷狱、贾客远来等动人的譬喻。他所集的《佛行经》,是歌颂如来功德的。所传的《法灭尽经》,充满了警策的、劝诫的热情。譬喻者的特色——劝善诫恶,修习止观,巧说譬喻,歌颂佛德。这在僧伽罗刹的著作中,完备具足①。如僧伽斯那,也有禅集。他的《百喻经》,不但是故事,还有笑话,已进而为文艺作品。他作的《撰集百缘经》、《菩萨本缘经》,都是含有本生、授记的譬喻集②。又如马鸣,为禅者,所作的《佛所行赞经》,是歌颂佛德的。《大庄严经论》,是文艺化的劝善的譬喻集。《分别业报略经》,是诫恶劝善的作品。用优美的文学、哀婉的音乐,作为化导众生的利器③。这几位,都是西元前后——二三百年间的大德,不但注重通俗宣化,而且都是禅师,这是值得注意的。如《出三藏记集》卷九《关中出禅经序》(大正五五·六五上——中)说:

> “寻蒙(什公)抄撰众家禅要,得此三卷。初四十三偈,是究摩罗罗陀法师所造。后二十偈,是马鸣菩萨之所造也。其中五门,是婆须蜜、僧伽罗叉、沤波崛、僧伽斯那、勒比丘、马鸣、罗陀——禅要之中,抄集之所出也。六觉中偈,是马鸣菩萨修习之以释六觉也。初观淫恚痴相及其三门,皆僧伽罗叉之所撰也。息门六事,诸论师说也。”

---

① 如本书本章第三节说。

② 如本书第九章第三节第二项说。

③ 如本书第七章第二节第三项说。

鸠摩罗什所出的禅观，就是内重修持，外重教化的譬喻师系的禅观。其中的沤波崛，就是优婆毱多，人称无相佛，度人无量，为教化力最伟大的古德①。婆须蜜是法救的后学，《尊婆须蜜菩萨所集论》的作者。鸠摩罗什所传的禅观，与大乘相结合，其特色就在于此。然当时的中国学者，却钦仰专修禅观的觉贤。读觉贤所译的禅经，枯涩专门，与僧伽罗刹的《修行道地经》，精神是根本不同的。

这几位古代的譬喻大师，如法救、僧伽罗刹、僧伽斯那、马鸣，还有世友，中国都是尊称为菩萨的。譬喻者与大乘，实有精神上、风格上的共通。

被称为菩萨，内重禅观的譬喻师，最大的特色当然是譬喻的化导了。譬喻——佛菩萨、声闻弟子的传记，民间的故事，应用这些事例来说法的意义，《大智度论》卷三五（大正二五·三二〇上）说得极为明白：

> "譬喻，为庄严论议，令人信著故。……譬如登楼，得梯则易上。复次，一切众生著世间乐，闻道德、涅槃，则不信不乐，以是故以眼见事喻所不见。譬如苦药，服之甚难；假之以蜜，服之则易。"

以事例为比况，引导人信道德，信涅槃，正是通俗教化者的特色。譬喻，本来是"本末次第说"，说来娓娓动听，是"与世间相似柔软浅语"。后又运用优美的文学，巧妙的音乐，来助成这

---

① 如本书第三章第二节说。

一运动，譬喻者的成就当然更大了。教化的中心区，是健驮罗——月氏王朝的中心；与当时的健驮罗美术相结合，开展出理智与情感融和了的北方佛教。譬喻者的教化，引起了重大的发展与演变。如：

一、释尊的本生谈，本附于毗奈耶中。过去生中的地方，本来是无可稽考的。但为了满足听众的需要，不能不说个着落，所以泛说迦尸国（Kāśi）、波罗奈（Vārāṇasī）等古宗教中心区，梵授王等古代名王，这是不得已的办法。如《说一切有部毗奈耶杂事》卷二五（大正二四·三二八下）说：

> “当来之世，人多健忘，念力寡少，不知……方域城邑聚落……若说昔日因缘之事，当说何处？答：应云波罗痆斯，王名梵授……”

由于北方譬喻师的弘扬，为了取信于当前的信众，而如来的本生事迹，被大量地移来北方。这座山，那块石，说得凿凿有据。如《大唐西域记》（卷二、三）所说的：那揭罗曷国、健驮罗国、乌仗那国、呾叉始罗国——这一带地方的本生遗迹，就不下二十处。西元五世纪初，晋法显所见的，已大致相同了。然《大唐西域记》所说的“商莫迦本生”，在健驮罗国；而《杂宝藏经》作迦尸国。“尸毗王本生”，在乌仗那国；而《大庄严经论》作迦尸；《贤愚因缘经》与《撰集百缘经》，作波罗奈——迦尸的首都。“忍辱仙人本生”，在乌仗那；而《贤愚因缘经》作波罗奈。“月光王本生”，在呾叉始罗；《六度集经》作乾夷国（迦尸的别译）。又如《洛阳伽蓝记》所说辛头河“大鱼本生”；《撰集百喻经》也说在波罗奈。本生遗迹的北移，指地为证，虽可能盛于迦腻色迦王时代，但与譬喻者的宣扬譬喻，是有深切关系的。

二、释尊的化迹，本生不出恒河流域。在北方佛教的扩展中，释尊的化迹也更远更多起来。依《大唐西域记》卷二、卷三，北方就有：

1. 如来降迹处	那揭罗曷都城西南十余里
2. 如来龙窟留影处	那揭罗曷都城西南廿余里
3. 释迦坐处	健驮罗王城东南八九里
4. 化阿波逻龙处	乌仗那苏婆伐窣堵河源
5. 如来留迹处	乌仗那龙泉西南三十余里
6. 如来濯衣石	乌仗那留迹处西南三十余里
7. 如来说本生处	乌仗那摩愉伽蓝
8. 为上军王母说法处	乌仗那瞢揭厘城

其中一部分，早见于《阿育王传》（譬喻）卷一（大正五〇·一〇二中）说：

> “昔者，佛在乌苌国降阿波波龙，于罽宾国降化梵志师，于乾陀卫国化真陀罗，于乾陀罗国降伏牛龙。”

这一传说，也为《大智度论》①、《说一切有部毗奈耶药事》②所编录。北方的本生处，释迦的经历处，到处充满。而《大毗婆沙论》的编集处，论师中心的迦湿弥罗，却几乎没有。这也可以想见健驮罗中心，譬喻师的影响了。

---

① 《大智度论》卷九（大正二五·一二六中——下）。

② 《说一切有部毗奈耶药事》卷九（大正二四·四〇上——四一下）。

三、譬喻者的教化,从传记、故事而文艺化、音乐化。如“三启”,先颂赞三宝,表示归敬的虔诚。然后诵经,或依经说法。末了,回向发愿,又是歌颂。如《修行道地经》的讲说,先颂赞佛德,说本生;其次正讲修行方便;末了又结赞。这种歌颂音乐与讲说相配合,对于通俗的宣化,力量确是很大的。中国一般的讲经仪式,就从譬喻者的教化仪式演变而来。只是讲前(梁时起)加诵经文,末后又加念佛而已。中国讲经的法师,将因缘果报、公案、灵验记,配合于经文而讲出。通俗宣化的力量,总是比高谈玄理、辨析法相的要大得多。所以,从譬喻师的发展去看,在北方佛教通俗化、普及化的过程中;从声闻而直通大乘去看,譬喻师的意义,异常重大!对譬喻师的认识,是不能专在义理上着眼的。

第三项 譬喻者的思想

《大毗婆沙论》中的譬喻师,或称“譬喻者”、“譬喻尊者”、“譬喻部师”。这是譬喻师群,而不是专指一人。早期的譬喻师,大抵是仰承大德法救、觉天的学系。法救与譬喻师论义的一致,已在第六章第一节说过,这里不必再说了。现在从譬喻师与阿毗达磨论者的差别,及其发展的倾向,略为论说。

譬喻师从“诵持修多罗者”而来。譬喻师所宗依的修多罗——契经,虽是说一切有部所传诵的,但与阿毗达磨论者所传承的,也多少不同。所以对阿毗达磨论者所宗依的契经,取简别的批判态度,如说:

“譬喻者说:如是契经,非皆佛说……故知彼经,非皆佛说。”①

“譬喻者说……然此经文，诵者增减。”②

譬喻者所传诵的契经，似乎是代表较早期的契经。如“譬喻者拨无法处所摄诸色”③，不立有覆无记④，都可以表示这个意义。譬喻者所诵的《阿含经》，要简朴一些；而在论义方面，也与阿毗达磨论者不同。

一、譬喻者重于简明：如阿毗达磨论者，在同一刹那中，彼此间相应，俱有，有非常复杂的内容；这是从相关的综合活动中去理解一切的。这种观察法，发现复杂的相关活动中，含有矛盾的共存（“异类俱生”）。如一刹那中，有生也有灭；一念心中，有定也有散乱。这在譬喻师，是不以为然的。譬喻师在前后相续——迅速的过程中，解说这似乎矛盾，化复杂而为简明。这也许与通俗化有关；也可能继承初期的经说，没有论师那样的详密论列。关于这，如说：“三有为相非一刹那”⑤；“诸法生时渐次非顿”⑥；“心心所法，依诸因缘，前后而生”⑦，并率直地批评阿毗达磨论者那种矛盾的共存，如《大毗婆沙论》卷一〇六（大正二七·五四七中）说：

“譬喻者说：若心有智，则无无知；若心有疑，则无决

① 《大毗婆沙论》卷八二（大正二七·四二五下——四二六上）。
② 《大毗婆沙论》卷八五（大正二七·四三八上）。
③ 《大毗婆沙论》卷七四（大正二七·三八三中）。
④ 《大毗婆沙论》卷五二（大正二七·二六九下）。
⑤ 《大毗婆沙论》卷三九（大正二七·二〇〇上）。
⑥ 《大毗婆沙论》卷五二（大正二七·二七〇上）。
⑦ 《大毗婆沙论》卷一六（大正二七·七九下）。

定;若心有粗,则无有细。然对法(阿毗达磨)者所说法相,如闹丛林。谓一心中,有智,有无知,有非智非无知;有疑,有决定,有非疑非决定。有粗,有细,有非粗非细。”

又如“一切有”,是佛说的。阿毗达磨论者,发挥为三世恒有说。不但心、色是有的,影像、谷响、梦境、化事,也以为是实有的。尤其是:有为法的活动形态——生、住、灭;彼此间的关系体——成就;众生的类性——众同分、异生性:这些都看作非色非心的实体。由于成立不相应行,随之而来的种种议论,引入繁琐的义窟。其实,不相应行一词,是《阿含经》所没有的。譬喻师说:“不相应行蕴,无有实体”①,坚持本来的简明学说。

二、譬喻者重于同一:如来说法,本就人类立论。由此而开展的三界、五趣,真是形形色色。但就人而论,有些是人类所无法征实的;种种差别,徒增理论的繁重。譬喻者倾向于同一(也还是简略),如佛说有无色界,又有无想天、无心定。譬喻者说:“无有有情而无色者,亦无有定而无有心。”②这是以为:三界一切众生,都是有色有心、心色不离的存在。又如经说寻伺,分有寻有伺、无寻有伺、无寻无伺——三界,但“从欲界乃至有顶,皆有寻伺,如譬喻者”③。又如阿毗达磨者说:不善限于欲界;上界又立有覆无记,种种分别。譬喻者却说:“始从欲界乃至有顶,皆有善染无记三法。”④心与色,寻与伺,善染与无记,为三界一

① 《大毗婆沙论》卷三八(大正二七·一九八上)。
② 《大毗婆沙论》卷一五二(大正二七·七七四上)。
③ 《大毗婆沙论》卷五二(大正二七·二六九中)等。
④ 《大毗婆沙论》卷一四五(大正二七·七四四中)。

切有情所同有的，就省略了不必过分推求的议论。

三、譬喻者倾向于唯心："无有有情而无色者，亦无有定而无有心"——譬喻师的本义，是心色不离的。然由于四项理论，倾向于唯心论。1. 阿毗达磨者立表无表色，以为业力有物质的属性。譬喻者以为"离思无异熟因，离受无异熟果"①；"身语意业，皆是一思"②。以业为思——意志力的活动；佛教的业果论，被安放于唯心论的基石上。2. 业感果报，本为自己决定自己的自力论。如自己所作的，造成强大的潜力（业），到了一定阶段，就必然而无可避免。譬喻师倾向于唯心，重视现起的心力，所以否定了定业，说"一切业皆可转故，乃至无间业亦可令转"③。这与大乘经中，阿阇世王（Ajātaśatru）解脱业障的传说相合。3. 由于"有"与"无"的论辩，譬喻者提出了"有缘无智"④，"所系事是假"⑤的理论，与分别说者相同。这是说，没有的，也可以成为所缘的境界。这种思想，引发了：认识界的一切，都是虚假的；一切为内心所幻现的唯识论。4. 譬喻者也是禅者，重于止观的实践。佛说"八正道"，譬喻者轻视身语行为的戒学，而说"奢摩他毗钵舍那（止观）是道谛"⑥。这与化地部的正道唯五说相合，偏重于唯心的实践。譬喻者都被推为菩萨，这不但由于赞颂佛德，庄严教化，而思想也确乎与大乘唯心有相通处。将来北方（小

---

① 《大毗婆沙论》卷一九（大正二七・九六上）。
② 《大毗婆沙论》卷一一三（大正二七・五八七上）。
③ 《大毗婆沙论》卷一一四（大正二七・五九三中）。
④ 《大毗婆沙论》卷四四（大正二七・二二八中）。
⑤ 《大毗婆沙论》卷五六（大正二七・二八八中）。
⑥ 《大毗婆沙论》卷七七（大正二七・三九七中）。

乘)佛教的回心向大,成为瑜伽唯识一流,就是从这内重禅观、外重教化的譬喻师、禅师中出来。

四、譬喻者倾向于抽象:大德法救的三世说,重视类性。类是一一法的小类,是具体的、差别的,还是阿毗达磨式的。譬喻师与分别论者一样,取一切法的大类,而看作无为常住的实体。如《大毗婆沙论》卷一三五(大正二七·七〇〇上)说:

> "谓譬喻者分别论师,执世与行,其体各别。行体无常,世体是常。诸无常行,行常世时,如诸器中果等转易,又如人等历入诸舍。"

譬喻者以时间(世)为常恒的实体,为一切有为(行)事变的活动场所。有为法的三世差别,只是通过了时间的三世格式,如果物的从此器而入彼器一样。这一时间观,显然为法救"类异"说的发展。

重论的阿毗达磨者,重经的譬喻者,在说一切有部中可说是各有千秋;在佛教发展的影响上,譬喻者是不会比阿毗达磨者逊色的。

第二节　婆须蜜菩萨及其论著

第一项　《尊婆须蜜菩萨所集论》与《问论》

《尊婆须蜜菩萨所集论》,苻秦建元二十年(西元三八四),僧伽跋澄在长安译,凡十卷,十四犍度。当时,道安非常重视这部论，如《出三藏记集》卷一〇（大正五五·七一下）说：

“该罗深广，与阿毗昙并兴外国。傍通大乘，特明尽漏，博涉十法，百行之能事毕矣！……外国升高座者，未坠于地也！”

《阿毗昙》，是《发智论》的别名。这部论与《发智论》并重，可见它的价值。由于译文的拙劣，一般都认为是世友——《品类论》作者所造，看作阿毗达磨论的一种，而不知道这是譬喻者的论书。在说一切有部中，譬喻师与阿毗达磨论师，起初是相互的尊重，后来才各自分流。这部论，正代表了譬喻师的立场。

论题为《尊婆须蜜菩萨所集论》，或简称《婆须蜜经》、《婆须蜜论》、《婆须蜜集》，这题目是值得注意的。任何论书，没有以作者的名字为题的，更没有自题尊者某某、某某菩萨论的（除习惯上的通俗称呼）。译者僧伽跋澄的另一译品——《僧伽罗刹集经》，也以作者名为题，是同一译笔。我想，在一部论终了，梵本都是标题某某论，某某造的，僧伽跋澄一定是综合此二为论题了。这部论分十四揵度，每一揵度，不是先标举略颂，次释章门，如《发智论》那样，而是先举论义，然后附以摄义的偈颂。第一“聚揵度”，分七品，每品的末了，有“初偈竟”、“第二偈竟”、“第三偈竟”等字样。因此，标题也有作“尊婆须蜜菩萨所集偈品”的[①]。末后“偈揵度”，分四品，也有标题为“尊婆须蜜菩萨所集偈品”的[②]。所以，《尊婆须蜜菩萨所集论》，应为译者所标；而论

① 《尊婆须蜜菩萨所集论》卷一（大正二八·七二三中）等。

② 《尊婆须蜜菩萨所集论》卷一〇（大正二八·七九九中）等。

的本名,由于以偈颂摄义的特色,应称为(尊婆须蜜所集)《偈品论》,或《偈论》吧!

这一推论,请举三点来证明:一、考《大毗婆沙论》引文,曾这样说:

"问论,梵网经中,复以一事寻求见趣,谓如是见由何而起?"①

"梵网经中,亦以二事推求见趣。……梵问经中,但以一事推求见趣,谓以等起。"②

依《毗婆沙论》,译为"如偈问论,如梵网经说"③。可见这部《问论》,是可以译为《偈问论》的。玄奘所译的"梵问",显然是"偈问"的误笔。《问论》或《偈问论》,"以一事推求见趣",就是论究从何而有这样的恶见;但求"等起",而没有寻求见趣的"自性"与"对治"。本论的"见揵度",说"云何生此见"④,确是但以"等起"推求见趣的。内容既然相合,那么《毗婆沙论》的《问论》或《偈问论》,应就是题作《偈品论》的本论了。二、论的性质,除"偈揵度"解说佛偈外,都是问难与论议。或引经,或引阿毗昙,提出问题,然后举各家的不同解说。在各家的解说中,每插入有力的难问。末了,结归正义。这不是重于分别法相,也不是组织教义,而是以问答的论式,显示佛法的正义。这部论,实是佛教思想,主要是阿毗达磨论义的批判集。称之为《问

① 《大毗婆沙论》卷八(大正二七·三八中)。
② 《大毗婆沙论》卷九八(大正二七·五〇七中)。
③ 《毗婆沙论》卷四(大正二八·二八上)。
④ 《尊婆须蜜菩萨所集论》卷九(大正二八·七九一下——七九二下)。

论》，是最适当的了。三、世亲所造的《大乘成业论》，说到“尊者世友所造问论”①的灭尽定有心说。“尊者世友所造”的“问论”（或偈问论），不就是“尊婆须蜜（菩萨）所集”的《偈品论》吗？本论“心揵度”，虽文句不完全相同，但确有灭尽定有心的论义。如《尊婆须蜜菩萨所集论》卷三（大正二八·七四一上）说：

“诸有此处不可思议：灭尽三昧，若本心本意有断灭缘，则是有也。心非为无，因是故缘起。”

《问论》的作者世友，古人称之为“经部异师”。其实，这是《大毗婆沙论》以前的，譬喻尊者法救的后学，近于后起的经量部而已。

第二项　集论的时代与所宗

《尊婆须蜜菩萨所集论》，对阿毗达磨论义，引述的内容极广。从他所引述的或取或破，可依之以论究造论的时代。可以这样说：一、这部论集成于《发智》与《品类论》以后：如《论》分十四揵度，随类而编集法义，不注重组织次第，与《发智论》的作风，如出一辙。《发智》八犍度的品目，本论是完全保存了的。特别是《发智论》的“见犍度”末，全论的最后，有“偈纳息”。这部论就在最后，立一“偈揵度”，可以看出组织上的因袭。

① 《大乘成业论》（大正三一·七八四上）。

《尊婆须蜜菩萨所集论》	《发智论》
一、聚揵度	杂蕴
二、心揵度	
三、三昧揵度	定蕴
四、天揵度	
五、四大揵度	大种蕴
六、契经揵度	
七、更乐揵度	
八、结使揵度	结蕴
九、行揵度	业蕴
一〇、智揵度	智蕴
一一、见揵度	见蕴
一二、根揵度	根蕴
一三、一切有揵度	
一四、偈揵度	(见蕴)偈纳息

在文义方面,如“智揵度”说的:空无相无愿三昧,别修共修,有三种四句,是引用《发智论》“定蕴·一行纳息”的①。又如“根揵度”(大正二八·七九四上)说:

“未知根其义云何?或作是说:未越次之人,不修行,诸学智慧、智慧根、诸所有根;(坚信)坚法未修行四谛而修行之,是谓未知根也。”

① 《发智论》卷一九(大正二六·一〇二一上——中)。《尊婆须蜜菩萨所集论》卷八(大正二八·七八九中——七九〇上)。

这是引用《品类论·辩摄等品》的①。还有已知根,具知根,都引述而加以解说。还结论说"是故当观阿毗昙相"②。《婆须蜜菩萨所集论》的思想,是不同于阿毗达磨的。但《发智论》与《品类论》,到底是说一切有部的,继承说一切有部旧传的许多教义。譬喻者也是说一切有部,自有共同的地方。所以引用可取的论义,说"当观阿毗昙相"。譬喻师的教学,不一定排斥阿毗达磨,可以摄取它,这确是法救以来的一贯立场。

二、本论成立于《大毗婆沙论》以前:《大毗婆沙论》曾引用《问论》或《偈问论》。在文句次第中,也可以证明《大毗婆沙论》曾参考《尊婆须蜜菩萨所集论》。1. 从略说与广说来说:如"色相"问题,《大毗婆沙论》卷七五,从"有渐次积集相",到"有大种为因相",共十四义,是世友系的。接着,《大毗婆沙论》(大正二七·三九〇上)这样说:

> "复作是说:无一切色同一色相,所以者何?眼处色相异,乃至法处所摄色相异。"
>
> "大德说曰:若有能坏有对色相,是有色相。与前所说色相相违,名无色相。"

在本论"聚揵度"中,从"渐渐兴",到"因四大",共十义,与《大毗婆沙论》大致相合。次如卷一(大正二八·七二一下)说:

> "或作是说:汝问何色相?设青,青为色相;设黄,即彼

① 《品类论》卷八(大正二六·七二三中)。

② 《尊婆须蜜菩萨所集论》卷九(大正二八·七九四上)。

色相也。”

“问:我问一切色(的通)相。设彼是色相,相无胜(胜就是特异)。”

“答曰:色不同一相,此中有何咎?”

“设相相不同,此义不然。”

“犹若地为坚相,如今地异坚异。”

“问:一切色同一相,犹如无常。问(此字衍文)自相无相,地为自相,是故不应作是说。”

“问:我无自相,我问一切诸(通)相。”

“或作是说:有对色相是色,为色相。……尊昙摩多罗说:诸物无对,彼非色,是谓非色相。”

《尊婆须蜜菩萨所集论》,段落与《大毗婆沙论》相合。所叙世友系的十义,一一插入难问。次辨一切色有没有共通的色相,一问一答的展转难问。末了,结归尊昙摩多罗的正义——有对是色相,无对是非色相。但在《大毗婆沙论》,详列契合自宗的世友义;对关于色相的责难,又加以辩护。而不属于自宗的二义,简略地附录于下,读者不容易发觉他的反毗婆沙师说。这是《毗婆沙论》的编集者,参考本论而善巧编集的好证。

2. 从维护与评破来说:如关于“因”与“缘”的定义,如《论》卷一(大正二八·七二四下——七二五上),叙世友说等,一一难破,结成大德说:

“尊作是说:回转(‘是说回转’四字,衍文)是因,不回转是缘。”

这在《大毗婆沙论》中，叙述世友、大德说以后，又破大德说而成立自宗，如《大毗婆沙论》卷二一（大正二七·一〇九下）说：

"大德说曰：转是因，随转是缘。……问：若尔，同类随转，应是缘非因；无明缘行等，应是因非缘。故因缘体，虽无差别，而义有异，谓因义亲，缘义是疏。"

又如关于身见及边见，是无记还是不善的议论。本论卷七（大正二八·七七三上），先叙无记说，次加以难破，成立自宗的不善说：

"复次，设彼作是颠倒见，无有安处，云何无有不善？彼便当有彼见无有报，是故不善，云何有垢受不善报？是故无记。是事不然！世尊亦说：如是比丘，愚痴者即不善根。若当言无记者，此事不然！"

《大毗婆沙论》与此相当的，叙大德的不善说，而又加以破斥。如《大毗婆沙论》卷五〇（大正二七·二六〇上——中）说：

"大德说曰：此有身见，是颠倒执，是不安隐，是愚痴类，故是不善。若有身见非不善者，更有何法可名不善？如世尊说：乃至愚痴皆是不善。"

"彼说不应理，非异熟因故。……然世尊说，乃至愚痴皆不善者，非巧便故说为不善，不言能感不爱果故。"

据上列二则，文句次第都相合，但《大毗婆沙论》对自宗有所辩护，对大德说有所破斥。从自救与破他的增多而说，可断定《大毗婆沙论》的编集必在本论的成立以后。

这样,《尊婆须蜜菩萨所集论》的成立,在《发智》与《品类论》以后、《大毗婆沙论》编集以前——西元一世纪中。

再说本论的宗依:本论与《大毗婆沙论》一样,广引各家的异说,而结归于自宗的正义。编集者是有阔大心胸,崇高理想的。从《尊婆须蜜菩萨所集论》所引述的来说,有"契经",是佛说的经本;这多半是依经而引起议论,表现出"持诵修多罗者"的特色。有"阿毗昙",是《品类论》与《发智论》。有"章义",可能是法救的章义。所引的各家异说,除法救说及不标名字的"有作是说"等而外,有明文可见的,不同部派有:"摩诃僧耆"①;"昙无崛"②;"弥沙塞"③;"拔持次子"(犊子)④;"心性"本净论者,"意界"是常论者,"一心"相续论者⑤。论师有:"婆须蜜"⑥;"拔苏卢"⑦;"因陀摩罗","毗舒佉"⑧;"摩醯罗"⑨;"僧伽多罗"⑩;"僧迦蜜"⑪。所引的异部,都为《大毗婆沙论》

① 《尊婆须蜜菩萨所集论》卷一(大正二八·七二七上);又卷三(大正二八·七三七下)。

② 《尊婆须蜜菩萨所集论》卷一(大正二八·七二七中);又卷三(大正二八·七三七下)。

③ 《尊婆须蜜菩萨所集论》卷一(大正二八·七二七中);又卷三(大正二八·七三七下)。

④ 《尊婆须蜜菩萨所集论》卷一(大正二八·七二七中);又卷三(大正二八·七三七下)。但卷一作"有人者"。

⑤ 《尊婆须蜜菩萨所集论》卷三(大正二八·七四三中——下)。

⑥ 《尊婆须蜜菩萨所集论》卷一(大正二八·七二二上)。

⑦ 《尊婆须蜜菩萨所集论》卷一〇(大正二八·八〇〇中)。

⑧ 《尊婆须蜜菩萨所集论》卷一〇(大正二八·八〇二上)。

⑨ 《尊婆须蜜菩萨所集论》卷一〇(大正二八·八〇四中)。

⑩ 《尊婆须蜜菩萨所集论》卷一(大正二八·七二二上)。

⑪ 《尊婆须蜜菩萨所集论》卷三(大正二八·七三九上)。

所引。诸论师中，除婆须蜜外，都是不熟悉的。主要为解说经偈，所以可能为经师。婆须蜜——依作用而立三世的世友说，比对《大毗婆沙论》相同的文句，知道大半都被引用了，不过没有标名而已，如色相十义、相应九义等都是。世友说虽引用极多，但不是所宗依的；相反的，大半是作为破斥的对象。所以，本论作者婆须蜜——世友，与依用立世的世友，决非一人。

《尊婆须蜜菩萨所集论》所宗依的，无疑的是譬喻大德法救。凡法救说而被引用的，十九在问题论究的终了，可说是结论。本论有"尊昙摩多罗说"，"尊作是说"；这就是"大德法救说"与"大德说"。论中明白说到的，略检得五十二则：

"聚揵度"	初品	二则
	二品	九则
	三品	二则
	四品	七则
	五品	四则
	六品	四则
	七品	三则
"三昧揵度"		一则
"更乐揵度"		四则
"行揵度"		一则
"根揵度"		八则
"一切有揵度"		六则
"偈揵度"		一则

然本论所引的大德说，实不止于此。以"聚揵度"第七偈品

来说，除明白说到的三则外，比对《大毗婆沙论》文，知道大德所说而没有标明的，还不少。如"说生能生"①，"四谛相"②，"虚空不可知"③，"阿毗昙义"④，"成就义"⑤，"不正思惟漏便增广"⑥，"我不与世间诤"⑦，"二谛相"⑧，"近眼不见近耳能闻"⑨。本论所引的大德法救说，确实是多极了！可以这样说：本论每一论题的结归正义，不是大德法救所说，就是法救的学者说。这是法救譬喻系的要论！

第三项　论主婆须蜜考

经上面考论，知道本论就是《问论》，作者当然就是"尊者世友"。介绍这位婆须蜜菩萨的，有道安的传说，这当然从僧伽跋澄（西元三八四年顷）得来的，如《尊婆须蜜菩萨所集论序》（大

---

① 《尊婆须蜜菩萨所集论》卷二（大正二八·七三二上）。《大毗婆沙论》卷三九（大正二七·二〇一上）。

② 《尊婆须蜜菩萨所集论》卷二（大正二八·七三二下）。《大毗婆沙论》卷七七（大正二七·三九九上——中）。

③ 《尊婆须蜜菩萨所集论》卷二（大正二八·七三二下）。《大毗婆沙论》卷七五（大正二七·三八八下）。

④ 《尊婆须蜜菩萨所集论》卷二（大正二八·七三三上）。《大毗婆沙论》卷一（大正二七·四中）。

⑤ 《尊婆须蜜菩萨所集论》卷二（大正二八·七三四下）。《大毗婆沙论》卷九三（大正二七·四八〇中）。

⑥ 《尊婆须蜜菩萨所集论》卷二（大正二八·七三五上）。《大毗婆沙论》卷四七（大正二七·二四六中）。

⑦ 《尊婆须蜜菩萨所集论》卷二（大正二八·七三五中）。《大毗婆沙论》卷四九（大正二七·二五五下）。

⑧ 《尊婆须蜜菩萨所集论》卷二（大正二八·七三五下）。《大毗婆沙论》卷七七（大正二七·四〇〇上）。

⑨ 《尊婆须蜜菩萨所集论》卷二（大正二八·七三五下）。《大毗婆沙论》卷一三（大正二七·六三中）。

正二八·七二一上)说:

"尊婆须蜜菩萨大士,次继弥勒作佛,名师子如来也。从释迦文降生鞞提国,为大婆罗门梵摩渝子。厥名郁多罗。父名观佛,寻侍四月,具睹相表,威变容止。还白所见,父得不还。已出家学(道),改字婆须蜜。佛般涅槃后,游教周妒国,槃奈国。高才盖世,奔逸绝尘!……集斯经已,入三昧定,如弹指顷,神升兜术。弥妒路,弥妒路刀(尸)利,及僧伽罗刹,适彼天宫。斯二三君子,皆次补处人也。"

当时传于中国的婆须蜜菩萨,已充满传说的成分。但在这里面,也可发见部分的事实。一、婆须蜜就是佛时的郁多罗(Uttara),虽是不能为人所信任的,但与有关学派的一项传说,有极大关系。据《异部宗轮论》,从说一切有部分出的,有经量部,也名说转部。关于部派问题,容别为论究。现在要说的,古译《十八部论》说:"因大师郁多罗,名僧伽兰多,亦名修多罗论。"①这是以为:名为说转部(经量部的前身)的,是由郁多罗而成立的。依 Tāranātha《印度佛教史》,郁多罗是摩醯陀罗王(Mahendra)时代的东方圣者。这位说转部(后又称经量部)部主郁多罗,岂非与古传婆须蜜本名郁多罗,有非常的关系吗?婆须蜜不恰好是持经譬喻师吗?道安弟子僧睿,在《出曜经序》(大正四·六〇九中)说:

"出曜经者,婆须蜜舅,法救菩萨之所撰也。"

---

① 《十八部论》(大正四九·一八中)。

僧睿所传说的婆须蜜,当然就是《尊婆须蜜菩萨所集论》的作者。传说与法救有甥舅的关系,与本论继承法救的学说,完全相合。法救为睹货罗人,那婆须蜜当然也是这一带的西方大师了。传说他游行教化到槃奈国、周妒国,虽不能确指,但"才华盖世,奔逸绝尘",卓越的譬喻大师,充分地表现出来!

二、婆须蜜菩萨的传说,如《惟日杂难经》(大正一七·六〇八下——六〇九上)说:

"有菩萨,字惒须蜜。难一阿罗汉经,阿罗汉不为解,便一心生意上问弥勒。已问,便报惒须蜜言:卿所问事,次第为解之。惒须蜜觉知,便诘阿罗汉:卿适一心上问弥勒耶?阿罗汉(言):实然。"

"惒须蜜菩萨事师,三讽经四阿含。当持花散师上,语师言:我已讽四阿含经。师忘不能复识。惒须蜜复自思惟:我欲合会是四阿含中要语,作一卷经,可于四辈弟子说之。诸道人闻经,皆欢喜,大来听问,不而(再)得坐禅。诸道人言:我所听经者,但用坐行故。今我悉以行道,不应复问经,但当舍去。惒须蜜知其心所念,因以手着火中,不烧。言:是不精进耶?便于大石上坐。有行道,当于软坐。惒须蜜言:我取石跳,一石未堕地,便得阿罗汉。已跳石便不肯起。天因于上,牵其石,不得令堕。言:卿求菩萨道,我曹悉当从卿得脱。却后二十劫,卿当得佛道,莫坏善意!中有未得道沙门言:是恶人,不当令在国中;转书相告。惒须蜜遣人求书,书反言:此好人,而教化开人意。不欲自贡高,但畏恶人堕罪。"

婆须蜜菩萨的传说,极为古老。《惟日杂难经》,传为吴支谦(西元二四〇年顷)译。这一传说,变化极大,而支谦的古老传说,最合于譬喻大师婆须蜜的身份。道安传说:《尊婆须蜜菩萨所集论》,“傍通大乘”,显然与小乘思想有些出入。传说婆须蜜难阿罗汉经,可解说为:譬喻师难诘阿毗达磨论者。但这一故事,后代是变化了①。恕须蜜合会经说,作一卷经,就是造一部论。这部论使当时的学者都来学习,而引起专心坐禅者的不满。甚至展转相告,要把他摈出去。等到世友追究谤书,才和解了事。合会经说而造论,与《尊婆须蜜菩萨所集论》,非常适合。因为这部论,确乎多数是依经起论,广释佛偈的。婆须蜜自信是菩萨,诸天也说他却后二十劫成佛。这与道安传说:婆须蜜于弥勒后成佛,名师子佛相合。师子佛的传说,又见于《法苑珠林》卷二六(大正五三·四七七中——四七八中)说:

“有一菩萨比丘,名婆须蜜多。游行竹园间,缘树上下,声如猕猴。或旋三铃,作那罗戏。……于最后身,次弥勒后,当成阿耨菩提,佛号师子月如来。”

这与《尊婆须蜜所集论序》,可说异曲同工。《序》说是佛世的郁多罗,《法苑珠林》说是佛世的婆须蜜多;将来次弥勒成佛,名师子(月)佛,其实都指这一位。上面说到,鸠摩罗什所传的禅,是譬喻者的禅观。从这一意义去看,那么僧睿所序述的禅内

---

① 婆须蜜问难罗汉的故事,《付法藏因缘传》卷六(大正五〇·三二〇上),作僧伽难提的事。《大唐西域记》卷一〇(大正五一·九三一中),又作提婆菩萨的事。

容，有婆须蜜的禅①。《萨婆多部记》中，在迦旃延（尼子）罗汉以下，吉栗瑟那罗汉以上，有婆须蜜菩萨②。《达摩多罗禅经》所传的禅，优波崛与僧伽罗叉间，也有婆须蜜。这位婆须蜜，据道安、僧睿等传说，当然是《尊婆须蜜菩萨所集论》的作者。

婆须蜜菩萨的传说，古传都合于譬喻大师的；但传说中，与阿毗达磨大论师混合了。鸠摩罗什译《大智度论》，就说"六分中初分（《品类论》）八品，四品是婆须蜜菩萨作"③。"菩萨"二字，是龙树原作，还是鸠摩罗什加入的呢？为鸠摩罗什所加，这是极有可能的。因为从西元五世纪起，譬喻大师婆须蜜菩萨已逐渐为人所淡忘；而传说的婆须蜜菩萨，被误作《品类论》的作者、婆沙四大师的世友了。元魏毗目智仙译的《业成就论》（西元五四一年译），对于《尊者世友所造问论》（奘译），自以为然地增译为"毗婆沙五百罗汉和合众中，婆修蜜多大德说"④；这是误作四大论师之一的世友了。真谛译《部执异论》，玄奘译《异部宗轮论》，都增译"世友大菩萨"一句，但这是古译《十八部论》所没有的。婆须蜜菩萨，被传说为阿毗达磨大论师世友，于是世友自信为菩萨，与"取石跳"，诸天劝勿退证小果的传说，在《大唐西域记》卷三，就传说为结集三藏——《大毗婆沙论》结集上座世友了。

婆须蜜菩萨的事迹，我们虽知道得太少，但恢复古代的传

---

① 《出三藏记集》卷九《关中出禅经序》（大正五五・六五上）。

② 《出三藏记集》卷一二（大正五五・八九上——下）。

③ 《大智度论》卷二（大正二五・七〇上）。

④ 《业成就论》（大正三一・七七九中）。

说，确指为大德法救的后学者；《尊婆须蜜菩萨所集论》——《问论》的作者；有菩萨的传说，为一位卓越的譬喻大师。他的论典，曾与《发智论》并兴于印度。在说一切有部发展与分化的过程中，这位婆须蜜菩萨应占有重要的一席。

第三节　大瑜伽师僧伽罗叉

第一项　初期的大瑜伽师

瑜伽，是相应或契合的意思。宽泛地说，凡修止观相应的，身心、心境或理智相契合的，都可说是瑜伽。从身心的修持中，实现相应或契合的特殊经验者，名为瑜伽师。佛陀的时代，重于禅。"专精禅思"，是佛弟子的日常行持。但到《大毗婆沙论》时代，或更早些，瑜伽与瑜伽师，已为佛教界通用的名词了。

瑜伽与瑜伽师，传来中国，一向泛称之为禅与禅师。上面曾说到，初期传入中国的禅学，属于说一切有部中譬喻系的禅——瑜伽。其中最杰出的，是大瑜伽师僧伽罗叉的禅观。僧伽罗叉，或作僧伽罗刹，意译为众护。这位大瑜伽师的著作，主要为《修行道地经》，西晋竺法护（Dharmarakṣa）（西元二八四）全译为八卷。早在汉末（西元一六〇顷），安世高略译为一卷，名《（大）道地经》。又有《道地经中要语章》，又名《小道地经》，或以为是汉支曜译的。西元四〇三年顷，鸠摩罗什集出《坐禅三昧经》三卷，《碛沙藏》本误作僧伽罗叉造，但也确乎含有僧伽罗叉禅经的成分。如《出三藏记集》卷九《关中出禅经序》（大正五五·六

五上)说:

> “蒙钞撰众禅要,得此三卷。……其中五门,是婆须蜜,僧伽罗叉,沤波崛,僧伽斯那,勒比丘,马鸣,罗陀禅要之中,钞集之所出也。……初观淫恚痴相及其三门,皆僧伽罗叉之所撰也。”

僧伽罗叉的禅集,从西元二世纪起,到五世纪初,不断地传译来中国,可见僧伽罗叉的禅风在西方是非常盛行的了。安世高从安息来;鸠摩罗什曾到罽宾去修学;传译《僧伽罗刹所集(佛行)经》的僧伽跋澄,也是罽宾比丘。僧伽罗叉的禅集与著作,在罽宾、安息一带,流行得非常悠久。虽然阿毗达磨论师——毗婆沙师没有说到他,但僧伽罗叉,确是说一切有部中,初期的大瑜伽师。

道安从罽宾学者得来的消息(西元四世纪末),僧伽罗叉是一位不可思议的菩萨,如《僧伽罗刹(所集)经序》(大正五五·七一中)说:

> “僧伽罗刹者,须赖国人也。佛去世后七百年,生此国,出家学道,游教诸邦。至揵陀越土,甄陀罽腻王师焉。高明绝世,多所述作。……传其将终:我若立根得力大士诚不虚者,立斯树下,手援其叶而弃此身。使那罗延力大象之势,无能移余如毛发也。正使就耶维者,当不燋此叶。……寻升兜术,与弥勒大士,高谈彼宫。将补佛处,贤劫第八。”

道安所作《尊婆须蜜菩萨所集论序》(大正二八·七二一

上)也说:

"如弹指顷,(婆须蜜)神升兜术;弥妒路,弥妒路刀(尸)利,及僧伽罗刹,适彼天宫。斯二三君子,皆次补处人也。……僧伽罗刹者,柔仁佛也。"

僧伽罗叉是须赖国人。须赖,就是《大唐西域记》的苏刺侘国(Saurāṣṭra)。西临大海,一向是出海贸易的海港。他游化到揵陀越(Gandhāvatī),就是健陀罗(Gandhāra)。从他的禅学与著作为北方佛教所奉行来说,游化揵陀越,这应该是可信的。他是禅者,富于宗教情绪的教化者,与马鸣(Aśvaghoṣa)、鸠摩罗陀(Kumāralāta)们的作风相近;当然,僧伽罗叉是更重于禅的。传说的"立斯树下,手援其叶而弃此身",活像中国禅者"坐亡立脱"的模样。

说到僧伽罗叉的时代,比婆须蜜菩萨多少迟一些。如觉贤所译的《达磨多罗禅经》,叙述禅者的传承时,列僧伽罗叉于婆须蜜以后,如《经》卷上(大正一五·三〇一下)说:

"佛灭度后,尊者大迦叶,尊者阿难,尊者末田地,尊者舍那婆斯,尊者优波崛,尊者婆须蜜,尊者僧伽罗叉,……诸持法者,以此慧灯,次第传授。"

僧睿的《禅经序》,也以婆须蜜、僧伽罗叉为次第①。《萨婆多部记》中婆须蜜菩萨与僧伽罗叉的位次,是这样的②:

---

① 《出三藏记集》卷九(大正五五·六五上)。

② 《出三藏记集》卷一二(大正五五·八九上——下)。

旧记	齐公寺所传
七、迦旃延罗汉	五、迦旃延菩萨
八、婆须蜜菩萨	六、婆须蜜菩萨
二三、弥帝丽尸利罗汉	一九、沙帝贝尸利
二九、僧伽罗叉菩萨	二六、众护

据此，婆须蜜菩萨的时代比较早，而弥帝丽尸利与僧伽罗刹，出于马鸣与龙树之间（依鸠摩罗什禅师的传承，僧伽罗叉是早于马鸣的）。据古代道安的传说，是这样：

弥妒路……………………………（贤劫）第五弥勒佛

婆须蜜……………………………………第六师子（月）佛

弥妒路尸利………………………………第七光焰佛

僧伽罗叉…………………………………第八柔仁佛

僧伽罗叉，应比婆须蜜菩萨迟些。但所著的《修行道地经》，西元一六〇顷已传来中国，而且已经过改编。所以，不能迟于西元一世纪。传说与甄陀罽腻王——迦腻色迦王同时，为王所尊信，也只是传说而已。

第二项　《修行道地经》

《修行道地经》初（大正一五·一八一下），这样说：

> "榆迦遮复弥经，晋云修行道地。"

这一梵语，与觉贤所译的《达摩多罗禅经》（或作《修行不净观经》）是一样的。如《经》卷上（大正一五·三〇一中）说：

"庾伽遮罗浮迷,译言修行道地。"

"榆迦遮复弥",或"庾伽遮罗浮迷",都是梵语 Yogācāra-bhūmi 的对音,意译为"瑜伽行地";如约行者说,或译"瑜伽师地"。这一名称,为禅观集的通名。如大乘学者提婆(Āryadeva)的《四百论》,月称(Candrakīrti)称之为《菩萨瑜伽行四百论》;弥勒(Maitreya)所传的,名《瑜伽师地论》。以"瑜伽行地"为禅集的通名,确是很古老的了。

现存的《修行道地经》,共(七卷)三十品,列品目如下:

一、集散品	(安译)散种章第一
二、五阴本品	知五阴慧章第二
三、五阴相品	随应相具章第三
四、分别五阴品	五阴分别观止章第四
五、五阴成败品	五阴成败章第五
六、慈品	
七、除恐怖品	
八、分别相品	
九、劝意品	
一〇、离颠倒品	
一一、晓了食品	
一二、伏胜诸根品	
一三、忍辱品	
一四、弃加恶品	
一五、天眼见终始品	
一六、天耳品	

一七、念往世品

一八、知人心念品

一九、地狱品

二〇、劝悦品

二一、行空品

二二、神足品　　神足行章第六(一分)

二三、数息品

二四、观品　　五十五观章第七(一分)

二五、学地品

二六、无学地品

二七、无学品

二八、弟子三品修行品

二九、缘觉品

三〇、菩萨品

现在的《修行道地经》,与僧伽罗叉原本是大有出入的。一、《修行道地经(后)记》说:"上下二十七品,分为六卷,向六万言。"①道安的《(大)道地经序》也说"一部二十七章"②。这都与现存经本不合。考经第二十七品末(大正一五·二二三下)说:

"其求无为欲灭度,永离浊乱逮甘露,当讲说斯修行经,从佛之教冥获炬。其有说此经,假令有听者,佛当示其路,常安无穷极。"

① 《中华大藏经》第一辑(二三九〇〇中)。

② 《出三藏记集》卷一〇(大正五五·六九中)。

《修行道地经》,到此已经结束了。下面三品,明三品人(声闻弟子、缘觉、菩萨)的修行;会三乘,归一乘,极有条理。无论在形式上、内容上,都与前二十七品不合。这是融摄《法华》、《般若经》的意趣,为引小向大的杰作。这是古代的"法华经论",哪里是僧伽罗叉的作品呢?考《出三藏记集》卷二(大正五五·九上),竺法护的译籍中说到:

"三品修行经一卷,安公云近人合大修行经。"

《三品修行经》,应该就是"弟子三品修行品"、"缘觉品","菩萨品"——三品修行经是总名;"弟子品"、"缘觉品"、"菩萨品"是品名。这也是竺法护译的。安公所说的"近人合大修行经",就是编合于《修行道地经》的意思。这本不是《修行道地经》,由于合编于后,这才成为七卷、三十品了。研究僧伽罗叉的《修行道地经》,先应将后三品除去。

二、安世高所译《(大)道地经》,仅为晋译的一部分。对校二译,知道晋译的长行与重颂相杂,与安译本是一样的。安译虽一律译为长行,然如"从后缚束说","从后现说"①;"从后现譬说","从后说"②等文句,都就是"复说颂曰"的异译。长行与颂间杂的文体,是为了适应不同兴趣的;大乘经也多数采取这种文体。长行与颂间杂的文体,虽安译与晋译相同,但审细地研考起来,僧伽罗刹原作仅有偈颂,长行为后人的解说。但紊乱了本与释的形式,改编为长行与重颂的文体。每品先有赞颂,后有结

① 《道地经》(大正一五·二三一上——中)。
② 《道行经》(大正一五·二三一下)。

偈，也应该是改编者所增入的。这可以从事理来证明：

1. 初品，晋译名"集散品"；世高译为"观种章"，文末也作"散种品章"，这是什么意义呢？这一品名，实就是优陀那（邬柁南，Udāna）的意译；优陀那有"集散"的意思①。《大智度论》卷三三（大正二五·三〇七中）说：

"又如佛涅槃后，诸弟子抄集要偈：诸无常偈等作无常品，乃至婆罗门偈作婆罗门品，亦名优陀那。诸有集众妙事，皆名优陀那。"

优陀那，初为有所感而发的偈颂，解为"无问自说"。在北方的佛教，凡偈颂说法的集本，统称为优陀那。龙树举法救所集的《法句》颂，从"无常品"到"婆罗门品"为例。《修行道地经》初品名"集散品"，什么意义都没有，这一定是：本书原名"瑜伽遮罗浮弥优陀那"，就是"修行道地（颂）集"，这是一部的总名。但改编者以"修行道地"为总名，以优陀那——"集散"为初品名（二十七品的分别，都是后人所作的）；这才品名成为毫无意义的了。

2. 长行与偈颂的内容，不完全相合。如初品颂，本是泛论修行，而长行析为四段："何谓无行？何谓行？云何修行？云何修行道？"等于"修行道地"经题的解说。如"五阴成败品"，长行于死生间，插入"中止阴"一段，是颂文所没有的。如"晓了食品"的后半，"伏胜诸根品"、"忍辱品"、"弃加恶品"，都是颂文

---

① 如《俱舍论（光）记》卷一（大正四一·一一上）说。

所没有的。如"五阴本品",颂说"凡有十色入",长行却加说"法处色"。又如"数息品"颂,初总说四事、二瑕、十六特胜;次别说。解说十六特胜,仅二颂,如《经》卷五(大正一五·二一六下——二一九上)说:

"数息长则知,息还亦如是;省察设若此,是谓息长短。"

"觉了睡眠重懈怠,分别身中息出时,修行入息念还净,是谓身息成其行。"

初颂,明知息长、知息短二事。后颂的"觉了",是第三"能了喘息"。"睡眠重懈怠",是第四"身和释"。二颂仅略说前四特胜,而长行在初颂后,除说十六特胜外,又说一般人依数息得禅定、发神通;佛弟子依数息修四善根,发十六无漏心,断八十八结,证道迹(初果)。这些,都是颂文所没有的;而在末了,又附以第二颂,颂与长行间,显然是格格不入。

3. 从法义的内容来说,颂义是古朴的。如论修证次第,"断三结","薄淫怒痴","断五(下分)结","断五(上)品结":从初果到四果,都是《阿含经》义。而论前死后生,不立"中止阴"(中有);分别色法,不立"法处(所摄)色"。又如明数息观,更可见数息的古义,如《经》卷五(大正一五·二一六上)说:

"当以数息及相随,则观世间诸万物,还净之行制其心,以四事宜而定意。"

关于数息观,《大安般守意经》立四种——数、相随、止、观;

六事——数息、相随、止、观、还、净[1]。《解脱道论》也传“先师说四种修念安般”——算(数)、随逐、安置、随观[2]。一般所说的四种与六事(六妙门),多少不合,六事多“还”与“净”。然依本颂的(有四颂)解说,四事是:数息,相随(不乱)则止,能相随当观(住观),观乃还净。四事是含得六事的;一般的四事与六妙,从此分化出来。可说四事(含六事的)是概略的古说,六门是精析的新义。

颂义古朴,近于经师(譬喻者)旧说,而长行却增入阿毗达磨的新义。如中阴、法处色、四善根、十六无漏心、八十八结,都是说一切有部中阿毗达磨论义。长行说四善根分九品:下下、下中、(下上)为“温和”(暖);中下、中中、中上为顶;下上、中上、上上(此上上是衍文),为谛柔顺法忍;上中之上,为“俗间之尊法”(世间第一法)[3]。这一四善根与九品的配合,依《大毗婆沙论》卷六(大正二七·三〇上),是觉天的见解(旧译作“有说”):

> “觉天说曰:暖有三品,谓下下,下中,下上。顶有三品,谓中下,中中,中上。忍有二品,谓上下,上中。世第一法唯一品,谓上上。”

三、僧伽罗刹的《修行道地颂》,以五阴苦为教,激发修行,修行不外乎止与观。修止,还是不净、数息——二甘露门(如第

---

① 《大安般守意经》卷上(大正一五·一六四中——一六五上)。
② 《解脱道论》卷七(大正三二·四三〇中)。
③ 《修行道地经》卷五(大正一五·二一七中)。

二二、二三品)。修观,如第二四品说。初观五阴,略为名与色。名与色的展转相依,而"专自思念"①:

"思惟诸法非独成,其有色法无色然,在于世间转相依,譬如盲跛相倚行。"

"五阴常属空,依倚行羸弱,因缘而合成,展转相恃怙。起灭无有常,兴衰如浮云,身心想念法,如是悉败坏。"

"观万物动退,念之悉当过,爱欲之所缚,一切皆无常。欲得度世者,悉舍诸欲著,是名曰道迹,流下无为极。"

本颂剀切宣说五阴的老病死苦,死生流转,老病可厌,三恶道可怖。有种种譬喻,在通俗教化上,是有绝大影响的。本是譬喻化的禅集,成为一般的教化讲本。改编者把它分为多少品,附以长行解说。每品前有序赞佛德颂,引有各种本生谈;末了又结颂佛说(合于三启的形式)。这种改编,起因为:讲说这本《修行道地颂》时,一段一段地讲,都插入序赞佛德等赞颂、本生谈,以引导一般人来听。这种"讲说修行经"的实际情形,存在于赞佛与结颂,及长行中。如说:

"专听修行经,除有令至无。于是当讲修行道经。"②

"无极之德分别说,如其所讲经中义,贪欲者迷不受教,吾今顺法承其讲。"③

① 《修行道地经》卷六(大正一五·二二〇上——中)。
② 《修行道地经》卷一(大正一五·一八二上)。
③ 《修行道地经》卷一(大正一五·一八三中)。

"口之所宣说,听者则欣达。"①

"讲说若干之要义,如乳石蜜和食之。"②

"其有说此经,假令有听者,佛当示其路,常安无穷尽。"③

从上来的论究,可断言原作仅有颂文。因讲说的方便,先赞佛德,说本生,末又结颂;自然地形成段落。为了讲说便利,改编为一般的讲说集,成为二十七章。至于阿毗达磨论义的增入,还是以后的事。大段论义的插入,是不便于一般讲说的。所以,如将僧伽罗叉本颂集出,是会更清晰地明了这位大瑜伽师的禅集。

僧伽罗叉的另一著作,是僧伽跋澄所译的《僧伽罗刹所集(佛行)经》,共三卷。这是赞颂菩萨修行与如来功德的。本颂与长行,也不一定妥帖。末有释尊四十九年的安居处所。

僧伽罗叉以禅集著名,而实是典型的譬喻者;不但道安说他是"不思议大士",竺法护译《修行道地经》,《经序》就说:"权现真人(罗汉),其实菩萨也。"④总之,说一切有系的譬喻大师,在中国一向是称之为菩萨的。

① 《修行道地经》卷一(大正一五·一八九中)。
② 《修行道地经》卷二(大正一五·一九六上)。
③ 《修行道地经》卷六(大正一五·二二三下)。
④ 《修行道地经序》(大正一五·一八一下)。

第九章　上座别系分别论者

第一节　《大毗婆沙论》的分别论者

第一项　分别论者与分别说部

《大毗婆沙论》引有“分别论者”，“分别论师”，共有五六十则：这是当时的一大学系，为毗婆沙师所致力评破的对象。在说一切有部的宗派异义集——《异部宗轮论》里，虽广说根本二部及十八部执，却没有说到分别论者。所以依《异部宗轮论》为依据的中国学者，对分别论者的部派问题，不免引起了困扰——这到底是什么部派呢？

《大毗婆沙论》说：“分别说部建立贪欲、嗔恚、邪见，是业自性。”①分别说部就是分别论者，如《顺正理论》所说：“分别论者，唯说有现，及过去世未与果业。”②在《俱舍论》中，就称之为

① 《大毗婆沙论》卷一一三（大正二七·五八七上）。
② 《顺正理论》卷五一（大正二九·六三〇下）。

"分别说部"①。在真谛的《部执异论》,有分别说部,为《异部宗轮论》说假部的异译。因此,有以为分别说部或分别论者就是说假部,但这是错误的。我们知道,奘译的说假部,真谛确是译为分别说部的,梵语为 Prajñaptivādin。鸠摩罗什译为施设部。施设,就是假,也可译为分别;如《施设论》的"世间施设品",鸠摩罗什也曾译为"分别世处分"②。这虽可以译为分别说部,但《大毗婆沙论》的分别说部、分别论者,梵语为 Vibhajya-vādin(毗婆阇婆提)。这二者,汉译虽偶然相同,而梵语全异,所以不应以说假部为分别论者。

分别论者,玄奘门下,把他作为不正分别的通称,如《俱舍论(普光)记》卷二〇(大正四一·三一〇中)说:

"说非尽理,半是半非,更须分别,故名分别说部。"

《成唯识论述记》卷二(大正四三·三〇七上)说:

"诸邪分别,皆名毗婆阇婆提。"

这种广义的解说,《大毗婆沙论》也是有的,如《论》卷九(大正二七·四三上)说:

"问:此中谁问谁答,谁难谁通?答:分别论者问,应理论者答;分别论者难,应理论者通。"

说一切有部毗婆沙师,自称应理论者(育多婆提);凡与应

---

① 《俱舍论》卷二〇(大正二九·一〇四中)。
② 《大智度论》卷二(大正二五·七〇上)。

理论者问答的,一概指为分别论者。但这到底是引申的、广义的用法,不是分别论者——毗婆阇婆提的本义。因为《大毗婆沙论》所引的分别论者,是别有所指的。《大毗婆沙论》列举异说时,并不泛称分别论者;分别论者与别部、异师并列,有时还与其他部派合说。合说的有三,如:

Ⅰ.“犊子部分别论者,欲令音声是异熟果。”①

Ⅱ.“譬喻者分别论师,执无想定细心不灭。”②

“譬喻者分别论师,执灭尽定细心不灭。”③

“有执世与行异,如譬喻者分别论师。”④

Ⅲ.“分别论者及大众部师,执佛生身是无漏法。”⑤

从这三例来看,“分别论者及大众部”,显然为各别的学派。犊子、譬喻师与分别论者合说,也只是某一论义的相合而已。分别论者与譬喻师不同,《顺正理论》也每为分别的叙说⑥。而犊子与分别论者不同,《顺正理论》卷四五(大正二九·五九九中)有明确的说明:

“且分别论,执随眠体是不相应,可少有用,彼宗非拨过去未来,勿烦恼生无有因故。然犊子部信有去来,执有随眠非相应法,如是所执极为无用。”

---

① 《大毗婆沙论》卷一一八(大正二七·六一二下)。
② 《大毗婆沙论》卷一五一(大正二七·七七二下)。
③ 《大毗婆沙论》卷一五二(大正二七·七七四上)。
④ 《大毗婆沙论》卷七六(大正二七·三九三上)。
⑤ 《大毗婆沙论》卷一七三(大正二七·八七一下)。
⑥ 《顺正理论》卷四五(大正二九·五九八下)等。

分别论者——毗婆阇婆提的本义，别有所指，到底是什么学派？先从汉译论典所传、明确可见的来说，有两部。

1. 分别论者是铜鍱部，如说：

"赤铜鍱部经中，建立有分识名。"①

"上座部立名有分识。"②

"上座部中，以'有分'声，亦说此识。……如是等分别说部，亦说此识名有分识。"③

"上座部经分别论者，俱密说此名有分识。"④

赤铜鍱为锡兰(Siṃhala)的某一地名，也就以此泛称锡兰全岛。赤铜鍱部，就是现在流行于锡兰，又分流东南亚各国的佛教——南传佛教。"有分识"的特殊教义，是铜鍱部，也是上座部、分别说部。这三个名字，含义并不相同。但锡兰——铜鍱部者，确是自称为上座、分别说的。《成唯识论》的揉合者，似乎误以此为两派的共同教义，所以说"俱密说此名有分识"。

2. 分别论者是饮光部，如说：

"有执诸异熟因，果若未熟，其体恒有；彼果熟已，其体便坏，如饮光部。"⑤

"分别论者，唯说有现，及过去世未与果业。"⑥

---

① 《大乘成业论》(大正三一·七八五上)。
② 《摄大乘论释》卷二(大正三一·一六〇下)。
③ 《摄大乘论(无性)释》卷二(大正三一·三八六中)。
④ 《成唯识论》卷三(大正三一·一五上)。
⑤ 《大毗婆沙论》卷一九(大正二七·九六中)等。
⑥ 《顺正理论》卷五一(大正二九·六三〇下)。

唯有现在(现在世法是有的,未来法是没有的,过去法一分是有),及过去世未与果业,这是饮光部特有的教义,为各部论典所一致传说的;也就是分别论者。

再从西藏所传的来说:清辩(Bhavya)所著的《异部精释》关于异部分裂的叙述中,大众部及正量部的传说,都说到分别说部。正量部的传说是:从说一切有部分出分别说部,分别说又分出四部。大众部传说:分别说部为(加上座及大众)三大部之一,分别说又分为四部①。传说虽有多少出入,但一致说到分别说部为四部的本部。四部是:化地部,迦叶部,法藏部,铜鍱部。

依据这一传说,回顾汉译旧传,称赤铜鍱部与饮光部(迦叶的意译)为分别论者——分别说部,是完全正确的。古有此一大部,自从四部分化以后,已不再存在;这四部都可以自称或被称为分别说部的。在这里,我想先作论断,再为证明。《大毗婆沙论》所引的分别论者——分别说部,就是正量与大众部所传的分别说部系,但与赤铜鍱部无关。西元前后,锡兰的佛教很复杂,与现在的情形不同。那时的赤铜鍱部,对印度本土,尤其是西北印度的佛教,关系与影响,可说等于零。所以《异部宗轮论》,没有赤铜鍱部的地位。《大毗婆沙论》的编集者——毗婆沙师,也没有理会到他。《大毗婆沙论》的分别论者,是泛称分别说部的大陆学派,在罽宾区流行的化地、法藏、饮光部,尤以化地部为主流。

---

① 见Tāranātha《印度佛教史》(三七六——三七七)。

第二项　分别论者的部派问题

《大毗婆沙论》的分别论者，是印度本土，尤其是流行于北方罽宾区的化地、法藏、饮光——三部①。对勘《异部宗轮论》，与化地部思想一致的，就有：

1. 信等五根唯是无漏②
2. 缘起是无为③
3. 阿罗汉无退④
4. 有齐顶阿罗汉⑤
5. 随眠心不相应⑥
6. 无中有⑦
7. 四谛一时现观⑧
8. 过去未来是无⑨

《大毗婆沙论》说"分别论者执世第一法相续现前"⑩；凉译

① 《大唐西域记》"乌仗那国"（大正五一·八八二中）。

② 《大毗婆沙论》卷一（大正二七·七下）。《异部宗轮论》（大正四九·一六下——一七上）；下均例此。

③ 《大毗婆沙论》卷二三（大正二七·一一六下）。

④ 《大毗婆沙论》卷六〇（大正二七·三一二中）。

⑤ 《大毗婆沙论》卷六〇（大正二七·三一〇下）；又卷一八五（大正二七·九二九中）。

⑥ 《大毗婆沙论》卷六〇（大正二七·三一三上）。

⑦ 《大毗婆沙论》卷六九（大正二七·三五六下）等。

⑧ 《大毗婆沙论》卷一〇三（大正二七·五三三上）。

⑨ 《大毗婆沙论》卷二七，分别论者说"心本性清净"，评为"汝宗不说有未来心"（大正二七·一四〇中——下）。与此相当的，《顺正理论》卷七二，就说分别论者"不许实有去来"（大正二九·七三三上）。

⑩ 《大毗婆沙论》卷五（大正二七·二〇中）。

《毗婆沙论》，就作“弥沙塞部”①。《大毗婆沙论》说“化地部说：慧能照法，故名阿毗达磨”②；而晋译《鞞婆沙论》，就作“毗婆阇婆提”③。化地部与分别论者，在古代译师的心目中，大概是看作同一的。又如《大毗婆沙论》卷一八（大正二七·九〇下）说：

> “或复有执：五法是遍行，谓无明、爱、见、慢及心，如分别论者。故彼颂言：有五遍行法，能广生众苦，谓无明爱见，慢心是为五。”

《异部宗轮论》（大正四九·一七上）说：

> “此（化地）部末宗，因释一颂，执义有异。如彼颂言：五法定能缚，诸苦从之生，谓无明贪爱，五见及诸业。”

比对二颂，虽文句略有出入，但不能说不是同一的。这一颂，在真谛的《部执异论》中译为“无明心贪爱，五见及诸业”④，更为接近。

分别说系的法藏部（法密部）与饮光部，由于《异部宗轮论》所说太简，无法与《大毗婆沙论》的分别论者相比对。据《杂心阿毗昙论》说：“昙无得等说一无间等。”⑤这是一时见谛的顿现观说，与分别论者、化地部相同。依《大毗婆沙论》，法密部与分别论者说，有二则不同：一、分别论者立四相是无为；法密部说，

---

① 《毗婆沙论》卷二（大正二八·一四上）。
② 《大毗婆沙论》卷一（大正二七·四中）。
③ 《鞞婆沙论》卷一（大正二八·四一八上）。
④ 《部执异论》（大正四九·二二中）。
⑤ 《杂阿毗昙心论》卷一一（大正二八·九六二上）。

三相有为,灭相无为①。二、分别论者以心的有力或无力,为身力、身劣;而法密以精进、懈怠,为身力与身劣②。这二义虽所说不同,而思想还是非常接近的。《大毗婆沙论》的饮光部义,仅"异熟未生,彼因有体"③,也见于《异部宗轮论》。《顺正理论》称之为分别论者,已如上所说。

《异部宗轮论》说:法藏部"余义多同大众部执";饮光部"余义多同法藏部执",也就是多同大众部说。其实,化地部也还是多同大众部执,如上所举八则,除第四则不明外,都是与大众部相同的。而《异部宗轮论》所说的化地部义,如:预流有退,道支无为,五识有染有离染,这也是与大众部说相同的。《大毗婆沙论》所引的分别论者,所说也多分与大众部义相合,如:

1. 心性本净④
2. 世尊心常在定⑤
3. 无色界有色⑥
4. 道是无为⑦
5. 预流得根本静虑⑧
6. 佛生身是无漏⑨

---

① 《大毗婆沙论》卷三八(大正二七·一九八上)。
② 《大毗婆沙论》卷三〇(大正二七·一五四中)。
③ 《大毗婆沙论》卷一四四(大正二七·七四一中)等。
④ 《大毗婆沙论》卷二七(大正二七·一四〇中)。
⑤ 《大毗婆沙论》卷七九(大正二七·四一〇中)。
⑥ 《大毗婆沙论》卷八三(大正二七·四三一中)。
⑦ 《大毗婆沙论》卷九三(大正二七·四七九下)。
⑧ 《大毗婆沙论》卷一三四(大正二七·六九三中——下)等。
⑨ 《大毗婆沙论》卷一七三(大正二七·八七一下)。

这么说来，化地、法藏、饮光——分别论者，与大众部的思想非常接近，这是值得重视的问题。分别说部——分别论者，是上座部所分出的大系（依《异部宗轮论》，从说一切有部分出），属于上座系统的学派，怎么立义反而与大众部接近呢？这好像是很离奇的。于是素来系统不明的分别论者，或以为上座学派而受有大众部的影响，或以为是大众与上座末派的合流①。这种解说是根源于一项成见，从成见而来的推论，自然是不会正确的。在一般的习见中，大众部是这样的，上座部是那样的，壁垒分明。而分别说系从上座部分出，而立义多与大众部相同，那当然要解说为：受了大众部的影响，或二部末派的合流了。我们相信，思想的开展是"由浑而划"的，"作始也简，终毕也巨"。那么，大众与上座部的分立，到底为了什么？当时的大众部教义，就如《异部宗轮论》所说的吗？从上座部而分为分别说与说一切有，又为了什么？当时的说一切有部，教义就与《发智》、《大毗婆沙论》相同吗？当时的分别说部，就如铜鍱部七论所说的吗？当然都不是的。大众与上座，说一切有与分别说的分立，起初为了某些根本论题，与学风的倾向不同（后来的支派，不一定为了这些）。基于这些根本的主要的不同，逐渐发展而完成非常不同的学派。在同一学系中，起初是含混的，逐渐发展，而现出内部的对立思想。这些不同，可能反与另一学系一致。这不一定是背叛自宗，而是这些不同，有些是一向存在的老问题。如上一章所说，说一切有部，不限于阿毗达磨论师，譬喻师也还是

① 吕澂《阿毗达磨泛论》"附注"（《内学》第二辑一六一——一六二）。

说一切有部的。譬喻师的某些思想，不也是同于分别论者吗？所以，分别论者的论义近于大众部，说明了在佛教学派思想的开展过程中，印度本土的学派，在同一区域、同一思想气氛中，自然会有共同的倾向、同样的理论。如以为《大毗婆沙论》的分别论者为大众与上座末派的合流，那么化地、法藏等学派，都是二部末派的合流吗？学派间的相互影响，或多或少，都是不免的。能说分别论者——分别说部受大众部的影响，而不是大众受分别说部的影响吗？《大毗婆沙论》的分别论者，实为分别说部中大陆学派的一般思想。

第三项　分别论者的思想

分别论者的思想，与说一切有部阿毗达磨论义，距离极大。在说一切有部（与后起的瑜伽大乘）心目中，这是邪恶的分别，存有厌恶与鄙薄的心情。然在印度全体佛教的开展中，自有他的特殊贡献。

一、分别说部，是重僧伽的，重毗奈耶的；开展于印度本土的分别论者，始终保持了这一传统。依《异部宗轮论》说，大众系各部的教学，重心在发扬佛陀圣德的圆满。有名的大天五事，就是低抑阿罗汉，以阿罗汉为不究竟的宣言。对于这，分别论者也一样的颂扬佛德（譬喻师也有同一倾向），如说：

> “佛生身是无漏。”①

---

①《大毗婆沙论》卷一七三（大正二七·八七一下）。

“赞说世尊心常在定。……又赞说佛恒不睡眠。”①

分别论者虽颂扬佛的圣德,但并不低抑阿罗汉与僧伽。所以,佛的生身无漏,法藏部说“阿罗汉身皆是无漏”②,与佛并没有差别。化地部说得最为彻底,如《异部宗轮论》(大正四九·一七上)说:

“僧中有佛。……佛与二乘,皆同一道,同一解脱。”

法藏部虽推重佛的功德,但也还是“佛在僧中”。“佛在僧中”,“僧中有佛”,都是以现实人间的佛陀为宗依的。重(声闻)僧伽,重阿罗汉,也当然会重毗奈耶(对大众部说,上座部是重律的)。如《大毗婆沙论》卷九六(大正二七·四九九上)说:

“分别论者,立四十一菩提分法。”

分别论者在一般的三十七菩提分法以外,重视有关衣食住的四圣种,立四十一菩提分法。可见在修持上,不但重于律行,更倾向于精严苦行的头陀行了。

二、分别论者与说一切有部的譬喻师,在某些问题上有共同的倾向。

1. 赞颂佛德,如《大毗婆沙论》卷七九(大正二七·四一〇中)说:

“诸赞佛颂,言多过实。如分别论者,赞说世尊心常在

① 《大毗婆沙论》卷七九(大正二七·四一〇中)。
② 《异部宗轮论》(大正四九·一七上)。

定……又赞说佛恒不睡眠……如彼赞佛,实不及言。”

分别论师的赞颂佛德,与譬喻者一样,在阿毗达磨者看来,不免言过其实。对分别论者的批评,也与对法善现(马鸣)、达罗达多等“文颂者”采取同样的态度。

2. 分别论者虽没有被称为持经者,但从《大毗婆沙论》引述来说,大抵是直依经文而立义的。依经立义,所以契经所没有说的,也就不会建立了。如《顺正理论》卷四六(大正二九·六〇二下)说:

“分别论师作如是说:无九十八所立随眠,经说随眠唯有七故。”

这一主张,在《大毗婆沙论》卷五〇(大正二七·二五九中)这样说:

“谓有沙门,执著文字,离经所说,终不敢言。彼作是说:谁有智慧过于佛者,佛唯说有七种随眠,如何强增为九十八?”

这样看来,被称为“著文沙门”的分别论者,是上座系统中重经说的学派。《三论玄义》(大正四五·九中)有这样的传说:

“上座弟子但弘经,以经为正。律开遮不定;毗昙但释经,或过本,或减本,故不正弘之,亦不弃舍二藏也。而萨婆多部,谓毗昙最胜,故偏弘之。……上座弟子部见其弃本弘末,四过宣令,遣其改宗,遂守宗不改,而上座弟子部移往雪山避之。”

这项传说,顺于北方所传的部派分流说。但至少可以说明:上座部系,是有经律论——三藏的。说一切有部偏弘阿毗达磨,而上座弟子是重经的。说一切有与上座分别说的分立,决非因于重经或重论。但在这二系的发展中(传于海南的铜锞部外),分别论者的阿毗达磨,停滞而不再开展,重于经说;而说一切有的主流,大大地发展了阿毗达磨,这也是事实。在这个意义上,觉得说一切有部的譬喻者,虽称为"持诵修多罗者",不免深受阿毗达磨论宗的影响。《大毗婆沙论》所引的譬喻师义,很少是引经立义的。

3. 以世俗现喻来说明,与譬喻师相同。《大毗婆沙论》所引的分别论者,举铜器(颇胝迦)等喻[1];破瓶喻[2];折路迦缘草木喻[3];果从器出,转入彼器喻[4]。更明显的,被指为"彼依假名契经,及依世俗言论"[5],如《大毗婆沙论》卷六〇(大正二七·三一二中)说:

"彼非素怛缆,非毗奈耶,非阿毗达磨,但是世间粗浅现喻。世间法异,贤圣法异,不应引世间法难贤圣法!"

说一切有部阿毗达磨者与分别论者,论理方法是不尽相同的。阿毗达磨论者分别诸法,而达一一法自性。这一一法自性,是体用一如的。在前后同时的关系下,现起刹那(即生即灭的)

① 《大毗婆沙论》卷二七(大正二七·一四〇下)。
② 《大毗婆沙论》卷六〇(大正二七·三一二中)。
③ 《大毗婆沙论》卷六九(大正二七·三五八上)。
④ 《大毗婆沙论》卷七六(大正二七·三九三上)等。
⑤ 《大毗婆沙论》卷五九(大正二七·三〇六中)。

作用。这是分析的,究理所成立的,或称之为“道理极成真实”。而分别论者,依假名契经(佛的随俗说法)、世俗言论、世间比喻,以说明一切。所以,一法而可以体用不同:“心性本清净,客尘烦恼所染”;“染污不染污心,其体无异”①。一法而可以在此在彼:“要得生有,方舍死有”②;“行行世时,如器中果”③。近于常识的、通俗的论义,是分别论者的特色。这点,譬喻师一分相近,与大众系更为切近。

三、分别论者教义的特色,是心色相依的而倾向于唯心论,这如《大毗婆沙论》说:

“无色界有色,如分别论者。”④

“谓譬喻者分别论师,执灭尽定细心不灭。彼说:无有有情而无色者,亦无有定而无有心。”⑤

有情为心色的综合体:没有物质的有情,没有精神的有情,都是不会有的,也是难以想像的。这一根本的立场,或许就是佛教的早期思想。大众部及说一切有部的一分譬喻师,曾取同一的见解。经说色受想行识不离,寿暖识不离⑥,都证明了这一论题。在过未无体(大众系、分别说系)的思想中,这是更重要的。如生于无色界,而现在没有色法;得二无心定,生无想天,而现在

① 《大毗婆沙论》卷二七(大正二七·一四〇中——下)。
② 《大毗婆沙论》卷六九(大正二七·三五八上)。
③ 《大毗婆沙论》卷七六(大正二七·三九三上)。
④ 《大毗婆沙论》卷八三(大正二七·四三一中)。
⑤ 《大毗婆沙论》卷一五二(大正二七·七七四上)。
⑥ 《大毗婆沙论》卷八三(大正二七·四三一下)。

没有心:那怎么能引生未来的色与心呢?岂不成为无因而生吗?心色相依不离的有情观,不仅是现实而易于理解的,也是过未无体论者所应有的见地。

但在心色相依的原则下,心识(如六识)显有间断的情形,那当然要成立深潜的细心了。传说上座部本计,“别有细意识”①,铜锳部立“有分识”②,分别论者说“灭尽定细心不灭”③。这是在一般的、间断的、粗显的现象下,发见深隐的、相续的、微细的心识。从心色不离的见地,化地部立三蕴:刹那灭蕴、一期生蕴、穷生死蕴④,又立二慧:相应慧,不相应慧⑤。大众部及分别论者,说缠与心相应,随眠与心不相应⑥,都是同一思想的不同应用。从后代大乘佛学来看,这是本识论、种子论的先声,为过未无体论者最合理的归趣。

分别说者的细心相续说,倾向于一心论、一意识论。这一思想,与心性本净说有着内在的关联性。说一切有部及其有关的学派,对心性本净说是不能同意的,认为无经可证。但分别说部(及大众部),是有经证的。现存铜锳部所传的《增支部》增一法中,就有心性本净的经说⑦。《大毗婆沙论》的分别论者这样说:

“彼说:心本性清净,客尘烦恼所染污故,相不清

① 《成唯识论述记》卷四(大正四三·三六五上)。

② 《大乘成业论》(大正三一·七八五上)等。

③ 《大毗婆沙论》卷一五二(大正二七·七七四上)。

④ 《摄大乘论(无性)释》卷二(大正三一·三八六上)。

⑤ 《大毗婆沙论》卷九(大正二七·四二下)。

⑥ 《异部宗轮论》(大正四九·一六上)等。

⑦ 《增支部》“一集”(南传一七·一四——一五)。

净。……彼说：染污不染污心，其体无异。谓若相应烦恼未断，名染污心；若时相应烦恼已断，名不染污心。"①

《大毗婆沙论》的"一心相续论者"②，也与分别论者的思想相近。细心说与心性本净说，分别说者与大众部，取着共同的立场。对大乘佛法来说，有无比的重要性！

分别论者的倾向与譬喻者一样，由色心相依而重于心。例如说：寿暖识三相依，而寿命是依识而住，随心而转的③。身力与身劣，认为并无实体，由于内心的力与无力。法藏部就解说为精进与懈怠④。身力的强弱，解说为内心所决定，这是倾向于唯心论的明证。

四、分别论者的另一重要思想，是真常无为说的发达，这是与大众部的思想大体一致的。无为，佛约离烦恼而解脱的当体说，以不生不灭来表示它，因而引发了无为思想的开展。论究佛法的某些问题，如有永恒常尔的，寂然不动的，就称之为无为，看作无关于变化的实体。说一切有部成立三无为——择灭、非择灭、虚空，而大众及分别论者，提出更多的无为说。如大众部立九无为，化地部也立九无为⑤；分别说系的《舍利弗阿毗昙论》，也立九无为。虽九无为的内容彼此也多少出入，但对真常无为思想的重视，可说完全一致。《大毗婆沙论》的分别论者所说的

① 《大毗婆沙论》卷二七（大正二七·一四〇中——下）。
② 《大毗婆沙论》卷二二（大正二七·一一〇上）。
③ 《大毗婆沙论》卷一五一（大正二七·七七〇下）。
④ 《大毗婆沙论》卷三〇（大正二七·一五四中）。
⑤ 《异部宗轮论》（大正四九·一五下——一七上）。

无为，有：

1. 缘起是无为①

2. 三种（择灭、非择灭、无常灭）灭是无为②

3. 诸有为相是无为③

4. 沙门果是无为④

5. 世体是常⑤

6. 道是无为⑥

其中，择灭与非择灭无为，为一般学派多数赞同的。有为相中，法藏部说灭相是无为，与无常灭是无为相合。缘起无为、沙门果无为，是分别论者所共的。道是无为，与大众系的说假部同。世体是常，与譬喻师同。分别论者的无为说，重于缘起、道、果与灭。对于因果的必然理性及修证所得的恒常不变性，称为无为，可说是对佛说的生死流转（缘起）及修证解脱，从形而上学的观点，予以绝对的保证。

分别说者——分别论者，属于上座部的学统，而在教义上近于大众部，与说一切有部阿毗达磨论义距离较远。大众部与上座部的分立，在解经及思想方法上，起初应有师承与学风的不同，但决非壁垒森严的对立。在印度佛教的开展中，除分流于锡

① 《大毗婆沙论》卷二三（大正二七·一一六下）。

② 《大毗婆沙论》卷三一（大正二七·一六一上）。

③ 《大毗婆沙论》卷三八（大正二七·一九八上）。

④ 《大毗婆沙论》卷六〇（大正二七·三一二下）；又卷六五（大正二七·三三六下）。

⑤ 《大毗婆沙论》卷七六（大正二七·三九三上）；又卷一三五（大正二七·七〇〇上）。

⑥ 《大毗婆沙论》卷九三（大正二七·四七九下）。

兰的铜鍱部、罽宾山区的说一切有部，继承上座部古说，而为阿毗达磨的更高开展外，以恒河流域为中心而分化四方的——大众系、分别说系、犊子系，都有一种不期然而然的共同倾向。与说一切有部有极深关系的犊子系，说一切有部中的譬喻师，还不免有共同的趣向，何况分别说者呢！所以，说分别论者为大众部所同化，不如说：这是分别说系在印度本土开展的自然演化。

第二节《舍利弗阿毗昙论》

第一项　概　说

《舍利弗阿毗昙论》，姚秦弘始十六年（西元四一四），由昙摩耶舍（Dharmayaśas）、昙摩掘多（Dharmagupta）在长安译出。共二十二（或作三十）卷，分为四分、三十三品，传说为佛世的舍利弗所造。中国佛教界，初有毗昙师，后有俱舍学者，但对这部阿毗达磨论，都没有给予应有的注意。传译的时候，道标曾作序（大正二八·五二五上——中）说：

> “此经（指本论）于先出阿毗昙，虽文言融通，而旨格异制。又载自空以明宗极，故能取贵于当时，而垂轨于千载。”
>
> “原其大体，有无兼用。微文渊富，义旨显灼。斯诚有部之永涂，大乘之靡趣，先达之所宗，后进之可仰。”

依道标的看法，这部论与其他的阿毗昙论是多少不同的。

这不是小乘说有,大乘明空,而是有无兼备的。所以,这部论可为有部——小乘永恒的坦途,而大乘也没有异趣,就是可通于大道的。这是道标的一种看法,一种希望。而这部论是分别说者的论书,在思想与精神上,确有站在声闻立场而隐通大乘的倾向。

关于这部论,本书已有所论列:一、在声闻四大派中,犊子系的本末各部、上座分别说系的法藏部等,都是以《舍利弗阿毗昙》为根本论的。也就是说:上座部阿毗达磨论系,除南传锡兰岛国的铜鍱部、北传罽宾山区的说一切有部而外,在印度本土,上座部分出的学派,所有的阿毗达磨本论都近于这部论。这如第一章第二节第四项所说。三、本论的组织——四分,及其内容,分别为"法相分别"、"随类纂集"、"相摄相应"、"因缘相生"。依着这一内容次第,以说明阿毗达磨的共通内容、阿毗达磨的发展过程,更说明南传六论、北传六论,大体是依本论的四分,而组成各别的、独立的论书。这如第二章第二节所说。第四章中也有所说到。

这里可以补充说:《舍利弗阿毗昙论》分为四分(或演进成五分),总为一部,也可以分为四部或五部。南北六论的分立,实就是六分的改编。《大智度论》就称六足阿毗达磨为"六分毗昙"①。

本论的四分组织,合于阿毗达磨论的发展历程,已如前说。单就本论来说,也足以说明次第形成的意义。如"问分"与"非

① 《大智度论》卷二(大正二五·七〇上)。

问分”,起初应该是没有分别的。如“非问分”的“缘品”、“念处品”、“正勤品”、“神足品”、“禅定品”——五品,与“问分”的十品总合起来,近于《法蕴论》的论题。其中,“缘品”、“念处品”、“禅定品”——三品,都是牒经文而作释;“问分”的“优婆塞品”,也有此形迹。“问分”都是以问起说的,而“非问分”的“正勤品”、“神足品”,也是这样的。这些,就是初期的摩呾理迦。“问分”的诸门分别,在说一切有部的论书中,到“品类论”的“辩诸处品”才完成。这些古典,以十二处为首,而作诸门分别的说明(本论也是这样)。从处的诸门分别,更应用到阴、界、谛、根等,这才形成了有问与无问二类。至于“非问分”中“界品”等随类纂集部分,比初期的摩呾理迦迟一些。因为,从本论的法数来说,就是“处品”等所说到的;还没有含摄随类纂集的种种。随类纂集的“人品”、“道品”、“烦恼品”,是经说的纂集;而“界品”、“业品”、“智品”,将“问分”的诸门分别也编集进去了,而且更为扩大。这些,都足以说明编集次第的遗痕。

“摄相应分”与“绪分”,集成的时代较迟。理由是:一、“摄相应分”,是以“问分”的论题及诸门分别为依据,而后作摄与相应的分别。二、“问分”但明见与慧,这都通于三性,通于三界系及不系的①。“非问分”的“缘品”,开始为“圣忍非智”、“圣智非忍”的分别②。“智品”对正见与正智的分别,有三说:1. 善见与善智;2. 善忍与善智;3. 尽无生智为正智,其余的善见为正

① 《舍利弗阿毗昙论》卷一(大正二八·五二六下、五三〇下、五三三中)。
② 《舍利弗阿毗昙论》卷一二(大正二八·六〇六上)。

见①。这暗示了见、忍、智——三者的差别。"摄相应分"的"相应品",在说到心所法时,就别立忍、见、智为三②。"绪分"的"触品"、"心品"、"定品",也为忍与智的分类③。这三者的差别是:见是通一般的;智唯是无漏(除忍)的;忍是须陀洹向的道,与三结不相应,而可与不善的七使、无记的怖心所相应。这与"问分"的但分见与慧,显然是不同的。忍、见、智的分别,虽定义不一定相同,而与《发智论》、《品类论》,确乎非常类似。三、"问分"说:"定"是不通于欲界的,不通于不善无记的④。"绪分"的"定品",仿"智品"与"道品"而作,却以为:定通于欲界⑤。这一变化,也可看出与《发智论》的近似。就这三点来说,"摄相应分"与"绪分",虽比说一切有部论为古朴,但形成现有的论本,约与《发智论》及《品类论》的时代相当。

第二项　法数的比较研究

本论是阿毗达磨论,是倾向于分别说系,而为上座部中古型的论书。从本论的法数去考察,充分看出本论的立场,与在阿毗达磨论书中的地位。本论叙列的法数,首依十二处说。十二处中,法处的内容,各部的意见最为纷歧,所以别列本论法处(分为三类)的内容如下⑥:

① 《舍利弗阿毗昙论》卷九(大正二八·五九〇中)。
② 《舍利弗阿毗昙论》卷二三(大正二八·六七二中——下)。
③ 《舍利弗阿毗昙论》卷二七(大正二八·六九六上、六九八下);又卷三〇(大正二八·七一五下)。
④ 《舍利弗阿毗昙论》卷一(大正二八·五三〇下、五三三下)。
⑤ 《舍利弗阿毗昙论》卷二八(大正二八·七〇一下)。
⑥ 《舍利弗阿毗昙论》卷一(大正二八·五二六下)。

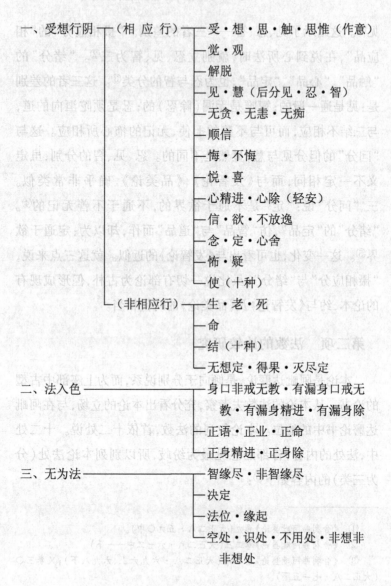

- 一、受想行阴
  - （相 应 行）
    - 受·想·思·触·思惟（作意）
    - 觉·观
    - 解脱
    - 见·慧（后分见·忍·智）
    - 无贪·无恚·无痴
    - 顺信
    - 悔·不悔
    - 悦·喜
    - 心精进·心除（轻安）
    - 信·欲·不放逸
    - 念·定·心舍
    - 怖·疑
    - 使（十种）
  - （非相应行）
    - 生·老·死
    - 命
    - 结（十种）
    - 无想定·得果·灭尽定
- 二、法入色
  - 身口非戒无教·有漏身口戒无教·有漏身精进·有漏身除
  - 正语·正业·正命
  - 正身精进·正身除
- 三、无为法
  - 智缘尽·非智缘尽
  - 决定
  - 法位·缘起
  - 空处·识处·不用处·非想非非想处

一、本论分别的心所法（受、想、相应行），还是古型的，没有严密的分类。这可与说一切有部的《品类论》（心所法列表，如本书第四章第五节第二项)、铜锞部的《摄义论》说相对比。《摄义论》说如下①：

触·受·想·思·心一境性(定)·命根·作意

寻·伺·欲·胜解·精进·喜

无惭·无愧·贪·嗔·痴·见·慢·悭·嫉·掉举·惛沉·睡眠·恶作·疑

信·念·惭·愧·不贪·不嗔·舍·身寂静·心寂静·身轻安·心轻安·身柔软·心柔软·身堪任·心堪任·身熟练·心熟练·身正直·心正直

正语·正行·正命

悲·喜·慧

概略地说,本论与说一切有部的《品类论》非常接近。如本论立见、智、忍,《品类论》说:"诸所有智,诸所有见,诸所有现观。"本论没有说到惭与愧、无惭与无愧,《品类论》也没有说。《品类论》立三善根与三不善根,这是本论"问分"的重要论门。除别立无贪、无嗔、无痴外,三不善根摄于十使中。《品类论》说"一切结、缚、随眠、随烦恼、缠",本论说十结(又十使)。二论关系的密切,是显然可见的。

在这些心所法中,受、想、思、触、作意——五法,遍与一切心心所相应,为上座阿毗达磨论者所公认,本论就如此说。说一切有部,加上欲、胜解、念、定、慧,名十大地法;铜锞部加心一境性(定)、命根,七法为遍行心所:彼此不再相同了!信、精进、念、

① 《阿毗达磨摄义论》"摄心所分别"(南传六五·一〇——一一)。

定、慧,经中本合成一组。说一切有部以为:信与精进,惟是善性;念、定、慧——通于三性,加入大地法中。铜锞部以为:定与精进,是通于三性的;信、念、慧,是善心所。本论以为:念、慧、心精进,是通三性的;信,立唯善的顺信,又别立通三性的信;只有定心所,才是唯善的。这都是对于佛说的解说不同,自成系统。欲与胜解,说一切有部说,遍一切心心所。然依本论,与疑不相应。铜锞部说:欲、胜解与疑不相应;欲也与无因异熟的无记心不相应。唯善心所,本论立:无贪、无嗔、无痴、顺信、心除(轻安)、不放逸、定、心舍——八法;《品类论》仅说到:信、精进、不放逸及三善根。铜锞部立遍善的善心所十九,将身心的轻安等都解说为心所法。本论是:身精进、身轻安、正语、正业、正命,属于法处所摄色。

不善心所,本论但立十使(随眠),以为:结是不相应的,使是心相应的。大众、分别说系、犊子系,都说随眠是不相应的,缠是心相应的。本论所说不同(说随眠与心相应,与说一切有部相合,极可注意),也许是传译的讹误(其实是不会的),然说烦恼有相应的、不相应的——二类,实与说一切有部以外的学派相同。圣者所断的烦恼,经说为五下分结、五上分结;这就是本论的十结,烦恼有相应的使,不相应的结,因此,十结说与七随眠(使)相结合。依不相应的十结,起相应的十使,论理,法数应该是同一的。但本论合三界贪为一,加入嫉妒与悭惜,称为"十使"(随眠)。这是本论特有的安立,显然是在说一切有部所传的九结中,加上掉举。铜锞部所传的十结,合三界贪为欲爱、有爱,也有悭、嫉而不立掉举。今对列如下:

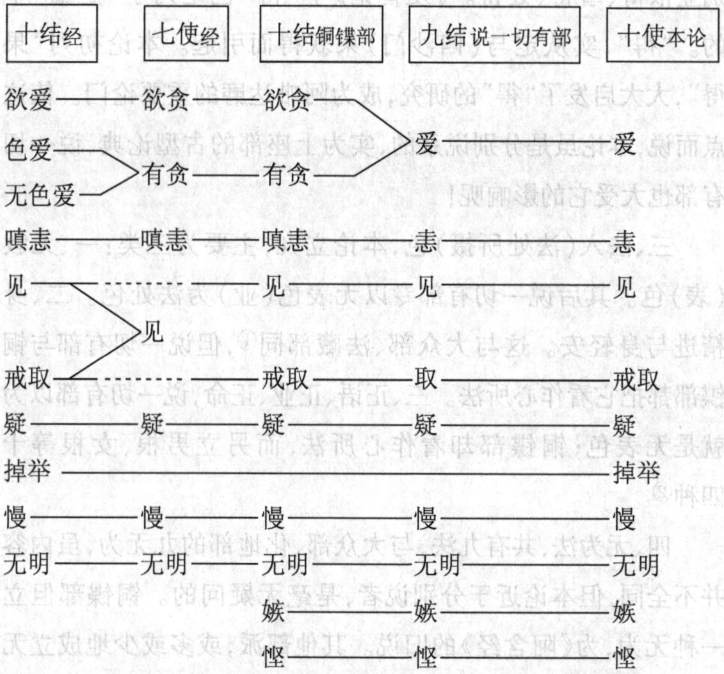

二、本论没有别立“心不相应行”，但行蕴中有“非相应”的一类。从这点来说，本论与《品类论》相近（铜鍱部不立，分摄在色法、心法中）。本论立八法，如十结别立，成十七法。生、老、死，等于三有为相。命是命根。结是心不相应的烦恼。本论又有“无想定、得果、灭尽定”——三法；“得果”，指得果而不失的不相应法；得果的能得灭尽定，所以次第而立。说一切有部，从这得而不失的意义，而普遍的应用，于是《品类论》分立为“得，无想定、灭定、无想事、……依得、事得、处得”。“得”，是能得一切法的得。本论的“果得”，被普遍化；而对于二无心定间的果得，被解说为得无想异熟果，名为无想事。又从结生时的初得，别立依得、事得、处得。《发智论》中“得”也是列于“定蕴”中的。“得”，实从定与(四沙门)果获得而引起。本论初列“果得”，大大启发了“得”的研究，成为阿毗达磨的重要论门。依这点而说，本论虽是分别说系的，实为上座部的古型论典，说一切有部也大受它的影响呢！

三、法入(法处所摄)色，本论立九，主要为三类：一、无教(表)色。其后说一切有部专以无表色(业)为法处色。二、身精进与身轻安。这与大众部、法藏部同①，但说一切有部与铜鍱部都把它看作心所法。三、正语、正业、正命，说一切有部以为就是无表色；铜鍱部却看作心所法，而另立男根、女根等十四种②。

四、无为法，共有九法，与大众部、化地部的九无为，虽内容并不全同，但本论近于分别说者，是毫无疑问的。铜鍱部但立一种无为，为《阿含经》的旧说。其他部派，或多或少地成立无为法；大众与(印度本土的)分别说系，最为重视。本论所说的“缘”，是缘起无为。“法住”，是缘起以外的，一切法的如如不变异性。“决定”，是入正性决定(正性离生)的无为性，所以是“圣法”。“四空处”，指四空处离惑而得的灭。“智缘尽”、“非智缘尽”，就是择灭与非择灭。本论虽是分别说系的，但不立“道支无为”，不立“有为相无为”，与说一切有部相同；而不立虚空无为，与铜鍱部同。其实，《发智论》也还没有虚空无为的论义。

---

① 《成唯识论述记》卷二(大正四三·二七五上)。

② 《法集论·色品》(南传四五·一八七)。

从这一法数看来,可断言:这是上座部而倾向分别说的古典,多少与说一切有部及犊子部的古义相近。化地部等——分别论者,应该是依此本典而发展完成的。

第三项　十 缘 说

本论的"摄相应分",摄是自性相摄,相应是心心所相应,与铜鍱部的《界论》,说一切有部的《品类论·七事品》、《界身论》相近。"绪分",《四分律》作"作处",《毗尼母论》作"处所",也与大众部阿毗昙的"作所生"相合。这是为依处而有所起作的意思。铜鍱部论书与此相当的,是《发趣论》。

四缘,为《阿含经》所说,重于心法的生起,是一切学派所公认的。佛说一切从因缘生,所以专说四缘,虽说可以统摄众缘,到底不免疏略。这样,古代的阿毗达磨论者,取契经的所说,而集成种种的缘。如本论"遍品"立十缘,铜鍱部《发趣论》立二十四缘。都是以四缘为初的;大众部也于四缘外,别立先生缘、无有缘等①。说一切有部的《发智论》主,四缘以外,别立六因说,有人怀疑他有无根据。审细地研究起来,六因与四缘的总和,实与本论的十缘相近。本论说十缘,也可称为十因,这才说一切有部与上座分别说系的因缘说,开始分流了。本论"绪分"的初品——"遍品",立十缘说;一一缘相望而论同异②;从他的或是或非中,知道十缘的相摄是这样的:

① 《般若灯论》卷一(大正三〇·五五上)。
② 《舍利弗阿毗昙论》卷二五(大正二八·六七九中——六八七上)。

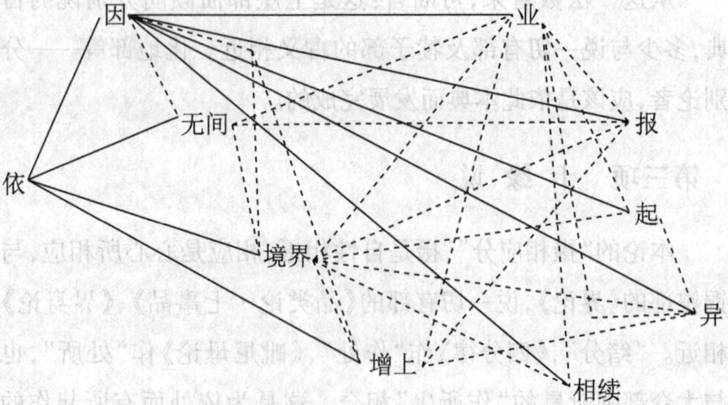

例：顺前句———
四句-------

依缘，等于说一切有部广义的能作因与增上缘，可总摄一切缘。所以，依缘与其他的九缘相望，一定是这样的（顺前句）："凡因（等九）缘必依缘，有依缘非因缘。"依缘下摄四大缘，与一般的四缘说相近。四缘的含义不一，所以，因缘望无间等三缘，都有四句（是此非彼，是彼非此，亦此亦彼，非此非彼）。境界（所缘）望无间缘、增上缘，也都有四句。而前为后缘的无间缘，与同时为缘的增上缘，是互不相摄的俱非句。因缘，可摄业等五缘，因缘广而五缘狭，所以也一定是："凡业（等五）缘必因缘，有因缘非业（等）缘。"五缘与无间、境界、增上——三缘，或相摄，或不相摄。如无间缘是前为后缘的，所以与前为后缘的报缘，通于前为后缘的业缘，也因广狭不一而有四句。如望同时为缘的起缘与异缘，就不相摄了。无间缘是前后同类的，相续缘是前劣后胜的，所以虽都是前为后缘而互不相摄。境界缘广，所以对五缘都有四句。增上缘是同时的，与前为后缘的报缘及相续缘，互不相摄。与同时为缘的异缘、起缘，通于同时为缘的业缘，都有四句。五缘彼此间相望，也或摄或不摄。如起与业，异与起，异与业，可有四句。业缘又通于前为后缘，所以又可与报缘及相续缘，互论四句。报缘，但与前为后缘的业缘论四句；与同时为缘的起缘、异缘，前劣为后胜缘的相续缘，都不相摄。相续缘，也但与业缘论四句，与其他三缘，都不相摄。依这样的分别，可见相续缘是同类因，报缘是异熟因，异缘是俱有（相应）因。起缘与俱有因相近，但是主因。如依四大起造色，依善不善根而起同时的善不善心所。起缘的从十结与三不善根而起不善心所，实为遍行因的另一解说。本论有（起）业（的）缘，而不特明起烦恼的遍行因，这是与六因说大不同的地方。这样，十缘不就是分别为四缘与六因吗？

铜锞部所立的二十四缘，与本论的“绪分”，也是极有关系的。二十四缘是：

> 因缘·所缘缘·增上缘·无间缘·等无间缘·俱生缘·相互缘·所依缘·依止缘·前生缘·后生缘·修习缘·业缘·异熟缘·食缘·根缘·静虑缘·道缘·相应缘·不相应缘·有缘·无有缘·去缘·不去缘

有情中心的因缘论，与十二缘起是不能分离的（《发趣论》的静虑缘、道缘等，更注意到修证因缘）。铜锞部的《发趣论》如此，说一切有部的《识身论》，也是从无我与三世有的立场，从有情的心识相续，而论说四缘的。本论的“缘（起）品”，说到“行缘识”作八缘：无间缘、因缘、境界缘、依缘、报缘、起缘、异缘、增上缘。从二十四缘来看十缘：依、因、无间、境界（所缘）、增上、业、报（异熟）——七缘的名称，都明白可见。约义说：起缘是俱生缘，异缘是相互缘，相续缘是修习缘。本论的“遍品”明十缘，次“因品”明三十三因。初列十因，就是遍品的十缘；次列名因、色因；再次为无明因、行因……众苦（纯大苦聚）因，共十八因；末列食因、漏因、复生因。品末的四句分别，论到：因与有因，因与和合因，前因与共因，前因与后因，后因与共因（梵本有三十二四句，今本译略）。这可以说：因是因缘，有因是有缘，和合是相互缘，前因是前生缘，后因是后生缘，共因是俱生缘。食因是食缘，复有因应是再生缘。这众多的名目，岂不都与二十四缘的名目相合。所以，从本论而观察铜鍱部与说一切有部的因缘说，可见因缘说的发展程序，是由简而繁，又由繁杂到精简。其历程如下：

A. 四缘：各部派公认，见于经说；说一切有部的持经者，仍但明因缘。

B. 十缘（十因）：依四缘为本，更为增集而成。

C. 二十四缘：本论的因品，在十缘之外，又集成种种缘。总取而更为增集，成二十四缘。

D. 六因四缘：以种种因缘为繁杂，精简而立四缘与六因（其后大乘，更立四缘与十因）。六因与四缘，虽说近于十缘，但有十缘所没有的内容。“相应因”的名目，见于二十四缘。

对于因缘，各派不同，或取四缘说，或取十缘说，或取（种种缘）二十四缘说，或取六因四缘说。各以自宗所取的为定论，然后广张义网，为不同的详密分别。到这时，几乎难于了解佛法的共同了。

第四项　古型的阿毗达磨论

本论为古型的阿毗达磨，然已发展为（印度本土的）分别说者。如立九无为，最足以表示其立场。以十使为相应的，与说一切有部相同，而立结与使，为不相应与相应二类，为"随眠异缠"说所本。"心性本净"，已偶见于"绪分"的"心品"；这是分别论者所特别重视的。本论的论义，代表了分别说与说一切有（犊子系在内）——二大系日渐分化的时代。举例来说：三世，经中是直叙而不加简别的；依此论究，才分化为三世有与现在有——二大系。本论"智品"，说到"无境界智"，有二说：一、"无无境界智"，同于说一切有部。二、"思惟过去未来法智生，是名无境界智"，同于过未无体的分别说部[①]。又如"法住智"，"智品"也有二说：一、"若智圣，有为境界，是名法住智"，同于说一切有部。二、"除缘如尔（缘起无为），若余法如尔，非不如尔，非异非异物，常法，实法，法住，法定，非缘（起），是名法住智"，就合于本论的"法住无为"说[②]。本论是过未无体说的，以法住为无为的，但保存了过未有体，法住智缘有为的异义。这可以解说为：当时的佛教界已有这不同的解说，但没有发展到尖锐对立的情形，所以看作不重要的异义，无简别地保存下来。又《大毗婆沙论》的分别论者，与本论的论义相对比，是并不全同于分别论者的。同

① 《舍利弗阿毗昙论》卷九（大正二八·五九三下）。
② 《舍利弗阿毗昙论》卷九（大正二八·五九一下）。

于分别论者的，有：

1. 信等五根唯是无漏①
2. 缘起无为②
3. 心性本净③
4. 四沙门果是无为④
5. 有齐首(首等)人⑤
6. 烦恼有相应不相应二类⑥
7. 不中立有⑦
8. 声通异熟⑧
9. 八苦为苦，爱为集，择灭为灭，八正道为道⑨

本论所说，与分别论者相反，而同于说一切有部的，有：

1. 三相是有为⑩
2. 立三漏⑪
3. 诸法摄自性⑫
4. 道是有为⑬

① 《舍利弗阿毗昙论》卷五(大正二八·五六一中)。
② 《舍利弗阿毗昙论》卷一(大正二八·五二九下)。
③ 《舍利弗阿毗昙论》卷二七(大正二八·六九七中)。
④ 《舍利弗阿毗昙论》卷四(大正二八·五五七上)。
⑤ 《舍利弗阿毗昙论》卷八(大正二八·五八九中)。
⑥ 《舍利弗阿毗昙论》卷一(大正二八·五二八下)。
⑦ 《舍利弗阿毗昙论》卷一二(大正二八·六〇八上)。
⑧ 《舍利弗阿毗昙论》卷一(大正二八·五三一下)。
⑨ 《舍利弗阿毗昙论》卷四(大正二八·五五二下——五五四中)。
⑩ 《舍利弗阿毗昙论》卷一(大正二八·五二九下)。
⑪ 《舍利弗阿毗昙论》卷一九(大正二八·六五一中)。
⑫ 《舍利弗阿毗昙论》卷二一(大正二八·六六一上)。
⑬ 《舍利弗阿毗昙论》卷四(大正二八·五五七上)。

5. 贪嗔邪见非业自性①

再进一步说,与(大众)分别说系——化地、法藏等不同,与说一切有部(及犊子系)反而相同的,有:

1. 十五界唯有漏②
2. 自性不与自性相应③
3. 八正道是道谛④
4. 寻伺相应⑤
5. 寻伺通无漏⑥
6. 命根是不相应⑦

从上所列的宗义,或同或异,可以论断为:本论是分别说与说一切有分离不久阶段的论书。属于分别说,而与说一切有还相近而能相容(如上所举的双存二说)。依据本论,更为独到的发展,达到与说一切有部(说一切有部,也是更为独到的发展)的非常对立,是化地、法藏、饮光部,这才形成《大毗婆沙论》所说的分别论者。在说一切有部的毗婆沙师看来,这是从上座部分出,而立义与自宗严重的差异,不免存有厌恶鄙薄的心情。对于分别论者,没有如"西方尊者"、"譬喻尊者"那样的存有敬意了。

---

① 《舍利弗阿毗昙论》卷一(大正二八·五二六下)。
② 《舍利弗阿毗昙论》卷二(大正二八·五三五下)。
③ 《舍利弗阿毗昙论》卷二三(大正二八·六七一下)。
④ 《舍利弗阿毗昙论》卷四(大正二八·五五四上——中)。
⑤ 《舍利弗阿毗昙论》卷二四(大正二八·六七六中)。
⑥ 《舍利弗阿毗昙论》卷一(大正二八·五二七中)。
⑦ 《舍利弗阿毗昙论》卷一(大正二八·五二八下)。

第三节　被称为分别论者的犊子部

第一项　犊子系与说一切有部

犊子部立三种涅槃:有学,无学,非学非无学。毗婆沙师评破他,称之为"分别论者"①。"分别",本为阿毗达磨的标帜,上座系的独到学风。由于现在有派自称"分别说者",因而三世有派渐形成"说一切有",以为对立。分别说者虽是上座部中的现在有派,但是说一切有部的对立者,所以毗婆沙师也泛指说一切有部以外的上座别系为分别论者。这样,犊子部也被称为分别论者了。或可以这样说:犊子部所宗奉的根本阿毗达磨,虽诵本不同,而与分别论者(印度本土的,如法藏部等)一样,都是《舍利弗阿毗达磨》。

犊子部与说一切有部,都是从上座部中三世有派再分化而独立的。犊子部与说一切有部有非常密切的关系。据《部执异论》,说一切有与犊子部,先后分出,在佛灭三百年中②。据《善逝教明法生宝藏史》③:佛灭一百三十七年,佛教界有五事诤论,一直延续了六十三年。直到上座犊子比丘出来方息诤。这意味着犊子部的成立,也是佛灭三百年初。当阿育王时代,分别说系

---

① 《大毗婆沙论》卷三三(大正二七·一六九上)。

② 《部执异论》(大正四九·二〇上)。《十八部论》,同。奘译《异部宗轮论》,说一切有部于佛灭"三百年初"分出(大正四九·一五中)。

③ 《善逝教明法生宝藏史》(抄),见寺本婉雅译 Tāranātha《印度佛教史·附录》(三九九——四〇〇)。

已独立。那时,西方摩偷罗中心的佛教,主要为分别说系脱出后的上座部——三世有派,为说一切有与犊子的母部。其后,或西北移往罽宾或发展于恒河上流,这才逐渐地分化为说一切有与犊子二部。犊子部与说一切有部,思想是非常接近的。出于同一母部("先上座部"),而又孕育于同一学风中,所以相同的极多。犊子部的独立,比之《发智论》的集成(阿毗达磨论系的说一切有,传说因此而成立),多少迟一些。

《大毗婆沙论》卷二(大正二七·八中)这样说:

> "谓彼(犊子部)与此(说一切有部),所立义宗,虽多分同而有少异。谓彼部执:世第一法,唯以信等五根为性。诸异生性,一向染污,谓欲界系见苦所断十种随眠为自性故;随眠体是不相应行。涅槃有三种,谓学、无学、非学非无学。立阿素洛为第六趣。补特伽罗体是实有。彼如是等,若六若七,与此不同,余多相似。"

《大毗婆沙论》集成的时代,犊子部与说一切有部的宗义差别还是不太多的,这可以想见其关系的亲密。传为迦旃延尼子创说的"九十八随眠",犊子部是采用了①。《发智论》立"异生性",或者评论为杂有外道的思想②,犊子部也立异生性③。犊子部与说一切有部的《发智论》有关,更可从二部初期的异义来说明。

一、由于《发智论》的新义,引起二部的对立。如世第一法

---

① 《大智度论》卷七(大正二五·一一〇中)。

② 《成实论》卷七(大正三二·二八九下)说:"有诸论师习外典故,造阿毗昙,说别有凡夫法(异生性)等。"

③ 《大毗婆沙论》卷二(大正二七·八中)。

以五根为性，犊子部本同于旧阿毗达磨论师①。《发智论》修正为“心心所法为性”，这才彼此差别了。又犊子部立：“若断欲界修所断结，名为离欲，非见所断。”②这本是阿毗达磨的旧说，《品类论》也还是这样说。《发智论》的“结蕴·不善纳息”立二门：1. 见修五断分别，2. 见修二断分别。在五断分别门，就是一般说的八十八随眠见所断，十随眠修所断。二断分别门，以为：除非想非非想处以外的八十八随眠，也是异生修所断的。这是说：如异生离欲染（及色、三无色）时，不但断修惑，也断欲界的见惑③。《大毗婆沙论》评为：“此文（二断分别门）是了义，彼（《品类论》）文是不了义。”④显然的，《发智论》创立新义，而旧义——八十八见所断，也还被保存。犊子部不同于说一切有部，实只是不同于新义而已。二、《发智论》的新义，犊子部相近而多少不同。如《发智论》立异生性，是“三界不染污心不相应行”⑤；而犊子部说：“异生性是欲界系，是染污性，是见所断，是（不）相应行蕴摄。”⑥《发智论》立五部随眠，说业也通五部；犊子部更说“所得异熟亦通五部”⑦。这就与《发智论》差别了。三、《发智论》撰集时，西方上座系本有不同的异说，所以《发智论》主特别以问答来论定。这其中，就有犊子部所取的。如世

---

① 《大毗婆沙论》卷二（大正二七·七下）。

② 《异部宗轮论》（大正四九·一六下）。

③ 《发智论》卷三（大正二六·九三〇上——下）。

④ 《大毗婆沙论》卷五一（大正二七·二六六下）。

⑤ 《发智论》卷二（大正二六·九二九上）。

⑥ 《大毗婆沙论》卷四五（大正二七·二三一中）。原文作“是相应行蕴摄”，依同《论》卷二（大正二七·八中）所说：“诸异生性，一向染污，谓欲界系见苦所断十种随眠为自性故；随眠体是不相应行。”知道应改为“不相应行蕴摄”。

⑦ 《大毗婆沙论》卷一二一（大正二七·六二九上）。

第一法通色无色界系①，一眼见色②，涅槃通于学、无学、非学非无学③，音声是异熟果④。《发智论》主一一确定了正义，那异义也自然形成异部了。

犊子部与说一切有部的根本异义，是实有不可说的补特伽罗。在《发智论》主的心目中，补特伽罗无实，在佛法内部是毫无问题的，并没有如五事恶见那样的痛加破斥（到《识身论》，才论破补特伽罗）。大概犊子部那时还没有别立宗风，所以《发智论》没有论到。另一主要的差别，是有关修行的次第。今依《异部宗轮论》⑤，对立二部的异义如下：

	说一切有部	犊子部	
四加行位	暖	忍	四善根位
	顶	名	
	忍	相	
	世第一法	世第一法	
十六现观	苦法忍	苦法智	十二现观
	苦法智	苦观智	
	苦类忍	苦类智	
	苦类智		
	集四	集三智	
	灭四	道三智	
	道四	灭三智	

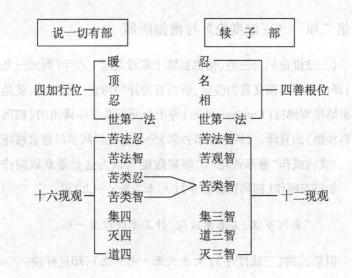

① 《大毗婆沙论》卷三（大正二七·一四上）。

② 《大毗婆沙论》卷一三（大正二七·六一下）。

③ 《大毗婆沙论》卷三三（大正二七·一六九上）。

④ 《大毗婆沙论》卷一一八（大正二七·六一二下）。

⑤ 《异部宗轮论》（大正四九·一六中——下），并参考《三法度论》卷上（大正二五·一九中）。

十六现观,《发智论》已经成立,这是依经说渐见四谛而安立的。犊子部立十二现观(其后经部立上下八现观),只是开合不同,而根本的原则是一样的。关于四加行位(四顺抉择分善根),《发智论》仅论到世第一法、顶、暖——三事,还没有明确的组立。暖、顶、忍、世第一法的完整建立,应出于妙音等。犊子部立忍、名、相、世第一法,虽不全同于说一切有部,但也立四位。这可以论断为:犊子部与说一切有部,孕育于同一学风,而能独抒机运的一派。等到确立不可说我,成立自宗的修行次第,这才明显地与《发智论》系分化,完成独立的宗派形态。

第二项　《三法度论》与僧伽斯那

《三法度论》,分三卷,僧伽提婆于东晋太元十六年(西元三九一)译出。译出而又重为改定,所以有再译的传说。这部论,就是苻秦鸠摩罗佛提(Kumārabuddhi)等于西元三八二年译出的《四阿鋡暮抄解》的异译。《四阿鋡暮抄解》分二卷,题"阿罗汉婆素跋陀撰"。文内或作"婆苏跋陀"、"婆素跋度",以为这是婆素跋陀作的。如道安所作《四阿鋡暮抄序》(大正二五·一上)说:

"有阿罗汉,名婆素跋陀,钞其膏腴以为一部。"

但慧远的《三法度序》(大正五五·七三上),却这样说:

"应真大人,厥号山贤。……撰此三法,因而名云。……后有大乘居士,字僧伽先……仍前人章句,为之训传。"

婆素跋陀,就是慧远《序》中的山贤。据慧远《序》,这部论有本有释。本论是婆素跋陀所作,而释论是僧伽先造的。婆素跋陀，慧远译为山贤，但《四阿鋡暮抄解》附注说：“秦言今贤，人名也，得无著道。”①近见《精刻大藏经目录》，作“世贤造”。虽不知有没有依据，然从梵语 Vasubhadra 来说，确是世贤的意思。那么，“山”与“今”，都是“世”字的讹写了。

本论分为三品：“德品”，“恶品”，“依品”。每品又分三度：“德品”是三福业、三善根、三离恶；“恶品”是恶行（业）、爱、无明；“依品”是阴、界、入。共为三法九真度，所以名为《三法度论》。每一度又以三分来说，体裁非常特殊。一切都用三分法来说明，自不免有削足适履的地方。因为法义的内容不一定能合于三数，所以德品的三真度也不能尽依这个次第。然一贯的三分法，确乎便于记诵。在全论中，德品的“无恶”——离恶度，内容极长，占了全论的三分之一，今列举科目如下：

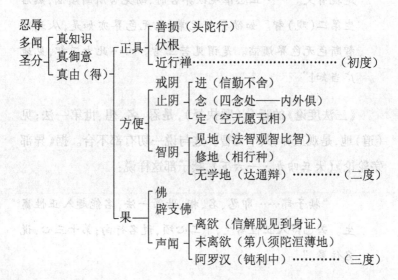

- 忍辱
- 多闻
- 圣分
  - 真知识
  - 真御意
  - 真由（得）
    - 正具
      - 善损（头陀行）
      - 伏根
      - 近行禅……（初度）
    - 方便
      - 戒阴
      - 止阴
        - 进（信勤不舍）
        - 念（四念处——内外俱）
        - 定（空无愿无相）
      - 智阴
        - 见地（法智观智比智）
        - 修地（相行种）
        - 无学地（达通辩）…………（二度）
    - 果
      - 佛
      - 辟支佛
      - 声闻
        - 离欲（信解脱见到身证）
        - 未离欲（第八须陀洹薄地）
        - 阿罗汉（钝利中）…………（三度）

---

① 《四阿鋡暮抄解》卷上（大正二五·四上）。

僧伽提婆，是说一切有部"阿毗昙"——《八犍度论》的译者。对于《三法度论》，是时常赞扬的①，所以一般都以为是说一切有部的论书。然从论义去研究，发见一些不合于说一切有部，反而合于犊子部的，如《论》卷上（大正二五·一八中、一九中）说：

"近行禅者，忍、名、想。……行者在生死旷野，淫怒痴烦劳，得真知识故正思惟。观阴界入无常苦空无我时，若欲乐，是谓忍。正思惟，意不动，是谓名。如梦中见亲，如镜中像，如是苦观（名）想。是世间第一法，由世尊想。"

"法智、观智、未知（比）智，此是见地智。于中法智者，是现智义。……正思惟观欲界苦时，断见苦所断烦恼，然后生第二（观）智。如欲界苦无常，色无色界亦如是，从此比智断色无色界烦恼。是谓见苦三智。……此十二智，见地广当知！"

《三法度论》的近分（顺抉择），是忍、名、想、世第一法；见（道）地，是观三界，共十二智。这与说一切有部不合。据《异部宗轮论》（大正四九·一六下），犊子部这样说：

"犊子部……即忍、名、相、世第一法，名能趣入正性离生。若已得入正性离生，十二心顷，说名行向；第十三心，说名住果。"

① 《出三藏记集》卷一〇《三法度序》说："每至讲论，嗟咏有余。"（大正五五·七三上）

本论所说的加行位与现观次第，合于犊子部义，这当然是犊子部的论书了。犊子系特立的"不可说我"，也存在于《三法度论》卷中（大正二五·二四上——中），如说：

"有为、无为、不可说：不知，是谓三种无智。"

"受施设，过去施设，灭施设：若不知者，是谓不可说不知。受施设者，众生已受阴界入，计（众生与阴界入是）一及余（异）。过去施设者，因过去阴界入说，如所说：我于过去名瞿旬陀。灭施设者，若灭是因受说，如所说：世尊般涅槃。"

犊子部立五法藏，就是这三世有为、无为、不可说——三类。不可说，就是"不可说我"。而不可说我，又约三义而安立：受施设，是依阴界入而施设的不可说我，或者依此而执身一命一、身异命异等。过去施设，依过去的阴界入而施设的，如佛说：过去我是瞿旬陀等。灭施设，约阴界入灭息涅槃而施设的。依论说：这样的施设我，是不可说是有、是无；不可说是常、是断的，所以立不可说我，能对治众生的妄执：

依受阴界入施设我……………………………………治无见

依过去阴界入施设我………………治断见

依不受阴界入（涅槃）施设我………治常见………治有见

犊子部不可说我的本义，明白可见。我曾辨《异部宗轮论述记》的误解："补特伽罗非即蕴离蕴"，是不可说我；"依蕴处界假施设名"，是假我；而主张"假设施名"，就是不可说我①，也可

① 拙作《唯识学探源》（民国三十四年初版页五二，本版页四四——四五）。

从本论而得到证明。真谛的《部执异论》,对于犊子部宗义略有补充,但对不可说我的意义,与《三法度论》完全一致。如《部执异论》(大正四九·二一下)说:

"非即五阴是人,非异五阴是人,摄阴界入故立人等假名。有三种假:一、摄一切假;二、摄一分假;三、摄灭度假。"

假与假名,就是施设,为梵语波罗聂提(prajñapti)的意译。所说的三种假:摄一切假,就是受施设。摄一分假,就是过去(三世中的一世)施设。摄灭度假,就是灭施设。这样,从修行位次说,不可说我说,这是犊子部的本论,可说毫无疑问的了。

此外,《论》说十八天,与外国师相合。建立阴界入,也与说一切有部不同。如色法没有说到"法处所摄色";触有八种,都与旧阿毗达磨论(《法蕴论》)同。说十寒地狱,与《立世阿毗昙论》相同。但本论说三界、五趣,没有说六趣。其实,与犊子部有关系的《正法念处经》、《立世阿毗昙论》,对阿修罗趣的别立,也是不大分明的。犊子部的本义,与说一切有部阿毗达磨论的差别,本来是少少的①,难怪这部论为说一切有的学者所重视了。这部论代表犊子部的根本论义,所以我有一假设:作者婆素跋陀(度),为犊子(阿罗汉)(Vātsīputra)的对音,展转传流西域,音变而被解说为"世贤"。

《三法度论》的注释者,是僧伽斯那,意译为众军,就是慧远

---

① 《大毗婆沙论》卷二(大正二七·八中)。

《序》所说的僧伽先。《三法度经记》说："比丘释僧伽先，志愿大乘。"①慧远《三法度序》却说："有大乘居士，字僧伽先。"②这位与大乘有关的僧伽斯那，传说有比丘与居士的异说。然从名字来推断，应是比丘。《出三藏记集·求那毗地传》也说"大乘法师僧伽斯"③。所以，居士或是"开士"的笔讹。

在中国佛教中，僧伽斯那不是太生疏的人。一、他是禅师，与世友、胁、马鸣等并列，如《出三藏记集》卷九《关中出禅经序》(大正五五·六五中)说：

"其中五门，是婆须蜜、僧伽罗叉、沤波崛、僧伽斯那、勒比丘、马鸣、罗陀禅要之中，钞集之所出也。"

二、他是论师，为婆素跋陀的《三法度论》造释论，是随顺犊子部义的。三、他是譬喻师——因此而被称大乘法师。梁僧祐《出三藏记集》卷一四《求那毗地传》(大正五五·一〇六下)说：

"大乘法师僧伽斯……于天竺国，抄集修多罗藏十二部经要切譬喻，撰为一部，凡有百事，以教授新学。(求那)毗地悉皆通诵，兼明义旨。以永明十年(西元四九二)秋，译出为齐文，凡十卷，即百句譬喻经也。"

早在东晋太元十六年(西元三九一)，译出僧伽斯那的《三法度论》，当时所作《三法度经记》(大正五五·七三中)就说：

---

① 《出三藏记集》卷一〇(大正五五·七三中)。
② 《出三藏记集》卷一〇(大正五五·七三上)。
③ 《出三藏记集》卷一四(大正五五·一〇六下)。

“比丘释僧伽先，志愿大乘，学三藏摩诃鞞耶伽兰，兼通一切书记。”

摩诃鞞耶伽兰(Mahāvyākaraṇa)，就是大授记，或大记别，为十二部经的一部。《求那毗地传》所说“十二部经要切譬喻”，也就是这个。在北传佛教中，授记、譬喻、因缘等，都是可通用的。说他“兼通一切书记”，分明是一位大文学家。但求那毗地所译的十卷本的《百句譬喻经》，有否保存到现在呢？现存于大藏经的，题为求那毗地所译、僧伽斯那所造的，有《百喻经》四卷，或作二卷。《百喻经》的内容，确为百事，但与十卷本不合。《百喻经》末署(大正四·五五七下)“尊者僧伽斯那，造作痴华鬘竟”。“痴华鬘”是这部书的原名。“鬘”，为佛典的文学作品。这部《百喻经》，确为通俗教化的成功作品，如《论》末(大正四·五五七下)说：

“此论我所造，和合喜笑语，多损正实说，观义应不应。如似苦毒药，和合于石蜜。药为破坏病，此论亦如是。正法中喜笑，譬如彼狂药。”

僧伽斯那以轻松谐笑的笔调写出佛法，而不取严肃的说教，以使正法易于深入人心。“痴鬘”，正能表示这个意义。然《俱舍论(光)记》卷二(大正四一·三五下)说：

“鸠摩逻多，此云豪童，是经部祖师。于经部中，造《喻鬘论》、《痴鬘论》、《显了论》等。”

《痴鬘论》的作风，与譬喻师鸠摩逻多相近，所以后代传为鸠摩逻多所造。然依《百喻经》末署，显然为僧伽斯那的作品。《百喻经》是僧伽斯那所造的，也恰好为一百事，但四卷（或二卷）而不是十卷；是纯文学作品，杂采世俗的故事与寓言，而不是"大授记"，不是"抄修多罗切要譬喻"。所以，如以《百喻经》为《出三藏记集》所说的《百句譬喻经》（慧皎《高僧传》作《百句喻经》），大有问题！考查经录，隋费长房的《历代三宝纪》，也说求那毗地译《百句譬喻经》十卷①。此外，别出《百喻经》一卷，为支谦所译②。此后，隋《众经总录》、《众经目录》等，都以《撰集百缘经》十卷为支谦译；而求那毗地所译的，只是《百喻经》（四卷或二卷）了。从此，以讹传讹地错到现在。我相信，求那毗地所译《百句譬喻经》或《百句喻经》，正是误传为支谦译的《撰集百缘经》（或作《百缘经》）。该经第一品（十事）名"菩萨授记品"，第三品（十事）名"授记辟支佛品"，与僧伽斯那的"学三藏摩诃鞞耶伽兰"（大授记）相合；而分为十卷，共一百事，也与《百句譬喻经》相合。论文笔，也决非支谦所译。至于现存的《百喻经》（四卷或二卷），可能就是《历代三宝纪》所说的，支谦译的一卷本《百喻经》。《历代三宝纪》对于不明译者的经书，每任意地配属知名的古人；论文笔，这也不会是支谦译的。这应该是失译。以末题"僧伽斯那"，不作"僧伽先"、"僧伽斯"来说，与僧睿的《禅经序》相合。

此外，还有僧伽斯那撰的《菩萨本缘（集）经》，三卷或作四

---

① 《历代三宝纪》卷一一（大正四九·九六上）。
② 《历代三宝纪》卷五（大正四九·五八下）。

卷,从《历代三宝纪》①以来,一致说是支谦译的。经说菩萨布施五缘,持戒四缘,似乎是全书的一部分。从译笔而论,也与支谦不同。每缘以"我昔曾闻"发端,与鸠摩罗什所译的《大庄严经论》一样。文字清顺流利,与《百喻经》相近。这二部,或是鸠摩罗什时代的译品。

《痴华鬘》(《百喻经》),《百句譬喻经》(《撰集百缘经》),《菩萨本缘经》,都是僧伽斯那的撰集。他有禅集,有赞美佛陀行果的通俗譬喻文学,实与僧伽罗叉、马鸣、鸠摩逻多等一样。不过在论义方面,他在说一切有系中是倾向于犊子部的。他的禅集与撰述,从苻秦建元十八年(西元三八二)初译,一直到齐永明十年(西元四九二),不断传入中国。在禅师的次第上,僧睿把他序列于胁比丘以上。《三法度论》,为犊子部的初期论典;僧伽斯那的时代,约与马鸣等相近,是不会太迟的。梁《高僧传》说求那毗地"师事天竺法师僧伽斯"②,是不可能的事。僧祐的《求那毗地传》只说"悉皆通利,兼明义旨",并无直接师承的意味。

第三项 《三弥底(部)论》

《三弥底(部)论》,三卷,题为"失译人名,今附秦录"。三弥底部(Saṃmatīya),就是正量部,为从犊子部分出的大派。从《大唐西域记》看来,这是非常隆盛的学派。这部论既名《正量部论》,那当然是正量部的论书了。从论义去了解,的确是正量

---

① 《历代三宝纪》卷五(大正五五·五七上)。

② 《高僧传》卷三(大正五〇·三四五上)。

部的。《论》的主要意义，是随业力而流转生死，与修行而得解脱。先论究有我与无我：1. 举实无我派，2. 不可说有我无我派，3. 实有我派。实有我的，又有是五阴、异五阴，是常、是无常各派。这都是成立自宗，各引经文来证成。本论对各派一一解说、批评，成立自宗的"有人"（补特伽罗），如《论》卷中（大正三二·四六六中——下）说：

"佛说有三种人。"

"问：云何三种人？答：依说人，度说人，灭说人。"

这三类，与《三法度论》及《部执异论》所说三种施设我（如本节上项所说），大体相同。但正量部的思想比起犊子部所说，显然更为严密完善。"依说人"，是依五阴和合而安立的我，与五阴不可说一，不可说异。这与《三法度论》的受施设相同。"度说人"的度，是移转的意思。犊子部本义，约过去一分（阴界入）施设，重在过去。而正量部重在依诸行的移转，从前生到今生，今生到来生。依诸行移转，而说有三世的我。"依说人"重于和合，"度说人"重在相续。"灭说人"与《三法度论》的灭施设相同，约"无复有五阴处"说。有我无我论究了以后，辨有中阴与无中阴。末后，总论凡圣为十三人。

论名《三弥底（部）论》，以部派名为论名，这是不曾见过的。其实，这是译者所立，并非论的本名。在《论》的末后（大正三二·四七三上）说："依说论竟。"梵文原本，经论的名字，都是安在末后的。如《百喻经》末后，题为《痴华鬘》。所以，这部论原名《依说论》。"依说"是什么意思呢？在成立"三种人"时，附

注(大正三二・四六六中)说:

"说者,亦名安,亦名制,亦名假名。"

三种人——依说、度说、灭说的说,可译为安立、假名,可见就是施设了。"依",应为 Upādaṅa,正译为取。古人每译为受,如称五取蕴为五受阴。《三法度论》的"受施设",就是"依说"。依,梵语为 upādhi(亿波提);音与义,都与取相近。所以,"依说"就是"受施设",为梵语 upādāna-prajñapti 的意译。这部论重在成立不可说的补特伽罗;虽分三类,而主要为依"执受诸蕴立补特伽罗"①;也就因此,论名《取施设论》(依说论)了。

《三弥底(部)论》的译文近于直译,文字还算通利。失译人名而附于秦录,是《开元释教录》推定的②。在我看来,这很可能是魏瞿昙般若流支(Prajñāruci)的译品。理由为:一、《三弥底部论》初说:"归命一切智。"③这是归敬辞。在经论前,先举归敬,本为印度常见的体例。但传译来中国,并不多见。略寻经论,惟瞿昙般若流支的译品,有此体例。如《正法念处经》初说:"归命一切诸佛菩萨。"④《顺中论》初说:"归命一切智。"⑤《圣善住意天子所问经》初说:"归命一切诸佛菩萨,归命世尊大智慧海。"⑥与瞿昙般若流支同时,译品混杂不清的菩提流支(Bodhiruci),传

---

① 《俱舍论》卷二九(大正二九・一五二下)。
② 《开元释教录》卷四(大正五五・五一八下——五一九上)。
③ 《三弥底部论》卷上(大正三二・四六二上)。
④ 《正法念处经》卷一(大正一七・一中)。
⑤ 《顺中论》卷上(大正三〇・三九下)。
⑥ 《圣善住意天子所问经》卷上(大正一二・一一五中)。

译有《胜思惟梵天所问经》初说："归命释迦牟尼佛。"[1]二、译者与所译的论书，没有一定的关系，但译者总欢喜译出自宗，或自己所赞赏的。瞿昙般若流支所译的《正法念处经》，一向有"正量部诵"的传说。别有《犊子道人问论》一卷，但已阙本[2]。瞿昙般若流支，与犊子、正量部，显然有密切关系。依此二点，推论《三弥底论》为瞿昙般若流支所译，大概是不会错吧？

---

① 《胜思惟梵天所问经论》卷一(大正二六·三三七上)。

② 《开元释教录》卷六(大正五五·五四二下)。

第十章　阿毗达磨论的新猷

第一节　总　说

《大毗婆沙论》的编集，是说一切有部阿毗达磨论系的大成。依有为法的一定规律，既发生而成长，自然要演变而或者衰落。从《大毗婆沙论》集成到《俱舍论》的造作，就是从演变到衰落阶段。当然，在说一切有系中，全体佛教的开展中，还是有新的发展、新的综合与更高的完成。说一切有部本有论师，经师又成为譬喻师、专于修持的瑜伽师。到《大毗婆沙论》集成，论师系可说完成了。所以，《大毗婆沙论》以后，论师的趋势是采择论义的精要部分，而为严密的组织。譬喻师与瑜伽师，从说一切有部中逐渐发展到超越说一切有的新立场。如世亲的《阿毗达磨俱舍论》，也就是面对这一局势，同情阿毗达磨者的无边业绩，而又不能不重新论究，使阿毗达磨论获得新的内容，适应时代而有新的进展。然而，阿毗达磨论再也不能局限于《发智》、《大毗婆沙》的旧型了！

《大毗婆沙论》的伟大成就，不免带来了困扰。一方面，法相的错综繁广，不容易修学。古代的阿毗达磨，“性相以求”，“不重次第”。即使如《舍利弗阿毗昙论》，全论有组织的意义，而各品的前后次第，每品的文段内容，仍不外是法义的堆集。特别是《发智论》的八蕴、四十四纳息，尽是局部的、片段的，“纂集种种不相似义，分别解释”。甚至有的以为：“阿毗达磨，以广论道，抉择诸法真实性相；此既繁杂，不应于中求其次第。”①这种阿毗达磨传统，没有次第，缺乏完整的统贯的叙述，再加以广引各家，层层破立，如《大毗婆沙论》，不免陷佛法于繁琐支离。理解已万分困难，学者更难依之而起修了。如《诃黎跋摩传序》（大正五五·七八下）说：

“今之所禀（《大阿毗昙》），唯见浮繁妨情，支离害志，纷纭名相，竟无妙异。”

这种批评，未必就是事实。但对修学者的繁难，不能说不是事实，也许因此而促成反毗婆沙师者的兴起。另一方面，由于迦湿弥罗系的评破诸家，以自系的论定为正义，被毗婆沙师评破的说一切有部论师、说一切有部的持经譬喻师，以及上座别系分别论师，怎么能同意呢？毗婆沙师的专断，引起了严重的影响。在阿毗达磨论师中，西方、外国诸师，采取了新的对策。对于错综繁广的法相，择取精要而加以组织，便于修学；对于评家及异义，也还保有自由研考、自由取舍的立场。这就是从《阿毗昙心论》、《心论》的解释；《阿毗达磨杂心论》；《阿毗达磨俱舍论》的

---

①《大毗婆沙论》卷二（大正二七·五下）。

一系列论书。《俱舍论》在组织上、偈颂上,继承《杂阿毗昙心论》,更远承《阿毗昙心论》。这早经前贤指出①,不需重说的了。

这里有应加研究的,是法胜所作的《阿毗昙心论》,到底造于《大毗婆沙论》以前,还是以后呢?木村泰贤氏的《阿毗达磨之研究》,举例来说明《阿毗昙心论》为《大毗婆沙论》的纲要书。至于《心论》所说的"若生诸烦恼,是圣说有漏",不及《大毗婆沙论》的严密,但不能以此少少的相违,就推论为作于《大毗婆沙论》以前②。近见《有部阿毗达磨论书之发达》,引道梴《毗婆沙序》,而赞同山田龙城《大乘佛教成立论序说》的论断:《阿毗昙心论》为《大毗婆沙论》以前的著作③。对于这一问题,应从两点去研究。

《阿毗昙心论》说:"若生诸烦恼,是圣说有漏。"《杂阿毗昙心论》改为"若增诸烦恼"。这只能说:对于"有漏"的定义,《阿毗昙心论》不及《杂阿毗昙心论》的严密,却不能说与《大毗婆沙论》相违。关于"有漏"的定义,《大毗婆沙论》卷七六(大正二七·三九二中——下)这样说:

1. 若法能长养诸有。

2. 若法能令诸有相续。

3. 若法是趣苦集行。

4. 若法是有身见事苦集谛摄。

5. 若法能令诸漏增长。

---

① 木村泰贤《阿毗达磨论之研究》(二五九——三二四)。

② 木村泰贤《阿毗达磨论之研究》(二七五——二七九)。

③ 福原亮严《有部阿毗达磨论书之发达》(三九四)。

6. 从漏生相,能生漏相。

7. 若离此事,诸漏不有。

8. 若法是漏生长依处。

后三义,《论》作世友说,大德说,妙音说(凉译都作婆须蜜——世友说)。《大毗婆沙论》的有漏定义,与"若生诸烦恼"并无显著的矛盾,这正是世友、妙音的论义呢!至于《大毗婆沙论》卷二二(大正二七·一一〇中)所说:

"由二事故,名有随眠心。一、由随眠于此心有随增性;二、由随眠于此心有同伴性。"

这里的"随增性",并非有漏的定义。"随增"是随眠的定义之一[1]。心与随眠相应而起时,随眠不但为心的同伴,而又与心"互相随顺而增长"。这是解说"有随眠心",正是为了对破心相有杂染而心性清净的异说。所以,这不是"增诸烦恼",反而是烦恼使心增长其杂染。《大毗婆沙论》说随眠有二义:一、相应随眠,二、所缘随眠。相应随眠是随增性,所缘随眠是随缚性[2]。这是《大毗婆沙论》的本义,怎么可说与《阿毗昙心论》所说相违呢?

另一问题,是道梴的《毗婆沙(论)序》。如《毗婆沙论》论前《序》(大正二八·一上——中)说:

(上述《毗婆沙论》的传译)"梴以微缘,豫参听末。欣

① 《大毗婆沙论》卷五〇(大正二七·二五七上)。
② 《大毗婆沙论》卷二二(大正二七·一一一下)。

遇之诚，窃不自默。粗列时事，以贻来哲。”

“如来灭后，法胜比丘造阿毗昙心四卷。又迦旃延子造阿毗昙，有八犍度，凡四十四品。后五百应真造毗婆沙，重释八犍度。”

或者根据序文，以为《阿毗昙心论》造于《大毗婆沙论》以前。其实，懂得中国文学的都会知道：“粗列时事，以贻来哲”，道梃的序文，已经完了。另起“如来灭后”，显然是后人附加的。据《大正藏》的校对，知道日本宫内省所藏的宋藏本，没有“如来灭后”一段。又梁僧祐《出三藏记集》卷一〇所收道梃的《毗婆沙（经）序》①，也没有这一段。可见这不是道梃《序》原文，不足为证。又《出三藏记集》卷一〇《毗婆沙（经）序》（大正五五·七四上）说：

“虽法胜迦旃延，撰阿毗昙以拯颓运，而后进之贤，寻其宗致，儒墨竞构，是非纷然。故（五百应真）乃澄神玄观，搜简法相，造毗婆沙，抑正众说。”

据此，法胜造《阿毗昙心论》，是在《毗婆沙论》以前了。然依《大正藏》校勘：元藏及明藏本，“法胜”作“前胜”。再检《毗婆沙论》的论前道梃序，一切经本，都作“前胜迦旃延”。这又不足为法胜造论在前的证据了。“前胜”是什么意义呢？就是“先贤”、“前贤”的意思。胜是胜者，古人都用来赞美名德沙门；最胜，就是佛陀。如《杂阿毗昙心论》卷一（大正二八·八七〇

① 《出三藏记集》卷一〇（大正五五·七四中）。

下)说:

> "哀愍外道邪论诸师,远慕前胜正论法主,及诸圣众,普于是中生大敬信。"

文中"前胜"二字,也是从前圣者的意思。《长阿含经序》说"名胜沙门"①。《修行地不净观经序》说:"谘得高胜,宣行法本。"②前胜、名胜、高胜——胜都指名德沙门说的。

从《阿毗昙心论》、《阿毗昙杂心论》,到《阿毗达磨俱舍论》,是《大毗婆沙论》集成后,迈向组织化的一系列论书。《俱舍论》当另章研究外,其余的论书与论师,分别论述如下。

第二节　《阿毗昙甘露味论》

第一项　全论的组织内容

《阿毗昙心论》,一般以为是这一系列论书的开始。我在《印度之佛教》早就指出:《阿毗昙甘露味论》实为《阿毗昙心论》的蓝本③。现在先从《甘露味论》说起。

《甘露味论》(或没有论字,或称为经),二卷,十六品,末署"得道圣人瞿沙造"。译文简洁明白,为旧译中难得的译品。僧祐的《出三藏记集》,知道这部论的名字,却没有见到论本④。

① 《出三藏记集》卷九(大正五五·六三下)。
② 《出三藏记集》卷九(大正五五·六六下)。
③ 拙作《印度之佛教》(一〇〇,本版九四)。
④ 《出三藏记集》卷四(大正五五·三二中)。

《历代三宝纪》，姑且附于"魏吴录"①。所以现本题"曹魏代失译人名"，其实是没有文记可证明的。如从使用的译语来说，可能为苻秦时代的译品。

《发智》与《大毗婆沙论》的精思密察，使说一切有部的阿毗达磨成为说一切有部的正宗，在部派的论义中放射了万丈光芒！可是，也就为说一切有部带来了困扰。过分繁琐而不易把握精要；过分杂乱而没有统贯与次第；偏于分别，失去了佛法的引导实践精神。所以，精严的论义虽然造成了少数大论师的崇高威望，而对一般初学者来说，真是可望而不可及，实在难学！《甘露味论》的撰述，可说就是从精要、组织、实践的方针，而予以补救，成为阿毗达磨的入门书。

《甘露味论》十六品，品名与次第，虽还有不少可商榷的，还不能完全弥补阿毗达磨的缺点，但大体来说，极为成功，不但开展了组织的、精要的新趋向，而且出发于实践的立场，为一说理与劝行的综合作品。可惜后来者不能继承这一精神，使它得到更高的发展。全论的组织次第，应这样去理解。

如来说法，总是先说"端正法"——布施持戒离欲生天法，这是修学佛法而共一般的基本善行。"得财富，得生天，得解脱"②，为学佛的目标。因此，首立"布施持戒品"。离恶趣而生人天，离三界而得解脱；三界众生的情况是怎样的？三界有五趣的分布，五趣有寿命的延促：立"界道品"。众生的乐著生死而不离（四识住），延续而得住（四食），生育情形（四生），死生过

① 《历代三宝纪》卷五（大正四九·六〇中）。

② 《甘露味论》卷上（大正二八·九六六中）。

程(四有):立"住食生(有)品"。这两品,是对于众生世间的说明,认识自己现在所处的地位。在《俱舍论》中,这就是"世间品"的内容。这样的众生世间,由何而来?"杂心中,缘杂垢,起杂行,杂行中受杂报。"①杂报的世间,由于众生的行业,立"业品"。上来为世间业果的分别,富有道德的、宗教的意味。进一步,从众生世间而深入到五阴(法)世间,从假名的世间业果探求到实相的诸法体用。先从杂染的有漏法,说到一切法的自相共相,立"阴持入品"。次说一切法的力用:1.有为的依待用,如四相相为,二行(相应行、不相应行)俱起,因缘相生。2.心法的相应用。与上总立"行品"。3.众生的缘起用:有支的相续缘,六种的和合缘,立"因缘种品"。4.染净的增上用:略说为三毒与三净,广说就是二十二根,立"净根品"。这四类,都在说明诸法相关的力用。依上说,生死所由的杂染根本,是结使,立"结使禅智品"。品名不大恰当。这一品的内容是:一、明结使,二、明结使应断。应断中,明二道断结,九种断智,二事断结,三时善修。这是扼要地说明结使的应断与如何修行,为引起下文张本。从"界道品"到此,说明了佛法中应知应断的内容。这应该从事修行断惑的实践了。一、所经历的位次,从凡入圣而到无学的进修历程,立"三十七无漏人品"。二、所修的道:1.智,立"智品"。2.定,先明泛通一般的修定次第,次说专属佛法的趣道断结。大概地说,这就是"定品"与"杂定品"。但"定品"的末了,修三观(不净、数息、种),依九地,念十想,已是趣道断结

① 《甘露味论》卷上(大正二八·九六七下)。

的引论了。3. 觉支，总论戒定慧的修道项目，立“三十七品”。从“三十七无漏人品”到此，是佛法所应修证的。综合前文，表示了阿毗达磨的完整体系。下面，还有“四谛品”与“杂品”。“四谛品”已非常杂碎，但可以说：在“杂摄余义”以前，有总摄佛法的四谛法门。所以，观四谛、得四信、修四事、依四行，可作为阿毗达磨的结论。四通行以下，可归入散摄论义的“杂品”。本论的组织内容，大科如下：

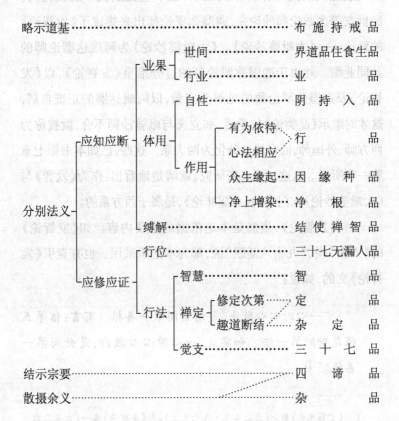

- 略示道基……………………布施持戒品
- 分别法义
  - 应知应断
    - 业果
      - 世间……………界道品住食生品
      - 行业……………业品
    - 体用
      - 自性……………阴持入品
      - 作用
        - 有为依待 ┐
        - 心法相应 ┘……行品
        - 众生缘起……因缘种品
        - 净上增染……净根品
    - 缚解……………………结使禅智品
  - 应修应证
    - 行位……………………三十七无漏人品
    - 行法
      - 智慧……………………智品
      - 禅定
        - 修定次第……定品
        - 趣道断结……定品 / 杂定品
      - 觉支……………………三十七品
- 结示宗要……………………四谛品
- 散摄余义……………………四谛品 / 杂品

第二项　西方系的阿毗达磨概论

《发智论》是说一切有部的本论，受到论师们的崇敬。此外，要算西方大师世友的《品类论》。世友本为《发智论》系的名学者，但他多少重视阿毗达磨古典。所以在方法上，不受《发智论》的拘束，而着重定义与教义的组织。如《品类论》的"辩五事品"，就是典型的杰作。在义理上，也不重视成就不成就论门。经世友等多数论师的论究，迦湿弥罗论师出来集成了《发智论》的释论——《大毗婆沙论》。《大毗婆沙论》为阿毗达磨论师的共同业绩。然由于迦湿弥罗论师的过分推重《发智论》，以《发智论》及迦湿弥罗论师的见解为定量，以阿毗达磨的正统自居，这才对继承《品类论》的学者，如立义与毗婆沙师不合，就被称为西方师、外国师，而自然地分化为两大系。这些，已如本书第七章第一节所说。从这一观点来研究，就清楚地看出：作为《发智》与《大毗婆沙论》入门书的《甘露味论》，是属于西方系的。

一、《发智论》，当然是本论依据的主要内容。如《发智论》的"六因"说、"九十八随眠"说，都为本论所采用。也有直引《发智论》文的，如说：

> "一心时心心数法，是谓世间第一善根。有言：信等五根是世间第一法。如实义，一心时心心数法，是世间第一善根。"①

---

① 《甘露味论》卷上（大正二八·九七三上），引《发智论》卷一（大正二六·九一八上）。

“缘诸法中结使应离，是为断。有断未离。云何断未离？得苦智未得习智，习谛所断，苦谛所断。”①。

本论采集《发智论》义，次第也有一致的。如先说“罗汉后心”，次说“四有”，就是《发智论》“见蕴·念住纳息”的次第。

二、《大毗婆沙论》是编纂集成的。所以本论与《大毗婆沙论》引文的一致，不能成为参考《大毗婆沙论》的证明，因为可能参考各家的论书，与《大毗婆沙论》一样。然细加研究，觉得本论是参考了《大毗婆沙论》的。如：1.《发智论》说“顶”善根，依《波罗延拏颂》：“于佛法僧生小量信。”而佛为阿难说：“于五取蕴起作有为缘生法中，思量观察，此是无常苦空无我……是名为顶。”《大毗婆沙论》曾加以会通②，《甘露味论》就进一步地综合起来，如《论》卷上（大正二八·九七三上）说：

“信三宝；若信五受阴无常，若苦空非我。如是缘四谛十六行，胜暖法故说顶。”

2.《发智论》仅说世第一法、顶与暖。妙音《生智论》等，说四善根。《大毗婆沙论》在“世第一纳息”的广说中，参差地说到了四善根，并引西方尊者的十七门分别。本论简明而顺序地叙说四善根，完全合于毗婆沙师的正义。这显然是综理《大毗婆沙论》二至六卷，而撷取它的精要。3. 如“三十七无漏人品”所说的随信行到俱解脱一段，勘对《大毗婆沙论》，不能不认为这是撷取

① 《甘露味论》卷下（大正二八·九八〇上），引《发智论》卷一（大正二六·九二一中）。

② 《大毗婆沙论》卷六（大正二七·二六中——下）。

了《大毗婆沙论》卷五三、五四的内容。4. 关于心所法，本论列述十大地法、十大烦恼地法、十小烦恼地法、十善大地法。这一心数法的组成与次第，出于《大毗婆沙论》四十二卷。《品类论》的"七事品"，原本还没有十善大地法。本论曾参考《大毗婆沙论》，是无可怀疑的。

三、《甘露味论》与《品类论》，关系非常密切，如"行品"的相应行与不相应行；四无记根，出于《品类论》的"辩五事品"。"智品"的十智，出于《品类论》的"辩五事品"、"辩诸智品"。"业品"的身口意三行、善不善无记三行、见思不断三行、现生后报三行、乐苦不乐苦报三行，次第与文句，都与《品类论》的"辩摄等品"相合。

四、《甘露味论》引用《发智论》、《品类论》、《大毗婆沙论》时，应重视本论的综合性与发展性。如：1. 不相应行，《品类论》虽概括地说"复有所余如是类法，与心不相应"①，但没有说异生性。"辩摄等品"有异生法，意义也不同。对于这，本论不取异生法，却综合了《品类论》的不相应行，及《大毗婆沙论》所说的异生性。2.《发智论》成立的九十八随眠，本于经说的七随眠。《品类论·辩随眠品》明九十八随眠，又立十二随眠。本论以为：如不分界与部，随眠应只有十种，所以说"实十使"②。这是约随眠自性，开见随眠为五见，合欲贪及有贪随眠为一。这一随眠自性的分别，成为后来阿毗达磨论师的正义。

---

① 《品类论》卷一(大正二六·六九二下)。
② 《甘露味论》卷上(大正二八·九七二上)。

七 随 眠	十二随眠	十 随 眠
欲贪	欲贪	贪
	色贪	
有贪	无色贪	
瞋恚	瞋恚	瞋恚
慢	慢	慢
无明	无明	无明
	身见	身见
	边见	边见
见	邪见	邪见
	见取	见取
	戒禁取	戒禁取
疑	疑	疑

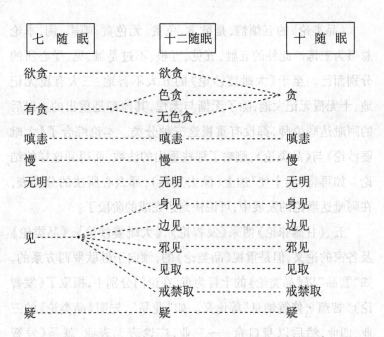

3.《甘露味论》所举的心所法,也是综合《品类论》、《大毗婆沙论》,而加以精练的。如:

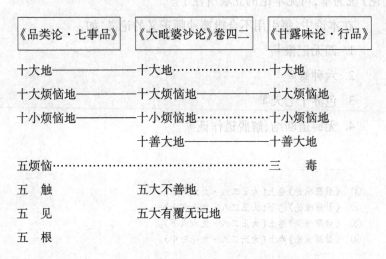

《品类论·七事品》	《大毗婆沙论》卷四二	《甘露味论·行品》
十大地	十大地	十大地
十大烦恼地	十大烦恼地	十大烦恼地
十小烦恼地	十小烦恼地	十小烦恼地
	十善大地	十善大地
五烦恼		三 毒
五 触	五大不善地	
五 见	五大有覆无记地	
五 根		

《品类论》的五烦恼，是欲贪、色贪、无色贪、嗔恚、痴，本论总摄为三毒。此外的五触、五见、五根，不过是触、见、受心所的分别而已。至于《大毗婆沙论》的五大不善地、三大有覆无记地、十无覆无记大地，除了无惭与无愧，其他都是重出的。以后的阿毗达磨论师，都没有重视这三种分类。本论综合了《大毗婆沙论》与《品类论》，删略了那些重出的法数，而得到这样的结论。如再将"实十使"加上(除去三毒)，那么心所法的分类表，在阿毗达磨论的发展中，可说快到达完成的阶段了。

五、《甘露味论》博采《发智论》、《大毗婆沙论》、《品类论》及各家的论义，但是重视《品类论》的，倾向于健驮罗西方系的。如"智品"以《品类论》的十智为章，在论门分别中，摄取了《发智论》"智蕴·修智纳息"等论义。如"业品"，先明《品类论》的三业、四业，然后以身口意——三业，广论表无表业，就是《发智论》"业蕴"的"害生纳息"、"表无表纳息"的要义。随顺《品类论》说为章，可见本论的立场所在了。

在本论中，每引用不合毗婆沙师正义的论义，如：

1. 四无记根①

2. 六种修②

3. 色界十七天③

4. 无碍道断结、解脱道作证④

---

① 《甘露味论》卷上(大正二八·九六八下)。

② 《甘露味论》卷下(大正二八·九七九上)。

③ 《甘露味论》卷上(大正二八·九六六下)。

④ 《甘露味论》卷上(大正二八·九七三中)。

具体，如说：

"六百年间，有五百罗汉，是旃延弟子，于北天竺共造毗婆沙。……七百余年，有法胜罗汉，嫌婆沙太博，略撰要义，作二百五十偈，名阿毗昙心。"①

"次八百年时，有法胜等弘小，提婆申大。"②

嘉祥的传说，确信《大毗婆沙论》是佛灭六百年间编集的。《心论》为七百余年造，也就是八百年造。这就是说：《心论》的造作，与《大毗婆沙论》的编集，时间上有一百余年的距离。《俱舍论记》说是"佛涅槃后五百余年"③，这是玄奘门下的传说。玄奘的传说，《大毗婆沙论》是佛灭四百年集成的；五百余年而法胜造《心论》，是从此推算得来的。这样，嘉祥与玄奘门下的传说看来不同，其实都是以为：《心论》的造作，在《大毗婆沙论》编集以后一百余年。《大毗婆沙论》的集成，约为西元二世纪中——一五〇年顷，那么《心论》的撰述，可假定为西元三世纪中——二五〇年后。此外，《萨婆多部记》所叙的师宗次第，是达磨尸梨帝（法胜）、龙树、提婆，法胜似乎早于龙树④。但龙树的《大智度论》叙阿毗达磨论，而没有说到《心论》。所以，应依嘉祥的传说，法胜迟于龙树，与提婆的时代相当，较为合理。至于《高僧传》所说：魏嘉平中（西元二四九——二五三）来中国的

① 《三论玄义》（大正四五·二中——下）。
② 《百论疏》卷上（大正四二·二三三中）。
③ 《俱舍论（光）记》卷一（大正四一·一一下）。
④ 《出三藏记集》卷一二（大正五五·八九中）。

昙柯迦罗(Dharmakāla),当二十五岁时,已见到“法胜毗昙”①,似乎早了点。依事而论,这一传说是不足采信的。或者以为《心论》与《发智论》相抗,造于《大毗婆沙论》以前,在本章第一节中,已论断为不可能了。

《心论》的传入中国,曾经两译:一、苻秦建元十八年(西元三八二),鸠摩罗佛提初译②。由于译文拙劣,早已佚失。二、晋太元十六年(西元三九一),慧远请僧伽提婆在浔阳南山精舍再译,就是现存的四卷本。

法胜的《阿毗昙心论》在阿毗达磨的发展中,主要的贡献是创作偈颂。“以少文摄多义”的偈颂,是为了记诵的便利。经律旧有这结颂的方法,但以偈颂来说明阿毗达磨论义,不能不说是法胜的创作。原来法胜是与譬喻师有关的。有关于义理的,到下面再说。在文体方面,《出曜经》引有马声——马鸣颂③,又有昙摩世利二颂④。昙摩世利,就是法胜梵语的音译。法胜与譬喻师一样,多用偈颂说法。理解法胜与譬喻者的共通性,那就对于阿毗达磨论义的偈颂化,会有更好的理解。譬喻师以偈颂说法,在北方是非常盛行的。法救、僧伽罗叉、马鸣、童受,所有的偈颂集,都是风行一时。法胜在说一切有部中,是倾向譬喻师的阿毗达磨论者(那时的经部譬喻师已大大兴盛了)。改编《阿毗昙甘露味论》,举目为颂;附有韵调的作品,更容易传布。《阿毗

---

① 《高僧传》卷一(大正五〇·三二四下)。

② 《出三藏记集》卷一〇(大正五五·七二中)。

③ 《出曜经》卷一(大正四·六一三下);又卷三(大正四·六二六上)等。

④ 《出曜经》卷三(大正四·六二六上)。

昙心论》的著名与成功，与此是大有关系的。慧远的《阿毗昙心论序》，对此就给予非常的赞叹，如《序》（大正五五・七二下）说：

"阿毗昙心者，三藏之要颂，咏歌之微言。……其颂声也，拟象天乐，若灵籥自发，仪形群品，触物有寄。若乃一吟一咏，状鸟步兽行也；一弄一引，类乎物情也！情与类迁，则声随九变而成歌；气与数合，则音协律吕而俱作。拊之金石，则百兽率舞；奏之管弦，则人神同感。斯乃穷音声之妙会，极自然之众趣，不可胜言者矣！又其为经，标偈以立本，述本以广义。先弘内以明外，譬由根而寻条。可谓美发于中，畅于四肢者也！"

鸠摩罗什也曾对僧睿说："天竺国俗，甚重文制。其宫商体韵，以入弦为善。……经中偈颂，皆其式也。"①法胜创作阿毗达磨的偈颂，使入门的纲要书更易于学习与传布，对阿毗达磨来说，功绩是不可磨灭的。

吕澂的《阿毗达磨泛论》，附注以为"心论原本，似但有颂文"，并列举五证②，然所说都不能成立。如：一、"慧远序赞其格调"：但慧远的序文是这样说的："又其为经，标偈以立本，述本以广义。"③立本是标偈，广义不就是长行解说吗？二、"后出各注，但解本颂"：不知一般的赞同《心论》，主要为结颂摄义。而

① 《高僧传》卷二（大正五〇・三三二中）。
② 《内学》第二辑（一七三）。
③ 《出三藏记集》卷一〇（大正五五・七二下）。

对《心论》的内容,不是嫌它过于简略,就是认为立义还需要修正。颂文还需要修正补充,当然不会为长行作章句了。而且,在印度的论书中,为解说(长行)作再解说,是并不多见的。三、"长行……不合颂意":这完全出于误解,论中附注的"其人云",应是译者——僧伽提婆的意见,并非译者觉得长行不合颂意。如"法辩辞辩一,应义辩俱十,愿智是七智"颂①,长行与颂文完全相同,"其人"却不赞同。他主张"愿智一等智",是依毗婆沙师的正义来修正。关于四辩的异义,还不知他根据的是什么呢!又如三禅五支中有"护",这是颂说,也是"大毗婆沙论说"②。"其人"却以为:"护虽有义,不应立支。"这怎能说不合颂意?怎能作为长行非法胜造的理由?四、"愿智是七智……系迦湿弥罗论师说,尤可为长行非法胜所作之据":这一理由,完全忘记了此义本出于颂文。即使这一论义是迦湿弥罗论师说,也只能说法胜引用迦湿弥罗论义,不能成为长行非法胜作的理由。考《鞞婆沙论》,妙(愿)智七智摄,是尊者瞿沙所说③。五、《杂心论》卷一附注……上下文意矛盾:附注说:"诸师解心论者不同……法胜所说最略。"④但这是《杂阿毗昙心论》附注者的文意矛盾,与法胜的本论,有什么关系呢?总之,五种理由,不足以证明长行不是法胜所作的。《顺正理论》说:"法胜论师说:十三根

---

① 《阿毗昙心论》卷三(大正二八·八二三上)。

② 《阿毗昙心论》卷三(大正二八·八二三下)。《大毗婆沙论》卷八〇(大正二七·四一三上)。

③ 《鞞婆沙论》卷一三(大正二八·五一一下)。

④ 《杂阿毗昙心论》卷一(大正二八·八六九下)。

皆通二种。”①这显然也是以长行为法胜说的。总之,法胜论本来就是有颂有长行的;实际是以《甘露味论》为依,加以一番整编,作成”标偈以立本,述本以广义”的《心论》。

第二项　《甘露味论》与《心论》

法胜的编集《阿毗昙心论》,实为改编《甘露味论》而成;偈颂是出于创作的,长行大多数为《甘露味论》原文,略有润饰、修正与补充。试比对一节来证明②:

《甘露味论·行品》	《心论·行品》
	“一切有为法,生住变异坏。”
“是诸法有四相:起、住、老、无常。”	“一切有为法,各各有四相:生、住、异、坏。世中起故生,已生自事立故住,已住势衰故异,已异灭故坏。此相说心不相应行。”
“问:若有四相,是应更复有相?答:更有四相,彼相中余四相俱生:生为生,住为住,老为老,无常为无常。”	“问:若一切有为法各有四相者,是有为法复有相?答:是亦有四相。彼相中余四相俱生:生为生,住为住,异为异,坏为坏。”

① 《顺正理论》卷九(大正二九·三八一上)。

② 《甘露味论》卷上(大正二八·九七〇上)。《阿毗昙心论》卷一(大正二八·八一一中)。

《甘露味论·行品》	《心论·行品》
“问:若尔者不可尽!”	“问:若尔者便无穷!”
“答:展转自相为”。	“答:展转更相为。”
	“此相各各相为,如生生各各相生,住住各各相住,异异各各相异,坏坏各各相坏:是以非无穷。”

再从《心论》的组织次第来说:《心论》整编《甘露味论》的第十六品为九品,又附以“论品”为第十。大概地说,改编的情形是这样的:

《阿毗昙心论》	《甘露味论》
1. 界　品	5. 阴持入品
2. 行　品	6. 行　品
3. 业　品	4. 业　品
4. 使　品	9. 结使禅智品
5. 贤圣品	10. 三十七无漏人品
6. 智　品	11. 智　品
7. 定　品	12. 禅定品·13. 杂定品
8. 契经品	余八品
9. 杂　品	16. 杂　品
10.(问)论品	

《心论》这一次第的改组,在《甘露味论》的意趣来说,是并

不理想的。《心论》回归于事理的分别，而忽略了世间的德行，充满感性的众生世间。所以，《甘露味论》的“布施持戒品”、“界道品”中的众生寿命，全被删去。“界道品”的剩余部分及“住食生品”，被编入“契经品”，失去了旧有的重要性。本来，《法蕴论》以“学处品”为首，《舍利弗阿毗昙论》“问分”以“优婆塞品”为末，同样尊重这世间的善行。法胜与一般论师一样，不能重视而删去了。“因缘种品”与“净根品”，法胜也没有理会《甘露味论》的意思，把它编入“契经品”。法胜重视阿毗达磨的自相共相分别，所以以“界品”为首。这一直为《杂心论》及《俱舍论》所宗。《甘露味论》本以“行品”、“因缘种品”、“净根品”说明诸法的相关作用。《心论》仅保留“行品”；《俱舍论》增入二十二根，改称“根品”；《顺正理论》改称“差别品”，都不能说恰当。如恢复《甘露味论》的旧制，将“因缘种”编入，称为“因缘品”，那才与《舍利弗阿毗昙论》的“绪分”相合呢！

《心论》的前七品，是《甘露味论》十六品中八品的改编。其余的七品及“杂品”的部分，编为“契经品”；一部分仍称为“杂品”。今详为对勘如下：

《甘露味论》	《心论》（《杂心论》）
	“契经品”
	1. 序起
“布施持戒品”	（缺。《杂心论》编于此）
“界道品”	
1. 三界五道居处 ……………………	2.

《甘露味论》	《心论》(《杂心论》)
2. 五道寿命	(缺。《杂心论》编入“行品”)
“住食生品”	
1. 四识住	5.
2. 四　食	14.
3. 四　生	(缺。《杂心论》编入此品)
4. 四　有	(重出)
“因缘种品”	
1. 十二支	6.
2. 六　种	7.
“净根品”	
1. 三　净	(缺)
2. 二十二根	18.
“三十七品”	13.
“四谛品”	
1. 四　谛	8.
2. 四　辩	(缺)
3. 四不坏信	11.
4. 四事修定	12.
5. 四道(通行)	10.
6. 七识住	3.
7. 九众生居	4.
8. 四圣种	19.
9. 百八受	(缺)
10. 忆不忘	(缺)

《甘露味论》	《心论》(《杂心论》)
11. 梦	(缺)
12. 痴	(缺)
13. 三支	(缺)
14. 二律仪	(缺)
15. 三障	(摄在“业品”)
16. 三善不善觉观	(缺)
17. 三病三药	(缺)
18. 修身戒心慧	(缺)
19. 行报善恶	(缺)
“杂品”	
1. 四沙门果	9.
(在“杂定品”)	15. 三三摩地
2. 四倒	16.
3. 五见	17.
4. 六修	(编入“杂品”,二修)
5. 五受根灭	(缺)
6. 三界	(编入“杂品”)
7. 二解脱	
8. 爱系	
	20. 六识识
9. 诸智知	21.
10. 诸使使	22.
	23. 结说三门
	“杂品”

《甘露味论》	《心论》(《杂心论》)
11. 心相应法	1.
12. 心不相应法	2.
13. 三无为	3.
14. 因法	4.
15. 果法	5.
16. 行缘处	6.
17. 解脱	7.
18. 三爱	8. 有爱无有爱
（见前）	9.（三界）
	10. 十心
19. 道品根性	11.
20. 他性相应	12.
21. 缘中解脱	13.
22. 见谛得不坏净	14.
（见前）	15. 二修
23. 心共行法	16.
24. 断·知	17.
25. 远·近	18.
	19. 定法
26. 见处	20.
27. 成就根	21.
28. 五更乐	22.
29. 二道得果	23.
30. 何心涅槃	24.

《甘露味论》	《心论》(《杂心论》)
31. 四　有 ……………………………	25.
32. 厌离欲 ……………………………	26.
33. 三　漏	(缺)

依上来的比对,可见《阿毗昙心论》的内容与《甘露味论》是一样的,只是改编而已。如上表所列:《心论·杂品》"的5. 果法,6. 行缘处所,17. 断知,18. 远近,20. 见处,23. 二道得果,都是没有偈颂的。这些,是《甘露味论》所有的,《心论》完全列入,次第也没有乱。由于论义过分碎细,所以就没有结颂。可见《心论》的偈颂,是整编时增入的。先长行而后有结颂,并非先有偈颂,再以长行来解说的。

《甘露味论》有"杂品",《心论》"又立"契经品"。"杂品",可说是仿《发智论》"杂蕴";论义也有部分从"杂蕴"中来。《心论》的"契经品",发端(大正二八·八二六中)说:

"一切智所说,契经微妙义,此吾今当说!"

"虽有一切阿毗昙契经义,然诸契经应具分别。"

《心论》的"契经品",除了序说及结说,可分二十一门。前十八门,都以"世尊说"起问;后三门,依《品类论》,立识所识、智所知、使所使,为最主要的分别。所以,这是指佛经而作的分别。然依《甘露味论》,这都是论义。

第三项　论义与组织的特色

《心论》是依《甘露味论》而改编的。但《心论》论主——法胜，对《甘露味论》，是不完全同意的，采取了修正的自由的立场。如上节所说，《甘露味论》是综合《发智》、《品类》、《大毗婆沙论》，取其精要而成；是重于《品类论》的，西方系的。所说的西方系，是阿毗达磨论的西方系，还是立场严明的阿毗达磨论宗；但《心论》就有点不同了！

一、从论义说：《心论》不同于《甘露味论》而顺毗婆沙师的，不是没有的，如不立九无学而立六种①，不立六修而说二修②。然从全论的意趣来说，每与《甘露味论》不合，异于毗婆沙师正义，更倾向于说一切有部的异师。A.采取妙音说的，如暖顶通于欲界③，宿命通六智摄④。B.采取外国师说的，如立八缠⑤，色界十七天（不立大梵而立无想处）⑥。C.采取《毗婆沙论》中异师的，如菩提分实事唯十⑦；十六行相外，别有无漏行相⑧；无诤智通四禅及欲界⑨；命根通非异熟⑩。D.又如行相通于一切心心所⑪；三空处三十一道品，有顶二十一道品⑫；三地有愿智，法

---

① 《甘露味论》卷上，立九无学（大正二八·九七三中——下）。《阿毗昙心论》卷二，立六种（大正二八·八一九下）。

② 《甘露味论》卷下，立六修（大正二八·九七九上）。《阿毗昙心论》卷四，立二修（大正二八·八三二中）。

③ 《阿毗昙心论》卷二（大正二八·八一八下）。

④ 《阿毗昙心论》卷三（大正二八·八二二下）。

⑤ 《阿毗昙心论》卷二（大正二八·八一七中）。

⑥ 《阿毗昙心论》卷四（大正二八·八二六中）。

⑦ 《阿毗昙心论》卷四（大正二八·八二八中）。

⑧ 《阿毗昙心论》卷三（大正二八·八二一上）。

⑨ 《阿毗昙心论》卷三（大正二八·八二五下）。

⑩ 《阿毗昙心论》卷四（大正二八·八二九下）。

⑪ 《阿毗昙心论》卷四（大正二八·八三〇下）。

⑫ 《阿毗昙心论》卷四（大正二八·八二八中）。

辩辞辩一等智，应辩义辩通十智[①]。这都是与毗婆沙师不合的异义，与《甘露味论》不同。

《心论》不但同情西方、外国师说，说一切有部的异义，就是上座别系分别说者的论义，也有所采用。如称中间禅为无觉少观，与铜鍱部同[②]。意业无教，同于《舍利弗阿毗昙论》[③]。无教假色，是顺于经部譬喻师的[④]。正法灭时失律仪，《大毗婆沙论》称为"持律者说"，实与法藏部相同[⑤]。法藏部，本是重律的学派。在这些论义中，最重要的是"无教假色"，这是背离阿毗达磨者的立场，而随顺当时大为流行的经部。从阿毗达磨论的发展来看，存有背弃说一切有部意图的，《心论》可说是世亲《俱舍论》的先声了。

《心论》虽隐存背弃说一切有部的意图，但还是属于说一切有部阿毗达磨论宗的，不过多取说一切有部中西方与外国师的异说而已。《阿毗达磨泛论》误认《心论》为造于《大毗婆沙论》以前，"发智以外别树一帜"，所以每不免望文生义，引起似是而非的推论。如以为："十六净心见法，即启外国师说十六心见道所本。"[⑥]这是出于完全的误解！在阿毗达磨论师间，十五心名

① 《阿毗昙心论》卷三（大正二八·八二三上）。

② 《阿毗昙心论》卷三（大正二八·八二四上）。与《解脱道论》卷二（大正三二·四〇七中）同。

③ 《阿毗昙心论》卷一（大正二八·八一二中）。《舍利弗阿毗昙论》卷七（大正二八·五八一上）。

④ 《阿毗昙心论》卷一（大正二八·八〇九下）。

⑤ 《阿毗昙心论》卷一（大正二八·八一四上）。《大毗婆沙论》卷一一七（大正二七·六〇八下）。《俱舍论（光）记》卷一五（大正四一·二三五下）。

⑥ 吕澂《阿毗达磨泛论》（《内学》第二辑一七〇）。

见道，十六心名见道，的确是有不同见解的。但《心论》所说的"十六心名见法"，却是阿毗达磨论师所从来没有异议的。如说：

"诸所有现观者，若智若见，俱名现观。"①

"是正观诸法，说十六净心者，是见法。见法者，谓之正观，是见异名。"②

"此十六心顷，成就无间等；无间等（现观的别译），是见义。"③

"此十六心顷，为法无间等；无间等，是见义。"④

"如是次第有十六心，总说名为圣谛现观。……唯无漏慧，于诸谛境如实觉了，名见现观。是即由见分明现前，如实而观四谛境义。"⑤

十六净心见法，就是十六净心现观。见法与见道不同；对于这，《心论》的立义明确，不会因而引起异说的。

二、从组织来说：法胜的《阿毗昙心论》，对古型的阿毗达磨是十分重视的。每品的名称，如"界品"、"业品"、"智品"、"定品"，都见于《舍利弗阿毗昙论》。《舍利弗阿毗昙论》有"烦恼品"与"结品"，《发智论》也称为"结蕴"，《心论》依《甘露味论》——取《品类论》说，立为"使——随眠品"。《舍利弗阿毗

① 《品类论》卷一（大正二六·六九四上）。
② 《阿毗昙心论》卷二（大正二八·八一八下）。
③ 《阿毗昙心论》卷三（大正二八·八四九下）。
④ 《杂阿毗昙心论》卷五（大正二八·九一〇中）。
⑤ 《显宗论》卷三〇（大正二九·九二四中）。

昙论》有"人品",《甘露味论》立"三十七无漏人品",《心论》改名"圣贤品"。"行品",是依《甘露味论》的。《心论》前七品的组织次第,比起《甘露味论》,更为简明,秩然有序。说到品目的前后,《品类论》的"辩五事品"与"辩诸处品",统摄法数而作诸门分别;"辩七事品"明相摄相应。这种次第,本渊源于《舍利弗阿毗昙论》。《舍利弗阿毗昙论》的"问分"、"非问分",除去纂集部分,也就是统列法数,诸门分别。其次是相摄相应,因缘相生。《甘露味论》初立"阴持入品"(《心论》改名"界品"),统列法数,诸门分别,以此摄一切法;次立"行品",明四相相为,心心所相应(附论不相应),四缘六因相生。《心论》的组织次第,前二品大体与《甘露味论》一致。如改"阴持入品"为"界品"(界,就是持的异译),内容相同,"界品"末了,增一"诸法摄自性"颂。这说明上来是从摄自性的论究中完成的;如以上说为自相、共相,那"诸法摄自性"颂,就是摄相。此下"行品",就是相应相、因缘相了。这两品,总摄了阿毗达磨(古典)的重要论门——自相、共相、相摄、相应、因缘。阿毗达磨论者,又从古典的随类纂集(施设),开展了一一论题——业、结(使)、定、智、根、大、见、人等的一一论究。《品类论》的"智品"、"随眠品",《发智论》的八蕴,除"杂蕴"外,都是从这类别的研究而来。现在,《阿毗昙心论》以前二品,概括了阿毗达磨的总相分别——通论一切法的体用,再以"业"、"使"、"圣贤"、"智"、"定"——五品,为阿毗达磨的分别论究——别说有漏无漏。这一组合,结合了、统摄了阿毗达磨的一切论义。在组织上,《阿毗昙心论》虽与《甘露味论》的意趣不合,但确有独到之处,这所以成为后代论师,《杂阿毗昙心论》、《俱舍论》的轨范了。或以为:《心论》与《发智论》的组合,大体一致,并列表对照①。那是不明阿毗达磨的实际情形,有所误会了!

第四项　心所法的整理过程

说一切有部的阿毗达磨,对于心所有法的分别,精研条理,虽不必成为定论,但确乎有可赞叹的功绩。《阿含经》中,除烦恼——七随眠等,道品——五根等而外,并没有依性质,相应或不相应,而作不同的组合。从实践的立场,这也许就够了。阿毗达磨论中,首先集成一类的,是受、想、思、触、作意。除持经譬喻师而外,对此五法的遍一切心相应,是没有异议的。《发智论》举受、想、思、触、作意、欲、胜解、念、定、慧——十法为相应,确立了说一切有部的十大地法。《品类论·辩五事品》,还不愿明白地说。其他的心所法分类,从《品类论》以来,有一项重要的演变。

《心论》所依据的《甘露味论》,结合了《品类论》与《大毗婆沙论》②。先依《品类论·辩五事品》,举心相应的种种心所。次依(《品类论·七事品》)《大毗婆沙论》,列举十大地、十大烦恼地、十小烦恼地、十大善地——四十法。《甘露味论》所列的心相应法,与《品类论》完全相同。但在解说四十法以前,先举:更乐、痛、想、思、忆、欲、解脱、信、精进、念、定、慧、护(舍),以说明心法的相应而生。从更乐到慧,是《品类论》的次第;这里特别

---

① 福原亮严《有部阿毗达磨论书之发达》(三九六)。

② 《甘露味论》卷上(大正二八·九七〇上——下)。

地提到护，不知道用意何在？

《阿毗昙心论》略去了《大毗婆沙论》的四类十法，对于心相应行，先总结为二颂，如《论》卷一（大正二八·八一〇下）说：

> "想欲更乐慧，念思及解脱，作意于境界，三摩提与痛。"
>
> "诸根及觉观，信猗不放逸，进护众烦恼，或时不相应。"

这二颂，大体是《甘露味论》（《品类论》）心相应法的旧形。先立十大地颂，次颂诸根等。"诸根"，在《品类论》与《甘露味论》，是善、不善、无记——三类根，而《心论》仅解说为三善根。在《甘露味论》本有的信、精进、不放逸（及护）外，增入猗（轻安），这都是善心所。众烦恼，为不善法的总称。《心论》保留了觉与观的原有地位，介于善法之间，似乎杂乱而不易理解。《心论》除十大地外，不说其余的三类十法，却另结颂：不善心品二十一，善心二十（又不共无明二十），无记十二，悔与眠。这大体为《杂心阿毗昙论》所依。但关于善心，颂说"善（不共）二十"，长行（大正二八·八一一上）说：

> "善……此心共俱，当知有二十。十大地，觉，观，信，进，猗，不放逸，善根，护，惭，愧。"

在这一系列的心所中，如立三善根，就应有二十二。颂文与长行都说"二十"；不可能以"善根"为一法，这是极可疑的。对于这，优波扇多（Upaśānta）《阿毗昙心论经》（大正二八·八三七上)改颂为：

“诸根有惭愧，信猗不放逸，不害精进舍，惑热及觉观。”

优波扇多补入了惭、愧及不害，又将觉与观，移在颂末。从诸根(二善根)到舍，合于《大毗婆沙论》的十善大地。惑热，就是一切烦恼。觉与观，可通于善恶。这一次第更顺，但与《品类论》的组合形态相离渐远了。“诸根”，本通于善、恶、无记——三类根，《心论》解说为三善根，优波扇多又解说为无贪、无嗔二善根。依这一解说，“善心品”有二十二，就是十大地、十善大地与觉观。所以优波扇多的“善心二十二”，与《心论》不同。对于善心聚，《杂心阿毗昙论》大体与优波扇多的见解相同。但(十大地、十善大地外)别立十大烦恼地、二大不善地、十小烦恼地，回复到《大毗婆沙论》与《甘露味论》；而《品类论》心相应的旧有组合，到此才完全消失。

《心论》颂及长行，都说善心相应二十法，而长行的解说中，实际却有二十二，这是值得注意的。《心论》的善心相应二十法，可能就是颂文所列的：(三)善根、觉、观、信、猗、不放逸、进、护(舍)。十善大地的组合极迟，《品类论》还没有说。《大毗婆沙论》创说十善大地，也没有广泛使用。《甘露味论》是采用了；《心论》论主的见地，可能不承认十善大地说。无痴善根，离慧别有自体，是瑜伽论师所说的①。不害，在佛经中，是不太被重

① 《瑜伽师地论》卷五五(大正三〇·六〇二中)。

视的；在三学进修的道品中，也没有不害。不害、惭、愧，《品类论》的心相应行中，都没有说到。所以，《心论》的欲界善品二十相应，一定就是颂文列举的：三善根、觉、观、信、进、不放逸、轻安与舍。长行也明说二十法，而末了又加上惭与愧，这才成为不可理解的症结。善法末了的惭与愧，也许是译者根据一般的解说——《杂阿毗昙心论》等说而增入的。否则，颂文与长行，明明说"二十"，像法胜那样的大论师，怎会自相矛盾到如此！

第四节　《阿毗昙心论》的再解说

第一项　《心论》的注释

《阿毗昙心论》的问世，在说一切有部阿毗达磨论师中，引发了巨大而深远的影响。这就是以《心论》为本论，而给予解说、修正、补充——注释书的纷纷出现。阿毗达磨的学习，都从《心论》入门，由此纲要而再求深入。《心论》的结颂，对学习者是非常便利的。精简而有组织，就是《甘露味论》也望尘莫及了！《心论》的风行，阿毗达磨引入了新的时代。但严格地说，《心论》并没有真正的注释。因为《心论》过于简要，而立义又倾向于非正统的异义。这在正统的阿毗达磨论师，认为《心论》的体裁、组织太好，而内容应加以修正或补充。所以，各家虽表现为《心论》的注释者，而实际是修正与补充者。如修正与补充，仍不妨称为《阿毗昙心论》的注释，如《杂阿毗昙心论》。那么《俱舍论》等，不也可以看作《心论》的注书吗？关于《心论》的注释，试引《杂阿毗昙心论》卷一(大正二八·八六九下)所说：

“《阿毗昙心论》，多闻者已说。”

“或有极总略，或复广无量，如是种种说，不顺修多罗。光显善随顺，唯此论为最。”

“无依虚空论，智者尚不了。极略难解知，极广令智退。我今处中说，广说义庄严。”

注：“广说，梵音云毗婆沙。以毗婆沙中义，庄严处中之说。诸师释法胜阿毗昙心义，广略不同，法胜所释，最为略也。优婆扇多有八千偈释，又有一师万二千偈释，此二论名为广也。和修槃头以六千偈释法，宏远玄旷，无所执著于三藏者，为无依虚空论也。”

“敬礼尊法胜，所说我顶受；我达摩多罗，说彼未曾说。”

夹注的解说，含有附会的误解，但至少可以知道，《阿毗昙心论》的解说不少。一、法胜释，就是《阿毗昙心论》四卷本。二、优波扇多释。三、某师释。这二部是广本。四、和修槃头释。五、达磨多罗——法救释，就是《杂阿毗昙心论》。注，应该是译者的附注。先解说“我今处中说，广说义庄严”，就是《杂心论》。次解说“或有极总略，或复广无量”。末举和修槃头的六千偈释，解说“无依虚空论，智者尚不了”。和修槃头释所以称为“无依虚空论”，由于“宏远玄旷，无所执著于三藏”。注者对于和修槃头释，是非常赞仰的！“宏远玄旷”，约内容说，是广大、深远、玄妙，所以智者也不大容易了解。“无所执著于三藏”，约著作的态度，是出入于经师、论师的义理，而自由取舍。和修槃头释，不显然的就是世亲的《俱舍论》吗？《杂心论》比《俱舍论》早，当然在《杂心论》的序颂中，是不会说到世亲《俱舍论》的。但传译《杂心论》的僧伽跋摩，是宋元嘉十年（西元四三三）来中国的。那时，世亲《俱舍论》已经存在，所以说到世亲论，是没有什么不合的。但这是译注者的解说，而《杂心论》序颂的本意并不如此。如《杂心论》卷一一（大正二八·九六三下）说：

"经本至略，义说深广，难可受持；如虚空论，难可了知，（如）前已说。是故增益论本，随顺修多罗义。"

这是法救说明所以"增益论本"，作《杂心论》的因缘。这段文，与论前序颂，是相关的。据此，"极略"的是经本——《阿毗昙心论》（法胜释本）。"极广"的是不知名的义说，可能就是一万二千颂释本。这一定是在《心论》颂下，因论生论，广列阿毗达磨义。至略、深广，都是难可受持的。如序颂说："极略难解知，极广令智退。"这不免茫无边际，难以了解，如虚空论一样。"无依虚空论，智者尚不了"，就是这个意思。法救所以"增益论本"，就是增加偈颂；然后依颂作解，意义容易明了。这就是"增益论本，随顺修多罗（指本颂）义，令易了知"。序论颂的"无依虚空论"的本意是这样的；但译者在印度，知道有和修槃头释，广大深远，取舍于经师、论师之间，也就附会于"无依虚空论"，而传说为世亲论。这可见世亲的《俱舍论》，古代也有看作《阿毗昙心论》注释的。至于《俱舍论》为八千颂，传说为六千偈，只是传闻的小小出入而已。《俱舍论（光）记》卷九（大正四一·

一六七下)说:

"此下,叙异说古世亲解,是后世亲祖师,即是杂心初卷子注中言和须槃豆,是说一切有部中异师。"

在说一切有部中,有古世亲,是确实的;但说古世亲就是《杂心论》子注中的和修槃头,却未必可信。《杂心论》的"无依虚空论",并不是赞美,而是讥谦,"子注"是误解了!学者们承袭这一错误,又结合《俱舍论记》的古世亲说,于是大谈其古世亲的无依虚空论,就不免依误传误了!

第二项 优波扇多释本

《阿毗昙心论》的优波扇多释,高齐那连提梨耶舍(Narendrayaśas)于齐天保年中(西元五五五——五六一)译出。题作《法胜阿毗昙心论》,或作《阿毗昙心论经》。论末说:"大德优波扇多,为利益弟子故,造此《阿毗昙心论》。"①论初说:"古昔论师,虽释阿毗昙心。……何故释阿毗昙心利益弟子耶?"②这是优波扇多释本。大概古代学者,对于《阿毗昙心论》,解说、修正或补充,仍以《阿毗昙心论》为名的。这部论仅有六卷(或七卷),与《杂心论》注所说的,被称为广本的优波扇多"八千偈"释不合。八千偈,约可译二十余卷,与现存的译本(六卷)相差太大;也许在流传中或传译中,有过重大的删略。

优波扇多的事迹,完全不明。仅在《出三藏记集·萨婆多

---

① 《阿毗昙心论经》卷六(大正二八·八六九中)。

② 《阿毗昙心论经》卷一(大正二八·八三三中)。

部记》①中,有优波膻驮或优波膻大罗汉,与优波扇多的语音相合。但《萨婆多部记》,优波膻驮在法胜以前,所以也不能确定。优波扇多释论译出虽迟,但在《杂心论》传译时(西元四三四),已由序注的介绍而传闻于中国了。

优波扇多释本,品与颂,与《心论》相同,仅增入二颂,共二百四十九颂。但在思想方面,与《心论》大有出入。上面曾说到:《心论》的注释者,虽赞同《心论》的结颂、组织,但或者嫌它过于简略,或不满《心论》的倾向于外国异师,所以要以阿毗达磨的正义(毗婆沙师说为主,兼存西方师)来修正与补充。优波扇多释是这样,《杂心论》也还是这样。

在论义的补充方面,如有漏离常乐我净,及野干看紧叔迦花②;以五义说"等"③;恶作四类④;界义与界事⑤等,都是引《大毗婆沙论》而为之补充的。至于立义不同,主要为复归于《甘露味论》。如:1. 说无教色,不说是假色⑥;2. 暖顶依六地⑦;3. 采用十善大地说,所以"善心二十二",无痴是慧的异名⑧;4. 见也

---

① 《出三藏记集》卷一二(大正五五・八九中——下)。

② 《阿毗昙心论经》卷一(大正二八・八三四上——中),出《大毗婆沙论》卷八(大正二七・四〇中)。

③ 《阿毗昙心论经》卷一(大正二八・八三七上),出《大毗婆沙论》卷一六(大正二七・八〇下)。

④ 《阿毗昙心论经》卷一(大正二八・八三七中),出《大毗婆沙论》卷三七(大正二七・一九一中)。

⑤ 《阿毗昙心论经》卷一(大正二八・八三五上——中),出《大毗婆沙论》卷七一(大正二七・三六七上——下)。

⑥ 《阿毗昙心论经》卷一(大正二八・八三四下)。

⑦ 《阿毗昙心论经》卷三(大正二八・八四九下)。

⑧ 《阿毗昙心论经》卷一(大正二八・八三七中)。

以慧为体,所以“三见中减二,欲二见少三”①; 5.“三空三十二,有顶二十二”②; 6.“修有六种”③; 7.四时失不律仪④; 8.色界六心不成就禅戒⑤。这些,都与《甘露味论》相合,可见《甘露味论》也还在流行。不但优波扇多释赞同《甘露味论》,法救的《杂心论》以施戒修为“契经品”的开始,也吻合《甘露味论》。总之,从上面看来,《阿毗昙心论》所不同于《甘露味论》的,优波扇多又一一地把它恢复过来,也就是回复于《大毗婆沙论》的正义。

如立义与《心论》不同的,优波扇多就修正颂文。也有不改颂而附以别解的,如“二地法辞辩”,解说为:“此五地,根本四禅及欲界。”⑥又如“无著报心中,得无为涅槃”,解说为“亦住威仪心入涅槃”⑦。既不合《心论》,又不同于《甘露味论》,也不是《大毗婆沙论》说,想一定是别有所本的。

第三项　广说庄严的《杂阿毗昙心论》

在《阿毗昙心论》的释论中,法救的《杂阿毗昙心论》,提供了重要的贡献。作者的事迹,如《大唐西域记》卷二(大正五一·八七九下、八八一上)说:

“健驮罗国……法救、如意、胁尊者本生处也。”

---

① 《阿毗昙心论经》卷一(大正二八·八三七中)。
② 《阿毗昙心论经》卷五(大正二八·八六二下)。
③ 《阿毗昙心论经》卷四(大正二八·八五三上)。
④ 《阿毗昙心论经》卷二(大正二八·八四一下)。
⑤ 《阿毗昙心论经》卷二(大正二八·八四一下)。
⑥ 《阿毗昙心论经》卷五(大正二八·八五九中)。
⑦ 《阿毗昙心论经》卷六(大正二八·八六八中——下)。

“布色羯逻伐底城……城北四五里，有故伽蓝……达磨呾逻多［唐言法救］论师，于此制杂（心）阿毗达磨论。”

据此，法救为健驮罗的大论师，并在布色羯逻伐底城附近，造这部《杂心论》。

法救的出世年代，《出三藏记集·后出杂心序》（大正五五·七四中）说：

“至晋中兴之世，复有尊者达磨多罗，更增三百五十偈，以为十一品，号曰杂心。”

东晋中兴，为西元三二〇年顷。这一年代，应该是焦镜——作序者，从译师的传说而推论得来。《三论玄义》传说为“千年之间”①，就是佛灭九百余年。依嘉祥《三论玄义》的传说，法胜与法救，有二百年的距离。《俱舍论（光）记》以为法救“出六百年”②，与《心论》的五百年造，相距约一百年。本论为《俱舍论》所参考，所以造论的时代约为：《大毗婆沙论》编集于西元二世纪中，《心论》造于二世纪——二五〇年后，《杂心论》的造作，应在西元三五〇年顷。

法救所造的论书，还有《五事毗婆沙论》，这是解说世友《品类论》的“辩五事品”。玄奘译，上下二卷。在五事中，仅解说色、心、心所有法。心所有法中，仅解说一小部分，这还是未完成的译本呢？梵本早有残缺呢？

---

① 《三论玄义》（大正四五·二下）。
② 《俱舍论（光）记》卷一（大正四一·一一下）。

《杂阿毗昙心论》的传译，有曾经四译的传说。一、《出三藏记集》卷二①，僧伽跋澄所译，有《杂阿毗昙毗婆沙》十四卷（或云《杂阿毗昙心》）。僧伽提婆所译，有《阿毗昙心论》十六卷。经《开元释教录》卷三②的论定：僧伽跋澄的《杂阿毗昙毗婆沙》，其实是《鞞婆沙阿毗昙论》。这样，僧伽跋澄与《杂心论》无关，而僧伽提婆的《阿毗昙心论》十六卷，似乎是僧祐所曾见的，或据此推为《杂心论》的第一译。但僧伽提婆到了江南，才译出《阿毗昙心论》四卷；在此以前，已译有《杂心论》，未免可疑。二、法显从印度回来，义熙七年（西元四一一）到建康，曾译《杂阿毗昙心（论）》十三卷（或十二卷）。三、宋元嘉三年（西元四二六），伊叶波罗（Tśvara）在彭城译；只译到"择品"，就停译了。到八年（西元四三一），由求那跋摩补译完成，名《杂阿毗昙心（论）》，十三卷。法显与伊叶波罗等的译本，早已佚失。四、宋元嘉十一年（西元四三四），僧伽跋摩在建康译出，名《杂阿毗昙心（论）》，凡十四卷（现为十一卷）、十一品，也就是现存的唯一译本。从翻译史看来，从西元三八〇年顷到四三四年——五十余年间，中国佛教界对于声闻阿毗达磨的传译，可说是盛极一时了！

《杂阿毗昙心》的梵语，一般以为是 Saṃyuktâbhīdharmahṛdaya，这是不对的。《杂心论》的原语，应为 Abhīdharma-hṛdaya-vyākhyā。如《阿毗达磨集论》，补充解说，称为《阿毗达磨杂集论》；杂就是 vyākhyā。saṃyukta 译为杂，是"相应"的意思，这与《杂心论》是不合的。vyākhyā 是间杂的、错综的意思，如《杂集

① 《出三藏记集》卷二（大正五五·一〇中——下）。

② 《开元释教录》卷三（大正五五·五一一上）。

论》序颂说:“由悟契经及解说,爰发正勤及参综。”①“参综”,就是杂。《杂心论》正是对于《心论》“增益论本”,间杂参综,所以名为《杂心论》。

对于《杂心论》,可从补充与修正去说明。

一、《杂心论》是《心论》的补充,如《论》②说:

“无依虚空论,智者尚不了。极略难解知,极广令智退。我今处中说,广说义庄严。”

“经本至略,义说深广,难可受持,如虚空论难可了知。(如)前已说。是故增益论本,随顺修多罗义,令易了知。”

“经本”——《心论》是太简略了。“义说”——《心论》的解说者,又太深广了。流行的《心论》释,有八千颂的,也有一万二千颂的(可译四十卷)。部帙这样大,而仅是解说《心论》的二百五十偈。偈文以下,一定是广引众义;因论生论,异常繁广,所以被讥为“无依虚空论”。《心论》的特长是偈颂,随颂释义,易了易诵。如每一颂下,包含种种论义,就难以受持了。所以,论主“增益论本”,将重要论义而应补充的(主要为各家注释所引用的),增造偈颂,总合为五百九十六偈,比《心论》增加了一倍。这样,随颂释义,回复了《心论》的长处。所以说:“随顺修多罗(本颂)义,令易了知。”《杂心论》主这一增益论本的办法,是继承法胜论师的。对极略的《心论》来说,过分简略了,也不能充分了解佛法性相。由于“极略难解知”,所以引《大毗婆沙论》义

① 《大乘阿毗达磨杂集论》卷一(大正三一·六九四中)。

② 《杂心论》卷一(大正二八·八六九下),又卷一一(大正二八·九六三下)。

来充实、庄严——"广说(毗婆沙)义庄严"。《杂心论》的撰作，是针对极略极广的。这样，增益论偈，增多论义，将相关的论义(颂、释)间杂参糅于固有的论文间。一部分需要抉择论究的，别立一"择品"于"契经品"以下。如说一切有的四大家，见谛的顿见与渐见，中阴的有或没有，一切有与一切无，三世有与现在有，僧中有佛或无佛——这些佛教各派的诤论重心，都一一地加以论决。《心论》经法救的改编充实，不但是精要的入门书，也是深广的论书了。不过，《心论》的前七品：界、行、业、使、贤圣、智、定，纲举目张而赅摄了阿毗达磨的要义。"契经品"、"杂品"、"论品"，虽有偈颂(也有缺颂的)，还不免是法数与论义的堆集，没有组织条理。现在，不但"增益论本"，又别立"择品"，占全书三分之一的后四品，显然是增加了杂乱无章的感觉。法救论师的重大贡献，还要等世亲的《俱舍论》，作一番彻底的改编整理，才能完成。

二、《杂心论》是《心论》的修正：《心论》是重于西方、外国师说，甚至引用分别说者的教义。《心论》的注释，都有修正《心论》的意图。在这一意义上，法救只是继承优波扇多的学风，也就是复归于《甘露味论》、《大毗婆沙论》的立场。优波扇多所释，不同于《心论》的，如上项所举的八则，《杂心论》是一律采用了。特别是优波扇多的不改颂文，而加以别解的——法辩通五地，罗汉也住威仪心入灭：法救也承用而修改了颂文。这可见《杂心论》主，为优波扇多的继承者。

在《杂心论》中，取《大毗婆沙论》义而修改《心论》的，还不在少数，例如：

1. 十缠[①]

2. 意业是思非无表[②]

3. 别解脱戒四时舍[③]

4. 有行唯是慧[④]

5. 离十六行相无别无漏慧[⑤]

6. 三无色三十二、有顶二十二[⑥]

7. 义辩十智或六智、应辩九智[⑦]

8. 无诤智唯在第四禅[⑧]

这八则中，1. 2. 6. ——三则，也是《甘露味论》所说的。《杂心论》的引用《大毗婆沙论》义，也有多少出入的。有《大毗婆沙论》双存二说，而《杂心论》但取一义的，如命根唯是报[⑨]，坚性非能断[⑩]。有不取毗婆沙师正义，而反取异说的，如无诤智通四念处[⑪]，四无碍方便[⑫]。然从大体来说，《杂心论》是继承优波扇多的学风，修正《心论》，而回复于毗婆沙师的正义。

从《杂心论》的研究中，有几点是值得提到的。一、阿毗达

---

① 《杂心论》卷四（大正二八·九〇四上）。
② 《杂心论》卷三（大正二八·八八八中）。
③ 《杂心论》卷三（大正二八·八九二中）。
④ 《杂心论》卷六（大正二八·九一八下）。
⑤ 《杂心论》卷六（大正二八·九一八中）。
⑥ 《杂心论》卷八（大正二八·九三八下）。
⑦ 《杂心论》卷六（大正二八·九二三中）。
⑧ 《杂心论》卷六（大正二八·九二二下）。
⑨ 《杂心论》卷八（大正二八·九四〇下）。
⑩ 《杂心论》卷九（大正二八·九四九中）。
⑪ 《杂心论》卷六（大正二八·九二二下）。
⑫ 《杂心论》卷六（大正二八·九二三中——下）。

磨论义，到《大毗婆沙论》而大成。《大毗婆沙论》的评家正义，属于迦湿弥罗论师。但《大毗婆沙论》的体裁，是集百家而大成；每每是众说纷纭，不加论定。在阿毗达磨论义的阐扬中，有求精确、求决定的需要。例如《心论》说"若生诸烦恼，是圣说有漏"；法胜修正为"若增诸烦恼"。在"择品"中，并明白评论法胜所说①。在本章第一节说过：能生烦恼为有漏，是世友所说；《大毗婆沙论》中，异说并存，并没有论定。所以，《杂心论》的"随增说有漏"，只能说是论义的进步，更精确，不能说法胜违反了毗婆沙师的正义。

又如二谛的定义，《大毗婆沙论》引述极广。初约四谛来分别二谛，有四家；评家又举一说，就是事理（十六行相）二谛。次明"世俗中世俗性，为胜义有，为胜义无"？以为："实事唯有一谛，约差别缘建立二谛。"末后，约二谛差别义，举世友等三说②。说一切有部的二谛说，中国毗昙家明事理二谛，确为评家的正义。胜义，是圣智所现观的理性。但在论义的发展中，渐重于假有、实有的分别；以一一实法有为胜义，依实而和合相续假法为世俗。这与《大毗婆沙论》所说"实事唯有一谛，约差别缘建立二谛"说有关。《杂心论》卷一一（大正二八·九五八中）说：

> "若事分别时，舍名则说等（世俗）；分别无所舍，是则第一义。"

这是对世俗与胜义的定义作精确的论究，而归结于此。这

① 《杂心论》卷一一（大正二八·九六三下）。
② 《大毗婆沙论》卷七七（大正二七·三九九下——四〇〇中）。

样,假有是世俗,实有——实事实理是胜义。假实二谛论,取代了婆沙评家的事理二谛说。论义的确定,不同的异说被忽略了,毗婆沙师的评家正义,也在不自觉的修改中。

二、《杂心论》以毗婆沙师的正义为宗,但又每每保存异说,如:

1. 可见法一界或一切界①
2. 暖顶六地或七地②
3. 宿命通俗智或六智③
4. 色界十六处或十七④
5. 五果或九果⑤
6. 三无量五地或六地⑥
7. 未来禅三(味净无漏)或二⑦
8. 四修或六修⑧

这几则中,前三是兼存妙音说;4、5及8,是兼存西方师说。为什么这样呢?《杂心论》主的时代,北方佛教的思想非常发达。毗婆沙师正义固守壁垒,陷于艰苦作战的阶段。《杂心论》是维护毗婆沙师正义的,但鉴于异部(经部等)的隆盛,所以对阿毗达磨西方系的异义,取怀柔的保留的态度,也就是不采用也

① 《杂心论》卷一(大正二八·八七四中)。
② 《杂心论》卷五(大正二八·九一〇上)。
③ 《杂心论》卷六(大正二八·九二〇下)。
④ 《杂心论》卷八(大正二八·九三四下)。
⑤ 《杂心论》卷九(大正二八·九四七上)。
⑥ 《杂心论》卷七(大正二八·九二七下)。
⑦ 《杂心论》卷七(大正二八·九二五中)。
⑧ 《杂心论》卷一〇(大正二八·九五四上)。

不评破。这该是减少内部诤执,集结阿毗达磨论宗的力量,以谋一致对外吧!

三、《杂心论》说"无作假色"①,意义是异常重大的。关于无表色,各论的意见出入很大,如:

《大毗婆沙论》——————无表是色·意业是思

《心论》——————————无表假色·意业无表

《优波扇多释论》————无表是色·意业无表

《杂心论》————————无表假色·意业是思

无表色实有;意业是思,无所谓表与无表,这是说一切有部阿毗达磨论宗的正义。无表色是假,本为说一切有部中譬喻师的异说。《大毗婆沙论》集成以后,到《杂心论》的时代,譬喻师已从说一切有部中分出,成经部譬喻师,在教理上有着重要的发展,严重地威胁到阿毗达磨论宗。努力复归于毗婆沙正义的《杂心论》主,也同意无表色是假。这可见说一切有部阿毗达磨论宗的动摇,已是时代的趋势了。

---

① 《杂心论》卷一(大正二八·九七一下),又卷三(大正二八·八八八下)。

第十一章　经部譬喻师的流行

第一节　说转部·说经部·譬喻师

第一项　说转部与说经部

西元二、三世纪间，从说一切有部中分出的经部，光芒万丈，可说是后起之秀。经部的思想，不仅有关于声闻乘，更有关于大乘佛教。在汉译大藏中，虽没有纯粹的经部论书，但从《成实论》、《俱舍论》、《四谛论》、《顺正理论》等论书中，有足够的资料可供经部教学的研究。为了了解经部的地位及其思想源流，先将说转部、说经（经量）部、譬喻师的关系，略为解说。

在部派佛教中，说转部（Saṃkrāntivādin）、说经部（Sūtra-vādin）——二部的同异，有四类不同的传说。藏传 Bhavya 的《异部精释》，三说不同：一、说一切有部的传说，说转部又名无上部。在汉译的《异部宗轮论》，经量部又名说转部；说转与说经，是看作同一部的异名。西藏所传，称为无上部，汉译《十八部论》（《异部宗轮论》的旧译）曾这样说："因大师郁多罗，名僧伽兰多(说转),亦名修多罗论(经部)。"①这可见郁多罗(无上义)是这一部派的开创者,无上部从部主立名。二、大众部的传说,但有说经部。三、正量部的传说,但有说转部。这三说,都出于《异部精释》②。四、铜锞部的传说,从说一切有部分出说转部,后又分出说经部。汉译的《舍利弗问经》,也是说为不同的二部。传说是这样的纷乱。从思想来研究,这都是说一切有部的分支,但二部是并不一致的。《异部宗轮论》所说的宗义,是说转部。世友造《异部宗轮论》时,还没有说到经部。因部主得名,名郁多罗部;从所立宗义得名,名说转部。等到经部成立而大大发展起来,要在部派中得到一席地,于是乎从说一切有部分出的郁多罗部,被传说为修多罗部;于是乎汉译有说转部就是说经部的传说。

《异部宗轮论》所说的宗义,并非说经而是说转部。由部主郁多罗创立,时间为佛灭"四百年初"。依阿育王于佛灭百十六年登位来推算,说转部的成立,约为西元前一世纪。说转部的宗义,如《异部宗轮论》(大正四九·一七中)说:

> "谓说诸蕴有从前世转至后世,立说转名。非离圣道,有蕴永灭。有根边蕴,有一味蕴。异生位中亦有圣法。执有胜义补特伽罗。"

窥基的《异部宗轮论述记》,以经部的种子说去解说,是不适当的。从《大毗婆沙论》引述的异说中,也许会更正确地了解

---

① 《十八部论》(大正四九·一八中)。

② Tāranātha《印度佛教史》所引(寺本婉雅译本三七五——三七七)。

说转部的宗义。如《论》卷一一(大正二七·五五中)说:

“有执蕴有二种:一根本蕴,二作用蕴。前蕴是常,后蕴无常。彼作是说:根本、作用,二蕴虽别,而共和合成一有情,如是可能忆本所作,以作用蕴所作事,根本蕴能忆故。”

这分明是说转部的见解。二蕴说,胜义补特伽罗说,都可从这段文字而得适当的了解。这本与说一切有部相近,而发展到另一方向的。说一切有部,主张法体自相恒住,作用有起灭的,如《顺正理论》卷五二(大正二九·六三二下)说:

“法体虽住,而遇别缘或法尔力,于法体上差别用起,本无今有,有已还无,法体如前,自相恒住。……故有为法自相恒存,而胜功能有起有息。”

有为法,可以起用而现为“本无今有,有已还无”的三世差别,而法体是“恒住自相”的,如如不异的。但说一切有部,只可说“恒住”,不许说“常住”。因为“恒住”是不离生灭,可以现为起灭,而有三世性类差别的;是有为,是无常。而“常住”是不生灭的,是无为法。说一切有部的法体恒住,用有起灭,在不同的学派看来,非常离奇。世亲曾说颂调弄说:“许法体恒有,而说性非常,性体复无别,此真自在作!”①说一切有部的“法体恒住”,“用有起灭”,这一派就明朗地说为:根本蕴,是法体,是常住;作用蕴,是作用,是无常。作用蕴是从根本蕴生起的,所以名为根边蕴。根本蕴是常住一如(一一法恒住自相,没有任何差

---

①《俱舍论》卷二〇(大正二九·一〇五中)。

别可说)，所以又名一味蕴。

依说一切有部，一一法恒住自相，可以称为“法我”，但不能称为补特伽罗我。依法体而起作用，各各差别，又是刹那生灭，所以也不能成立补特伽罗。只能在作用现起的五蕴和合相续中，安立假名补特伽罗，说众生从前生到后世。所以《异部宗轮论》(大正四九·一六下)说：

“有情但依现有执受相续假立。说一切行皆刹那灭，定无少法能从前世转至后世，但有世俗补特伽罗，说有移转。”

说转部却不同：“说诸蕴有从前世转至后世”的，“有胜义(真实)补特伽罗”，而不是世俗假有的。差别就在：根本蕴是常住的、一味的。所以用从体起，用不离体，在体用统一的见地下，有真实的补特伽罗。《大毗婆沙论》引有《六法论》(似为五蕴与我名六法)，说“彼论中更说多种不顺理因”，这是近于说一切有部而不完全相同的。《六法论》所说的我，似乎可与说转部的胜义补特伽罗参阅，如《大毗婆沙论》卷八(大正二七·三七下)说：

“如彼论说：我体唯一，无有五种。……然蕴自相，五种各别；彼所执我，相无差别。以所执我，无有细分，无差别相，常住不变，生老病死不能坏故。”

对说转部而作进一步的思考，说转部说“异生位中有圣法”，可论断为现在有而过未无的学派。如是三世有的，那么凡夫位中是没有圣法——无漏法的;圣法还在未来法中。如说现在有,取本有说(说一切有部也是本有的,不过法在未来而已),那才异生位有圣法了;这圣法当然是没有起用的。《大毗婆沙论》卷一三(大正二七·六五中),有异宗说:

“谓或有说:过去未来无实体性,现在虽有而是无为。”

这一见解,在一般学派中,似乎没有这么说的。然从说转部的思想去了解,那么,一切是现在有,而一切法体是常住的,这不是“现在虽有而是无为”吗?照这一见解来说,一切是永恒的现在。在即体起用、现为生灭作用的有为法中,当下就是常住不变。有为、无为的统一中,有常住不变的真我。这与从说一切有部而分出的犊子部,立不可说我,不是非常近似的吗?但说转部与说一切有部的思想远一些;这一学派,在说一切有部阿毗达磨论宗日渐发扬广大时,在声闻学派中衰落或者就消失了。不过,这一思想,在佛教的另一园地是会发扬广大起来的。

说转部是从说一切有部中分流而出的。但与经部的思想距离非常大,怎能说说转部就是说经部呢?

第二项 经部与譬喻师

在《大毗婆沙论》中,譬喻师说极多,而经部说似乎是没有的。唐译有经部说二则:一、“五根为等无间入正性离生,是谓世第一法。”“或说此是经部师说。”①但在凉译《毗婆沙论》,作

---

① 《大毗婆沙论》卷一(大正二七·八中)。

"诵持修多罗者",并举昙摩多罗(法救)、佛陀提婆(觉天)为说明①。法救与觉天为譬喻师,但是说一切有部的譬喻师,所以"诵持修多罗者",是说一切有部的持经师,并非经部。二、"有执色等五蕴,出胎时名生,相续时名住,衰变时名异,命终时名灭,如经部说。"②但在凉译《毗婆沙论》,对于三有为相,虽列举种种异说,却独没有这经部说③。依此而论,经部的成立,实为《大毗婆沙论》集成以后的事。

经部与譬喻师,古代的唯识学者认为是有某种差别的,如《成唯识论述记》卷四(大正四三·三五八上)说:

> "譬喻师是经部异师,即日出论者,是名经部。此有三种:一、根本,即鸠摩罗多。二、室利逻多,造经部毗婆沙,正理所言上座是。三、但名经部。以根本师造结鬘论,广说譬喻,名譬喻师,从所说为名也。其实总是一种经部。"

窥基的意思是:室利逻多(Śrīrāta)是经部师。鸠摩罗多是经部根本,也名譬喻师。称为"经部异师",似乎是对上座的《经部毗婆沙》而说。然依上面的论究,譬喻师本为说一切有部的经师系;在教理上,法救与觉天,为两大流。譬喻师的特色是:内修禅观,外勤教化,颂赞佛德,广说譬喻。如婆须蜜、僧伽罗叉、马鸣,在中国都是被称为菩萨的。在本书第八章,已有所说明。后期论书所传的经部与譬喻师,大抵是看作同一的。如《俱舍

---

① 《毗婆沙论》卷一(大正二八·六上——中)。
② 《大毗婆沙论》卷三八(大正二七·一九八中)。
③ 《毗婆沙论》卷二〇(大正二八·一四八中)。

论》卷二,“经部诸师有作是说”①;而在《顺正理论》,就称之为“譬喻部师”②。又如《顺正理论》所说的上座,造《经部毗婆沙》,可说是经部的主流,而《顺正理论》每称之为“譬喻者”。晚期论书的经部与譬喻师是没有什么严格界别的。晚期的经部譬喻师,与《大毗婆沙论》的譬喻师,同处是很多的,但有一根本差异,就是:《大毗婆沙论》的譬喻师,是三世有的,是说一切有部譬喻师;而晚期的譬喻师,是过未无而现在有的,是经部譬喻师。譬喻师从说一切有部中分化出来,改取现在实有说,这才以种子熏习说为中心,而发展为经部譬喻师。传说为经部本师的鸠摩罗多,也许就是这一发展过程中的重要大师。

第二节 经部本师鸠摩罗多

第一项 出世的年代与事迹

鸠摩罗多,或作鸠摩罗陀、鸠摩罗罗陀等,梵语为 Kumāralāta。意译为童受,或作童首、豪童。鸠摩罗陀,传为经部的本师,如说:

“鸠摩逻多……是经部祖师。”③

“尊者童受论师……经部本师也。”④

---

① 《俱舍论》卷二(大正二九·一一中)。

② 《顺正理论》卷七(大正二九·三六七中)。

③ 《俱舍论(光)记》卷二(大正四一·三五下)。

④ 《大唐西域记》卷一二(大正五一·九四二上)。

“鸠摩逻多……名譬喻师，经部之种族，经部以此所说为宗。”①

介绍鸠摩罗陀来中国的，以鸠摩罗什为第一人。然僧伽跋澄所译——西元三八三年传来，三九八年译出的《出曜经》，引有童子辩的偈颂：“意念施设事，心悔则不办。识猛专一意，何愿而不得。”②童子辩，应为鸠摩罗陀的意译。《出曜经》（譬喻）所引的偈颂，除马声（马鸣）、达磨尸利（法胜）外，就是童子辩。从鸠摩罗陀与譬喻的关系，也可推定童子辩为鸠摩罗陀的异译了。

《大毗婆沙论》引有法善现——马鸣颂，而没有鸠摩罗陀的颂说。《出三藏记集·关中出禅经序》，列究摩罗罗陀于马鸣之下③。《出三藏记集·萨婆多部记》：“旧记”所传，前马鸣而后鸠摩罗驮，与《禅经序》相合。但齐公寺所传，鸠摩罗大菩萨为二十五师，离马鸣（第九）极远④。二记虽极不一致，但都列于优波膻大（Upaśānta）及法胜之前。依此而论，鸠摩罗陀应为马鸣以后、法胜以前的大师。如这样，《大唐西域记》所说“四日照世”——马鸣、提婆、龙树、童受，同时而先后出世的传说⑤，就有可能性了。马鸣与迦腻色迦王同时，提婆为西元三世纪人。先后一百多年——西元一二〇年顷到二五〇年顷，佛教界有这四

① 《成唯识论述记》卷二（大正四三·二七四上）。
② 《出曜经》卷六（大正四·六三八中）。
③ 《出三藏记集》卷九（大正五五·六五中）。
④ 《出三藏记集》卷一二（大正五五·八九上——下）。
⑤ 《大唐西域记》卷一二（大正五一·九四二上）。

位大师；那么“四日照世”的传说，也不太离奇了。鸠摩罗陀，约为西元二、三世纪间的大师。

关于鸠摩罗陀的事迹，如《大唐西域记》说：

> “呾叉始罗国……舍头窣堵波侧，有僧伽蓝。……昔经部拘摩罗逻多[唐言童受]论师，于此制述诸论。”①
>
> “朅盘陀国。……无忧王命世，即其宫中建窣堵波。其王于后，迁居宫东北隅，以其故宫，为尊者童受论师建僧伽蓝。……尊者呾叉始罗国人也。幼而颖悟，早离俗尘；游心典籍，栖神玄旨。日诵三万二千言，兼书三万二千字。故能学冠群彦，名高当世。立正法，摧邪见。高论清举，无难不酬。五印度国，咸见推高。其所制论，凡数十部。并盛宣行，莫不玩习，即经部本师也。当此之时，东有马鸣，南有提婆，西有龙树，北有童受：号为四日照世。故此国王，闻尊者盛德，兴兵动众，伐呾叉始罗国，胁而得之。建此伽蓝，式昭瞻仰！”②

呾叉始罗，为现在Taxila。在古代，是以文学、医学等著名的文化城，属于健驮罗。这里，本是譬喻师的活跃区，鸠摩罗陀生在这里，对他的学风是很有影响的。他因为朅槃陀（Khabandha）王的邀请，到了朅槃陀。朅槃陀在现在新疆省西陲，塔什库尔干（Tush-kurghan）的塞勒库尔（Sarikol）。这是鸠摩罗陀

---

① 《大唐西域记》卷三（大正五一·八八四下——八八五上）。

② 《大唐西域记》卷一二（大正五一·九四二上）。

晚年的事了。《成唯识论述记》，以鸠摩逻多于佛灭后一百年出世①，实由于误读《大唐西域记》而来。《大唐西域记》是说：朅槃陀王宫中的窣堵波，是无忧王造的。"其王于后"，并非阿育王，也不是阿育王同时的朅槃陀王，而是后来邀请鸠摩罗陀的国王。鸠摩罗陀到了朅槃陀，国王舍宫为寺，自己移住故宫的东北。《大唐西域记》的文段不大分明，窥基才误会了，以鸠摩罗陀为阿育王同时人。如这样，怎么又说四日照世呢？由于这一误会，所以说鸠摩罗陀是经部本师，又说"当时未有经部，经部四百年中方出世"，自相矛盾。西元三世纪初，大月氏的统治力已大大衰退。朅槃陀王的侵入呾叉始罗，一定是那个时候。

鸠摩罗陀在呾叉始罗，"制论凡数十部"；窥基夸张地说："造九百论"②。所造的论典，传说为：

"此师造《喻鬘论》，集诸奇事，名譬喻师。"③

"造《喻鬘论》、《痴鬘论》、《显了论》等。"④

"鸠摩罗陀，造《日出论》。"⑤

鬘是华鬘，比喻文学的作品；鸠摩罗陀的论书，是富于文学兴味的譬喻文学。在传说的论书中，《痴鬘论》已经译成汉文，就是《百喻经》，但这是譬喻者僧伽斯那的作品⑥。《喻鬘论》

① 《成唯识论述记》卷二（大正四三·二七四上）。
② 《成唯识论述记》卷二（大正四三·二七四上）。
③ 《成唯识论述记》卷二（大正四三·二七四上）。
④ 《俱舍论（光）记》卷二（大正四一·三五下）。
⑤ 《中观论疏》卷一（大正四二·四下）。
⑥ 本书第九章第三节第二项。

(或作《结鬘论》),没有译为汉文。近代,在新疆库车的Kizil废墟,发现有大同马鸣《大庄严论》的梵文断简,题为鸠摩罗罗陀作。书名为Kalpanālaṃkṛtika(譬喻庄严),又Dṛṣṭāntapanktiyāṃ(譬喻鬘)。由此,佛学界或推论为:马鸣所造的《大庄严经论》,就是鸠摩罗陀所造的《喻鬘论》,这与我国的古传是不合的①。譬喻大师的风格相近,彼此间的作品,在传说中容易淆讹。如僧伽斯那的《痴鬘论》,被传为鸠摩罗陀所造。摩咥哩制吒的《百五十赞》,被传为马鸣所造。梵本与汉译,都可能以误传误的。但马鸣与迦腻色迦王同时,鸠摩罗陀要迟一些。《大庄严经论》说:"我昔曾闻拘沙种中有王名真檀迦腻吒。"②所以,如以《大庄严经论》——《譬喻鬘》为鸠摩罗陀所造,倒是更合适些。

鸠摩罗陀被称为"日出论者",或说他造《日出论》,或以为从"四日照世"得名,这都是未必可信的。僧睿的《出曜经序》(大正四·六〇九中——下)说:

"出曜之言,旧名譬喻,即十二部经第六部也。"

出曜,不是梵语,而是Udāna的意译。Udāna在北方佛教中,为偈颂的类集;与Apadāna(譬喻)相结合,为譬喻文学的一般形式。Udāna有发光的意思;Apadāna也有赫赫光辉的意思。所以,出曜与日出,实为同一内容的不同名称。就是传说的《显了论》,也是同一意趣。《喻鬘》、《日出》、《显了》、都是譬喻文学。

① 《望月佛教大辞典》(三二六八中)。
② 《大庄严经论》卷六(大正四·二八七上)。

此外，鸠摩罗陀的禅观集，鸠摩罗什已有部分的译出，如《出三藏记集》卷九《关中出禅经序》(大正五五·六五上)说：

"初四十三偈，是究摩罗罗陀法师所造。……其中五门，是……马鸣、罗陀禅要之中，抄集之所出也。"

初四十三偈，是劝人发心修持的偈颂。《出曜经》所引的童子辩颂，也就是"制心一处，无事不办"的意思。鸠摩罗陀是譬喻者，又是禅者，与马鸣的风格相近。

第二项　鸠摩罗多的论义

后代的学者，一致推鸠摩罗多为经部的本师。但鸠摩罗多的作品，竟没有传译过来(或可有《大庄严经论》一部)。所以鸠摩罗多的思想，及怎样使说一切有部的譬喻师成为不属说一切有部的经部譬喻师，难以明了，只能从后代的经部师宗，想像一二而已。除鸠摩罗什所译的禅偈外，有关法义的，检得四则：

1."若心欲起时，为他所障碍，当知是有对，相违是无对。"①

2."若爪指舌端，无别增上用，动触尝肴膳，作用不应差。"②

3."诸趣悉变化，唯除净居天，随业种种转，无处不受生。"③

---

① 《阿毗昙心论经》卷一(大正二八·八三五中)。

② 《顺正理论》卷六(大正二九·三六一上)。

③ 《入大乘论》卷下(大正三二·四八中)。

4. “佛有漏无漏法,皆是佛体。……又饶益他方得名佛,饶益他者多是俗智。又诸佛用大悲为体,此是有漏法,有情相转故。”①

这四则,都明说为鸠摩罗多所说。第一、有对与无对的分别,不像说一切有部的有对碍(十色处),有拘碍(心心所及根,对于自所取所缘的境界),而解说为有障碍。如心为他所碍而不得生起,就名有对;相反的就是无对。第二、经师引此以成立“内处”,“我于彼有增上用故”。颂文成立身根所摄的爪、指、舌,有不同的增上用,所以是内处所摄。第三、除了净居天而外,菩萨是能随业(愿)往生,随意化身而往各趣。这与大众部、案达罗学派等相同,与大乘的意趣相近。第四、关于佛体,不像说一切有部,但取佛的无漏功德;也不同大众部,以为佛的色身功德,一切是无漏的佛体。鸠摩罗陀立佛的有漏无漏法,都是佛体;这一见解,是非常实际的。

依《俱舍论(光)记》,还有几颂,传说也是鸠摩罗多说的,如说:

1. “愚夫如手掌,不觉行苦睫;智者如眼睛,缘极生厌怖。”②

2. “能为苦因故,能集众苦故,有苦希彼故,说乐亦名苦。”③

① 《顺正理论》卷三八(大正二八·五五七上)。
② 《俱舍论》卷二二(大正二九·一一四下)。
③ 《俱舍论》卷二二(大正二九·一一四中)。

3."观为见所伤,及坏诸善业,故佛说正法,如牝虎衔子。执真我为有,则为见牙伤;拨俗我为无,便坏善业子。"①

前二则,是承认有乐受的。《俱舍释论》作"余部师说"。《俱舍论法义》也以为这是相对名乐,实无乐受的"有部异师",因而怀疑普光的传说。后二颂,抉择有我与无我。肯定地说:一切法无真我,而承认世俗假我的价值。不立真我,与犊子部、说转部不同。而对世俗假我的肯定,比说一切有部的假我说更有积极的意义。从这一点来说,与龙树的见地相近。

此外,世亲的《大乘成业论》,引有"日出论者"一则,如《论》(大正三一·七八二中)说:

"日出论者作如是言:诸行实无至余方义,有为法性念念灭故。然别有法,心差别为因,依手足等起,此法能作手足等物异方生因。是名行动,亦名身表。此摄在何处?谓色处所摄。"

说一切有部以为:有为法是刹那灭的,没有真实的动,身表是以形色为体的。正量部以为:色身并不是刹那灭的;非刹那灭,所以有从此到彼的动。身体所有的动,就是身表。日出论者以为:色法的确是刹那灭的,从此到彼的动,不能成立。但身表就是"行动",就是在前刹那灭、后刹那生中,以心差别为因,引起行动。行动不是从此到彼的动,是使手足等异方生起的原因。

---

① 《俱舍论》卷三〇(大正二九·一五六上)。

日出论者的见地,与说一切有部譬喻师,三业唯是一思①、表业无实体②说不同。别立身表色,是折衷于说一切有部及正量部的。《成实论》以身口的造作性为身口业,与日出论者所说相近。

从仅有的资料来说,鸠摩罗多有大乘的倾向,与马鸣相同(中国也称鸠摩罗多为菩萨)。我们知道,《大毗婆沙论》所引的譬喻师不止一系,思想也大有出入。晚期的经部师,也有不同的系统。经部譬喻师并非一切以鸠摩罗多所说为准绳,应从说一切有部譬喻师而转化为经部譬喻师的根本特质上去着想。说一切有部譬喻师开始与说一切有部分离,承认过未无而现在有,而取独立的、反说一切有部的姿态。在这演变过程中,以譬喻文学著名的鸠摩罗多,就是这一时代的大师。受到一般譬喻师的赞仰,经部从此而独立发展起来。

第三节　经部譬喻师的成立及其派别

第一项　兴起的时节因缘

说一切有部的譬喻师演化为经部譬喻师,当时学派的关系是很重要的。一、《俱舍论》所说——普光等所传经部的见解,每与阿毗达磨西方师、说一切有部的异师相合。与西方师相合的,如"但受三归,即成近事"③;"随所期限,支具不具及全分一

---

① 《大毗婆沙论》卷一一三(大正二七·五八七上)。
② 《大毗婆沙论》卷一二二(大正二七·六三四中)。
③ 《俱舍论》卷一四(大正二九·七五下)。

分，皆得不律仪，律仪亦然”①；聚心散心等心品的定义②。同于《大毗婆沙论》异说的，如十六行相、实事唯七③。与瑜伽师所说相同的，如称定境界色为无见无对色④。说一切有部，本有众多的异说。自《大毗婆沙论》集成，迦湿弥罗学系罢斥百家，俨然以正统自居，这样，流行于罽宾、健驮罗的内精禅思而外重教化的譬喻师，显然有融摄西方外国师、瑜伽师等异义，起来对抗毗婆沙师的意图。如法胜的《阿毗昙心论》，与经部的成立，时代相近。也是以西方外国师为主，甚至摄取分别说者的论义，而对迦湿弥罗毗婆沙师表示反抗。但《心论》是论宗，经部师是经师。二、过未无体而现在实有说，是分别说及大众部派所主张的。罽宾、乌仗那一带，分别说系的学派——化地部、法藏部、饮光部，都有流行。譬喻师反对毗婆沙师，改取现在实有说，这是成为经部譬喻师的重要关键。深受说一切有部思想的譬喻师，在“现在有”的思想下，引发种子熏习说，而成为经部譬喻师的特色。三、近于大众、分别说系的大乘学，超越了现在实有论，到达三世一切法空的极峰。《般若》、《华严》等经，西元一、二世纪已广泛地流行于西北印度。说一切有部的学者，如胁、马鸣、鸠摩罗陀等譬喻师，都直接间接与大乘有关。承受说一切有部的教义，从过未无体论的立场摄取大乘空义的，是经部譬喻师与瑜伽师。瑜伽师重视自身的证验，所以能摆脱三藏旧传，开拓成立

① 《俱舍论》卷一五（大正二九·七九上）。
② 《俱舍论》卷二六（大正二九·一三五下）。
③ 《随相论》（大正三二·一五八中）。
④ 《俱舍论》卷一三（大正二九·六九上——中）。

了大乘有宗。譬喻师“以经为量”，不能不受经律旧传的局限，停止于声闻学派的地位。经部譬喻师比瑜伽师的大成要早一些，虽没有回小入大，但不同说一切有部，而说“世尊举意遍知诸法”①，十方“同时定有多佛”②，实与大众、分别说者一样，与大乘声气相通。经部的接近大乘，《顺正理论》主是看得很清楚的，所以说：

> “何期汝等尝厌空华（《顺正理论》所说的空华论宗，指一切法空的大乘），而今乃成空华差别？”③
>
> “尝闻有人总拨无诸法，今观具寿似与彼情通。”④

说一切有部的譬喻师，本着持经师的传统，揭树“以经为量”的立场（反对以论为量），出入于说一切有、分别说系，而终于超越了说一切有。对于种子熏习说、心境不实说、心法相续说，给予非常的发展，而促成大乘有宗——瑜伽论者的更高完成。在北方佛教的发展中，经部留下了永不消失的光辉！

再从时地的关系来说：称为经部本师的鸠摩罗陀，是呾叉始罗人，晚年弘法于朅盘陀。Tāranātha《印度佛教史》，也说龙树的时代，经部的大德鸠摩罗陀出于西方（西北印度）⑤。经部譬喻师，从说一切有部的譬喻师演化而成，兴起于西北印度，时间

① 《俱舍论》卷七（大正二九·三七上）。
② 《俱舍论》卷一二（大正二九·六五上）。
③ 《顺正理论》卷一七（大正二九·四三四上）。
④ 《顺正理论》卷二三（大正二九·四七二中）。
⑤ Tāranātha《印度佛教史》（寺本婉雅译本一二九）。

约在西元二、三世纪间。但大成经部的室利逻多,是生于迦湿弥罗①而弘法于东方的大师。如《大唐西域记》卷五(大正五一·八九六中)说:

"阿瑜陀国……发爪窣堵波北,伽蓝余址,昔经部室利逻多论师,于此制造经部毗婆沙论。"

阿瑜陀在恒曲以东,其首府与现在的 Oudh 相当。无著、世亲的弘扬大乘,制造论书,也在这里。众贤是室利逻多同时的后辈,造《顺正理论》,责难室利逻多时,就一再地说到东方。如说:

"东方贵此,实为奇哉!"②

"悲哉东土,圣教无依!"③

"惑乱东方愚信族类。"④

"详彼但应欺东方者!"⑤

经部是兴于西北,而大盛于东方的。西元三世纪中,月氏渐衰落了,南方的案达罗(Andhra)王朝也衰亡了,印度成为分散据立的局面。到西元三二〇年,笈多(Gupta)王朝创立,以摩竭陀为中心,开始印度的统一,一直到五世纪中。在这一时代,印度的文化中兴,有高度的发展。北方佛教的大师们都来东方的阿瑜陀弘法,经部是因此而大成。印度西北一向是说一切有部

---

① Tāranātha《印度佛教史》(寺本婉雅译本一三〇)。
② 《顺正理论》卷二五(大正二九·四八二下)。
③ 《顺正理论》卷二六(大正二九·四八八上)。
④ 《顺正理论》卷二六(大正二九·四九〇中)。
⑤ 《顺正理论》卷二七(大正二九·四九五中)。

的化区,无论譬喻师、瑜伽师怎样的发扬光大,而说一切有部的论师始终能维持其强固的领导地位。但经部譬喻师一到东方,就大为发展,更表现其独到的思想,成为声闻教海的大流,而为说一切有部面对的最强论敌了。

第二项　经部譬喻师的根本教义

经部譬喻师的根本思想,是种子熏习说。怎样从说一切有而演化为种习思想呢?说一切有部立义,以为一切法体是恒住自性的,约作用的起灭,说有为法有三世的类别。三世,依作用而成立。依据这一见地,解说造业受果、系缚解脱。从说一切有部而分出的说转部,显然是现在实有论者,一切是现前的实在。三世迁流,只是现前的法体,或起用,或用息,或未起用而已。所以,《大毗婆沙论》说:有执——"一根本蕴,二作用蕴,前蕴是常,后蕴无常";这不外乎说一切有部的法体与作用说的变形①。但这么一来,根本蕴常住现在而是无为,与说一切有部的——一切有为法刹那生灭说相违。这是形而上的实在论,近于从本体起现象的见解,可能为一分玄学家所欣赏的。但在缘起为本的佛法,特别是声闻法中,是不易为人赞同的。持经的譬喻师,承受了过未无体说。三世有者所说的过去有与未来有,转化为存在于现在的内在。现在是不断相续的刹那现实;在这刹那现实的底里,存有前因所起,能生自果的功能。经部譬喻师的功能性,等于说转部的根本(一味)蕴,但是无常的。说转部以法体

---

① 本书本章第一节第一项。

常住为本,现起的相为用;体与用的关系,是本体与现象。经部譬喻师,以刹那的当前现实为本,以功能性为用,与说转部恰好相反。现行与功能的关系,如质与能。所以,现行与功能相转化,成为彻底的无常论。经部譬喻师的思想,与大乘瑜伽论者的见解是非常类似的。

种子熏习,是非常卓越的见地。这一思想,是从造业感果说来的。依现有的论书,最早见于《中论》卷三(大正三〇·二二上)说:

> "如芽等相续,皆从种子生,从是而生果,离种无相续。从种有相续,从相续有果;先种后有果,不断亦不常。如是从初心,心法相续生,从是而有果,离心无相续。从心有相续,从相续有果;先业后有果,不断亦不常。"

《中论》所说,显然是经部譬喻师的业种说。虽然《中论》颂没有说明是什么部派,而汉译《般若灯论释》还说是"阿毗昙说"(不知《般若灯论》西藏本怎样说),但决非说一切有部论义。据《俱舍论》、《顺正理论》所说,可断定为经部师说。以种子为比喻,《阿含经》也有说到。但如《中论》的业种相续生果说,《大毗婆沙论》也还没有说到。所以这一思想,推定为成立于《大毗婆沙论》集成以后,龙树——《中论》的作者以前。西元二、三世纪间,恰好是鸠摩罗陀在世的时代。

从业生果,时间上是有距离的。一切法是刹那灭的,灭入过去,过去既是非实有的,那怎么会感生未来的果报?经部譬喻师从如种生果的譬喻中,悟出了相续展转传生的道理。如种生果的譬喻是这样：

种　子————————————业

根芽等相续——————————心心相续

果——————————————爱非爱果

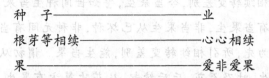

业，虽然刹那地过去了，过去非实，但确有感果的功能。这种感果的功能虽微细难见，而一定是有的。经部譬喻师以为：业在起而即灭的刹那间，熏成感果的功能，在后念不断的相续中，含有生果的功能性。这如果种坏了，而在芽茎等相续中，内含有生果的功能一样。生果的功能，在不断相续中传生（与遗传的意义相近）下去；等到因缘成熟了，就从功能而生起爱非爱的异熟果。业虽过去了，而曾受生果功能的相续，虽不息的生灭，却从来没有中断，所以能成为造业与感报间的联系。功能微细难见，而所依相续，是刹那生灭而不断的、可以现见的。这一思想，《顺正理论》所引的经部说，论理更为严密，如《顺正理论》说：

"故彼宗说：如外种果，感赴理成，如是应知业果感赴。谓如外种，由遇别缘，为亲传因，感果已灭。由此后位，遂起根芽茎枝叶等诸相异法，体虽不住而相续转。于最后位，复遇别缘，方能为因生于自果。如是诸业，于相续中，为亲传因，感果已灭。由此于后自相续中，有分位别异相法起，体虽不住而相续转。于最后位，复遇别缘，方能为因生于自果。……如是诸业，亦非亲为因，令自果生，然由展转力。"①

① 《顺正理论》卷三四（大正二九·五三五上）。

"非经部师作如是说,即过去业能生当果,然业为先,所引相续转变差别,令当果生,譬如世间种生当果。谓如从种有当果生,非当果生从已坏种,非种无间有当果生。然种为先,所引相续转变差别,能生当果。谓初从种,次有芽生,叶乃至花,后后续起,从花次第方有果生。而言果生从于种者,由种所引,展转传来,花中功能生于果故。若花无种所引功能,应不能生如是类果。如是从业有当果生,非当果生从已坏业,非业无间有当果生。然业为先,所引相续转变差别,能生当果。业相续者,谓业为先,后后刹那心相续起。即此相续,后后刹那异异而生,名为转变。即此转变,于最后时,有胜功能无间生果;异余转变,故名差别。"①

譬喻师的业功能说,重要在"相续"。刹那现在的相续不断,为业功能所依。相续的生灭灭生,不断相续;功能也就不断地传生。这样的相续转变,到引发殊胜的功能,那时就感得果报了。以刹那的相续为现实,不断地新熏,不断地感果。这是彻底的新熏说、业感说,达到一切从业感生的结论,否认有异熟生以外的等流长养性,如《顺正理论》卷五(大正二九·三五九上)说:

"上座此中,依十二处,立一切种皆异熟生。"

经部譬喻师的彻底业感说,一切立足于相续转变差别的熏

① 《顺正理论》卷五一(大正二九·六二九中)。

习种子说。依此，解说无表业①、随眠②、成就不成就③等。流转与还灭的说明，都依此为基石，这就达到了与说一切有部截然对立的地位。

第三项　经部譬喻师的派别

经部譬喻师，以现在有的种子熏习说为本，成立一宗独到的理论；但经部譬喻师中，也有派别的存在。经部师的派别性的发生，一、早在说一切有部譬喻师，已有不同的流派。从说一切有部而演化为经部譬喻师，当然也就有派别。二、经部譬喻师是反阿毗达磨的；但阿毗达磨论宗有完整的理论，精密的分别，自有他的特色。经部师中，有的采取了融摄阿毗达磨的方针，也就自然形成别派了。三、经部的自由创新精神，反对阿毗达磨传承，但不免缺乏强固的保守性。这就会思想过于流动，而形成各人解说不同的现象。从经部譬喻师的理论自身，分别其流派不同，与窥基传说的经部有三类④不同。

从心心所法来说：说一切有部的持经譬喻师，以法救、觉天为二大家。法救是"说心所法非即是心"⑤，"诸心心所是思差别"⑥

---

① 《俱舍论》卷一三（大正二九·六九中——下）。《顺正理论》卷三五（大正二九·五四一下）。

② 《俱舍论》卷一九（大正二九·九九上）。

③ 《俱舍论》卷四（大正二九·二二下）。《顺正理论》卷一二（大正二九·三九七中——下）。

④ 《成唯识论述记》卷四（大正四三·三五八上）。

⑤ 《大毗婆沙论》卷一二七（大正二七·六六二中）。

⑥ 《大毗婆沙论》卷二（大正二七·八下）。

的思差别论者。觉天是“心所即心”①的心差别论者。在晚期的经部譬喻师中,还是有这二大流派。如:“有譬喻者,说唯有心,无别心所”②,是同于觉天的学派。如上座以为:“心所唯三(受想思)③;“行蕴唯思……作意等行,一切皆用思为自体”④,这是继承法救的学统而略加修正的。一切心所法,法救以为都是思心所的差别。上座修改为:心所法中,受、想、思,为识以外的别法。受、想以外的一切心所法,都是思心所的差别。这二大流,都是说心心所法次第而起的。唐代的法相学者,不明经部思想的别异,竟说旧译经部的心所即心为错误。而西藏又传说,觉天立心所有四。这都是不明实际的误传。

从色法来说,也还是有这二大家。觉天以为:“造色即是大种差别。”⑤法救以为:“说离大种别有造色。……然说色中二非实有,谓所造触及法处色。”⑥晚期的经部譬喻师中,如“譬喻论师作如是说:诸所造色,非异大种”⑦,这就是觉天一流。而上座说:“非触处中有所造色……即诸大种形差别故。”⑧又说:“大种造色多不相离,亦有少分得相离者。”⑨上座的论义,正是继承法救的学派。经部譬喻师,无论说心说色,都有这二大流派,是极

---

① 《大毗婆沙论》卷一二七(大正二七·六六一下)。
② 《顺正理论》卷一一(大正二九·三九五上)。
③ 《顺正理论》卷一〇(大正二九·三八八中)。
④ 《顺正理论》卷二(大正二九·三三九中)。
⑤ 《大毗婆沙论》卷一二七(大正二七·六六一下)。
⑥ 《大毗婆沙论》卷一二七(大正二七·六六二中)。
⑦ 《顺正理论》卷五(大正二九·三五六中)。
⑧ 《顺正理论》卷四(大正二九·三五二下)。
⑨ 《顺正理论》卷八(大正二九·三七三上)。

为明显的。

种子熏习,经部譬喻师虽所说相近,而论到所依的相续,就出现不同的流派,略有四派。

一、心心相续说:这是经部譬喻的本义。《大毗婆沙论》的譬喻师,主张"离思无异熟因,离受无异熟果"①;业与果,都以心为本。本着这一立场,从如种生果的譬喻,而悟得业功能的相续生果时,将心心所法的相续不断作为业功能所依,是最可能与当然的结论。所以如《中论》卷三(大正三〇·二二上)说:

"如是从初心,心法相续生,从是而有果,离心无相续。"

心心相续的思想,《顺正理论》的时代,还是经部譬喻师的重要学派,所以《顺正理论》主在评破世亲及上座时,总是说到心法上去,如说:

"业相续者,谓业为先,后后刹那心相续起。"②

"思业为先,后后心生,说名相续。"③

"前心俱生思差别故,后心功能差别而起。"④

二、六处受熏说:在《大毗婆沙论》中,与分别论者相近的譬喻师,"彼说无有有情而无色者,亦无有定而无心者"⑤。这是以

① 《大毗婆沙论》卷一九(大正二七·九六上)等。
② 《顺正理论》卷五一(大正二九·六二九中)。
③ 《顺正理论》卷三五(大正二九·五四一下)。
④ 《顺正理论》卷一二(大正二九·三九七中——下)。
⑤ 《大毗婆沙论》卷一五二(大正二七·七七四上)。

为：三界有情，心与色都是不断的。如依此而说种子所依，那当然是六处（有情自体）受熏了。如上座说："是业烦恼所熏六处：感余生果。"①上座也说："灭定中有心现行。"②上座弟子大德也说："灭尽定中意处不坏，由斯亦许有意识生。"③这是无心定有心的学派。无色界是否有色？不详。上座是六处受熏派，也就是色心受熏，后后色心相续而起。

三、色（根）心互熏说：这是《俱舍论》主世亲，依先代诸轨范师的学派。如说：

> "先代诸轨范师咸言：二法互为种子。二法者，谓心（及）有根身。"④
>
> "有作是说：依附色根种子力故，（无心定）后心还起。以能生心心所种子，依二相续，谓心相续，色根相续。"⑤
>
> "云何因缘？谓诸色根根依及识，此二略说能持一切诸法种子。随逐色根，有诸色根种子，及余色法种子，一切心心所等种子。若随逐识，有一切识种子，及余无色法种子，诸色根种子，所余色法种子。"⑥

《俱舍论》的先轨范师说，可依后二论——《大乘成业论》、《瑜伽师地论》，而得较明确的了解。据《瑜伽师地论略纂》，也

① 《顺正理论》卷一八（大正二九·四四〇中——下）。
② 《顺正理论》卷一五（大正二九·四二〇中）。
③ 《顺正理论》卷二六（大正二九·四八五下）。
④ 《俱舍论》卷五（大正二九·二五下）。
⑤ 《大乘成业论》（大正三一·七八三下）。
⑥ 《瑜伽师地论》卷五一（大正三〇·五八三中）。

说是“随顺理门”。这一系的经部师,可说是阿毗达磨化的经部。说一切有部阿毗达磨论宗,说无色界无色,无心定无心。现在接受这一见解,那么无心定没有心,无色界没有色,都有中断的时候,色与心的种子,依什么而能相续呢?这所以成立色与心互相持种。也就是:色种依色根而也依心识;心心所种子,依识而也依色根。这就没有相续中断、种子无依的问题了。

四、细心相续说:如《大乘成业论》(大正三一·七八四中——下)说:

> “一类经为量者,所许细心彼(无心)位犹有。谓异熟果识,具一切种子,从初结生乃至终没,展转相续,曾无间断。”

这是主张一般六识以外,别有细心,能为种子所依相续的;这就是阿赖耶识。这一类的经量者,是依经量而直通瑜伽大乘的学者,也就是世亲自己的立场。《大乘成业论》曾引颂(大正三一·七八四下)说:

> “心与无边种,俱相续恒流,遇各别熏缘,心种便增盛。种力渐次熟,缘合时与果。如染枸橼花,果时瓤色赤。”

据说是马鸣颂①。颂文的本义,可能也是“心心相续”说。虽有四派,但第四已转入瑜伽大乘;站在声闻部派的经部师,只是前三系而已。对于经部的受熏持种,从来的唯识学者,望文生

---

① 山口益《世亲的成业论》所说(一九九——二〇一)。

义，如拙作《唯识学探源》辨正①，这里不再为解说。

再从种习来说：经部譬喻师，对熏习相续，尽管内容相同，而所用的名称，彼此间是多少不同的。如说：

"诸譬喻者，多分申自所执种子。"

"复有诸师，于此种子，处处随义建立别名：或名随界，或名熏习，或名功能，或名不失，或名增长。"②

"思是实业，此即意行，增长，功能，随界，习气，种子论等。"③

"所执随界，种子，功能，熏习，增长，不失法等。"④

在经部譬喻师中，大抵以"种子"为主，与大乘瑜伽者一样。随界，是上座所立的。熏习，就是习气。熏习与功能，也是一般通用的。不失法，从"诸业不失"得名。增长，大概从"福业增长"得名。据《大乘成业论》，增长与不失法，是不相应行的别法。不失法为正量部说，增长为大众部说。这二类，并非经部师说，只是意义相类，《顺正理论》一并引述而加以破斥。据《业成就论》，称日出论者的行动为"意行"，是由意所引发，促成身手等行动的身表色。表业是色而称为意行，那与无表相当的种子，更是名符其实的意行了。所以，《顺正理论》传说的"意行"，可能是日出论主系所称的。

① 《唯识学探源》(一四一——一四六，本版一二二——一二四)。

② 《顺正理论》卷一二(大正二九·三九八中)。

③ 《顺正理论》卷三四(大正二九·五三五上)。

④ 《顺正理论》卷五一(大正二九·六二七上)。

第四节　上座师资的经部学

第一项　一代大师室利逻多

室利逻多(Śrīrāta),《顺正理论》称之为"上座"(Sthavira);意译为胜受,或执胜,这是经部的一代大师。室利逻多从北方到东方来,在阿瑜陀国造《经部毗婆沙》①,为大成经部的名学者。室利逻多与世亲、众贤同时,是他们的前辈。众贤作《顺正理论》时,室利逻多是耆年的老上座,如《顺正理论》说:

> "但是上座,其年衰朽。"②
>
> "彼恒寻思粗浅异论,尚年已过,居衰耄时。"③

《顺正理论》,是众贤不满世亲的《俱舍论》,经十二年的功夫造成的。当世亲造《俱舍论》时,上座的《经部毗婆沙》已经流行,《俱舍论》已引述上座的教说。在众贤看来,世亲是明宗阿毗达磨,而实有随顺上座经部宗的倾向,所以说:"经主于中,朋附上座所立宗趣。"依此推断,上座应为西元四世纪的大师,造《经部毗婆沙》,约为西元三五〇年顷。室利逻多的其他事迹,都没有传述;《经部毗婆沙》也没有传译过来。但《顺正理论》所引的上座说在一百则以上,所以上座的教说还能大概地明了。

---

① 《大唐西域记》卷五(大正五一·八九六中)。
② 《顺正理论》卷一九(大正二九·四四五中)。
③ 《顺正理论》卷二〇(大正二九·四五〇中)。

上座为卓越的经部大师,在当时的佛教界有崇高的声望,徒众与同学极多。《顺正理论》每说"又彼师徒"①、"上座亲教门人"②、"上座徒党"③,可想见当时经部学团的隆盛。在上座的门人中,有"大德逻摩"(Rāma),《显宗论》意译为"大德善慧"④。《俱舍论记》说:"逻摩,此云戏乐。"Rāma 确有戏乐的意思。此外,《顺正理论》说有"上座徒党",解说缘起法的"此有故彼有,此生故彼生"二句,为破无因与常因⑤。《俱舍论记》解说为"经部异师尊者世曹"⑥。"世曹"一名,极为可疑。依奘门的译例来说,世曹可能为世胄的误写。如真是这样,那就是《四谛论》主婆薮跋摩了。

在《大毗婆沙论》中,对说一切有部譬喻师法救,直称之为大德。经部譬喻师室利逻多,在《顺正理论》中被称为上座。受到不同学派的尊称,可说是无独有偶了!由于室利逻多徒众多,年龄高,一般人尊称他为上座。众贤虽评责他,讽刺他,也还是随俗而称之为上座。就凭这一称呼,可想见室利逻多在当时的德望。

第二项 上座——室利逻多的论义

上座远承法救的学统,在现在有的基石上,成为经部譬喻师

① 《顺正理论》卷四(大正二九·三五〇下)。
② 《顺正理论》卷二五(大正二九·四八二上)。
③ 《顺正理论》卷二五(大正二九·四八二下)。
④ 《显宗论》卷一三(大正二九·八三五下)。
⑤ 《顺正理论》卷二五(大正二九·四八二下)。
⑥ 《俱舍论(光)记》卷九(大正四一·一七一下)。

的大宗①。《顺正理论》引述的上座说，不一定是上座的创见，但是他继承古说，而给予系统的完成。为了评破《俱舍论》而造《顺正理论》，但对上座说，作了最严密与无情的抨击。上座的经部学，在说一切有部论师，是感到威胁而愤怒了！

一、阿毗达磨论者一向以为：论（多分）是了义说，而经多分是随机的方便说、有余说；所以"正理为量"，称应理论者。经部譬喻师是"以经为量"的，尊重经说，以为佛说是了义的，尽量保持经说，而不加修正与补充。上座也曾这样说："世尊无缘说于密语"②；"诸薄伽梵终无谬言"③；"佛所说经，皆是了义"④。然譬喻师久受阿毗达磨精密思考的学风所熏陶，经部譬喻师也有严密论究的风尚。在理论的思考辩诘下，虽不承认阿毗达磨是佛说，而不能不部分同意阿毗达磨论者的看法——佛说是有不了义的。如《顺正理论》卷二七（大正二九·四九五中）说：

> "彼上座言：诸有圣教，佛自标释，名了义经。所余契经，名不了义。"

标释名了义经，就是瑜伽师所传的摩呾理迦。在《阿含经》中，并无了义与不了义的分辨；所以了义与不了义的分别，每等于自宗所信所重的，就是了义。上座等经部师，对不顺自宗论义的，就说"此经所说是不了义"⑤，甚至说"此经非了义，或诵者

---

① 参阅本章第三节。
② 《顺正理论》卷二（大正二九·三四一下）。
③ 《顺正理论》卷二（大正二九·三三九中）。
④ 《顺正理论》卷七二（大正二九·七三四上）。
⑤ 《顺正理论》卷一〇（大正二九·三八八下）。

失"①;"我等不诵此经"②。从佛说皆是了义,到有了义有不了义,或依义而推论为诵者的错失,自相矛盾,也难怪《顺正理论》的指责了③。经部师到了上座的时代,虽标榜以经为量,实际已等于论义。例如上座虽以"佛有说处,我则信受"的态度而否认阿毗达磨论的特义:"生等五因,非圣教说"④;"无处佛说随眠有九十八"⑤;"无无记根,无圣教故"⑥,然而自己所立的旧随界、八心现观,也还是无经可据。总之,晚期的经部譬喻师,以经为量,不过对抗阿毗达磨是佛说的权威而已。上座等经部师的教义虽较为古朴,但发展为大流,如上座所造的《经部毗婆沙》,实也等于论义而已。

二、上座时代的经部师,对于古传的譬喻师说,有多少不同。从三世有而改说现在有,那是最主要的一着。又譬喻师本与西方师一样,认为色法是没有同类因的⑦。而上座却同于迦湿弥罗论师,如《顺正理论》卷一九(大正二九·四四五上)说:

> "如色非色,虽有差别,而等不遮同类因等。如是彼法,亦应等作等无间缘。"

譬喻者——思心差别论者,本与相似沙门一样,心心所都是

① 《顺正理论》卷二六(大正二九·四八八上)。
② 《顺正理论》卷一(大正二九·三三二上)。
③ 《顺正理论》卷二六(大正二九·四八八上——中)。
④ 《顺正理论》卷二〇(大正二九·四五二下)。
⑤ 《顺正理论》卷四六(大正二九·六〇四上)。
⑥ 《顺正理论》卷四九(大正二九·六一八下)。
⑦ 《大毗婆沙论》卷一三一(大正二七·六八二下)。

自类为等无间缘的[①]。所以如色法有同类因,也就可立等无间缘了。

三、上座所宗的经部,肯定刹那相续的前后因果性,而否认同时的因果性。所以说:"诸行决定无俱生因。"[②]这样论到根境为缘生识,上座也以为不是同时的,而是"根境无间,识方得起"[③]。经部师又着重于切要的因果性,所以说:"非一切法皆能作因及增上缘。"[④]阿毗达磨论者,能作因及增上缘是极宽泛的,除了自体,可为其余一切法缘。所以,一切法为一法的缘,而一法为一切法的缘。上座不赞同这种宽泛的说法,因为这种因与缘,是不能说明从如此因有如此果的。在佛的实践的宗教理论中,这有什么用呢?上座的"因缘"说,大体与瑜伽论师相同,如说:"因缘性者,谓旧随界,即诸有情相续展转能为因性"[⑤],"一心具有种种界熏习"[⑥]。如约烦恼说,"烦恼随界,说名随眠"[⑦]。

四、譬喻师宗,非实有法是可以为所缘境而生识的。这在《大毗婆沙论》中,譬喻师早就这样说:"有缘无智。"[⑧]上座继承这一思想,也说"智缘非有,亦二决定"[⑨]。上座说:过去未来无;法处色及触处的所造色,不相应行,无为,梦影等都是非实有的。

---

① 《大毗婆沙论》卷八九(大正二七·四六一中)。
② 《顺正理论》卷一五(大正二九·四二一中)。
③ 《顺正理论》卷一〇(大正二九·三八六中)。
④ 《顺正理论》卷一九(大正二九·四四九上)。
⑤ 《顺正理论》卷一八(大正二九·四四〇中)。
⑥ 《顺正理论》卷一八(大正二九·四四二中)。
⑦ 《顺正理论》卷四五(大正二九·五九七中、下)。
⑧ 《大毗婆沙论》卷四四(大正二七·二二八中)。
⑨ 《顺正理论》卷五一(大正二九·六二八下)。

继承古代譬喻师的“境无实体”说①,更发展为:根与境都是非实有的。如《顺正理论》卷四(大正二七·三五〇下)说:

“故处是假,唯界是实。”

“唯法因果,实无作用”,是经部譬喻师的名言。胜义有的,就是刹那的因果诸行。从一一能生界性,起一一界法,可说是胜义有的。然从一一法成为所依根、所缘境而生识来说,都没有实作用的。所以说:“五识(所)依(根、所)缘(境),俱非实有。极微一一不成所依所缘事故,众微和合方成所依所缘事故。”②这是说,不论哪一极微,都没有为所依根及所缘的作用。为识所依所缘的事用,都是众多极微和合而成的;和合而成的,就是假施设。不但根与境如此,识也是如此,如上座说:“识是了者,此非胜义。”③识的了别,也是从依根缘境的和合中显出,并非识有了别的自性用。经部譬喻师,肯定诸行的因果实性——界;而在依根缘境,成为认识的活动中,是没有自性的——处门。界门的因果诸行,等于《瑜伽论》师,实有依他离言自性。而所缘境的非实有性,更直接的,为唯识无境说的先声,与唯识学合流。

五、从《顺正理论》来看,上座是特别重视缘起的。上座说“缘起有(内、外)二”④,与龙树的《十二门论》一致,以为“所说缘起,皆据生因”⑤。由于肯定前后的因果性,着重切要的因果

① 《大毗婆沙论》卷五六(大正二七·二八八中)。
② 《顺正理论》卷四(大正二九·三五〇下)。
③ 《顺正理论》卷二五(大正二九·四八四中)。
④ 《顺正理论》卷二五(大正二九·四八二上)。
⑤ 《顺正理论》卷二六(大正二九·四八七中)。

性，所以弹斥说一切有部的刹那缘起说、分位缘起说。以《缘起经》为了义的，而加以详细的论说，如《顺正理论》卷二五——二八所说。缘起的“此有故彼有，此生故彼生”二句，阿毗达磨论师约俱生因、前生因说。上座不承认俱生因，所以别为解说，如《顺正理论》卷二五（大正二七·四八二下）说：

“依此有彼有者，依果有因有灭。此生故彼生者，恐疑果无因生，是故复言：由因生故，果方得起，非谓无因。”

又《顺正理论》卷一五，别叙上座二释①。在正辩二句时，说“上座徒党”有此二释②。《俱舍论记》解说为：“经部异师尊者世曹”，及“上座同学”所释③，与“上座徒党”相合。上座自己的见解，应该是“有灭”与“有因”。

六、关于色法，上座与说一切有部阿毗达磨论者不同。上座不许身表与语表是实色（所以说大种与造色，都是无记性）④，不许法处所摄色⑤，不许触处有所造色⑥。所以，色法只是五根、色声香味及触——四大。上座成立色法是“同处不相离”的，因为“二类极微，俱无分故，住处无别”⑦。一般地说：“极少许五极微（四大及所造色的一类）同住一处，不相妨碍”；然“亦有少分得

---

① 《顺正理论》卷一五（大正二九·四一九上——中）。
② 《顺正理论》卷二五（大正二九·四八二下）。
③ 《俱舍论（光）记》卷九（大正四一·一七一下）。
④ 《顺正理论》卷三三（大正二九·五三二中）。
⑤ 《顺正理论》卷六（大正二九·三六一中）。
⑥ 《顺正理论》卷四（大正二九·三五二下）。
⑦ 《顺正理论》卷八（大正二九·三七二中）。

相离者，谓诸日月灯宝光明，及离诸花孤游香等"①。说一切有部阿毗达磨论师，以为极微与极微是相碍的，彼此不相触的，而上座以为是不相碍的，因此也认为："此若触彼，彼定触此。……若异此者，极微展转无相摄持，应不和合。"②

七、最有意义的，是上座"别立现观次第"③。上座与《成实论》主一样，对于证真断惑的修证次第，都有独到的安立。这一时代的经部学者，思想自由到令人惊讶。上座的现观次第，如《顺正理论》卷六二（大正二九·六八四上——中）说：

"谓瑜伽师，于四谛境，先以世智如理观察。次引生忍、欲、慧、观、见。此忍增进，作无间缘，亲能引生正性决定，引起圣道光明相故。此忍现前，如后圣道，于四谛境，忍可、欲乐、简择、观察、推度分明，如隔轻纱，光中观像：此位名入正性决定。后于四谛，以妙抉择无动智见，名为预流。佛说涅槃名为正性，此能定趣，得决定名，故前名入正性决定。即能入位，名谛顺忍。此忍非在世第一前……。此复何殊世第一法？由圣定忍，与前有异。谓出世故，此名为圣；无动摇故，此名为定；由圣定故，名为见谛。然此犹名未得圣道；若得圣道，转名预流。若尔，何缘名为圣者？由此已得圣定忍故。住此忍位，为经久如？引圣道力强故非久；然阙缘故，有时暂出作余事业，非不得果，可于中间有命终理。……次起苦法智，名预流初心。尔时便能顿断三结，能

① 《顺正理论》卷八（大正二九·三七二中、三七三上）。
② 《顺正理论》卷八（大正二九·三七二下）。
③ 《顺正理论》卷六二（大正二九·六八四上）。

永断彼旧随界故。从此引生苦类智等,是故现观定有八心。”

上座所立的现观次第,再条列如下:

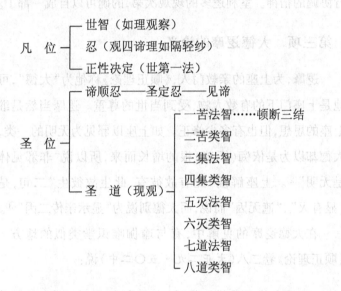

- 凡 位
  - 世智(如理观察)
  - 忍(观四谛理如隔轻纱)
  - 正性决定(世第一法)
- 圣 位
  - 谛顺忍——圣定忍——见谛
  - 圣 道(现观)
    - 一苦法智……顿断三结
    - 二苦类智
    - 三集法智
    - 四集类智
    - 五灭法智
    - 六灭类智
    - 七道法智
    - 八道类智

谛顺忍,就是圣定忍,虽出世而还没有得圣道、断烦恼。说一切有部阿毗达磨论者,八忍与八智,是间杂而起的。忍是无间道,智是解脱道。上座所立的谛顺忍,等于八忍,可说见谛,而还没有智证解脱。等到苦法智生起,就是预流初心,顿断三界的三结。类智,是比知过去未来的不现见法。上座所立的世智、忍、世第一法(正性决定),与说一切有部、犊子部的四加行位,都不同。这是可与大众、分别说者比观的。上座的预流八心,不离说一切有部(犊子部)渐见四谛的大原则。渐见四谛,而又说见苦谛时顿断三结,是多少调和了顿证顿断的思想。上座的“要总相观三界苦法能入现观”①,与大众及分别说者,从空无我,或从无相寂灭入见道不同,也还是近于说一切有部的。这一现观次第,最能看出上座的出入于说一切有部,及大众、分别说部,而进行协调的精神。室利逻多的现观次第,的确可以自成一部了。

第三项 大德逻摩的论义

逻摩,为上座的亲教门人,《顺正理论》称他为“大德”,可见他是上座门下的有数人物,受到当世的尊重。逻摩当然是继承上座的思想,但也有多少修正。如上座以邪见为无明的一类,而大德却以为是依痴(不善)根的增长而来,所以说“非邪见体即是无明”②。上座解说“此有故彼有,此生故彼生”二句,是约“显有灭”、“遮无因”而说,而大德别说为“显示亲传二因”③。

在大德逻摩的见解中,有与瑜伽唯识学类似的地方。如《顺正理论》卷二八(大正二九·五〇二中)说:

> “大德逻摩作如是说:有不染法,名为习气,如不善因所招异熟。世尊昔在菩萨位中,三无数劫修诸加行,虽有烦恼而能渐除。烦恼所引不染习气,白法习气渐令增长。后于永断诸漏得时,前诸习气有灭不灭。以于长时修加行故,证得无上诸漏永尽,然佛犹有白法习气。”

白法习气,是无漏种子,不染习气,是有漏闻熏习。如这样

---

① 《顺正理论》卷六二(大正二九·六八五下)。
② 《顺正理论》卷二八(大正二九·五〇〇中)。
③ 《顺正理论》卷二五(大正二九·四八二下)。

比拟的解说,那与《摄大乘论》的新熏说是非常近似的了。大德又细密地论证镜像的非实有性,结论为:“缘于眼及镜等,对镜等质,眼识得生。实见本质,谓见别像。”①这是以为:如从镜见面像,只是见到了自己的面目。这与《解深密经》所说“如依善莹清净镜面,以质为缘,还见本质,而谓我今见于影像,及谓离质别有所行影像显现”②,岂非完全一致!大德逻摩的时代,瑜伽大乘已非常兴盛,经部譬喻师也该受有影响吧!

第五节　诃黎跋摩的《成实论》

第一项　论主诃黎跋摩

说一切有部中,深受阿毗达磨论风影响的譬喻师,改宗现在有,开展为经部譬喻师。论理精密,取反阿毗达磨的立场。对于当时的佛教界,发生了巨大的影响。新兴的经部譬喻师说,如上已有所申述。此外,诃黎跋摩(Harivarman)的《成实论》、婆薮跋摩的《四谛论》,都是通过经部而不限于经部的,对经部譬喻师的旁枝与末流,再为分别的论述。

《成实论》主诃黎跋摩,意译为“师子铠”,或“师子胄”。玄畅的《诃黎跋摩传》说:“佛泥洹后九百年出。”③僧睿的《成实论

① 《顺正理论》卷二三(大正二九·四七〇下)。
② 《解深密经》卷三(大正一六·六九八中)。
③ 《出三藏记集》卷一一(大正五五·七八下)。

序》说：佛“灭度后八百九十年”①；嘉祥与均正，都是承用此说的（嘉祥《大乘玄论》作七百年，应是讹写）。依古代的传说，诃黎跋摩比“八百年出世”的提婆迟一些。《萨婆多部记》，诃黎跋摩列于婆薮槃豆以前②。所以，诃黎跋摩为提婆与（古）世亲间的大师。依北方第二期所传的佛灭年代（佛灭为西元前五四〇年顷）来推算，诃黎跋摩为西元三、四世纪间的大师。

诃黎跋摩是中天竺人，为鸠摩罗陀弟子，如说：

“罽宾小乘学者之匠鸠摩罗陀上足弟子。”③

“为萨婆多部达摩沙门究摩罗陀弟子。”④

这位鸠摩罗陀，传说为萨婆多部，所以有人以为，不是经部本师鸠摩罗陀，而另有其人。然在实际上，《成实论》是经部异师；而鸠摩罗陀，也见于《萨婆多部记》。所以，虽说萨婆多部鸠摩罗陀，仍不妨是经部本师。譬喻师本为说一切有部的一系；鸠摩罗陀是譬喻师独立而成经部的创始者，被推为经部本师，而自己从萨婆多部中来。那么，说他是萨婆多部，有什么不对呢？从传说的时代来说，诃黎跋摩还不能是鸠摩罗陀及门弟子，如说是经部譬喻系的学者，就差不多了。从西方传来中国的传说，每以思想的承受为及门弟子；古代的传说，是不能过于拘泥的。窥基说：“成实论师名师子胄，本于数论法中出家。”⑤这并无古代的

① 《三论玄义》（大正四五·三下）。
② 《出三藏记集》卷一二（大正五五·八九中）。
③ 《三论玄义》（大正四五·三下）。
④ 《出三藏记集》卷一一（大正五五·七八下）。
⑤ 《大乘法苑义林章》卷三（大正四五·二九七下）。

传说为据,也与《传》说的"跋摩抽簪之始,即受道吾党"(说一切有部)不合。这不过因论义的部分相合,而作出这样的推论。玄奘门下,惯常作此等说,如说清辩"外示僧佉之服"①。

《诃黎跋摩传》有几句重要的话,如(大正五五·七八下)说:

"时有僧祇部僧,住巴连弗邑,并遵奉大乘,云是五部之本。……要以同止。遂得研心方等,锐意九部。"

巴连弗邑(Pāṭaliputra),就是华氏城。这是笈多王朝的首都,那时也就是笈多王朝创立的前后。诃黎跋摩不满说一切有部的法相,离开北方而回到华氏城,与僧祇部——大众部的僧众共住,进一步而研究方等——大乘。大众部多数是兼学大乘的。诃黎跋摩学出于北方,而能不为说一切有系——论宗与经部所拘,贯通大众、分别说系,直接大乘;从这修学的历程中,可以得到适当的解说。据《传》说:诃黎跋摩曾难破胜论外道,而受到当时国王的尊敬。

诃黎跋摩的著作,就是《成实论》。论分五聚——犍度:"发(引论)聚","苦谛聚","集谛聚","灭谛聚","道谛聚"。凡二百二品,分十六卷。鸠摩罗什在秦弘始十三、十四年(西元四一一——四一二)译出,昙影笔受(昙影,或误写为昙晷,因而或误传昙影与昙晷为二人)。《成实论》对于中国南朝的佛教,曾发出异样的光辉。齐、梁二代,就是《成实论》师的黄金时代。

① 《大唐西域记》卷一〇(大正五一·九三〇下)。

第二项　乘与部的判摄

《成实论》，是大乘，还是小乘？属经部，还是其他部派呢？这是理解《成实论》的重要问题，应先为论决。对于这一问题，嘉祥的《三论玄义》曾三度说到：

1. "有人言：择善而从，有能必录。弃众师之短，取诸部之长。有人言：虽复斥排群异，正用昙无德部。有人言：偏斥毗昙，专同譬喻。真谛三藏云：用经部义也。检《俱舍论》经部之义，多同《成实》。"①

2. "有人言：是大乘也。有人言：是小乘。有人言：探大乘意以释小乘，具含大小。"②

3. "多闻部……具足诵浅深义，深义中有大乘义。《成实论》即从此部出。"③

第一则，是专关于声闻部派的。《成实论》不属于任何部派，出入各派，是极有见地的，但不免空泛。说《成实论》"正用昙无德部"，是由于见灭得道。但这不是昙无德部的特义；昙无德部的其他论义，也没有为《成实论》所采用，所以这一说是不可信的。嘉祥赞同真谛所说"用经部义"，这确是多少相同的。第二则，讨论《成实论》的是大还是小？说它是大乘的，是古代的《成实论》师，如梁代的三大法师。说它是小乘的，如天台智

---

① 《三论玄义》（大正四五·三中——下）。

② 《三论玄义》（大正四五·三下）。

③ 《三论玄义》（大正四五·九上）。

顗、净影慧远、嘉祥吉藏。说通于大小的，与第三则相近。这一说，出于真谛《部执论疏》，但也没有其他论义可以证实。

首先，考察《成实论》是否与大乘有关。嘉祥评为："二百二品，并探四阿含；十六卷文，竟无方等！"①这是判《成实论》为纯小乘的。这多少流于强调，《成实论》明显地引证了大乘经验，有明文可证："马鸣菩萨说偈"②，提婆菩萨"四百观"论③，"菩萨藏"等五藏④，"菩萨藏中说超越相"⑤。所说与大乘义相应的，如：

"若知诸法无自体性，则能入空。"⑥

"以见法本来不生，无所有故。……若见无性……当知一切诸法皆空。"⑦

"诸佛世尊有如是不可思议智：虽知诸法毕竟空，而能行大悲。深于凡夫，但不得定众生相。"⑧

"是中，我名诸法体性；若不见诸法体性，名见无我。"⑨

"佛一切智人无恶业报……但以无量神通方便，现为佛事（如受谤等），不可思议。"⑩

"檀等六波罗蜜具足，能得阿耨多罗三藐三菩提。"⑪

---

① 《三论玄义》（大正四五·四上）。
② 《成实论》卷一六（大正三二·三七二上）。
③ 《成实论》卷八（大正三二·二九八中）。
④ 《成实论》卷一四（大正三二·三五二下）。
⑤ 《成实论》卷一二（大正三二·三三八下）。
⑥ 《成实论》卷一〇（大正三二·三一六下）。
⑦ 《成实论》卷一二（大正三二·三三三下）。
⑧ 《成实论》卷一二（大正三二·三三七下）。
⑨ 《成实论》卷一六（大正三二·三六九上）。
⑩ 《成实论》卷七（大正三二·二九一上）。
⑪ 《成实论》卷七（大正三二·二九一中）。

《成实论》这样的引到大乘经论,怎么能说“全无方等”呢?参考过大乘经论,是无可怀疑的。然而,《成实论》的主意,是:“诸比丘异论,种种佛皆听;故我欲正论,三藏中实义。”严格地说,还不能说是大乘论,但不妨说探大释小。由于论主曾“研心方等”,所以发见《阿含经》本有的性空深义,铺平了从小通大的桥梁。古代的大乘学者,看作与大乘一无关系的小乘,不免过分了。

再说,在声闻部派中,《成实论》属于哪一派呢?《成实论》是多用经部义的,但不能说就是经部。依《俱舍论》、《顺正理论》所见的经部譬喻师宗,主要为成立业种感果说。《成实论》是现在有派,并没有种子或功能的“相续转变差别”生果说,依然应用“过去曾有,未来当有”——现在有派的一般论义。《成实论》与西元四世纪大成的室利逻多的经部学并不相同。《成实论》与西元二、三世纪间的日出论者——鸠摩罗陀的思想,就现存仅有的资料,可看出密切的关系。《大乘成业论》(大正三一·七八二中)说:

> “日出论者作如是言……然有别法,心差别为因,依手足等起此法,能作手足等物异方生因,是名行动,亦名身表。”

身表是色,是“行动”,这不是手足等行动,而是能使手足等于别异处生,而现有行动相的。《成实论》卷七(大正三二·二八九下)也这样说:

> “身(于)余处生时,有所造作(造作就是行),名为身作。”

又《俱舍论》卷三〇(大正二九·一五六上)引偈说:

“观为见所伤,及坏诸不善,故佛说正法,如牝虎衔子。执真我为有,则为见牙伤;拨俗我无为,便坏善业子。”

这是传为鸠摩罗陀的偈颂。《成实论》显然引用颂文,而对有我与无我的见解,可说完全是继承鸠摩罗陀所说的。如《论》卷一〇(大正三二·三一六下)说:

“有二谛:若说第一义谛,有我,是为身见;若说世谛无我,是为邪见。若说世谛故有我,第一义谛故无我,是为正见。又第一义谛故说无,世谛故说有,不堕见中,如是有无二言皆通。如虎衔子,若急则伤,若缓则失。如是若定说有我,则堕身见。定说无我,则堕邪论。”

诃黎跋摩与经部本师的鸠摩罗陀,是大体相同的。到西元四世纪,种习说大成,经部又面目一新了。

《成实论》有许多特殊的论义,如论修证次第,而类同我空、法空、空空——大乘的三空观,这不是经部所能范围了的。所以,判别《成实论》的部派问题,还是《诃黎跋摩传》(大正五五·七九上)说得好:

“穷三藏之旨,考九流之源。方知五部创流荡之基,迦旃启偏竞之始。……采访微言,搜简幽旨。于是博引百家众流之谈,以检经奥通塞之辩。澄汰五部,商略异端。考核迦旃延,斥其偏谬。除繁去末,慕存归本。造述明论,厥号成实。”

诃黎跋摩,从阿毗达磨而入经部,更深入五部。终于考核异同，尚论是非，不仅是取众师之长，而是直探“三藏中实义”。《成实论》所说的正义，是否就是三藏中的真实义，那是另一问题。而诃黎跋摩那一番直探三藏本源，而不依傍宗派门户，精神是值得崇仰的。《成实论》近于经部义，而不能说是经部。如果说宗派，《成实论》是可以自成一宗的。

第三项 《成实论》论义略述

《成实论》分五聚——犍度。“发聚”是引论，其次以苦集灭道四谛为次第。《经部毗婆沙》的组织不明；而与经部有关的，如《成实论》、《四谛论》，都是以四谛为大纲，保有佛陀初转法轮，说四谛法门的传统，与阿毗达磨论不同。《成实论》全论二百二品的组织，略表如下：

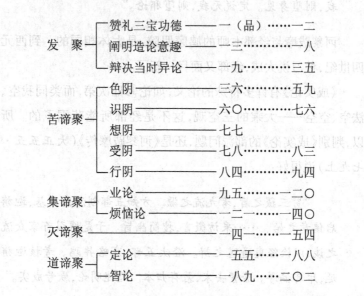

发 聚	赞礼三宝功德	一（品）……一二
	阐明造论意趣	一三……一八
	辩决当时异论	一九……三五
苦谛聚	色阴	三六……五九
	识阴	六〇……七六
	想阴	七七
	受阴	七八……八三
	行阴	八四……九四
集谛聚	业论	九五……一二〇
	烦恼论	一二一……一四〇
灭谛聚		一四一……一五四
道谛聚	定论	一五五……一八八
	智论	一八九……二〇二

“发聚”前有序颂，“发聚”的三十五品，都依序颂而来。赞

礼三宝功德，论僧宝时，立十八学人、九无学人——二十七贤圣[①]。辩决当时异论，列举十论——十项论题，为当时佛教界的论诤重心。如《论》卷二(大正三二·二五三下)说：

"于三藏中，多诸异论，但人多喜起诤论者，所谓：二世有，二世无；一切有，一切无；中阴有，中阴无；四谛次第得，一时得；(罗汉)有退，无退；使与心相应，心不相应；心性本净，性本不净；已受报业或有，或无；佛在僧数，不在僧数；有人，无人。"

在《杂阿毗昙心论》新增的"择品"中，也列举见谛的次第或一时，有中阴与无中阴，一切有与一切无，一切有——二世有与二世无，僧中有佛与无佛[②]。那时代的部派佛教，论诤忽然激烈起来，主要还是由于毗婆沙师独尊迦旃延尼子、评黜百家的态度所引起。论诤不已，遗留下论辩精密的记录，就是《成实论》、《俱舍论》、《顺正理论》。在这些诤论中，本论的立场是：

一、二世无——过去未来是非有的。

二、一切有与一切无，是方便说，第一义谛是非有非无的。

三、没有中阴。

四、一时见谛(顿见)。

五、阿罗汉不退。

六、心性不是本来清净的。

七、使(随眠)与心相应。

---

① 《成实论》卷一(大正三二·二四六下)。

② 《杂阿毗昙心论》卷一一(大正二八·九六二上——九六三中)。

八、过去是无,所以不用讨论已受报业的是有是无。

九、佛不在僧中。

十、无我。

从本论对这些论题的立场看来,本论虽似乎"偏破毗昙",而实仍深受说一切有部论宗或经师的影响,不属于大众及分别论者。如说:心性非本净,使心相应,都合于说一切有部。本论不立种种无为;立假名有与实法有,暖、顶、忍、世第一法等,都可以说明这一意义。

本论以四谛为大纲来说明,四谛是:"五受阴是苦,诸业烦恼是苦因,苦尽是苦灭,八圣道是苦灭道。"①这是出入于说一切有部论师及譬喻师说的②。现在姑以五法来次第叙述:

色法中,佛法的一般论义是四大为能造,五根、五尘为所造。本论(大正三二·二六一上)说:

> "色阴者,谓四大,及四大所因成法,亦因四大所成法。……因色、香、味、触成四大,因此四大成眼等五根,此等相触故有声。"

这确是非常特殊的论义。数论说:从五尘生五大,从五大生五根等。本论确有随顺数论的倾向,但代以四尘生四大而已。四尘成四大,四大是和合假名有的;五根与声从四大生,当然也是假有了。这样,约初门二谛而作假实的分别,那么色、香、味、触是实有,四大、五根、声——十法是假有。假有与实有合论,共

---

① 《成实论》卷三(大正三二·二六一上)。

② 《大毗婆沙论》卷七七(大正二七·三九七上)。

有十四色法。说一切有部譬喻师的古义,法救于四大种外,别立所造色;觉天是"四大种外无别造色"①。所以,本论可说是觉天说的修正,以四尘——色、香、味、触,代四大而为一切色法的本质。

心法与心所法(本论译为"心数"),本论以为"受、想、行等皆心差别名","故知但心无别心数"②。这也是觉天"心所即心"的教说,为譬喻师的大流。约假实来分别,三论师传说:成论师唯一实法——识。然在论文明二谛中,受、想等也是法有的③。依心起心所差别,与四尘生四大不同。心与心所,只是一心的随位而流,所以不能说识是实有,受、想等为假有的。这都近于譬喻师说;然本论于心法,也有一非常的异义,如《论》(大正三二·二七七下)说:

> "识造缘时,四法必次第生:识次生想,想次生受,受次生思。思及忧喜(受)等,从此生贪恚痴。"

识、想、受、思——这一次第,与譬喻师不合。但是不妨这样说的;如在唯识论中,受、想、行、识,就曾被配合于八识④。本论这一次第相生,受有一心论者的影响,也与瑜伽大乘的五心轮说相近。如识是率尔心,想为寻求心,受为决定心,思为染净心,此下就是等流心了。

本论在识蕴中,曾作五大论题的论辩。一、有心数还是无

---

① 《大毗婆沙论》卷七四(大正二七·三八三中)。

② 《成实论》卷五(大正三二·二七四下——二七五上)。

③ 《成实论》卷一一(大正三二·三二七上)。

④ 《大乘庄严经论》卷五(大正三一·六一四上)。

心数。二、有相应还是无相应。三、一心还是多心。四、心识是暂住,还是刹那不住。五、心识可以俱生,还是不能俱生。在这些论辩中,本论的主张是:离心没有别体的心所。心不会与心所同时相应的。多心,心识是刹那不住的。心识是不会同时俱生的。

不相应行法,如阿毗达磨论师所成立的,本论与譬喻师一样,看作假有的,甚至是不必要的(如凡夫法)。但在不相应行法,本论立一实有法,就是无作——无表业。在无心位、无色界,无作业都是有的,所以是非色非心的不相应行。无表,本是阿毗达磨论者所重,属于法处所摄色。但无表而称为色法,实是很难理解的。所以《阿毗昙心论》、《杂阿毗昙心论》,也在说是"假色"了。法救与觉天,都是否认无表色的。正量部立为不相应行的"不失法"。本论取经部譬喻师的古义,不立熏习说,综合了说一切有部论师的无表色、正量部的不失法,立为非色非心的不相应行,成为具有特色的论义。

无为法,但立一灭谛,所以说"见灭谛故,名为得道"①,与大众及分别说者相同。但证入灭谛的修证次第却是渐入的,如《论》卷二(大正三二·二五一中)说:

"假名心,法心,空心;灭此三心,故名灭谛。"

一、先(以法有)灭假名心,在闻思慧中。初是初重二谛观,如说:"真谛,谓色等法及泥洹。俗谛,谓但假名,无有实体,如

---

① 《成实论》卷三(大正三二·二五七中)。

色等因缘成瓶,五阴因缘成人。"①世谛是假名有的(不是没有),真谛是真实有的。如能见实有法,就能破假名心。二、在修慧(四加行位)中,观泥洹空寂,见色等法灭;(以空心)灭法心,就是第二重二谛观。如说:"五阴实无,以世谛故有。……(择)灭,是第一义谛有,非诸阴也。"②这可见色等还是俗有而真空的,泥洹(灭)才是第一义有。三、"若缘泥洹,是名空心。"③有空心还不是究竟的。所以,于灭尽定时,入无余涅槃时,灭空心,才是究竟的证入灭谛。但"阴灭无余,故称泥洹,是中何所有耶?……非无泥洹,但无实法"④,与经部譬喻师的见地一致。

这一现观次第,从一时见谛来说,同于大众、分别说者。但修行过程,实融摄了说一切有部的渐入。说一切有部论宗,本立假名有与实法有。但以为见道,是渐见四谛的理性。在那时,已形成假实二谛、事理二谛的二重二谛。所以本论的二重二谛,与说一切有部有密切关系,只是以灭谛代四谛理而已。就是在见谛以前,也立暖、顶、忍、世第一法,与说一切有部论宗相同。

本论的灭三心说,与大乘空义相近。但说色等为无为法,虽在第二重二谛中空,而在第一重二谛中,不能不说是实有的。这与大乘空义——一切假名有、一切毕竟空的见地,还是有距离的。所以本论从破无品到世谛品——七品,要广破"无论"。所

① 《成实论》卷一一(大正三二·三二七上)。
② 《成实论》卷一二(大正三二·三三三上——中)。
③ 《成实论》卷一二(大正三二·三三三下)。
④ 《成实论》卷一六(大正三二·三六八下——三六九上)。

破的"无论",论辩的方法,如:分与有分①,因中先有果先无果,因果一、因果异,自作、他作、共作、无因作②:都出于《中论》与《百论》。本论误解一切空为一切无,所以对"无论"的"种种因缘说诸法空",不能容忍,而信"佛说有五阴,故知色等一切法有,如瓶等以世谛故有"③。

第四项　《成实论》的法数

《成实论》的体裁,不是属于阿毗达磨的。阿毗达磨论者寻求诸法自性,"自性摄自性",渐整理出"一切法"的法数表。如《俱舍论》立七十五法,《百法明门论》立百法。所以,就《成实论》来说,对一切法究有多少的分类表,原是不必要的。自传来中国,成论师也有所论列。台家所传,《成实论》立八十四法,是极不正确的。慧远的《大乘义章》——"三有为义"、"三无为义"、"五阴"等门,立五十五法(或加众生成五十六)。现在也略为论列:

色法中,实法四——色、香、味、触;假法十——四大、五根、声,假与实共为十四法。

心法,立一。

心数(心所)法,实是一心法的随位而流;"有无量心数差别"④。在初重二谛中,受、想等都是真实有的。本论叙心数法,

① 《成实论》卷一一(大正三二·三三〇下)。
② 《成实论》卷一一(大正三二·三三一下——三三二上)。
③ 《成实论》卷一一(大正三二·三三二中)。
④ 《成实论》卷六(大正三二·二八九上)。

凡有三处：一、苦谛聚中的想、受、行阴。二、集谛聚中的烦恼论。三、道谛聚中的定慧论。

受想行阴——
- 1. 想(阴)
- 2. 受(阴)
- 3. 思 · 4. 触 · 5. 念(作意) · 6. 欲 · 7. 喜
- 8. 信 · 9. 勤 · 10. 忆(念)
- 11. 定 · 12. 慧
- 13. 觉 · 14. 观
- 15. 放逸 · 16. 不放逸
- 17. 不贪 · 18. 不嗔 · 19. 不痴
- 20. 贪 · 21. 嗔 · 22. 痴
- 23. 猗 · 24 舍

烦恼论——
- 1. 贪 · 2. 嗔 · 3. 痴 · 4. 慢 · 5. 疑
- 6. 身见 · 7. 边见 · 8. 邪见 · 9. 见取 · 10. 戒取
- 11. 睡 · 12. 眠(惛沉) · 13. 掉 · 14. 悔 · 15. 谄 · 16. 诳 · 17. 无惭 · 18. 无愧 · 19. 放逸 · 20. 诈 · 21. 罗波那 · 22. 现相 · 23. 慠切 · 24. 以利求利 · 25. 单致利 · 26. 不善 · 27. 嚬申 · 28. 食不调 · 29. 退没 · 30. 不敬肃 · 31. 乐恶友
- 32. 悭 · 33. 嫉

定慧论——1. 定 · 2. 慧

三处合计，共有五十九心所。除重出的定、慧、放逸、贪、嗔、痴——六法，有五十三。其中，论文明说：不放逸、不贪、不嗔、不痴，没有别法，只剩有四十九心法。八十四法的传说者，立四十九心所。可是对定与慧，竟忽略而遗忘了。九结中的悭与嫉，也没有集出。慧远说有三十六心数：无记性的，受与想；通三性的——思、触、念、欲、喜、信、勤、觉、观、忆，共十法；善性的，定、慧、不贪、不嗔、不痴、惭、愧、猗、舍、不放逸——十法；不善性的十四：贪、嗔、痴、慢、疑、见（五见）、无惭、无愧、悔、掉、覆、谄、诳、不放逸。慧远是依据成实论师所说，加一番整理的。

其实，本论的心数法，都是取材于阿毗达磨论，而加意评论取舍的。受想行阴所说，依《品类论·辩五事品》及《阿毗昙心论》的，对列如下：

《品类论》	《成实论》
受·想·思·触·作意	想·受·思·触·念
欲·胜解	欲·喜
信·勤·念·定·慧	信·勤·忆·定·慧
寻·伺	觉·观
放逸·不放逸	放逸·不放逸
三善根·三不善根	三善根·三不善根
四无记根	（不立）
（《心论》加猗·舍）	猗·舍

烦恼论中，《品类论》明九十八随眠，《甘露味论》"实十使"，为阿毗达磨论者所通用。《成实论》也就说："一切烦恼，多十使所摄，是故多因十使而造论。"①上表所列，从睡眠到乐恶

① 《成实论》卷一一（大正三二·三二三上）。

友——“随烦恼品”所说，出于《法蕴论》的“杂事品”。此下，论文从“三不善根品”到“杂问品”，与《发智论》“结蕴·不善纳息”所列各章，次第几乎全合。我觉得，《成实论》的“业论”、“烦恼论”、“定论”、“慧论”，正是阿毗达磨论的品目。《成实论》主是取材于阿毗达磨论，而从一新的立场予以取舍论列的。取材是说一切有部的阿毗达磨，而论列是譬喻师、分别说者。本论不立胜解，而代之以喜；《舍利弗阿毗昙论》及铜鍱部论，都有这通三性的喜。信与精进通三性，定是善性，也是《舍利弗阿毗昙论》所说的。慧是善性，是铜鍱部说。本论不立无记根，也与分别论者相同。本论说“一切烦恼皆是三种烦恼分”①，也是《甘露味论》引用大德法救的旧说②。

不相应行法，本论列举“得……凡夫法”——十六法而加以详破。不但认为“无别有不相应行名为得”等；如凡夫法，还觉得类同外道，根本不应该说的。但别立“无作”为不相应行。所以八十四法说者，以本论为立十七不相应行，是不恰当的。慧远立一“无作”法。又或加立“假名人”③，可能是中国成实论师的见解。本论列举的不相应法，有非得及凡夫法，是取材于《大毗婆沙论》的。

说到无为法，传立三无为，但本论没有明确的说明。应立一“泥洹”灭。在初重二谛、二重二谛中，涅槃都是第一义有。

---

① 《成实论》卷一〇（大正三二·三一九下）。

② 《甘露味论》卷上（大正二八·九七〇下）。《大毗婆沙论》卷四七（大正二七·二四三上）。

③ 《大乘义章》卷二（大正四四·四九六下）。

第六节　婆薮跋摩的《四谛论》

第一项　旃延论与佛陀蜜论

《四谛论》四卷，六品，是陈真谛所翻译。据《大唐内典录》，真谛还有《四谛论疏》三卷，可惜早已佚失。论主名婆薮跋摩（Vasuvarman），意译为“世胄”，事迹无可考。

《四谛论》不属于阿毗达磨，也与《成实论》那样的，以四谛为纲来广论佛法不同。严格地说，这应属于释经论，是依《杂阿含经》的《转法轮经》[1]予以论列，贯通有关的一切法义。婆薮跋摩的造论是有所禀承的，如《论》初（大正三二·三七五上）说：

> “大圣旃延论，言略义深广。大德佛陀蜜，广说言及义，有次第庄严。广略义相称，名理互相摄。我见两论已，今则舍广略，故造中量论。”

婆薮跋摩不是说一切有部的学者，在所造的《四谛论》中，根本没有理会《发智论》。所以“言略义深广”的“大圣旃延论”，不可能看作迦旃延尼子的《发智论》。这应是佛弟子摩诃迦旃延，所以称为“大圣”。本论所引证的，有《藏论》，起初以为是《俱舍论》的意译。但比对文义，都是《俱舍论》所没有的，所以想起了大迦旃延所造的《蜫勒》，蜫勒正是箧藏的意思。序标

---

① 安世高译《佛说转法轮经》的正说四谛段（大正二·五〇三中），与巴利《相应部》“谛相应”、“转法论品”、“如来所说（一）”相合（南传一六下·三四〇）。

“大圣旃延论”，内引《藏论》共九则；言略而义深的《藏论》，是本论禀承的一部分。

大德佛陀蜜(Buddhamitra)，造有文义很广的论。“次第庄严”，这是有组织的作品。本论曾明引佛陀蜜说一则，这也是本论禀承的一部分。在论主看来，这两部论，是“广略义相称，名理互相摄”，也就是可以融摄贯通的。只是略的太略，广的太广了，所以造这部中量的《四谛论》。《四谛论》译为四卷，约一千余颂。那广的当然不止这一数目；迦旃延的略论——《藏论》，应简略得多。这与龙树所传的《蜫勒》“略说三十二万言”①，不是不合吗？大迦旃延的《藏论》，内容应是遍涉一切佛法的；“言略义深广”，是《藏论》有关四谛的一章而已。这是我的解说。

《四谛论》是真谛所译的，说到大德佛陀蜜。在真谛所传的《婆薮槃豆法师传》，也说到佛陀蜜，这是值得注意的。《传》(大正五〇·一八九下——一九〇上)说：

“外道曰：……我今欲与释迦弟子决判胜负。……时摩㝹罗他法师，婆薮槃豆法师，悉往余国不在。……惟有婆薮槃豆师，佛陀蜜多罗法师在。佛陀蜜多罗，译为觉亲。此法师本虽大解，年已老迈。……法师即立无常义云：一切有为法，刹那刹那灭。何以故？后不见故。……法师即堕负。……婆薮槃豆法师后还，闻如此事，叹恨愤结，不得值之。遣人往频阇诃山，觅此外道，欲折伏其佷慢，以雪师之耻辱。”

① 《大智度论》卷二(大正二五·七〇中)。

据传说，佛陀蜜多罗是婆薮槃豆（世亲）的师长，是大法师。晚年，曾因与数论师辩论而受到耻辱。《成唯识论述记》以为“此非世亲之师，世亲认以为师”①。总之，这是世亲的前辈，对世亲的思想可能曾有所启发。从本论的思想而推论，本论所禀承的佛陀蜜的广论，也是经部师义。

佛陀蜜多罗，是世亲同时的前辈。婆薮跋摩的《四谛论》，就引有《俱舍论》的长行；而众贤所造《顺正理论》，说到“此有故彼有，此生故彼生”的异释，《俱舍论记》说是“经部异师世曹”②。如世曹而确为世胄的误写，那么婆薮跋摩，是世亲、众贤同时的经部大德了。

第二项　广引论部以明本论的宗要

本论为《转法轮经》四谛部分的解说，分为六品：第一“思择品”，总明四谛说的因缘、数目、谛义、圣义，与其余经说（如或说一谛）的贯通。第二“略说品”，明四谛的次第，四谛的体性。第三“苦谛品”，明生苦等八苦。第四“集谛品”，明渴爱——能感后有（后有爱），决定喜欲相随（贪喜俱行爱），处处爱著（彼彼喜乐爱）。第五“灭谛品”，明渴爱灭——无余、灭、离、灭、舍、断、弃。第六“道谛品”，明至苦尽正行——八正道。每品都先列举种种问题，然后一一解答，并广为引证，而成详说四谛的《四谛论》。

本论论主，是经部异师。在说一切有部论宗与经部师的辩

① 《成唯识论述记》卷四（大正四三·三七九中）。

② 《俱舍论记》卷九（大正四一·一七一下）。

论中,本论是赞同经部师说的。本论曾引《俱舍论》三段,如:

"经部问曰:何法名思择灭……佛心解脱,亦复如是。"①

"答曰:由多因缘,此业可知。……则不应有失念犯戒。不须广辩。"②

"圣道或说三十七助觉……开戒为二,所谓身口。"③

论中虽没有明说,但确是《俱舍论》文。前二段,篇幅很长,占全书十分之二。说他是引述,还不如说是抄录。第一段,论辩择灭的有体无体,出《俱舍论·分别根品》。第二段论辩无表色,出《俱舍论·业品》。第三段小有节略,明三十七道品,实体唯十,出《俱舍论·分别贤圣品》。

本论是广引各部异说的。对说一切有部的《大毗婆沙论》,仅有片段引述,不关重要。而引用其他部派的比较多:一、犊子部,二、上座部,三、假名部,四、分别部。犊子部所说,略举四义:

1. 立"有为诸法实有暂住",如《论》卷一(大正三二·三八二下)说:

"又跋私弗部说:有为诸法,实有暂住。……若有为法实念念灭,少壮不成,亦无命根。"

---

① 《四谛论》卷三(大正三二·三九一上——三九二上);出《俱舍论》卷六(大正二九·三四上——三五上)。

② 《四谛论》卷四(大正三二·三九五下——三九六下);出《俱舍论》卷一三(大正二九·六九初——七〇上)。

③ 《四谛论》卷四(大正三二·三九九上);出《俱舍论》卷二五(大正二九·一三二中)。

2. 说“六道”①。

3. 明修证行位,如《论》卷四(大正三二·三九九中)说:

“四念处观,是初发行位,即(顺)解脱分。四正勤名忍位,四如意足是名位,五根名相位,五力名第一法位:此四,通名决了(顺抉择)位。八圣道名见位。七觉分名修位。尽智无生智名究竟位,是果非因,故不立为道。”

忍、名、相、世第一法,是(顺)决了位,如《异部宗轮论》②等说,是犊子部特有的教义。

4. 如《论》说见道时:“或一心,或十二心,或十五心。”③十二心见道,也是犊子部的论义。

论引上座部说:“唯说不作邪语(邪业邪命)等事,以为(正语等)道支”④,系引《俱舍论》文。返寻《俱舍论》,玄奘、真谛二译,都作“余师”。这是引《俱舍》而来,不是论主要引述的。

本论引假名部一则,分别部七则,又分别论一则。假名部与分别部,是什么部派呢?所引分别部说,与《大毗婆沙论》分别论者并不相同,不能说是分别论者。那分别部是什么部派呢?真谛所译的《部执异论》,有分别说部(《三论玄义》引作多闻分别部),就是《异部宗轮论》的说假部、《十八部论》的施设部。以真谛译来解说真谛译,分别部及分别论(部),说是大众系的说假部,应该是最适宜的。《三论玄义》(大正四五·九上)说:

① 《四谛论》卷一(大正三二·三七六中)等。

② 《异部宗轮论》(大正四九·一六下)。

③ 《四谛论》卷四(大正三二·三九八中)。

④ 《四谛论》卷四(大正三二·三九六中)。

“佛在世时，大迦旃延造论解佛阿含经。至二百年，大迦旃延从阿耨达池出，更分别前多闻部中义，时人有信其所说者，故云多闻分别部。”

依《三论玄义检幽集》①，知道嘉祥是依据真谛《部执异论疏》的。并说“分别说部，即大迦旃延弟子”。分别部——多闻分别部，传为大迦旃延所创，是大迦旃延弟子。这一部派是仰推大迦旃延为宗的；这与本论多引分别部说，而《论》序颂说“大圣旃延论”，是完全契合的。但本论又有假名部，假名也就是说假或施设的意思。如上面所说，分别部是说假部，那假名部又是什么部呢？也许是同一部派而译语不统一吧！

分别部与分别论所说，是本论所宗的。1. 四谛的意义：举苦谛来说，一切有为法，无常皆苦，这不是佛所假说（施设）的苦谛。“为离此故，于世尊所修梵行”，这才是苦圣谛。这是说：四圣谛，不是作为客观性的事理，而是从实践的主观的要求——离苦、断集、证灭、修道，佛才施设为四圣谛的②。2. 四谛是一时成观的，如《论》卷一（大正三二·三七八上）说：

“若见无为法寂离生灭，四义一时成。异此无为寂静，是名苦谛。由除此故无为法寂静，是名集谛。无为法即是灭谛。能观此寂静及见无为，即是道谛。以是义故，四相虽别，得一时观。”

---

① 《三论玄义检幽集》卷五（大正七〇·五三三上）。

② 《四谛论》卷一（大正三二·三七七中）；又卷一（大正三二·三八〇上）；又卷一（大正三二·三八〇中）。

四谛一时成观，一般称为一心见道，为本论所宗。如《论》卷一(大正三二·三七九上)说：

> “我说一时见四谛，一时离，一时除，一时得，一时修；故说余谛，非为无用。……复次，四中随知一已，即通余谛；如知一粒，则通余粒。”

本《论》卷一(大正三二·三七七下)说：

> “四相不同，云何而得并观者？答：由想故。……由思择故。……由观(彼过)失故。……复次一时见谛，譬如火。……譬如日。……譬如灯。……譬如船。……分别部说……”

依本论的意见，不但是一心见道，修行时也如此。所以说“由想”、“由思择”等。这不是把四谛作为四类事理一一去分别了解，而是从实践中，离苦、断集、证灭，而统一于修道。举火烧一切、太阳照一切为喻，并引分别部说证成。这是本论四谛的主要思想。3. 分别部说：“四种相随”：经说“喜欲相随”(贪喜俱行)，是四种相随中的“间杂相随”；喜与欲，二法不同而俱行①。据此，分别部是多种心所相应俱有的。4. 说三种灭：“一念念灭，二相违灭，三无余灭”②，本论是以无余灭为灭谛的。5. 道谛是怎样断惑的呢？不说道与惑相及，也不说道与惑不相及，而

① 《四谛论》卷二(大正三二·三八八上)。
② 《四谛论》卷三(大正三二·三八九下)。

说"非至非不至,此时除惑,以不生为灭故"①。6. 一心能修四正勤,约"精进唯一,事用不同"说②。从这些看来,分别部是说一法多用的。

再从本论所引的论书来说,先应略为分别的,如:

"依阿毗达磨,及藏论,故得成立。"③

"如经,阿毗达磨,藏论,十二缘生等心思择论。"④

"如经,及藏论,十二缘生论中广说。"⑤

这里的经,不消说是《阿含经》了。阿毗达磨——引文又作阿毗达磨藏,与藏论,是显然不同的。一、阿毗达磨藏,本论别引三则: 1."能摄法不散,名三摩提。"⑥2. 明八正道的次第⑦。3. 以八正道摄三十七道品;以奢摩他、毗婆舍那——止观摄八正道⑧。这倒有点近于譬喻师所说:"舍摩他、毗钵舍那是道谛。"⑨所引三文,在《大毗婆沙论》、《俱舍论》等,都没有检到。所以,本论所引的阿毗达磨藏,不是说一切有部的阿毗达磨,也不是《俱舍论》;一定是上座系中,犊子系或分别说系的阿毗达磨了。二、《藏论》,上面已说到,这不是《俱舍论》,而可能为

① 《四谛论》卷四(大正三二·三九四中)。
② 《四谛论》卷四(大正三二·三九七中)。
③ 《四谛论》卷一(大正三二·三七九上)。
④ 《四谛论》卷一(大正三二·三八一中)。
⑤ 《四谛论》卷一(大正三二·三八二中)。
⑥ 《四谛论》卷四(大正三二·三九八上)。
⑦ 《四谛论》卷四(大正三二·三九八中)。
⑧ 《四谛论》卷四(大正三二·三九八下)。
⑨ 《大毗婆沙论》卷七七(大正二七·三九七中)。

大迦旃延的《蜫勒论》。1. 本论对苦、集、灭、道及道中的支分,每举“何义”及“何相、何用、何缘、何义”为问题。在本论说明以后,又举《藏论》所说的,如正见[①]、正精进[②]、正念[③]、正定[④]。2. 成立八圣道的理由,是“能成八功德心,故说八分”[⑤]。3.“道有三分”:以戒定慧三聚,摄八正道,拔三毒根本[⑥]。4. 明苦略有二,集、灭、道各有三[⑦]。在本论的思想中,《藏论》所说的,没有扞格不入的地方。三、《理足论》,优波笈多所造,这是说一切有部,其实是说一切有部初期的古典。本论引有四则,如本书第三章已说过了。四、《正道论》,以病为业果。真谛曾译有《正说道理论》[⑧],也许就是《正道论》。五、《智习论》。六、《五阴论》,又有《五阴论思择品》,所以上面提到的《心思择品》,可能就是《五阴论》的一品。七、十二《缘生论》。八、《法藏论》,可能是法藏部的论书。九、《大有品》,以十一门广明渴爱[⑨]。十、《地狱品》。后二部,不知出于什么论。

此外,还引有宿生及现生的种种传记,如《瞿昙传》,《阿难宿传》,《目连宿传》,《郁多罗比丘等宿传》,《瞿师罗传》,《阿育王传》。在这种种的引证中,没有大乘经论。

---

① 《四谛论》卷四(大正三二·三九四下)。
② 《四谛论》卷四(大正三二·三九七上)。
③ 《四谛论》卷四(大正三二·三九七中)。
④ 《四谛论》卷四(大正三二·三九八上)。
⑤ 《四谛论》卷四(大正三二·三九四中)。
⑥ 《四谛论》卷四(大正三二·三九八下)。
⑦ 《四谛论》卷一(大正三二·三八〇中)。
⑧ 《大唐内典录》卷五(大正五五·二七三中)。
⑨ 《四谛论》卷二(大正三二·三八九上)。

总之,本论是禀承旃延论及佛陀蜜论的,也就是在分别部论、《藏论》,及经部师说的基础上,择取精要,融摄贯通的。本论的道是有为①,与分别部(说假部)不同。而一心见道,也与室利逻多大成的经部学不同,所以被称为经部异师了。

第七节　经部的发展趋势

西元三、四世纪,经部呈现了绚烂繁荣的景象,成为部派佛教的显学。在中国,南北朝时代,《成实论》(多用经部义)与阿毗昙对举,代表小乘的二大流;在藏地,说到佛教的见地,大乘不出于中观见、唯识见,小乘不出于说一切有部见、经部见。经部与说一切有部对举,代表部派佛教,中国内地与西藏可说是大致相近的。在部派佛教中,经部以后起之秀成为显学,与说一切有部(阿毗达磨)分庭抗礼,经部学者也足以自豪了!

经部勃焉而兴,以后又如何呢?玄奘西游(西元六二七——六四五年),所见所闻,传于中国,而可见印度当时佛教实况的,有《大唐西域记》、《大唐大慈恩寺三藏法师传》。叙述当时的佛教,大众部、上座部、正量部、说一切有部等,流通的区域,及其他寺院、僧侣,却没有说到经部。仅说到窣禄勤那(Srughna),玄奘从阇耶毱多(Jayagupta)"听经部毗婆沙"②。玄奘从印度带回的梵本,有各部各派的经律论,却没有经部的圣典。约迟半世纪,唐义净西游(西元六七一——六九五年),著

① 《四谛论》卷四(大正三二·三九三下)。

② 《大唐大慈恩寺三藏法师传》卷二(大正五〇·二三二下)。

述中可以看到印度佛教当时实况的，有《大唐西域求法高僧传》、《南海寄归内法传》，但都不见有经部的形迹。如此辉光法界的大学派，怎么寂寞无闻到这样呢？从经部的开展及学派的特性去考察，对经部晚期的寂寞，应该是可以了解的。

一、经部本来不在十八部以内。世友所造的《异部宗轮论》，本为大师郁多罗所创，称为郁多罗部，又名说转部。这是西藏译本所传，而依汉译的《十八部论》，也可以理会出来的。这一派的主要宗义，是立胜义补特伽罗，立一味蕴与根边蕴。这是说转部义，与经部无关。等到经部兴起，这才比附于说转部；郁多罗演化为修多罗，于是成为修多罗部，又名说转部了。玄奘新译，更增入后起的传说，“自称我以庆喜（阿难）为师”①，以符合“依经为量”的经部特色。经部是从说一切有部的譬喻师而转化出来的。在部派中，兴起极迟，没有能成为强有力的宗派。这因为部派不只是一项思想，一部论著，部派是有组合的教团。凡是成为一大部派，一定有教团，有一定或独到的僧制，有出家受戒的师承传统。对社会的教化，有从教化而形成的教区，或有化导信众的特殊方便。经部的出现太迟了！以经律为依而兴起的部派，经五百年的发展，仍能卓然而存在的，早有了特定的教区、自成系统的僧制。这是不能以经部思想的卓越，而迅即改宗的。经部又不重律制，当然不能形成坚强的僧团；而固有的各派教区，也不容自由地开展。所以经部只能是教理上的波浪，不能成为教团的大流了。

---

① 《异部宗轮论》（大正四九·一五中）。

二、经部的勃然而兴，从教理去考察，略有自由、综合、转化的三大倾向。

1. 思想的自由：譬喻师从说一切有部脱出而成经部，主要为改取过未无体说，以反说一切有部的姿态而出现。一旦独行其是，思想失去了坚定的传统，所以都自以经部譬喻师自居，而内部思想过分自由，陷于极端的纷歧，缺乏统一性与固定性。长处在这里，短处也就在这里了。如关于心心所的见解，继承法救、觉天说而异义繁多，如《顺正理论》卷一一（大正二九·三九五上）说：

“又于心所多兴诤论，故知离心无别有体。谓执别有心所论者，于心所中兴多诤论：或说唯有三大地法，或说有四，或说有十，或说十四：故唯有识随位而流。”

这是远承觉天，“心所即心”者所说的。立三大地，就是上座室利逻多；这些都是经部譬喻师内部的异说。以种子熏习说而论，也是异名不一，如《顺正理论》卷一二（大正二九·三九八中）说：

“复有诸师，于此种子，处处随义建立别名：或名随界，或名熏习，或名功能，或名不失，或名增长。”

说到受熏者，也有众多的异说，如《摄大乘论（无性）释》卷二（大正三一·三八九下）说：

“且有尔所熏习异计：或说六识展转相熏，或说前念熏于后念，或说熏识刹那种类”。

思想过分自由了，就是师长与弟子之间，也各说其是。如解说“此有故彼有，此生故彼生”，大德逻摩就与室利逻多不同，这就难怪众贤的讥刺了。如《顺正理论》卷二五（大正二九·四八二下）说：

> “如是上座（室利逻多）凡有所言，亲教门人（指逻摩）及同见者（指世亲）尚不承信，况随圣教顺正理人，可能忍受？东方贵此，实为奇哉！”

本来，部派内部都不免有异义，但经长期发展而成的部派思想，不失一贯的坚定性，这才能形成坚强持久的教团。经部是异军突起，而思想过分纷歧，难于形成统一的力量。

2. 学派的综合性：部派佛教虽部派林立，而归纳起来，对每一问题，大概有二说或三说的不同。离五百年的不同传统，另立新义，原是并不容易的。说一切有部的譬喻师，主要部分，如三世有、有中有、四谛渐现观，都是同于阿毗达磨的。其他部分，每通于其他学派。现在从说一切有部中分出，取过未二世无、无中有等，这是大众、分别说系的固有论义。所以，经部的自成一部，与说一切有部分离，实际也就是与其他部派相结合。然部派不一，在自由思想中，所综合的部派并不相同，而经部学也就不能一致。举修行的现观次第来说，那是要从亲身体验、师资传承逐渐形成的，不可能以推理的方式来编造。但经部本身，否定了（说一切有部的四谛十六心见法）传统，那只能自由取舍他部，或自立门庭了。世亲《俱舍论》，仍宗说一切有部的十六心见法说；《四谛论》取（说一切有部的）观四谛十六行相，而（说假部等)一心见道说;上座的《经部毗婆沙》,简化阿毗达磨旧义,而立八心现观说;《成实论》次第灭三心,顿见灭谛而入道说。经部师的修行次第,每人各立一说,虽可说"择善而从,有闻必录,弃众师之短,取诸部之长"①,但不能形成统一而有力的部派,是毫无疑问的。

3. 转化于大乘:经部兴起的时代,大乘空义已如日中天,瑜伽唯识学也接近成熟阶段。在大乘佛学普遍发扬的时代,经部学不免转化于大乘。如《成实论》的灭三心而见灭谛,形式上是"三藏实义",而内在是接通了大乘空义。这所以《成实论》在中国,并非小乘,而有盛行南朝的"成论大乘师"(等到被判为小乘,也就没有人弘扬了)。世亲在《俱舍论》,严守声闻学派的立场。而经部的"唯法因果,实无作用",论义是密通瑜伽的。所以终以种子熏习,接受阿赖耶识(《成业论》),而世亲转以大乘唯识学为中心;《俱舍论》反成为瑜伽学者附习的法门。自由、综合,而又有转化大乘的倾向,一时隆盛的经部学,未来的趋势如何,原是可以想像的了。

三、在说一切有部中,譬喻师与阿毗达磨论师,可说是相得益彰的。阿毗达磨论师长于精密分别,论义深彻,形成佛教界的思想权威。而譬喻师是赞颂佛德,广说譬喻,内勤禅观,外弘教化,充满宗教活力而摄化信众。在一般人心中,譬喻大师是占有崇高地位的(传来中国,都推重为菩萨)。偏宗《发智》而论义多少专断的毗婆沙师,对譬喻师大德法救,始终予以相当的敬意,

---

① 《三论玄义》(大正五〇・三中)。

或尊称为“譬喻尊者”。但自譬喻师独树一帜，自称“以经为量”，以反说一切有部的姿态而出现，要与阿毗达磨论师一争论义的雄长。展转立破，使论义更见精确，当然是功不可没的。但经部譬喻师，专心于义理的阐发，如《成实论》、《顺正理论》所引的上座说，《俱舍论》的经部说，已成为十足的思辨的义学。而充满宗教活力的譬喻师精神，已淡褪到几乎消失了。说一切有部诚然受到严重的损害（但基础巩固，虽伤元气，而无大妨害）；而譬喻师虽存在于少数学者的心中，反从广大民众的信心中失去。从部派的立场说，譬喻师的发展方向是值得反省的。

第十二章 罽宾瑜伽师的发展

第一节 瑜伽师与罽宾

第一项 罽宾是瑜伽胜地

瑜伽是相应——契合的意思。宽泛地说,凡是止观相应的,身心、心境或理智相应的,都可说是瑜伽。瑜伽——身心相应的修持法,名为瑜伽行。从修持以求实现特殊的宗教经验者,名瑜伽师。所以瑜伽师为定慧修持者的通称。佛陀的时代,重于禅(dhyāna);"专精禅思",是古代佛弟子的日常行持。但到《大毗婆沙论》时代,更早一些,瑜伽与瑜伽师,已成为佛教界习用的名词。这可能由于西元前三、四世纪间,印度的"瑜伽派"渐次形成,而佛教也受到他的影响。然在实际上,佛教的瑜伽,仍旧是佛教的。如从定境及修定的方法说,这本来部分与世间禅定相通。在印度,佛教界已习用"瑜伽"一辞。而传来中国,仍依古说而称为禅。所以印度的瑜伽师,在中国是一向称为禅师的。

在部派佛教中,瑜伽是通于各派的。但现在要说的,是罽宾的瑜伽师,也就是与说一切有部有关的瑜伽师。说一切有部,是从摩偷罗而向北弘化,以罽宾为中心而大成的。在师承中,推重摩诃迦叶、阿难、商那和修、优波毱多。阿难多闻第一,重于经的,对禅也有重要的关系。如为阇知罗尼等,说"无相心三昧"①;为八城居士,说十二甘露门②。《分别功德论》说:阿难的弟子,都重于修禅③。《阿育王传》说:商那和修与优波毱多,都是大禅师;特别是优波毱多,"教授坐禅,最为第一"④。这一重法与重禅的系统,发展到北方,以罽宾为中心而光大起来,就是说一切有部。

罽宾,无论其原语是什么,然在西元二世纪前后,依中国史及佛教古典所传,决不限于迦湿弥罗,而是以健驮罗为中心,迤北及向东北、西北延展的山地。这里有著名的伽蓝,如大林、暗林、离越寺等,都是罽宾的僧众住处,贤圣所居的道场⑤。罽宾区适宜于修习禅观,如《阿育王传》卷五(大正五〇·一二〇中)说:

"佛记罽宾国,坐禅无诸妨难,床敷卧具最为第一,凉冷少病。"

这是适宜修行的区域,为北方佛教力量的来源。龙树曾有所解说,如《大智度论》卷六七(大正二五·五三一中)说:

---

① 《杂阿含经》卷二〇(大正二·一四五下——一四六中)。
② 《中阿含经》卷六〇《八城经》(大正一·八〇二上——下)。
③ 《分别功德论》卷二(大正二五·三四上)。
④ 《阿育王传》卷五(大正五〇·一二〇中)。
⑤ 《阿育王传》卷二(大正五〇·一〇五上)。

"北方地有雪山。雪山冷故,药草能杀诸毒,所食米谷,三毒不能大发。三毒不能大发故,众生柔软,信等五根皆得势力。如是等因缘,北方多行般若。"

其实,北方不但多行般若,般若从南方来,一到北方健驮罗一带,而非常的隆盛起来。这实是由于罽宾的清凉、安静,生活不太艰难,适宜于禅思——瑜伽的缘故。所以北方佛教,于修证是特别着力的。

第二项　罽宾瑜伽师的次第兴起

个人修学佛法也好,教团住持佛法也好,都要受持经法、戒律;通达法义;修禅观,随缘弘化。这些法门事业,可能一身兼通,或特长于一门。在说一切有部中,渐有分类偏重的倾向,所以说一切有部内,有持经譬喻者、阿毗达磨者、持律者、瑜伽者。但这是偏重,而决非守一而废余的。

太虚大师曾说:天台与贤首,从禅出教,是重经的。三论与唯识,是重论的、重传承的①。然从学派的发展去看,一切大小宗派,都是根源于禅观的修证。等到从禅出教,形成大流,学者大都就重于传承及论书了。依说一切有部来说,最足以说明这一点。首先,从摩偷罗而向罽宾发展的,依师承修习,从禅出教,成为阿毗达磨一大流,就是对法宗——论师系。阿毗达磨本以修行为宗要;阿毗达磨应译为现(对)法,就是无漏慧对于法(四谛或灭谛)的直观。当《阿含经》集成,佛教界从事如来遗教的

---

① 《太虚大师全书》第一编《中国佛学》(七五四——七五六)。

整理、论究、贯通，阿毗达磨日见发达，实为佛法的时代要求。诸大德内修禅观，外究法义，禅教相互参证，而渐成定论。如修习重二甘露门（后又演为三度门、五方便）。经暖、顶、忍、世第一法；观四谛十六行相而渐见四谛。《发智论》主迦旃延尼子、《品类论》主世友、《生智论》主妙音，是这一系最卓越的大师。由于最早完成思想体系，所以取得说一切有部正宗的地位。这如本书第四章到第七章所说。

其次，说一切有部中，与阿毗达磨论师同时发展的，有推重契经、内修禅观、外勤教化的持经者譬喻师。在论义方面，法救与觉天最为杰出。在说一切有部中，譬喻师与阿毗达磨论师，本是相互助成的。如法救、（《尊婆须蜜菩萨所集论》的作者）世友、僧伽罗叉、马鸣，都是禅师，尤以僧伽罗叉为著名。对说一切有部的隆盛，譬喻师有巨大的贡献（这如本书第八章所说）。但自《大毗婆沙论》集成，譬喻师宗受到彻底的评破。于是譬喻师反说一切有部，折衷异部，从禅出教，自成经部譬喻师。《日出论》主鸠摩罗陀、《成实论》主诃黎跋摩、《经部毗婆沙》作者室利逻多，都是一代的名德。但从禅出教，也就成为思辨的论义了。这如本书上一章所说。

在论师、经师从禅出教而广大流行时，专重禅观的瑜伽师仍在罽宾区持行不绝。《大毗婆沙论》编集时，已有不同于阿毗达磨论义的瑜伽师。这或是依经简论——与譬喻师相同的，或是信任自己经验的。如五识无间必意识生，是瑜伽师传说①，龙树

① 《大毗婆沙论》卷一三二（大正二七·六八二中）。

曾传说为入定方知。如法救说"二声(语、名)无有差别,二事相行别",是"入三昧方知"①。决然无疑地信任修持的经验,如《大毗婆沙论》卷九(大正二七·四五上)说:

"随有经证,或无经证,然决定有缘一切法非我行相。谓瑜伽师,于修观地,起此行相。"

阿毗达磨是以正理(论理)为证的,经部譬喻师是以经为量的,瑜伽师是以身心修持的经验为权证。瑜伽师的身心证验,部分已融入阿毗达磨及譬喻师说。西元三、四世纪,罽宾瑜伽者渐以独立的姿态而发展起来。这又有声闻乘瑜伽行、大乘瑜伽行、秘密瑜伽行的流派不同,以下当分别地略为说到。

第二节　声闻瑜伽师②

第一项　佛大先禅系考

说一切有部的瑜伽师,在西元五世纪,有一禅系曾传入中国,这就是佛陀跋陀罗(Buddhabhadra)传来的禅法。佛陀跋陀罗,意译为觉贤,于义熙四年(西元四〇八)顷到达长安,传入说一切有部佛大先(Buddhasena)的禅法,受到当时部分学者的推重。这是属于声闻乘中专修瑜伽的瑜伽师,是西元四、五世纪盛

① 《尊婆须蜜菩萨所集论》卷一(大正二八·七二三下)。

② 拙作《佛陀跋陀罗传来的禅门》,载《海潮音》四十二卷十二月号(六——九)。本节依之略加修改而成。

行于罽宾的禅法。这一禅系，有顿禅与渐禅，由达磨多罗与佛大先，综合弘传。

佛大先，或作佛陀先、佛驮先、佛陀斯那，意译为觉军。智严从佛大先学禅，如《高僧传》卷三（大正五〇·三三九中）说：

“智严……进到罽宾，入摩天陀罗精舍，从佛陀先比丘谘受禅法。渐染三年，功逾十载。……时有佛陀跋陀罗比丘，亦是彼国禅匠，严乃要请东归。”

依《法显传》所说：弘始二年（西元四〇〇），智严与法显，同在傿夷国①。智严再到罽宾，从佛大先学禅三年，这才请佛陀跋陀罗来中国。所以，佛大先在罽宾与智严相见的时间是可以推定的：西元四〇一——四〇三年。智严而外，沮渠安阳侯也曾从佛大先学禅，如《出三藏记集》卷一四（大正五五·一〇六中——下）说：

“沮渠安阳侯……少时，常度流沙，到于阗国，于衢摩帝大寺，遇天竺法师佛驮斯那，谘问道义。斯那本学大乘，天才秀出，诵半亿偈，明了禅法。故西方诸国，号为人中师子。”

安阳侯年少时到于阗学禅，后还河西，译出禅要。几年后，北凉就灭亡了（西元四三九年）。所以，沮渠安阳侯从佛大先学禅，约在西元四一〇年前，当时，佛大先也在于阗。又慧观《修行地不净观经序》说：“有于彼来者，亲从其（佛大先）受法教诲，

① 《高僧法显传》（大正五一·八五七上）。

见其涅槃。"①"于彼来者",不能是智严或佛陀跋陀罗。如果是,那不但与沮渠安阳侯在于阗受法说不合,也与《高僧传》载佛大先推荐佛陀跋陀罗东来说不合。慧观序所说,应是别人。在慧观作序时,佛大先已涅槃了。

这一禅法的传承,如佛陀跋陀罗所译《达摩多罗禅经》卷上(大正一五·三〇一下)说:

"尊者优波崛,尊者婆须蜜,尊者僧伽罗叉,尊者达摩多罗,乃至尊者不若蜜多罗,诸持法者,以此慧灯,次第传授。"

又,《出三藏记集》卷九,《庐山出修行方便禅经统序》(大正五五·六六上)说:

"今之所译,出自达摩多罗与佛大先。其人……弘教不同,故有详略之异。"

又,《出三藏记集》卷九,《修行地不净观经序》(大正五五·六六下——六七上)说:

"此一部典,名为具足清净法场。传此法至于罽宾,转至富若蜜罗。富若蜜罗,亦尽诸漏,具足六通。后至弟子富若罗,亦得应真。此二人,于罽宾中为第一教首。富若蜜罗去世已来,五十余年;弟子去世二十余年。昙摩多罗菩萨与佛陀斯那,俱共谘得高胜,宣行法本。佛陀斯那化行罽宾,

① 《出三藏记集》卷九(大正五五·六六下)。

为第三训首。有于彼来者，亲从其受法教诲，见其涅槃。……富若罗所训为教师者，十五六人，如今于西域中炽盛教化，受学者众。昙摩罗从天竺来，以是法要传于婆陀罗，婆陀罗与佛陀斯那。佛陀斯那愍此旃丹无真习可师，故传此法本，流至东州。”

依经序，传承是很明白的。禅法本有二系：罽宾旧传的渐系，富若蜜罗，就是《禅经》的不若蜜多罗（Puṇyamitra）。弟子名富若罗（Puṇyara），佛大先就是从富若罗学习的。另一系，从天竺新传来罽宾的，是昙摩罗，就是《统序》说的达摩多罗。达摩多罗传与婆陀罗（Bhadra），婆陀罗传给佛大先。在这新来的传承中，佛大先是达摩多罗的再传。然在罽宾旧传的禅系中，达摩多罗与佛大先，“俱共谘得高胜”，是同从富若罗修学，又有同学的关系。禅学的师承，时间的出入极大：或四五十年一传，也可能四五年一传，或展转的互相受学。这一传承的次第，当然是直从佛陀跋陀罗或智严得来的消息。

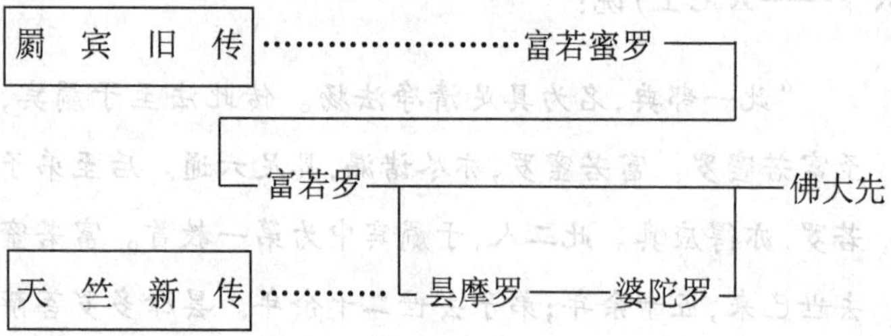

《禅经》所说，在不若蜜多罗以前，有昙摩多罗，序次于僧伽罗叉以后，这必为另一古德而同名的，决非从天竺传禅来罽宾的

那一位。僧祐的《出三藏记集·萨婆多部记》①,有"旧记所传",与号称"长安齐公寺萨婆多部佛大跋陀罗师宗相承略传",所说与上引经序,略有出入:

旧记	齐公寺传
四九、弗若蜜多	
五〇、婆罗多罗	
五一、不若多	四四、不若多
	四五、佛大尸致利
	四六、佛驮悉达
	四七、无名
	四八、婆罗多罗
五二、佛驮先	四九、佛大先
五三、达摩多罗	五〇、昙摩多罗

罽宾与天竺二传,佛大先时,相互传学;所以前后次第,不一定是师弟的关系。古代禅者,就有正支与旁出的解说了。考"旧记"所列:弗若蜜多、不若多、佛驮先的师承次第,还没有乱。不若多以前的婆罗多罗,大致就是慧观序所说的婆陀罗,似为不若多的同学。齐公寺所传,列婆罗多罗于不若多以后,也许就由于此。达摩多罗与佛驮先,同从不若多修学。这一禅法的传承,是专以罽宾旧传(萨婆多部的禅)为主的。如依天竺新传而说,那次第就要大为颠倒,应该是:达摩多罗,婆陀罗,佛驮先。旧记

① 《出三藏记集》卷一二(大正五五·八九中——九〇上)。

所说，与慧观序所传，可说相同。但齐公寺所传，误以富若蜜罗及富若罗为一人；于富若罗及佛大先间，又杂列一些不知名的禅师，实不如“旧记”多多！

依慧观经序所说，佛大先已去世了；这大约在西元四一〇年顷。不若罗去世二十余年，约死于西元三八五年顷。富若蜜罗去世五十余年，约死于西元三五五年顷。佛陀跋陀罗死于西元四二九年。这一系统的禅师，较有确实的年代可考。二记都列达摩多罗于佛大先以后，似乎是表示佛大先死后，达摩多罗还住世多年。达摩多罗的禅系，缺乏详明的传承事记，惟《高僧传》说到：慧览去罽宾，礼佛钵，从达磨达受禅法①。这位达磨禅师，也许就是达摩多罗。慧览受禅法，约为西元四三〇年左右。

第二项　禅经及其内容

佛陀跋陀罗传来新禅法，曾应庐山慧远的请求，译出《禅经》，共二卷，分十七分。禅经梵语为“庾伽遮罗浮迷，译言修行道地”②，就是瑜伽行地的旧译。禅经的名称，极不统一：《高僧传》作《修行方便论》③，慧远《统序》作《庐山出修行方便禅经》④，慧观序作《修行地不净观经》⑤。修行方便与修行地，都是瑜伽遮罗浮迷的意译。而现存宋藏等本（始于隋《历代三宝纪》）称为《达摩多罗禅经》，可说是最不妥当的了。佛大先确是

---

① 《高僧传》卷一一（大正五〇·三九九上）。

② 《达摩多罗禅经》卷上（大正一五·三〇一中）。

③ 《高僧传》卷二（大正五〇·三三五下）。

④ 《出三藏记集》卷九（大正五五·六五中）。

⑤ 《出三藏记集》卷九（大正五五·六六中）。

双承罽宾旧传及达摩多罗的天竺新传。但佛陀跋陀罗从佛大先修学而传译来中国的,是不应该称为《达摩多罗禅经》的。二大禅系的内容不同,如《出三藏记集》卷九《庐山出修行方便禅经统序》(大正五五·六六上)所说:

"达磨多罗,阖众篇于同道,开一色为恒沙。其为观也,明起不以生,灭不以尽,虽往复无际,而未始出于如。故曰:色不离如,如不离色;色则是如,如则是色。"

"佛大先以为:澄源引流,固宜有渐。是以始自二道,开甘露门。释四义以返迷,启归涂以领会。分别阴界,导以正观。畅散缘起,使优劣自辨。然后令原始返终,妙寻其极。"

依据这一顿渐的分别,来观察佛陀跋陀罗所译的《禅经》,可见前十二分,正明二道——方便道、胜道;二甘露门——数息、不净观;四义——顺退分、顺住分、顺升进分、顺决定分。十四分,观四无量(序中没有说到)。十三、十五、十六分,观界、阴、入,就是"分别阴界"。十七分观十二因缘,就是"畅散缘起"。现存的《禅经》十七分,纯粹是佛大先所传的罽宾次第禅,怎么可称为《达磨多罗禅经》呢?虽佛大先也曾传习达磨多罗的顿禅,但佛陀跋陀罗所传所译的,必须认定为罽宾旧有的渐禅。《经》初(大正一五·三〇一下)说:

"尊者优波崛……乃至尊者不若蜜多罗:诸持法者,以此慧灯,次第传授。我今如其所闻而说是义。"

论叙古来的禅法师承,显然为罽宾禅的传承。师承叙到不若蜜多罗为止;又说"我今如其所闻而说是义",这部禅集,可论定为富若蜜多罗弟子富若罗,禀承师说而传录出来的。但这部禅集,前十三分为偈颂,后四品为长行,这是值得注意的。富若罗传出的禅集,大概就是前十三分;后四分是佛大先或佛陀跋陀罗所增补的。从文体说,如为同一人的撰录,前后文体是不会这样突变的。从内容说,十三分的前八分,说安那般那(息),二道各有四分;九分到十二分,说不净观的方便道四分(胜道略而不出);十三分为"界分"。原来初习禅定的,就以这三法门为本,如《经》卷下"界分"(大正一五·三一八下)说:

"不净方便观,先于造色起。安般方便念,要从四大始。若彼修行者,增广(上)二方便,四大及造色,和合等观察,始入根本处(指界法门)。……此三与十想,修行增厌离。"

这三门,是修禅的主要方便。依一般初心的对治说:不净治淫欲,息念治思觉(寻思),界治我慢。然从一贯的修禅方便说:又先修不净或安般,所以称前二为"二甘露门",为界观的前方便。如《经》卷下(大正一五·三一七下)说:

"有因先修习,安般不净念,然后观诸界,安乐速究竟。"

从修禅的方便去理解,就知道唯有这三法门——前十三分为本,如僧伽罗叉的《修行道地经》,也就是这样。"此三与十想，修行增厌离”，如《阿毗昙甘露味论》卷下（大正二八·九七五中）说：

“趣涅槃道二种：一、观身不净；二、念数息。……是二相，自相。六种（六界异译）分别，观身无常苦空非我。如是一切诸法观，恐畏世界，渐渐灭垢，行善法，趣到涅槃。……是十想，常忆念，得尽苦际。”

这是说一切有部——罽宾旧传的禅。初下手时，或修不净，或修安般。虽能具足四念处，但主要为引发定心的方便，为自相（造色、四大）观。而界观主要为共相观，观无常苦空无我。《大毗婆沙论》说三慧，最初也从界门入手（进观入阴四谛十六行相）①。安般、不净、界，为修禅的根本方便；而禅偈也就齐此——十三分而止，这可论断为旧作无疑。

补出长行四品，应与当时的罽宾禅风有关。修习瑜伽的初方便，是二甘露门。依此得定，展转深入，修发四禅、四空定——八等至。而四无量、八解脱、八胜处、十一切处等，都是依此修成的定门。至于观界、观阴、观入，经称“七处三义观”，是以此为境而作四谛观，引发无漏真见的观门。这是要先有禅定修习，才能修习阴处等观，否则仅是散心分别而已。《禅经》卷下（大正一五·三二〇中）也这样说：

“若修行者，久积功德，曾习禅定，少闻开示，发其本缘，即能思惟观察五阴。”

---

① 《大毗婆沙论》卷七（大正二七·三四上——中）。

二甘露门是自相观，分别六界（以此初修而统摄阴入界）是共相观，或称三度门，是说一切有部旧传的禅法。然在实际的修行中，或从不净入，或从数息入，或从界入（先观事相），而一一都可以修成禅定，依此而起深观，证入。如数息的数随止是止，而观还净是依止而起观趣证了。本经以二道、四分，说安那般那念，最为详尽。胜道的决定分，观四谛十六行相；经暖、顶、忍、世第一法而入见道。在修证的历程中，已圆满而不用他求（观不净但明方便道四分，观界但总明方便道，详说可例前而知）。

在修习瑜伽前，由于众生的烦恼根性不同，应先给予契机的调治。譬喻的大瑜伽师僧伽罗叉，造《修行道地经》，“分别行相品”中，在“人情十九辈”段，说：慈心治嗔，因缘治痴，数息治多思觉，不净（死尸至白骨）治我慢。长行在慈心前，又插入不净治淫欲。这就与一般所说的五停心相近了①。西元四世纪，大乘的《瑜伽（行）师地论》已集成。称不净、慈、缘性缘起、界差别、安那般那念，为“净行所缘”，能净治贪行、嗔行、痴行、慢行、寻思行②。《瑜伽师地论》的五净行（五停心），与《修行道地经》的意趣相合。与佛陀跋陀罗同时前后的罽宾禅法，传来中国的，也都明五门。鸠摩罗什所传的《坐禅三昧经》、《思惟要略法》，都说五法门：不净治多淫欲，慈心（四无量）治多嗔恚，因缘观治多愚痴，念息治多思觉，念佛治多等分。以念佛代界差别，是受大乘法的影响。刘宋时，昙摩蜜多（Dharmamitra）译出佛陀蜜多（Buddhamitra）的《五门禅经要用法》，也是罽宾的禅师。五门，

---

① 《修行道地经》卷二（大正一五·一九一下——一九二中）。

② 《瑜伽师地论》卷二六（大正三〇·四二八下）。

与鸠摩罗什所说的相合。鸠摩罗什的《思惟要略法》，除“观无量寿佛法”以下明显为大乘的部分外，其余都编在《五门禅经要用法》以内；重心已是念佛观及慈悲观了。五停心，为以对治来略净其心。所以《瑜伽师地论》净行所缘外，别说蕴、处、界、缘起、处非处——五种善巧所缘，仍保有罽宾旧传——自相、共相观的意义。在当时，禅学已从二甘露门、三度门，进展为五门。所以佛大先所传的罽宾说一切有部禅，在数息、不净、界——十三分偈颂下，增入“修行无量三昧第十四”，观阴、观入（界阴入，分隔不连接），末了又“修行观十二因缘”，如《经》卷下（大正一五·三二二下）说：

“已说诸对治及所治，愚痴对治，是应分别。”

这样，数息治思觉，不净治淫欲，界治我慢，四无量治瞋恚，因缘治愚痴，不就与五门相合吗？受到当时罽宾禅风的影响，才在旧传的三大门外，补上长行四品，但体例不免因此而纷乱了。

佛陀跋陀罗所传的禅，是说一切有部中，近于论师的瑜伽师。如二门，四分，四有，四种缘起，暖、顶、忍、世第一法等，都与说一切有部论宗相合。“方便道安般念升进分”所说的“观”，显然是根据《大毗婆沙论》的①。然与阿毗达磨论义不同的，也不少。如“决定分”说：出息为长，入息为短；初静虑息长，二静虑息短②，与《大毗婆沙论》说：先短息，后长息；初静虑息短，二静

① 《大毗婆沙论》卷二六（大正二七·一三四上——下）。
② 《达摩多罗禅经》卷上（大正一五·三〇九下——三一〇上）。

虑息长①，恰好相反。《施设论》有"如人担重"的比喻，也给了新的解说②。"不净观升进分"说："依住三界身，境界于欲色"③，与《大毗婆沙论》的"唯依欲界身"，"唯缘欲界色处为境"不同④。《大毗婆沙论》正义，不净观以无贪善根为自性，又说："修定者说：以慧为自性。所以者何？经为量故。"⑤"修定者说"，与《禅经》的"不净观一智"说相合⑥。同属于说一切有部，专修瑜伽的瑜伽者，与阿毗达磨论者不免小有出入。因为瑜伽师是依经的，依据自身经验的；而论师是着重传来的论义，重于法相抉择的。

第三项　声闻瑜伽与净土及秘密瑜伽

佛陀跋陀罗所传的禅，是说一切有部的声闻瑜伽。在长安时，表现禅师的风格（在罽宾，已是专修的一派），不务外事，引起了长安僧众的反感，受到摈斥。到江南后，适应当时的佛教需要，也出来主持译务，以传译六十卷的《华严经》最为著名。修小乘禅观，传译大乘经，在忠于所学者看来，是不免感到希奇的！其实，禅定本是共外道的。引发禅定的方法，不但是不净观，就是数息观（《大毗婆沙论》说是不共的），也还是共世间的，通于大乘、小乘的。由于摄持身心，藉观想以入定的特性相同（除胜

① 《大毗婆沙论》卷二六（大正二七·一三六上——中）。
② 《达摩多罗禅经》卷上（大正一五·三一〇中）。
③ 《达摩多罗禅经》卷下（大正一五·三一六中）。
④ 《大毗婆沙论》卷四〇（大正二七·二〇六下）。
⑤ 《大毗婆沙论》卷四〇（大正二七·二〇六下）。
⑥ 《达摩多罗禅经》卷下（大正一五·三一六下）。

义观)，彼此间多有类似的。所以罽宾的说一切有部者，在大乘盛行、秘密大乘也逐渐兴起的时代，除阿毗达磨论师严守传统，其余的与大乘都有相当的默契(如以念佛代替界分别)。何况大乘与秘密大乘，本是在固有的佛教中开展起来的！

《出三藏记集》卷九《修行地不净观经序》(大正五五·六六下)说：

“此一部典，名为具足清净法场。”

“庾伽遮罗浮迷”——瑜伽行地，为这类禅观集的通称；“具足清净法场”，才是这部禅经的别名。具足清净法场，如属唐代新译，就是“圆满清净法曼荼罗”。这一名称，与秘密瑜伽的禅观集(四曼陀罗之一)，完全相同。修行的方法，如二甘露门、四分，都是说一切有部，其实是声闻佛教所共传的。而于四分，各分“方便道”、“胜道”——二道，这是从来所不曾有的。什么是胜道？如说：

“方便胜究竟。”①

“胜念已成就。”②

“胜道修止观，相行念已成。”③

“功德住升进，彼依胜道起，种种想行义，今当说善听。”④

---

① 《达摩多罗禅经》卷上(大正一五·三〇一下)。
② 《达摩多罗禅经》卷上(大正一五·三〇二中)。
③ 《达摩多罗禅经》卷上(大正一五·三〇三下)。
④ 《达摩多罗禅经》卷上(大正一五·三〇七下)。

方便道与胜道的差别是：方便道是加行，重于事相的修习；胜道是正行，重于观行成就的修习。依数息来说，学习修六法、十六特胜，都是方便道。由修六法、十六特胜，引发见相、触相、胜妙相，以及作圣行观以趣证，都是胜道。秘密瑜伽者，每一修法，分为"生起次第"、"圆满次第"，实与二道说一致。将修持次第分为二道来说明、修习，这是西元三、四世纪罽宾瑜伽师所完成的。还有，这部禅集，不但名为"圆满清净法曼荼罗"，经文也常有"曼荼罗"一词，如《达摩多罗禅经》卷上（大正一五·三〇八中——下）说：

"一切升进相，殊妙种种印（注意），莲华众宝树，靡丽诸器服，光焰极显照，无量庄严具，慧说为胜道。功德住升进，所起诸妙相，我今当具说，修行者谛听。"

"于上曼荼罗，纯一起众相，流光参然下，清净如颇梨。其光交四体，令身极柔软。又复从身出，渐渐稍流下。随其善根力，远近无定相。彼成曼荼罗，势极还本处。"

"根本种性中，其相三阶起：功德住五相，功德进五相，不坏功德二，半坏功德二，尽坏功德一，复还系心处。"

"住本种性已，流散遍十方，功德十相上，各复一相现。又于流散边，生诸深妙相：于彼深妙际，复生深妙相。上下轮诸相，亦复如是现。于彼三阶处，种种杂相生。自相各已灭，唯彼总相住。诸杂既已无，寂静行回转。此三曼荼罗，境分犹不移，顺本功德住，自体如前说。"

又如《经》卷下（大正一五·三一八上）说：

"修行见无垢,清净妙相生,譬如水上泡,清净无障翳。是处观诸界,各各见自相。……于此众杂色,修行具足观,虚空坚固相,弥广周遍住。难沮逾金刚,金刚慧能坏。于上曼陀罗,则有热相现,譬如火炽然,能破彼坚固。"

这里所说的修相与一些特殊术语,已不是中国的禅师所知。但在秘密瑜伽行者,这些是容易了解的。瑜伽修法与某些术语的共同性,可说明声闻瑜伽与秘密瑜伽行者的同源异流,及相互的影响。

再如念佛三昧,观佛的依正庄严,为大乘,特别为净土与秘密行者所重。这部《禅经》严守声闻瑜伽传统,不立念佛观。但观心成就,进入(四善根的)"顶"位时,就能见诸佛现前。如《经》卷上(大正一五·三一三下)说:

"成就暖法已,增进真实观。见佛身相好,无量诸功德。第一寂灭法,清净离烦恼,圣众功德海,甚深无涯底。种种微妙相,现身及境界,见已心欢喜,顶法具足相。"

顶善根成就时,虽不修念佛三昧,佛法僧相的依正庄严会自然现前。这在声闻经论中,还是新发见,大概也是西元三、四世纪瑜伽师修验而传出来的。《摄大乘论本》卷中(大正三一·一四四上)说:

"前此及法流,皆得见诸佛。了知菩提近,以无难得故。"

这是菩萨见道——清净增上意乐的瑞相。见道以前,在定心中能见诸佛，这在修行者，信得自身决定成佛。声闻瑜伽师于见道前也一样见佛，是顶——不再退而决定能解脱了。瑜伽师的同样经验，声闻乘与菩萨乘各为不同的解说而已。那个时代，念佛见佛，见佛成佛，已成为瑜伽师的修持重要内容了。

修不净观的，转入净观，观白骨流光，与大乘禅观也有近似处，如《经》卷下(大正三五·三一六下·三一七中)说：

"谓于不净缘，白骨流光出。从是次第起，青色妙宝树，黄赤若鲜白，枝叶花亦然。上服诸璎珞，种种微妙色，是则名修行，净解方便相。于彼不净身，处处庄严现，阶级次第上，三昧然慧灯，从彼一身出，高广普周遍。一切余身起，庄严亦如是。"

"无量深妙种，一切普周遍，彼决定真实，生如金翅鸟，次起清净地，平坦极庄严。"

在净解脱中现起的，是怎样的微妙庄严！依正庄严的净土观、佛身观，都不过更理想些。主要不同是：声闻瑜伽者修得这种经验，作为入道的助缘。而大乘秘密瑜伽者，是修"天身色"(佛身观)，"净土"庄严，而为自身成佛、登净土的实证而已。

第三节 大乘瑜伽师

第一项 瑜伽纲目与颉隶伐多

西元四世纪，罽宾的瑜伽师紧随经部譬喻师而独立发展。

这是本着瑜伽师的修证,综合说一切有系——阿毗达磨论师、经部譬喻师的理论,应时机而直通大乘的。这一学系的开展,继承经部的过未无体说、细心持种说、境界不实说,而导入"三界唯心","万法唯识";对于佛教思想,有卓越的贡献。这是大乘瑜伽,不在本文——以部派佛教论部为研究的范围内。但从罽宾瑜伽师的次第开展,附带地说到传说中的师承。

大乘瑜伽学,为瑜伽师以瑜伽行为中心,摄持境相与果德而综合成就的。根本论典,名《瑜伽师地论》(本事分)。分十七地,所以或称《十七地论》。这当然是大乘论,但除"菩萨地"——十七地的一地外,都是共声闻的;主要为北方说一切有系,论师、经师、瑜伽师的胜义结晶。《瑜伽师地论》的核心——瑜伽行,是依颉隶伐多(Revata)所传的瑜伽行为本,而整理为大乘瑜伽的。如《瑜伽师地论》卷二六(大正三〇·四二七下——四二八中)说:

"曾闻长老颉隶伐多问世尊言:大德!诸有苾刍勤修观行,是瑜伽师,能于所缘安住其心。为何所缘安住其心?云何于缘安住其心?齐何名为心善安住?佛告长老颉隶伐多……诸有苾刍勤修观行,是瑜伽师,能于所缘安住其心。或乐净行,或乐善巧,或乐令心解脱诸漏:于相称缘安住其心,于相似缘安住其心,于缘无倒安住其心,能于其中不舍静虑(下更分别解说)。"

传说佛为颉隶伐多所说的瑜伽,从所修的法门来说,不外三类:一、"净行所缘",是随烦恼特重而施以净治的,就是"五停心”。贪行的,以“不净”净治其心;嗔行的,以“慈愍”治;是痴行的,以“缘性缘起”治;慢行的,以“界差别”治;寻思行的,以“安那般那念”净治其心。二、“善巧所缘”,是治于法愚蒙而迷谬的,就是五善巧。如愚法自相而执我的,修蕴善巧;愚于因的,修界善巧;愚于缘的,修处善巧;愚于无常苦空无我的,修缘起善巧、处非处善巧。三、“净惑所缘”,有二:以世间道而净惑的,修六行观——苦粗障静妙离;以出世道而究竟净惑的,修四谛观。这是修法的大纲,要适合——称机而修的,所以名为“于相称缘安住其心”。在修行中,于上所说的所缘,能胜解现前,止观明寂,名为“于相似缘安住其心”。进修到于所缘,能如实地无倒了知,名“于缘无倒安住其心”。进而修到有所证得(世间静虑,出世解脱),名“能于其中不舍静虑”。从称缘修学,到胜解相似,如实了知、证得,而修法不外乎前三类。这纯粹是声闻瑜伽行的纲要。

怎么会成为大乘瑜伽行呢?以颉隶伐多所传的为基础,进而安立为四种所缘境事,如《瑜伽师地论》卷二六(大正三〇·四二七上)说:

> “谓有四种所缘境事。何等为四?一者,遍满所缘境事;二者,净行所缘境事;三者,善巧所缘境事;四者,净惑所缘境事。”

四种所缘境事的后三种,就是颉隶伐多所传的三类。大乘瑜伽者,在这上面,总立遍满所缘境事。遍满所缘境事的内容,分四:一、有分别影像,是观修。二、无分别影像,是止修。三、事边际性,是尽所有性(事),如所有性。如所有性,含摄四谛如、法无我如、唯识性如。四、所作成办,是修止观,通达事理而成就的,可摄得世间道果,出世间——声闻、辟支、佛菩萨道果。这样,在同于声闻瑜伽的规模下,成为大乘瑜伽的纲目。

颉隶伐多传说的瑜伽纲目,《瑜伽师地论》说"曾闻",可见这是传说如此,而并没有契经可证的。颉隶伐多,或译离婆多、离越、离曰等。依汉译经律,颉隶伐多有二位,如《增一阿含经》卷三(大正二·五五七中——下)说:

"坐禅入定,心不错乱,所谓离曰比丘是。"

"树下坐禅,意不移转,所谓狐疑离曰比丘是。"

禅颉隶伐多,见于《中阿含经·发起牛角林经》,佛赞他"常乐坐禅"。又见于《增一阿含经·六重品》。疑颉隶伐多,见于毗奈耶,是于衣食等非常拘谨而多疑的大德。南传小有不同,这里不必多说。总之,有一位以坐禅著名的颉隶伐多。

在传说中,颉隶伐多与罽宾有关。

一、罽宾有颉隶伐多山:如《大智度论》卷九(大正二五·一二六下)说:

"佛有时暂飞至罽宾隶跋陀仙人山上,住虚空中,降此仙人。"

山名隶跋陀,从隶跋陀仙人得名。降伏隶跋陀仙人,《阿育王传》作"于罽宾国化梵志师"①。这位仙人或梵志师,梁译《阿

---

① 《阿育王传》卷一(大正五〇·一〇二中)。

育王经》作“陶师”①。《说一切有部毗奈耶药事》卷九（大正二四·四〇下）说：

“世尊到乃理逸多城，于此城中，有一陶师……世尊降化陶师。”

乃理逸多的乃，是“及”字的讹脱。所以虽有降伏仙人或陶师的异说，而隶跋多山或及理逸多城，都是同一的罽宾地名。

二、隶跋陀山有隶跋陀寺：如《大智度论》卷九（大正二五·一二六下）说：

“此（隶跋陀）山下有离越寺。离越，应云隶跋陀也。”

这所隶跋陀寺，是罽宾有名的寺院，如《阿育王传》卷一（大正五〇·一〇五上）说：

“居住罽宾：昼夜无畏，摩诃婆那，离越诸圣。”

昼夜无畏，是暗林。摩诃婆那，是大林。离越，是离越寺。这都是罽宾的大寺，贤圣所住的大寺。离越寺，据梵本鸠那罗譬喻，在大林附近。大林在印度河右岸，今阿多克（Attock）城以北。《大庄严经论》，也有罽宾夫妇“于离越寺供养僧众”的记录②。

三、罽宾有隶跋陀阿罗汉：如《杂宝藏经》说“昔罽宾国有离

① 《阿育王经》卷二（大正五〇·一三五中）。

② 《大庄严经论》卷一五（大正四·三四二上）。

越阿罗汉,山中坐禅”,曾受诽谤而被禁狱中[1]。《旧杂譬喻经》,也有人“为离越作小居处”[2]。在这些传说中,知道罽宾有颉隶伐多寺,传说佛曾在这颉隶伐多山化仙人。这是罽宾的有名大寺,因而有离跋陀阿罗汉的传说。与佛弟子坐禅第一的颉隶伐多,传说上可能结合。所以,罽宾瑜伽师所传、颉隶伐多所传的瑜伽行,不妨解说为隶跋多寺所传的禅观。

第二项 弥勒与大乘瑜伽

大乘瑜伽——《瑜伽师地论》等,传说为无著菩萨修弥勒菩萨法门,在阿瑜陀国时见弥勒菩萨,而后由无著弘布出来的。无著是健驮罗的富娄沙富罗(Puruṣapura)人,是广义的罽宾人。从兜率天弥勒菩萨听法而弘传的大乘瑜伽,到底是事实,还是无稽的传说呢?这可从三方面说:

一、释迦为弥勒授记,为继释迦而来的未来佛,这是佛教界公认的。弥勒菩萨,现生于兜率天。在北方,弥勒菩萨的信仰极为普遍。如《大毗婆沙论》卷一五一(大正二七·七七二上)就有这样的传说:

> “故佛一时,与弥勒菩萨论世俗谛,舍利子等诸大声闻,莫能解了。”

佛为弥勒说声闻所不知的法门,说一切有部阿毗达磨论师也是信任的。大乘经的数量极多,佛专为弥勒,及弥勒为众说

① 《杂宝藏经》卷二(大正四·四五七中)。
② 《旧杂譬喻经》卷上(大正四·五一五中)。

的，并不多。检得：明十二缘起的《佛说稻芊经》；诫比丘勿著于空的，有《如来智印经》（本经说七法发菩提心，与《瑜伽师地论》说相近）、《佛说济诸方等学经》。特别是明大乘瑜伽——以遍满所缘、净行所缘、善巧所缘、净惑所缘为纲的大乘瑜伽行，在《解深密经·分别瑜伽品》中，也是佛为弥勒说的。与《瑜伽师地论》思想相近的契经，都是佛为弥勒说，或弥勒为人说。这充分表明了：佛教界对于这一思想系，确信为与佛时的弥勒，也就是现在兜率天上的弥勒菩萨有关。

二、从瑜伽行的传授说，罽宾的确有一位弥勒菩萨，弥勒是姓，姓弥勒的学佛者，如有大乘风格的，都可以简称为弥勒菩萨。《大智度论》卷八八（大正二五·六八四上）说：

> “罽宾国弥帝隶力利菩萨，手网缦。其父恶以为怪，以刀割之，言：我子何缘如鸟？”

在《大智度论》没有传译以前，道安已从罽宾的学者得来了这位菩萨的传说。如《出三藏记集》卷一〇《婆须蜜集序》（大正五五·七一下）说：

> “婆须蜜菩萨……集斯经已，入三昧定，如弹指顷，神升兜术。弥妒路，弥妒路刀利，及僧伽罗刹，适彼天宫。斯二三君子，皆次补处人也。弥妒路刀利者，光炎如来也。”

弥妒路，就是一般共信的兜率天的弥勒。弥妒路刀利，无疑的就是《大智度论》的弥帝隶力利菩萨。考《出三藏记集》卷一二《萨婆多部记》①："旧记"所传，二十三师为弥帝丽尸利罗汉。"齐公寺传"，地位相当的，有十九师沙帝贝尸利。沙为弥字草书的误写，贝为丽字的残脱而误。这位弥帝丽尸利，就是《婆须蜜集序》的弥妒路刀利，《大智度论》的弥帝隶力利。力与刀，都是尸字的误写。所以这位罽宾菩萨——弥帝隶尸利，应为（Maitreyaśrī），意译为慈吉祥。鸠摩罗什在长安时，有婆罗门说：鸠摩罗陀自以为"弥帝戾以后，罕有其比"②。弥帝戾也就是这位弥帝隶尸利。弥帝隶尸利菩萨的事迹，不详。但可以知道的，他是罽宾的譬喻大师，与僧伽罗叉、婆须蜜的风格相同；出于婆须蜜以后，僧伽罗叉以前。这位可以简称为弥勒菩萨的说一切有部的譬喻大师，传说如此的普遍，地位如此的崇高，可能就是大乘瑜伽的本源。

三、上升兜率问弥勒，西元四、五世纪，在罽宾是非常流行的。如说：

"佛驮跋陀罗……答曰……暂至兜率，致敬弥勒。"③

"罗汉……乃为（智）严入定，往兜率宫咨弥勒。"④

"罽宾……达摩达曾入定往兜率天，从弥勒受菩萨戒。"⑤

更早一些，世友难罗汉经，罗汉上升兜率问弥勒⑥。陀历

① 《出三藏记集》卷一二（大正五五·八九中——下）。
② 《中观论疏》卷一（大正四二·四下）。
③ 《高僧传》卷二（大正五〇·三三四下）。
④ 《高僧传》卷三（大正五〇·三三九下）。
⑤ 《高僧传》卷一一（大正五〇·三九九上）。
⑥ 《惟日杂难经》（大正一七·六〇八下）。

(Darada)造木刻弥勒像,罗汉以神力,偕工匠上兜率天观弥勒相①。所以无著的上兜率天见弥勒,实为当时一般的事实。至于说无著请弥勒下降,说《十七地论》,在佛教中,这是禅定修验的事实。汉支娄迦谶译的《般舟三昧经》(西元一七九年译)(大正一三·八九九上)说:

"菩萨于此间国土,念阿弥陀佛,专念(得三昧)故得见之。即问:持何法得生此国?阿弥陀佛报言:欲来生者,当念我名,莫有休息,则得来生。"

这是得念佛三昧,于定中见阿弥陀佛,与佛互相问答的经说。如在秘密瑜伽中,悉地成就,本尊现前,也能问答说法。这些,在瑜伽师的禅定中,是修验的事实。无著修弥勒禅观,见弥勒,弥勒为他说法。在瑜伽持行的佛教中,是没有什么可疑的。弥勒传出《十七地论》等,无著与他的学者是深信不疑的。

这三者,可能是并不矛盾的。兜率天有弥勒菩萨的敬仰,罽宾有弥勒菩萨——弥帝隶尸利的教授,在传说中合化,加深了罽宾佛教界对弥勒法门的信仰。生长罽宾的无著,专修弥勒瑜伽,得到面见弥勒、咨决深义的经验。《瑜伽师地论》的传弘,就在这一情况中出现。

总之,无著所传的大乘瑜伽有二大传统。罽宾说一切有部瑜伽,传为颉隶伐多所传。在这一基础上,综合为四种所缘境事。这或是渊源于罽宾的弥勒菩萨,由无著的修持而大大地弘传起来。

---

① 《法显传》(大正五一·八五八上)。

第四节　秘密瑜伽行

西元五世纪起，秘密瑜伽者也逐渐发达——从秘密而公开起来。其渊源及发展是异常复杂的；而给予最有力影响的，是罽宾区的瑜伽行者。在本章第二节中，说到了四、五世纪间的声闻瑜伽，在修法、术语方面，已有类似秘密瑜伽的情形。现在再从罽宾区与秘密瑜伽的有关事项，略举一斑。

一、罽宾，是健驮罗迤北，乌仗那，由此而延展到东、北、西山区。乌仗那对于秘密瑜伽最为重要，被称为金刚乘的四大圣地之一。《大唐西域记》卷三（大正五一·八八二中）说：

> "乌仗那国……人性怯懦，俗情谲诡。好学而不功，禁咒为艺业。……僧徒……寂定为业；善诵其文，未究深义；戒行清洁，特闲禁咒。"

玄奘（西元六三〇年顷）所见的，这里的民众、僧众，对义学是不深切的；重于念诵、禅定，尤其是咒术。这一重定、重咒不重学的环境，对秘密瑜伽来说是最适宜不过的了。据 Tāranātha《印度佛教史》说：僧护以前，秘密法也多少流行，如乌仗那国民就有修得持明位的。但不大为人所知，师资间的传习也很少。到僧护（与世亲同时）的时候，事部与行部呾特罗，才公开地流行起来①。

---

① Tāranātha《印度佛教史》（寺本婉雅译本一七〇）。

二、《大日经》的供养次第法，是出生乌仗那王族的善无畏（Śubhākara-siṃha）三藏，从健驮罗迦腻色迦王大塔边得来的，如《大毗卢遮那经供养次第法疏》（大正三九·七九〇中）说：

"（善无畏和上）乃至北天竺，乃有一国，名乾陀罗。……和上受请，于金粟王所造塔边，求圣加被。此供养法忽现空中，金色炳然。……遂便写取。"

三、无上瑜伽的欢喜法，早在罽宾流行。如隋阇那崛多（西元五九五——五九六年）译《大威德陀罗尼经》卷一七（大正二一·八二七中）说：

"彼等比丘所至家处，摄前言语，后以方便，令作己事。于彼舍中共语言已，即便停住，示现身疮。于俗人中种种诳惑，种种教示：彼应与我，如来付嘱汝，病者所须。彼即报言：汝明日来，如己家无异。……我住于此十年勤求，犹尚不能得是诸法。如汝今者于一夜中而得是法。"

一夜就学得的佛法，虽引起北方佛教的大破坏（如经所说。破坏佛法，约西元六世纪初），但确是欢喜法隐密地流行于佛教中了。

四、时轮（kāla-cakra）的公开传布，是摩醯波罗王（西元八四八——八九九年）时。但时轮所传的苫婆罗国（Sambhala），正是北方的古国而理想化的。《大唐西域记》有商弥国，与乌仗那同属"释种"①。慧超《往五天竺国传》（大正五一·九七七

① 《大唐西域记》卷一二（大正五一·九四一中）。

下)说:

“从乌长国东北入山,十五日程,至拘卫国,彼自呼云:奢摩褐罗阇国。……衣着言音,与乌长相似。”

奢摩褐罗阇国,就是舍摩王国。在中国史书中,作“赊弥”、“舍摩”、“舍弥”等。语音轻重,似有Sáma、Śamī、Sambi 等差异,而所指是同的,约在现在 Kunar 河上流,Mastoj 地方。据佛教传说:毗琉璃王(Virūḍhaka)灭“释种”,“释种”逃向西北时,成立四王国,就是乌仗那、梵衍那、商弥、呬摩呾罗①。据《杂事》说:领导者名闪婆,后来成立闪婆国②,这当然指商弥而说。《增一阿含经》作“舍摩童子”③。舍摩、闪婆,都是奢摩王国,也就是苫婆罗国。乌仗那等是否与释迦同族,是可讨论的;但乌仗那等,是《汉书》所说的“塞族”,波斯史书中的 Saka,那是没有问题的。Saka 族中,有 Sam 王家,为最勇武的,曾助波斯的居鲁士王(Cyrus),立有战功,而 Sam 王成为 Saka 族的英雄④。西藏的 Tāranātha 所著《八十四成就者传》,说到乌仗那分为二国,其中一国,就名 Sambhala⑤。由于奢摩王家是勇武的王家,是佛教盛行又传为释迦同族的国家,所以早已为贤圣所居的地方,如唐译《大方广佛华严经》卷四五(大正一〇·二四一下)说:

---

① 《大唐西域记》卷六(大正五一·九〇一下)。

② 《根本说一切有部毗奈耶杂事》卷八(大正二四·二四〇中)。

③ 《增一阿含经》卷二六(大正二·六九一下)。

④ 藤田丰八《西域研究》之“论释迦、塞、赭羯、纠军之种族”(汉译本一五八)。

⑤ Tāranātha《八十四成就者传》(三二五)。

"乾陀罗国有一住处,名苦婆罗窟。从昔以来,诸菩萨众于中止住。"

秘密瑜伽者面对政治的混乱、佛教的衰落,终于预言:将依此勇武的苫婆罗国王,而实现真理的胜利与和平!

第十三章　阿毗达磨论义的大论辩

第一节　世亲及其论书

第一项　世亲及其师承

西元四、五世纪间，说一切有系，激起了法海的壮阔波澜，那是以世亲的《阿毗达磨俱舍论》为中心的。世亲造《俱舍论》，又造《无我论》、《成业论》等；经精密的思辨，而综合上座部发展以来的精义。反之，众贤以《俱舍论》为对象，维护说一切有部阿毗达磨论宗，彻底评破源出一切有部而分别说部化的经部，造《阿毗达磨顺正理论》，又略出该论的精要，改写为《阿毗达磨显宗论》。法义的大论辩，也就是法义的大完成。师承上座传统，折衷上座诸派而归于正理的，是《俱舍论》。专宗说一切有部阿毗达磨论宗的，是《顺正理论》。

在印度佛教史中，世亲虽不是具有创发性的智者，如龙树、无著那样；而多方面的，精审而又富于综合性的智者，世亲是一位仅有的大师，少有人能与他并美的！世亲中年以后，致力于大乘的弘扬,这里不能加以论列。关于声闻部派的论义,略为研讨如下。

世亲是健驮罗富娄沙富罗城人,这是大月氏的王都,北方的佛教中心。世亲从说一切有部出家,通十八部义①。传说中的世亲师承,有三说:

Ⅰ.佛陀蜜多为世亲师;世亲与摩㝹罗他(心愿)同时②。

Ⅱ.末那曷剌他(如意)为世亲的亲教师③。

Ⅲ.阇夜多付法与婆修槃陀(世亲),婆修槃陀付法与摩奴罗(如意)④。

在这不同的异说中,首先引起了古世亲与后世亲的问题。有以为:《付法藏因缘传》(Ⅰ说)所说的婆修槃陀,是摩奴罗(Manoratha)——如意以前的古世亲。《大唐西域记》(Ⅱ说)所说,世亲为如意的门人,这是造《俱舍论》的后世亲。单依三项不同的传说,原是不能论定古世亲与后世亲的。然《俱舍论》明十二缘起,对"有余释言"一段,《俱舍论(普光)记》卷九(大正四一·一六七下)这样说:

"此下叙异说。古世亲解,是后世亲祖师。即是杂心初卷子注中言和须槃豆,是说一切有部中异师。"

西藏所传《俱舍论称友疏》,也在明十二缘起时,说"如意阿

① 《婆薮槃豆法师传》(大正五〇·一八八上——中)。
② 《婆薮槃豆法师传》(大正五〇·一八九下——一九〇上)。
③ 《大唐西域记》卷二(大正五一·八八〇下)。
④ 《付法藏因缘传》卷六(大正五〇·三二一中)。

阇黎之和尚，世亲阿阇黎说”[1]。这样，世亲为如意的和尚，与《付法藏因缘传》所说相合。而如意为《俱舍论》主世亲的和尚，古世亲确为“祖师”。古世亲与后世亲有师承的关系，应该是可以信任的。

从阿毗达磨的发展来说，世亲的《俱舍论》是属于《阿毗昙心论》的系统。《阿毗昙心论》出世，注释的很多，古世亲——和须槃陀，有六千颂的广释[2]。古世亲为“说一切有部异师”，有《阿毗昙心论》广释，没有传译，不知思想的确实情况。但对世亲的《俱舍论》来说，依《心论》为本，更为深广严密的论究，不拘于毗婆沙正义，显然有着共同的倾向，不能说没有传承的关系。

介于古世亲、后世亲之间的，是如意。玄奘门下，传说为世亲的亲教师，与称友的《俱舍论释》相合。《大唐西域记》卷二（大正五一・八八〇下）说：

> “健驮罗国……世亲室南五十余步，第二重阁，末笯曷剌他[唐言如意]论师，于此制毗婆沙论。论师于佛涅槃之后，一千年中利见也。少好学，有才辩，声闻遐被，法俗归心。”

如意与世亲一样，也是在健驮罗王城弘化的。曾造《毗婆沙论》，没有传译。毗婆沙是广解，不一定与《大毗婆沙论》有关。如室利逻多造《经部毗婆沙论》，塞建陀罗造《众事分毗婆

---

① 木村泰贤《阿毗达磨论之研究》所引（二九七，注3）。

② 《杂阿毗昙心论》卷一（大正二八・八六九下）。

沙论》等。既造毗婆沙,可见对于法义曾有深广的论著。大抵古世亲、如意,都是说一切有部阿毗达磨论师;但是西方健驮罗系的,有自由思想,不满毗婆沙师专断的传统。

佛陀蜜多罗,是值得注意的论师。真谛《婆薮槃豆法师传》(Ⅰ说),说佛陀蜜多罗是世亲的师长,与外道论议而失败。窥基也传说与外道论议失败事,虽没有指名,但说:"此非世亲之师,世亲认以为师。"①佛陀蜜多罗为世亲的前辈,是真谛与玄奘所共传的。佛陀蜜多罗当时在阿瑜阇国,这是经部盛行;《瑜伽师地论》从这里传出;无著、世亲来这里弘化的地方。《四谛论》说:"大德佛陀蜜,广说言及义。"②本书曾有论及:佛陀蜜多是一位经部师③。"广说言及义",佛陀蜜的广论,对世亲的思想应有重要的影响,这才"世亲认以为师"。译传中国的,有昙摩蜜多(西元四三〇年前后)译《五门禅经要用法》,题为"大禅师佛陀蜜多撰"。这是禅观集,部分为鸠摩罗什《思惟要略法》的编入。所说"五门",也与譬喻系的瑜伽相合。说一切有部譬喻师、瑜伽师、经部,本来是非常接近的。这可能就是"世亲认以为师"的佛陀蜜多罗。

依仅有的传说,可以这样说:世亲继承了古世亲与如意阿毗达磨的健驮罗学风,而佛陀蜜多罗,在经部的思想上给予世亲以重要的影响。

---

① 《成唯识论述记》卷四(大正四三·三七九中)。

② 《四谛论》卷一(大正三二·三七五上)。

③ 本书第十一章第六节第一项。

第二项　造《俱舍论》的传说与实况

世亲《俱舍论》的内容与性质，略如《俱舍论(光)记》卷一(大正四一·一上)所称叹：

"斯论……采六足之纲要，备尽无遗；显八蕴之妙门，如观掌内。虽述一切有义，时以经部正之。论师据理为宗，非存朋执。遂使九十六道，同玩斯文；十八异部，俱欣秘典。……故印度学徒，号为聪明论也。"

这是一部空前的论书，即使世亲不转而弘扬唯识，世亲在佛教思想界的光荣也会永远存在的。《俱舍论》的造作是震动当时的大事，所以传有戏剧化的造论因缘。说得最为详备的，如《俱舍论颂(圆晖)疏》卷一(大正四一·八一四上——中)说：

"五百罗汉既结集(《大毗婆沙论》等)已，刻石立誓：唯听自国，不许外方。敕药叉神守护城门，不令散出。"

"然世亲尊者，旧习有宗，后学经部，将为当理。于有宗义，怀取舍心，欲定是非。恐畏彼师，情怀忌惮，潜名重往，时经四岁。屡以自宗，频破他部。时有罗汉，被诘莫通，即众贤师悟入是也。悟入怪异，遂入定观，知是世亲，私告之曰：此部众中未离欲者，知长老破，必相致害。长老可速归还本国。"

"于时世亲至本国已，讲毗婆沙。若一日讲，便造一偈，摄一日中所讲之义。刻赤铜叶，书写此偈。如是次第成六百颂，摄大毗婆沙，其义周尽。标颂香象，击鼓宣令曰：谁能破者,吾当谢之。竟无一人能破斯偈。"

"将此偈颂,使人赍往迦湿弥罗。时彼国王及诸僧众,闻皆欢喜,严幢幡盖,出境来迎标颂香象。至国寻读,谓弘己宗。悟入知非,告众人曰:此颂非是专弘吾宗,颂置传说之言,似相调耳。如其不信,请释即知。于是国王及诸僧众,发使往请,奉百斤金以申敬请。论主受请为释,本文凡八千颂。寄往,果如悟入所言。"

这段文,可分四节:一、《大毗婆沙论》不许流传外方;二、世亲隐名前往学习;三、还国造论颂;四、造释论。迦湿弥罗不许《大毗婆沙论》流传外方,《大唐西域记》也有此说①。世亲去迦湿弥罗学习《大毗婆沙论》,论理是极有可能的。但这一传说实为另一不同传说的改写,如《婆薮槃豆法师传》(大正五〇·一八九上——中)说:

"刻石立制云:今去,学此法人,不得出罽宾国。八结文句,及毗婆沙文句,亦悉不得出国。"

"阿逾阇国,有一法师,名婆沙须跋陀罗。聪明大智,闻即能持;欲学八结毗婆沙文义,于余国弘通之。法师托迹为狂痴人,往罽宾国,恒在大众中听法。而威仪乖失,言笑舛异。……于十二年中,听毗婆沙得数遍,文义已熟,悉诵持在心。欲还本土,去至门侧,诸夜叉神高声唱令:大阿毗达摩师,今欲出国。即执将还,于大集中,众共检问。言语

---

① 《大唐西域记》卷三(大正五一·八八七上)。

纰缪,不相领解。众咸谓为狂人,即便放遣。……法师既达本土,即宣示近远,咸使知闻。云:我已学得罽宾国毗婆沙,文义具足;有能学者,可急来取之。……罽宾诸师,后闻此法已传流余土,人各嗟叹!"

潜往迦湿弥罗学《大毗婆沙论》的,是须跋陀罗(Subhadra),不是世亲。将《大毗婆沙论》文义传入外方,而得婆沙须跋陀罗的称号,这是应有部分真实性的。迦湿弥罗不许《大毗婆沙论》文义流入外方,而允许外人来迦湿弥罗修学,这是什么意思呢?不久前,西藏佛教以拉萨为中心。第一流的佛教学者不得达赖的特许,是不能擅自到别处去的,所以佛教的名学者集中在拉萨,拉萨确保西藏佛教的最高权威。四方学者,以拉萨为景仰的目标,不断来留学。比对这种情况,迦湿弥罗不愿《大毗婆沙论》外传——精熟毗婆沙文义者到外方,相信极可能是基于这样的同一理由。而且,《发智论》的研究发达,使阿毗达磨论成为说一切有部正宗。而《大毗婆沙论》的集成,使迦湿弥罗毗婆沙师,成为说一切有部阿毗达磨的正宗。要确保这一教义的权威,不许精熟毗婆沙文义者外流,是一项有效的方法。《大毗婆沙论》集成,阿毗达磨系的西方师、外国师等,说一切有部的譬喻师,上座别系分别论者的一切异义,都被评破,表示佛法的正义属于迦湿弥罗。阿毗达磨西方系、譬喻师、分别论者,当然都不能毫无反感的。但《大毗婆沙论》不但文广——十万颂,义理也非常精深。三世恒有的一切法性,决不如一般所想像的实有而已。尤其是广引众说,没有评定的不少;毗婆沙师的真意,是不能轻易决了的(从众贤与世亲诤毗婆沙义,可以发见这种情形)。不满毗婆沙师的评黜百家,而不能深彻地理解毗婆沙义,也就无可如何了!从《阿毗昙心论》以来,说"无作假色",但没有予无表实色以深彻的评破,而提供业力的更好说明。初期的经部师——鸠摩逻多、诃黎跋摩,也还是这样,这与不许毗娑沙文义的外流,应有多少关系的。自精熟毗婆沙文义者外流,毗婆沙师的真意义也就日渐明显,迦湿弥罗的权威性开始衰退。"偏斥毗昙"的经部,也就发展为一时的思想主流。世亲精熟于毗婆沙文义,将迦湿弥罗的毗婆沙义、流行东方的经部义,展转立破,而明确地对举出来。总结说一切有部与经部的精义,而期待正确与合理的开展。

世亲讲《大毗婆沙论》,每天摄成一颂,圆晖是引述《婆薮槃豆法师传》的。姑不论其他,但从《大毗婆沙论》的组织次第来说,也与《俱舍论》的次第不合。每日造一颂的传说,是决无其事的。受迦湿弥罗的礼请,世亲才造论释,也出于《婆薮槃豆法师传》。世亲为了精究《大毗婆沙论》义,曾到迦湿弥罗修学,大致与事实相近(Tāranātha《印度佛教史》,说世亲依众贤修学《毗婆沙》,不足信)。造论的实际情形,不会如传说那样的。但依《俱舍论颂》,与毗婆沙义不合处,并不太明显,要等释论才明白表达出来。《婆薮槃豆法师传》说:"论成后,寄与罽宾诸师。彼见其所执义坏,各生忧苦。"①当时迦湿弥罗论师的激动,是可以想见的;这就是众贤造《顺正理论》的缘起了。

为了说明《俱舍论》造作的实际情形,先略述《俱舍论》的传

① 《婆薮槃豆法师传》(大正五〇·一九〇中)。

译与品目。《俱舍论》曾经二译:一、陈天嘉四年(西元五六三),真谛在番禺与南海郡陆续译出:《俱舍论偈》一卷,《阿毗达磨俱舍释论》二十二卷。二、唐永徽二年至五年(西元六五一——六五四),玄奘在长安大慈恩寺译出,名《阿毗达磨俱舍论》,凡三十卷,又别出《阿毗达磨俱舍论本颂》一卷。陈唐二译,都分为九品:

唐译	陈译
1. 分别界品	1. 分别界品
2. 分别根品	2. 分别根品
3. 分别世品	3. 分别世间品
4. 分别业品	4. 分别业品
5. 分别随眠品	5. 分别惑品
6. 分别贤圣品	6. 分别圣道果人品
7. 分别智品	7. 分别慧品
8. 分别定品	8. 分别三摩跋提品
9. 破执我品	9. 破说我品

第九"破执我品",实为世亲的另一论书。前八品都称"分别",第九品称"破",是立名不同。前八品举颂释义,第九品是长行,是文体不一致。《顺正理论》对破《俱舍论》,而没有"破我执品"。这都可以证明为另一论书,而附《俱舍论》以流通的。《俱舍论法义》,举六证以明其为别论①,早已成为学界定论了。

---

① 《阿毗达磨俱舍论法义》卷一(大正六四·一一中)。

《俱舍论》(八品)的造作实情,《俱舍论广法义》首先指出:"世亲论主,依法胜论(《心论》)立品次第,少有改替,对阅可知。"《阿毗达磨论之研究》①广为论列,以说明世亲的《俱舍论》是依《心论》、《杂心论》为基础,更为严密、充实与整齐的组织。受经部思想的影响,所以出于批判的精神,而论究法义的。究竟这是相当正确的见解。

《阿毗达磨俱舍论》,意译为《对法藏论》。如《论》卷一(大正二九·一中)说:

> "由彼对法论中胜义,入此摄故,此得藏名。或此依彼,从彼引生,是彼所藏,故亦名藏。是故此论名对法藏。"

本论——《发智论》,释论——《大毗婆沙论》,足论——六足论,是阿毗达磨论——对法论。《俱舍论》能摄对法论的一切胜义,所以名《对法藏论》。在名称上,显然是阿毗达磨论的一部。所说的"依彼,从彼引生",决非每天讲《大毗婆沙论》的摄颂,而是在摄《发智》、《毗婆沙》论义的。在《阿毗昙心论》、《杂阿毗昙心论》的基础上,广摄六足、《发智》、《婆沙》的胜义而成。本书第十章已说过:《大毗婆沙论》集成后,妙音首先类集阿毗达磨要义,成《甘露味论》十六品。西方论师法胜将《甘露味论》改组为十品,并制造偈颂,名《阿毗昙心论》。阿毗达磨的精要,易诵易持,因而为阿毗达磨论奠定了制作的新规模。由于《心论》的过于简略,所以大家为《心论》作释,广引《大毗婆沙论》

① 木村泰贤《阿毗达磨论之研究》第五篇(二五九——三二四)。

义。这里面,就有古世亲的六千颂本。但这么一来,颂文与释义,不一定相称,失去了容易受持的优点,被讥为"智者尚不了"的"无依虚空论"。《杂心论》主法救出来,将其他的阿毗达磨要义也制为偈颂,间杂地编入《心论》各品。对于当时多诤论的论义,别立一"择品",成为《杂心论》。世亲的《俱舍论》,就是在这一系列的论书上,重为造作的。

《心论》的"界品"、"行品",明一切法的体用。"业品"、"使品"、"贤圣品"、"智品"、"定品",别明杂染法与清净法。这是一项良好的组织次第。但法胜受《甘露味论》的组织影响,又立"契经品"、"杂品",加一"论问品"——后三品仍不免杂乱无绪。《杂心论》间杂了更多的论义,又别立"择品",在组织上更为杂乱。世亲的《俱舍论》,对品目作了重要的改革。别立"分别世间品"于"业品"之前,容摄《施设论》、《大毗婆沙论》,有关器世间与有情世间的众多法义,及一向被编入"契经品"的十二缘起、七识住等论义。"分别世间品",与"业品"、"随眠品",别明有漏法的生、业、烦恼——三杂染。《杂心论》的后四品,彻底废除;将各品所有的论义,随义而一一编入前八品中。《俱舍论》八品的组织、条理与次第,在所有阿毗达磨论书中,可称第一。

《心论》二百五十颂,《杂心论》扩编为五百九十六颂,有改作的,有增补的。世亲进一步地严密论究:对于内容,阿毗达磨的重要论义,以能尽量含摄为原则。对于颂文,无论是修正、增补,都以文字简略而能含摄法义为原则。所以五百九十六颂的《杂心论》,在《俱舍论》中,被保存而简练为三百余颂;另又增补二百余颂，总为六百颂。论颂数，与《杂心论》相近；而内容的充实，不是《杂心论》所能比了！《俱舍论》不愧为阿毗达磨论的杰作。《俱舍论》不再是《心论》那样的阿毗达磨概要，而是阿毗达磨的宝藏。后来众贤略改几颂，成《阿毗达磨显宗论》本颂。所以世亲的《俱舍论》颂，对说一切有部的阿毗达磨论宗，是有重要贡献的！

然而，《俱舍论》并不等于《发智论》、《大毗婆沙论》的胜义集成。早在法胜造《心论》，已表示出一项倾向——对迦湿弥罗的毗婆沙师存有不满的情绪。这在《心论》的论义中，可以清楚地看出来的①。《杂心论》虽接近毗婆沙师正义，而也说"无作假色"。这是西方、健驮罗一带的阿毗达磨论师不满毗婆沙师的一贯表示。本来，上座系的阿毗达磨是重思考、重理性的，所以自称为"正理论者"、"如理论者"、"应理论者"。以理为准则，解说一切契经；契经的是否了义，尽理不尽理，以正理为最高的判断，而不是依赖传统的信仰。《发智论》，是上座，说一切有系，古圣先贤，所有教证的累积成果；由迦旃延尼子综合整理编成，这确实是伟大的。《发智论》的研究发展，造成说一切有部阿毗达磨的隆盛。迦湿弥罗论师推重《发智论》为佛说，看作阿毗达磨的最高准则。集成《大毗婆沙论》，评破百家，以迦湿弥罗师说为正义，不容少有异议。毗婆沙师的精神，虽重于理论的评判；而在精神的深处，为《发智论》的权证所胁制，所以态度是专断的。阿毗达磨的西方系不满毗婆沙师，虽说"无作假色"，

---

① 如本书第十章第三节说。

偶有枝末异义，而在传统的阿毗达磨思想中，不能提出根本而有力的不同意见。说一切有部譬喻师断然地放弃三世一切有的根本理念，思想的拘束一去，立刻开拓出新的境界，这就是种子熏习说。这对于三世有的阿毗达磨，是有严重威胁性的。世亲有西方系阿毗达磨的传统，对于阿毗达磨论义是非常崇敬的，所不能同意的，只是迦湿弥罗论师所说——"阿毗达磨是佛说"的权威性。因为这是足以腐蚀阿毗达磨——重理性、重思考的精神，而流为宗派成见的点缀物。所以首先喝破"因此传佛说对法"。撤除了思想上的束缚，然后让不同的思想表露出来。从相互的立破中，了解彼此间的真意义，彼此的差别所在。充分发挥自由思考——阿毗达磨的真精神，也就是世亲的治学精神。生当经部流行的时代，与说一切有部形成尖锐的对立；世亲所以多举经部义，与说一切有部相对论。在某些问题上，世亲是赞同经部的；但说他"密意所许，经部为宗"①，是不对的。赞同说一切有部的，多着呢！以阿毗达磨的正理为准则，所以《论》末（大正二九·一五二中）说：

> "迦湿弥罗议理成，我多依彼释对法，少有贬量为我失，判法正量在牟尼。"

第三项　《俱舍论》宗义辨

世亲的《俱舍论》，论义是遍及（声闻）佛法全部的；法义非常深密，立破极其精严，所以受到佛教界一致的推重。一般的论

---

① 《俱舍论颂疏》卷一（大正四一·八一五中）。

书,总有它的宗旨所在,《俱舍论》的宗是什么呢?是说一切有部,还是其他呢?在说一切有部中,是迦湿弥罗毗婆沙宗,还是其他呢?古来的见解,很不一致,如说:

Ⅰ.“虽述一切有义,时以经部正之。论师据理为宗,非存朋执。”①

Ⅱ.“此论多据婆沙以制颂,长行中唯以理胜为宗,非偏一部,然于中间多以经量为正义也。”②

Ⅲ.“今详世亲著论宗旨,有其两种:一者显宗,即一切有。……二者密宗,所谓经部。……故知世亲密意所许,经部为宗。”③

Ⅳ.“说一切有为论主宗。论中往往有部宗义,我所宗故;品品后题下言说一切有部,如《发智》、《婆沙论》等,岂非简别宗部?然置传说,依经部义正有部宗,盖欲令自宗清白,全非改宗。”

“有部为宗,而于其中庄严宗义,故稍别余。如婆沙四大论师,同有部宗,而其所立各有少别,谁言是非有部宗!”④

Ⅰ.是普光《记》说,Ⅱ.是法宝《疏》说。这二家的意趣相近:《俱舍论》是理胜为宗,没有宗派成见的。虽依说一切有部造论,而多以经部为正义。Ⅲ.是圆晖《颂疏》说,意趣也相近,

① 《俱舍论(光)记》卷一(大正四一·一上)。
② 《俱舍论(宝)疏》卷一(大正四一·四五八中)。
③ 《俱舍论(圆晖)颂疏》卷一(大正四一·八一五中)。
④ 《阿毗达磨俱舍论法义》卷一(大正六四·七中——下)。

但分为二宗:表面所宗的,是说一切有部;而密意——内心所宗的,是经部。这多少表示了以经部为宗的真意,与上二家不同。Ⅳ.是日本快道林常《俱舍法义》所说。对《俱舍论》的研究,林常氏的功力极深,不是普光等所及的。依他说:《俱舍论》是说一切有部为宗。经最严密的研究,而得这样的结论,是不免令人惊奇的!这是对于"宗"的意义,没有注意的关系。对于《俱舍论》的所宗,我想分别地来说明:

一、"非说一切有部,非毗婆沙宗"。论到宗派,首先要承认:同一部内,不可能没有异说的;但尽管异说纷纭,不妨是一部。又,这一部与那一部,彼此是有共同的;但尽管多有同义,还是别部。这是宗派的实际情形,那应依什么而决定所属的宗呢?论到宗或部,内容都是很广的,略可有三类:一、根本的;二、重要的;三、枝末的。一宗有一宗的根本,或是理论的,或是实行的,或是信仰的,一宗一定有一宗的特质。如失去了这根本特色,就不能说是这一宗了。依义理得名的,如中观(空)宗、唯识(有)宗,内部都有不同的派别。但只要是:依缘起法以明自性空,以佛说一切法空为究竟了义的,就是中观(空)宗。依虚妄分别识以立一切法,以一切法空为不了义,而是无其所无、有其所有的,就是唯识(有)宗。这是根本义。重要的,是对全部理论或修持方法有重大影响的。这种重要义的不同,是同一部内存有不同派系的原因。如在说一切有部内,有重论的阿毗达磨者、持经的譬喻者。枝末义,或是经文的解说(不重要的),或是定义的修正,这都是无关宏旨的。所以要论定《俱舍论》是否说一切有部,是否毗婆沙宗,要从根本的、重要的去辨别。

是否说一切有部？最好依世亲自己的解说，如《俱舍论》卷二〇（大正二九·一〇四中）说：

"若自谓是说一切有宗，决定应许实有去来世。以说三世皆定实有，故许是说一切有宗。谓若有人说三世实有，方许彼是说一切有宗。若人唯说有现在世，及过去世未与果业，说无未来及过去世已与果业，彼可许为分别说部，非此部摄。"

《顺正理论》，也有这同样的定义①。所以以"说一切有"为特质的说一切有部，是肯定三世实有、法性恒有的。这样，与过去未来无的，或现在及过去未与果业是有的分别说部，才能明显地分别出来。对于这三世实有，或过去未来非实有的对立意见，《俱舍论》是怎样主张的呢？论中曾有大辩论②：一、毗婆沙师立三世实有，并举教证、理证。然后明四大论师，成立三世不同，而以世友"以约作用，位有差别；由位不同，立世有异"为正义。二、世亲约二世无实（经部师等）说，加以批评。先针对世友的"依用立世"，明用应如体，三世不成，而以讥笑的口吻说：

"许法体恒有，而说性非常；性体复无别，此真自在作！"

对于法体恒有，依用而立三世，有为无常，讥刺为同于外道。然后别解经文，以否定他的教证；虽然去来非实，还是二缘生识，

---

① 《顺正理论》卷五一（大正二九·六三〇下）。

② 《俱舍论》卷二〇（大正二九·一〇四中——一〇六上）。

有所缘而识生，有业果，否定他的理证。末了，以这样的话，结束论难：

“是故此说一切有部，若说实有过去未来，于圣教中非为善说。若欲善说一切有者，应如契经所说而说……一切有者，唯十二处。或唯三世，如其所有而说其有。”

世亲的结论：过去未来实有的说一切有部，是说不通的。但“一切有”的确是佛说，一切有就是十二处有。如要说三世有，那就要“如其所有而说其有”——现在是现有，过去是曾有，未来是当有：这是彻底破斥三世实有的说一切有宗。末了，毗婆沙师这样说：

“毗婆沙师作如是说：如现实有过去未来，所有于中不能通释，诸自爱者，应如是知：法性甚深，非寻思境，岂不能释，便拨为无！”

真正的毗婆沙师，是不会这么说的（对阅《顺正理论》可知）。这是假作毗婆沙师的话以表示：道理是讲不通了！虽然不能通释，也不能就说过去未来是没有。爱护自宗的，应该还是要坚持三世实有。这不等于说：毗婆沙师的三世实有宗，是不合正理，仅为信仰的宗派成见吗？

对三世实有的说一切有部，世亲论是这样坚定地破除，还能说“有部为宗”吗？至于《法义》所依据的理由：“我所宗故”，到下面再说。后题“说一切有部俱舍论”，陈译但作“阿毗达磨俱舍释论”。唐译的后题，是译者或录者所附上去的，不能成为说一切有部的证明。以四大论师为比喻，但四大论师虽所说不同，都是无保留地确信三世实有，这当然是说一切有部了，《俱舍论》怎么可以相比呢？

“毗婆沙师是我所宗”，这确是《俱舍论》所说的，相同的语句还不少。这真是以毗婆沙为所宗吗？决不是的，这是故意这么说的（如下面所说）。现在先举一义来说：凡是所宗，就是所信、所尊敬的。所以宗派意识强化起来，是的当然是是的，不是的也非说成是的不可，这当然是不足取的。但富于理性的信仰者，如真有所信所宗，对之一定有一种关切的同情。要讨论，要评破，要修正，一定是和雅的、善意的，而不会疾言厉色地恶口相加。这在信仰的领域中，是一定的。但世亲对于毗婆沙师曾严厉地呵责，如《俱舍论》卷一五（大正二九·七九中——下）说：

> “迦湿弥罗国毗婆沙师言：犯根本罪时，不舍出家戒。所以然者，非犯一边，一切律仪应遍舍故。……若于所犯发露悔除，名具尸罗，不名犯戒。……何缘薄伽梵说：犯四重者，不名苾刍，不名沙门？……依胜义苾刍，密意作是说。”
>
> “此言凶勃。凶勃者何？谓于世尊了义所说，以别义释令成不了！与多烦恼者，为犯重罪缘。……然彼所说，非犯一边，一切律仪应遍舍者，彼言便是征诘大师。大师此中立如是喻：如多罗树，若被断头，必不复能生长广大，诸苾刍等犯重亦然。”
>
> “于此无义，苦救何为？若如是人犹有苾刍性，应自归依如是类苾刍！”

毗婆沙师的见解,是否违反经说,是否会由此而引起人的犯重戒,是另一问题。而在批评时,直斥为“凶勃”,是过分严厉!说他与佛为难;末了说:你觉得犯重戒的还有苾刍性,还是真苾刍的话,那你去归依礼敬他好了!我觉得,世亲如真的以毗婆沙师为宗,是不应这样深恶痛绝的。

二、“全盘论究,重点评破”。世亲为什么造《俱舍论》,是否为了弘扬毗婆沙宗?答案是否定的。世亲造论的意趣,是对于毗婆沙义来一番“全盘论究”,“重点评破”。从《大毗婆沙论》集成以来,说一切有部内的譬喻师,西方(健驮罗等)的阿毗达磨论师,都激起程度不等的反毗婆沙的情绪。譬喻师改宗现在有说(分别说者),成立经部譬喻师,“偏斥毗昙”。西方阿毗达磨论师,以法胜的《阿毗昙心论》开始,进行阿毗达磨的组织化。“无作假色”,也流露出反毗婆沙的声息。但是,反对不只是情感的事,要“善自他宗”。非彻底了解毗婆沙义,就不能破斥毗婆沙义。即使破斥他,也不能击中要害,徒然是诤论不了!到世亲的时代,毗婆沙师的权威——迦湿弥罗弘传,不许流出,已经过去了!世亲再去迦湿弥罗修学,作一番全盘的论究。在《杂心论》的基础上,彻底改组,将阿毗达磨的坚实要义统摄无遗,成为《阿毗达磨俱舍论》颂。世亲并没有维护阿毗达磨、毗婆沙义的信心,所以插入“传说”、“传许”等字样。世亲总结了当时反毗婆沙的理论,在长行的释论中,更严密、更精确、更技巧地发挥出来。不但说一切有部的根本义(三世实有)被彻底否定了,就是重要的论义,也被驳斥得一无是处。世亲不仅是理论家,辩论的技巧也是炉火纯青。对于阿毗达磨毗婆沙义,口口声声说是我所宗。痛打一顿，又安抚一下；忽而冷嘲热讽，忽而又抱怨诉苦。总之，“假拥护，真反对”，尽量让毗婆沙的弱点暴露出来。当然，毗婆沙义并不会从此不能成立，但对说一切有部，确是经历一次从来未有的打击。为了说明“假拥护与真反对”，举四例为证：

A. 毗婆沙师立“有别实物，名为同分”。论主予以难破，而立“即如是类诸行生时，于中假立人同分等，如诸谷麦豆等同分”。接着说：“此非善说，违我宗故”①，结归毗婆沙义。毗婆沙的同分实有，被难破了，而经部的同分假有，却没有破斥。不曾破斥对方，却来一句“此非善说，违我宗故”。这等于说，善说与不善说，与理论无关。只有在宗派信仰的立场，才说同分是对的。这种论法，谁能说是维护毗婆沙宗呢？二无心定的立破，末了也说：“此非善说，违我宗故”②，完全是同一手法。

B. 毗婆沙师成立得（成就）是实有的。论主依经部的意思，给以彻底的难破，然后成立经部的成就（得）是假有的。末了，如《论》卷四（大正二九·二二下）说：

> “如是成就，遍一切种唯假非实。唯遮于此，名不成就，亦假非实。毗婆沙师说此二种，皆有别物，实而非假。”
>
> “如是二途皆为善说。所以者何？不违理故，我所宗故。”

经部把毗婆沙师难破了，而论主却说这二部都是“善说”，

---

① 《俱舍论》卷五（大正二九·二四上——中）。
② 《俱舍论》卷五（大正二九·二六上）。

好像同样尊重，心无偏袒。但仔细一想，真是幽默得很！经部说的对，因为是合理的。毗婆沙师说的不错，因为是我所宗的。这与上一例相同，只有站在宗派的立场，才说得与非得的实有自体是对的。

C. 在“无为无因果”的解说中，毗婆沙师成立择灭别有实体。经部师说：“一切无为皆非实有”，着重在择灭无为的非实。于是毗婆沙师与经部展转难破，似乎毗婆沙师着急了，于是妙论登场：

毗：“若许无为别有实体，当有何失？”

经：（说实有）“复有何德？”

毗：“许便拥护毗婆沙宗，是名为德。”

经：“若有可护，天神定知，自当拥护。然许实有，朋虚妄计，是名为失！”

这一段对话，是世亲故意插入的，真是妙极了！形容毗婆沙师的坚主择灭实有说，没有任何好处（德），只是为了拥护毗婆沙宗。劝毗婆沙师不必着急，如毗婆沙宗而值得拥护，天神会来拥护你的。这未免太挖苦了！接着，经部彻底评破毗婆沙师的择灭实有。末了，解说阿毗达磨的“无事法云何？谓诸无为法”，各作不同的解说，而归结到“无为无因果”的颂文，也就冲淡了二宗立破的气氛①。

这一手法，又见于无表色的论辩②。毗婆沙师引经，立无表

---

① 《俱舍论》卷六（大正二九·三三下——三五上）。
② 《俱舍论》卷一三（大正二九·六九上——七〇上）。

色实有。经部师说:“此证虽多,种种希奇,然不应理。”在对破毗婆沙师的过程中,插入一段对话:

> “何于无表偏怀憎嫉,定拨为无,而许所熏微细相续转变差别?”
>
> “然此与彼,俱难了知,今于此中无所憎嫉。然许业道是心种类,由身加行,事究竟时,离于心身,于能教者身中,别有无表法生:如是所宗不令生喜。若由此引,彼加行生,事究竟时,即此由彼相续转变差别而生,如是所宗可令生喜。”

毗婆沙师抱怨论主偏心。论主说:本来这二说都是难了解的,我也没有偏心。不过无表色的解说,难以使人满意;而经部说的,能使人同意而已。接着,将说一切有部的经证,全部否定了;毗婆沙师却从来没有反驳。论主却结束说:“且止此等众多诤论!毗婆沙师说有实物名无表色,是我所宗。”这等于甲乙对打,甲先让乙痛打几下,打得鼻青脸肿。没有等甲还手,裁判员宣告中止说:不要打了,胜利是属于甲的。

类似的论法,又见于“眼见”的论辩①。毗婆沙师说眼根能见,(法救)论主依“眼识依眼见色”说,评破毗婆沙师。经部师忽以第三者的身份出场,如《论》卷二(大正二九·一一中)说:

> “经部诸师有作是说:如何共聚楂掣虚空?眼色等缘生于眼识,此等于见孰为能所?唯法因果,实无作用。为顺世

---

① 《俱舍论》卷二(大正二九·一〇下——一一上)。

情,假兴言说:眼名能见,识名能了。智者于中不应封着!"

毗婆沙师被难破了,经部师却以第三者身份,对双方开示一番。然后又归结到"然迦湿弥罗国毗婆沙宗,说眼能见"。这种论辩的叙述法,毗婆沙师站在被攻难的地位,几乎没有辩护自己、反击对方的权利。论主自己呢?或是说:大家都是对的,大家都不要再诤论了;或者以第三者来开示一顿。我相信,在世亲的内心中,没有一些些以毗婆沙义为自己所宗的。否则,论辩的进行是不会这样的。

D. 毗婆沙师立名句文身是实有的,受到经部师的彻底批评,但末了还是结归毗婆沙说,如《论》卷五(大正二九·二九下)说:

"有别(实)物为名等身,心不相应行蕴所摄,实而非假。所以者何?非一切法皆是寻思所能了故。"

毗婆沙师的成立实有,没有提出理论,而说"非一切法皆是寻思所能了故"。这不是论理,反而以不是寻思所能了来维护自宗。其实,不是寻思所能了,毗婆沙师怎么知道是实有的?这不是毗婆沙师,而是形容毗婆沙师的无理可说。这一论法,又见于四相的辩论,如《论》卷五(大正二九·二八下)说:

"岂诸有法皆汝所知,法性幽微甚难知故,虽现有体而不可知。"

以"法性幽微甚难知"为理由,说明对方所以不知,而其实是有,这只是表示无理可说而已。辩论四相的末了,有一段最精

采的话,如《论》卷五(大正二九·二九上)说:

"毗婆沙师说生等相别有实物,其理应成。所以者何?岂容多有设难者故,便弃所宗!非恐有鹿而不种麦,惧多蝇附不食美团。故于过难,应勤通释;于本宗义,应顺修行。"

这段话,从慰勉毗婆沙宗来说,是有意义的。七百年来发展成的大宗,不会毫无理论基础与长处的。应该忠于所学,不能因别宗的攻难,而放弃自己的所宗。别宗所出的过难,应下一番功力,依正理而给予通释(世亲自己就从没有这样作)。可是,在两宗论辩时,说这些话,无异确定了毗婆沙宗的"堕负"。因为,不是为了别宗的攻难,而是没有能力解答。凭宗派的信仰,而说"其理应成",不是暗示毗婆沙宗的确定失败了吗?

三、"随顺经部,不限经部"。世亲的《俱舍论》,可说是随顺经部的。评破毗婆沙师的论义,大抵为当时的经部学。经部是现在有的;但现在现有,过去曾有,未来当有,是分别说系、大众系的旧说,不能说是经部的特义。经部是新兴的学派,思想自由,内部很不统一;但在发展中,种子说成为经部学的特色。从这点来说,《俱舍论》可说是属于经部的。破斥了说一切有,以曾有当有说过去未来,这都依种子说而成立。如《论》卷一(大正二九·五上)说:

"法种族义,是界义。如一山中有多铜铁金银等族,说名多界。如是一身或一相续,有十八类诸法种族,名十八界。此中种族,是生本义。如是眼等(界)谁之生本?谓自种类同类因故。"

界——生本,就是能生一切法的种子性,如眼界(种子)为同类因生眼。十八界(一切种子)在一相续身中,这与毗婆沙的界义——种类义不同。一切法的种子,在一相续身中,还是在色根中,还是在心中?世亲基于"无色界无色,无心定无心"的原则,取经部的先轨范师说,如《论》卷五(大正二九·二五下)说:

"先代诸轨范师咸言:二法互为种子。二法者,谓心有根身。"

种子是依心及有根身的。这二者互为种子,就是无色界中,心与色种子,依心而转;无心定中,心与色种子,依色而转;在有色有心时,心与色种子,都依心及有根身而转。对种子的生果,说得更明确的,如《论》卷四(大正二九·二二下)说:

"此中何法名为种子?谓名与色,于生自果所有展转邻近功能。此由相续,转变,差别。何名转变?谓相续中前后异性。何名相续?谓因果性三世诸行。何名差别?谓有无间生果功能。"

名与色,也就是心及有根身。种子与名色,是不能孤立起来说的,种子就是名色所有的生果功能。说明这种子性,依三义:一、转变是在相续身心中,前后的别异性。当前现有的色心,念念生灭不同;而内在的生果功能,也在转变中。二、相续是身心的相似相续,中间没有间断的;生果的功能性,也就相续不断如流。三、差别是在相续中,种子要立刻引起自果;这种功能,强而有力,所以名为差别。种子不是静止的,是心色中的生果功能,在从微而著的发展过程中，从相续的转变差别中显现出来，所以名为“展转邻近功能”（种子约生果说）。如说业力感果，那就如《论》所说：

“然业为先，所引相续、转变、差别，令当果生。”①

“思所熏习微细相续，渐渐转变，差别而生。”②

如说烦恼的断与不断，道的修成与未修得，那就如《论》卷四（大正二九·二二中——下）说：

“谓诸圣者见修道力，令所依身转变异本。于彼二道所断惑中，无复功力令其现起……圣者所依身中，无生惑能，名烦恼断。或世间道损所依中烦恼种子，亦名为断。与上相违，名为未断。”

“善法有二：一者不由功力修得，二者要由功力修得，即名生得及加行得。不由功力而修得者，若所依中种未被损，名为成就。若所依中种已被损，名不成就。谓断善者，由邪见力，损所依中善根种子，应知名断；非所依中善根种子，毕竟被害，说名为断。要由功力而修得者，若所依中彼法已起，生彼功力自在无损，说名成就。与此相违，名不成就。”

起惑造业的生死流转，转迷启悟的出世解脱，都依于这一根本思想去解说。这是经部的不共义，也是大乘唯识的共义。在这根本思想上，《俱舍论》是宗于经部的。

---

① 《俱舍论》卷二〇（大正二九·一〇六上）。
② 《俱舍论》卷一三（大正二九·六九下）。

但是，从《俱舍论》的全体去看，重要的论义而与经部不合的，也是不少的。这里姑举一义：经部说："故处是假，唯界是实。"①而《俱舍论》说：处与界都是实有的②。这里面，含有重大的歧义，如《俱舍论》卷二（大正二九·一一中）举经部说：

"唯法因果，实无作用。"

这是什么意义呢？"界"是持义，是自相不失。种族、种类，都从诸法自相，各各差别而来。说一切有部阿毗达磨论师，寻求自相，分别到一一法的单一性，自相不失，为"实有自性"的根本义。界是观自相而成立，也就是深观自体（静态的分别）而成立的。这样的法性实有，说一切有部从现在而论到过去未来也好，经部从现有而论到种子（曾有，当有）也好，原则上是没有差别的。所以，"唯法因果"（依唯识的术语，是从种生现、从现熏种的因果），是真实有的。"处"是生长门义，是为依为缘的六根、六尘。经部以为：刹那生灭的诸法，成为现实活动的，是一种综合活动。这种动态的作用，是观待他而成立的；是从种种关系而成综合的作用，是假的。在这一见地上，举依根、缘境、发识的作用来说：眼根——一一极微，是没有为依生识作用的；色境——一一极微，是没有为缘生识作用的。眼识自体，也没有依根极微、缘色极微的作用。在极微和合中，在能依所依、能缘所缘、能见所见、能了所了的综合相关中，作用都是假有的。所以"实无作用"，"十二处是假"。《俱舍论》的见地不同，如《论》卷一（大

① 《顺正理论》卷四（大正二九·三五〇下）。

② 《俱舍论》卷一（大正二九·五上）。

正二九·五上)说:

"多积聚中,一一极微有因用故。"

一极微,当然不可能为依为缘而生识。但众微积聚,所以能为依为缘,正由于为缘的作用,一一极微也是有的。这样,一一法性,不但自相实有,待他的作用也是实有的;这正是阿毗达磨者的见解。阿毗达磨论师,立胜义实有,世俗假有。究其实,"世俗中世俗性胜义故有"①;"即胜义中依少别理,立为世俗,非由体异"②。这就是世俗不离胜义,依胜义而成世俗的意思。所以,世俗的总实相用是不能说有的,可不能说"别实用"也是没有的。

《俱舍论》不同经部说的不少,所以是"不限经部"的。

第四项　《俱舍论》义的系属

再来具体地说明《俱舍论》思想系属。先将上座部派的谱系,分列如下:

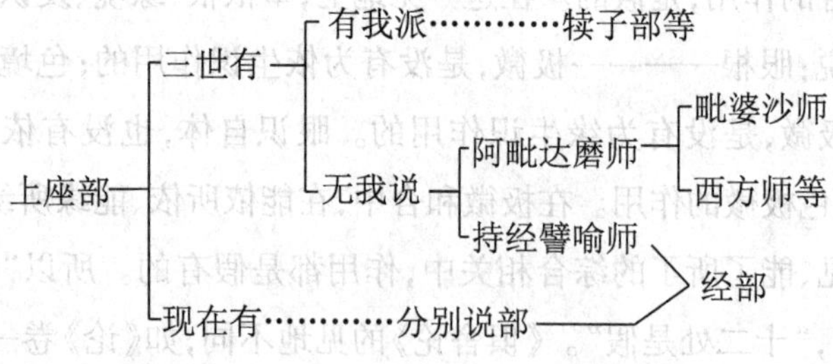

① 《大毗婆沙论》卷七七(大正二七·四〇〇上)。

② 《顺正理论》卷五八(大正二九·六六七上)。

先说法义的理论问题:《俱舍论》颂,以阿毗达磨的姿态出现,而实不信阿毗达磨是佛说,称之为"传说"、"传许";到释论,充分表现了反毗婆沙师的立场。阿毗达磨论师,是以论为实相说的;以论通经的;特别是毗婆沙师,强调阿毗达磨的权威性。西方师等,重论而态度自由得多。持经譬喻师与后起的经部譬喻师,是以经为量的,以经简论的。他们对于阿毗达磨的"本论"——《发智》、六足,没有尊重的表示,例如说:"我等但以契经为量;本论非量,坏之何咎?"①"宁违论文,勿违经说。"②《俱舍论》主对契经与本论的态度,在譬喻师与西方师之间。

从这一立场,而作法义的理论思考,主要是依经部譬喻师(取分别说的现在有),彻底否定了三世实有说。论到色法:1. 难破"无表色"③。2. 难破譬喻大师觉天的"十种色处,唯大种性";而说"由此如前所说诸界大种、造色,差别义成"④。3. 依阿毗达磨毗婆沙师说:"触有十一,谓四大种,滑性、涩性、重性、轻性,及冷、饥、渴。"末了说"传说如此"⑤,这表示不信,是主张滑、涩等七法,只是四大种的和集安布差别。《大毗婆沙论》卷一二七(大正二七·六六一下——六六二中)说:

"觉天所说:色唯大种……造色即是大种差别。"

---

① 《俱舍论》卷一〇(大正二九·五三中)。
② 《俱舍论》卷二六(大正二九·一三六上)。
③ 《俱舍论》卷一三(大正二九·六八下——七〇上)。
④ 《俱舍论》卷二(大正二九·八下)。
⑤ 《俱舍论》卷一(大正二九·二下——三上)。

“法救说离大种别有造色……然说色中二非实有，谓所造触及法处色。”

《俱舍论》是：能生四大，所造十色处是实有的；触处中的所造触，法处所摄的无表色，是非实有的。这一见解，无疑为远承大德法救的学统；法救是著名的譬喻大师。一般《俱舍论》的学者对于反毗婆沙的论义，几乎都称之为经部说。其实，经部譬喻师是从说一切有部演化而来。经部内部的论义并不统一，所以这些经部义，探求根源，正不妨说是说一切有部中持经譬喻师的古义。

还有，阿毗达磨论宗，身表业以形色为体，语表业以语声为体，是形色与语声而有善恶性的；都是实有自体的。《俱舍论》予以破斥①，这当然是依经部师说。在说一切有部中，法救与觉天对这一问题没有明文。而泛称为譬喻师的，就说：“表无表业，无实体性。”②可见这也是说一切有部中譬喻师的古说。

论到心与心所，阿毗达磨论宗，是心与心所别体，同时相应的。法救“说心所法非即是心”③；“诸（心）心所是思差别。”④这是心与心所别体，而心所为思心所的差别。觉天说：“心所即心……心所即是心之差别。”⑤法救与觉天，虽有心与心所，一体与别体的异说，而与一般譬喻师相同，都主张“心心所次第而

---

① 《俱舍论》卷一三（大正二九·六八中——下）。
② 《大毗婆沙论》卷一二二（大正二七·六三四中）。
③ 《大毗婆沙论》卷一二七（大正二七·六六二中）。
④ 《大毗婆沙论》卷二（大正二七·八下）。
⑤ 《大毗婆沙论》卷一二七（大正二七·六六一下）。

生”①,前后而非同时相应的。世亲时代的经部师,或说离心无别心所(同觉天说),或说有三心所,或说有四,或说有十,或说有十四②,真是异说纷纭,莫衷一是。在这一问题上,世亲采取了犹豫审慎的态度。在明心心所相应时,直依阿毗达磨论义,不加讨论③。在明十大地法时,又提出了阿毗达磨论师的意见,如《论》卷四(大正二九·一九上)说:

“诸心心所,异相微细,一一相续分别尚难,况一刹那俱时而有?有色诸药,色根所取,其味差别,尚难了知,况无色法,唯觉慧取。”

这一问题,在有关的论义中,不断地提出来。

1. 作意与舍同时相应的疑问,如《论》卷四(大正二九·一九中)说:

“如何可说于一心中,有警觉性,无警觉性——作意与舍二相应起?”

“岂不前说诸心心所,其相微细,难可了知!”

“有虽难了,由审推度而复可知。此最难知,谓相违背而不乖反?”

“此有警觉,于余则无,二既悬殊,有何乖反?”

“若尔,不应同缘一境,或应一切皆互相应!”

“如是种类所余诸法,此中应求!如彼理趣,今于此中

① 《大毗婆沙论》卷一四五(大正二七·七四五上)。
② 《顺正理论》卷一一(大正二九·三九五上)。
③ 《俱舍论》卷四(大正二九·二一下)。

应知亦尔。”

这是经部师表示了异议：在一心中，对立的心所法，怎么可能俱起呢？作意与舍，是性质不同而容易理会的。其实，每一心所，有它的不同作用，觉得同时相应是很难理解的。然在阿毗达磨论师，以为异类是可以同起的。对于这一问题，互相问答，而论主不加判断，只是希望注意这一问题，研究这一问题。

2. 提出了三摩地以心为体的异说（也是古代法救的见解）①。互相提出意见后，没有定论。

3. 从初二禅的喜乐受，说到寻伺俱起不俱起的问题。末了，如《论》卷二八（大正二九·一四七中）说：

“虽有一类作如是说，然非古昔诸轨范师共施设故，应慎思择！”

4. 由于触而引发了辩论：还是三和合触？还是三和生触？经展转立破，结论如《论》卷一〇（大正二九·五三中）说：

“故应定许一切识俱，悉皆有触；诸所有触，无不皆与受等俱生。”

5. 寻伺俱起问题：结论为“寻伺二法，定不可说一心相应”②。这是与毗婆沙师分明不合的。但即使寻伺不相应，对阿毗达磨论，心与心所别体，同时相应的根本定义，也并无严重损

① 《大毗婆沙论》卷一四二（大正二七·七三〇中）。
② 《俱舍论》卷四（大正二九·二一中——下）。

害。总之，在心与心所——一体或别体；心与心所，心所与心所，是否同时和合而生的问题上，世亲是那样的审慎！与真反对、假拥护的“是我所宗”，态度截然不同。虽然世亲对经部、譬喻师的意见也有部分同情，认为值得考虑，但在《俱舍论》的立场，是同意阿毗达磨论师的见地。这可以举一问题来从旁证明：说一切有部的譬喻师[1]，法救的后学——世友《问论》[2]，都认为灭定有心。有心而没有心所，譬喻师是认为合理的。这样，论到无色界后，无心定后，一切色、心从何而生起？当然是心能持一切种，色、心都从心（种）而生。经部说受熏，也以心受熏说为正义。但世亲不同，说无心定没有细心，主张有根身与心互持种子[3]。为什么特地采取“先轨范师”的这种见解，因为有心而没有心所，或有触而没有受、想，是违反阿毗达磨的传承的。世亲无疑是由此而不许灭定有细心不灭，不许心持一切种子。等到大乘宣说：阿赖耶识是有心所相应的，世亲也就改宗阿赖耶识持种说[4]，灭尽定有阿赖耶识不灭了。所以，在心与心所的问题上，《俱舍论》主世亲，是非常的审慎持重；说世亲赞同经部，不如说世亲尊重阿毗达磨的传统。

不相应行法，凡十四法：得，非得，同分，无想异熟，无想定，灭尽定，生，住，异，灭，名身，句身，文身。《俱舍论》一一地评

---

① 《大毗婆沙论》卷一五二（大正二七·七七四上）。
② 《俱舍论》卷五（大正二九·二五下）。
③ 《俱舍论》卷五（大正二九·二五下）。
④ 《大乘成业论》（大正三一·七八四中）。

破,成立非实有性[①]。这也是法救以来譬喻师的共义[②]。假有,是没有实性,不是没有这种意义。怎样解说这些假有呢?《俱舍论》是以经部譬喻师的论义去说明的。

无为法——虚空,择灭,非择灭。据《大毗婆沙论》,觉天也是成立三无为的[③]。法救说:虚空是假立的[④]。譬喻师说:择灭、非择灭、无常灭,都没有实体[⑤]。《俱舍论》中,以经部师的立场,说三无为是非实有的[⑥]。

从上看来,在分别诸法自相或实或假的论证中,心与心所,《俱舍论》是尊重阿毗达磨论师的。色法、不相应行法、无为法,都取经部师说:也是远承说一切有部譬喻师,特别是大德法救的思想。

再说修证实践问题:世亲在《俱舍论》中,对修证是看得极为重要的。阿毗达磨,并不只是法义的理解,而是谛理的现观。所以末了说:"佛正法有二,谓教证为体。有持说行者,此便住世间。"[⑦]教法是三藏,而主要为法义的理解;证法是道的修证。修证的历程,《俱舍论·分别贤圣品》有严密的论列。修行入证的程序,略出从凡入圣的部分如下:

---

① 《俱舍论》卷四、五(大正二九·二二上——二九中)。
② 《大毗婆沙论》卷一四二(大正二七·七三〇中)。
③ 《大毗婆沙论》卷一二七(大正二七·六六二上)。
④ 《大毗婆沙论》卷七五(大正二七·三八八下)。
⑤ 《大毗婆沙论》卷三一(大正二七·一六一上)。
⑥ 《俱舍论》卷六(大正二九·三四上——三五上)。
⑦ 《俱舍论》卷二九(大正二九·一五二中)。

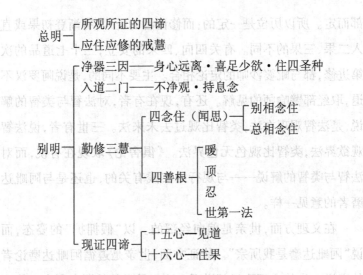

- 总明
  - 所观所证的四谛
  - 应住应修的戒慧
- 别明
  - 净器三因——身心远离・喜足少欲・住四圣种
  - 入道二门——不净观・持息念
  - 勤修三慧
    - 四念住（闻思）
      - 别相念住
      - 总相念住
    - 四善根
      - 暖
      - 顶
      - 忍
      - 世第一法
  - 现证四谛
    - 十五心—见道
    - 十六心—住果

发趣修证的历程，部派间也不是完全相同的。《俱舍论》所说的，虽也引用经部的说明（定义等）；而进修的方法次第，与说一切有部阿毗达磨论师，可说是相同的。身心远离，喜足少欲，住四圣种，是养成一种随顺解脱行的生活，使自己成为能修能证的根器。真正的修行，开始总不外乎二甘露门：或不净观，或持息念，令心得定。这是阿毗达磨的古说（后演进为三度门、五停心）。依止起观，就是四念住。先修别相念住，纯熟了，再修总相念住：总观身、受、心、法为非常、苦、空、非我。总相念住极纯熟了，引起顺抉择分善根，就是暖、顶、忍、世第一法。从暖位以来，观四谛十六行相：转进转胜，渐减渐略，到世第一法，但缘欲界苦谛，修一行相，唯一刹那，由此必定引生圣道。圣道共十六心，八忍，八智，现观四谛。在十五心中，名为见道，是预流初果向。十六心——道类智，就是证果。这或是初预流果，或是第二一来果，或是第三不还果：依修行者，是否离欲界欲的部分，或全部而定。所以历位是一定的:而修证者的证入,有渐登初果或直入二果、三果的不同。有关四向、四果的安立,三十七道品的次第进修,都与毗婆沙师的定论相合。主要不同的,是说阿罗汉不退,取经部譬喻师的见解。还有,现在有者,对法智与类智的解说,是法智观现在法,类智比观过去未来法。三世有者,说法智观欲界法,类智比观色无色界法。《俱舍论》取现在有说,而对法智与类智的解说——与观行的实践有关的,也还是与阿毗达磨者的意见一样。

在义理方面,世亲是偏向经部的。以“假拥护”的姿态,而说“阿毗达磨是我所宗”。修证方面,世亲是遵循阿毗达磨论者的定说。为什么不取经部说呢?这正是经部的弱点所在。修证与现观次第,必须有所禀承,经多数古德的长期修验,才能成立一条修证的大路。经部是新起的学派,理论虽有卓越的成就,而论到修证,如离开过去的传统(说一切有部譬喻师的传承,分别说者的传承),便是一片空白,显得无所禀承了!这是不能凭理论去开创的。然而经部大师们都想发挥其理论的天才,开辟一条修证的新轨道。《成实论》主诃黎跋摩,立灭三心见道说。婆薮跋摩立一心见谛(大众,分别说义),又杂出十二心见道(犊子部)、十五心见道(说一切有部)说。室利逻多立八心现观次第。在这种情形下,世亲不愿追随经部大师们的方向,宁愿遵从说一切有部阿毗达磨论师的修证历程。经部本出于说一切有部譬喻师;这一修证历程,也就是古代譬喻师的传承。

从上来分别论证,可见世亲是重视契经的。在法义上,心心所法,多少同意经部,而仍取阿毗达磨论宗。色法、不相应行法、无为法,取譬喻师及经部说。在修证上,可说完全是阿毗达磨毗婆沙说。那么,《俱舍论》到底是什么宗呢?还是中国古德说得好:"理胜为宗。"法义以外,还有修证,所以"说多取经部义","密宗经部",也是不能成立的。

西方阿毗达磨者、譬喻者,因《大毗婆沙论》的集成,罢斥百家,引起或多或少的反毗婆沙师的情绪,世亲在经部思想勃兴的气运中,完成了对毗婆沙师的大批评。然而,对毗婆沙师来说,世亲有几句话仍然有其价值。如《论》卷五(大正二九·二九上)说:

> "岂容多有设难者故,便弃所宗?非恐有鹿而不种麦,惧多蝇附不食美团。故于过难,应勤通释;于本宗义,应顺修行。"

第五项　《破我论》与"大乘"《成业论》

以《俱舍论》为中心的世亲学,《破执我论》与《大乘成业论》,是相关而有助于世亲思想的阐明,所以附在这里,略为论及。《破我论》,就是《俱舍论》末后的"破执我品"。这本是别论,不属于《俱舍》六百颂的。但在造《俱舍论释》时,早就有了《破我论》的构想,所以说"破我论中当广思择"①,"破我品中当广显示"②。所以论的体裁,虽不是阿毗达磨,而一向附于《俱舍论》而流通,也就被看作《俱舍论》的一分了。《大乘成业论》,玄

① 《俱舍论》卷一六(大正二九·八六下)。
② 《俱舍论》卷二〇(大正二九·一〇六上)。

奘于唐永徽二年（西元六五一）译出。早在东魏兴和三年（西元五四一），毗目智仙译出，名《业成就论》。西藏也有译本，也名《业成就论》，没有大乘二字。

《胜义空经》说："有业有异熟，作者不可得。"这两句话，扼要地说出了佛法的根本论题。业果是相续的；作业与受报者——我，是不可得的。这与外道的我论不同，显出佛法的特色。执我就执我所；执我我所，就有我爱。这是烦恼的根源，从此起惑、造业、受报；无边生死的苦迫，只是由于执我。所以无我而有业果，不但说明了生死相续，也启示了解脱的可能。我是没有实体的，只是虚妄迷乱的执著；无我，就开启了解脱的大门。然而，以种种的观察，求实我不可得，在理论上也许是并不太难的。所难的，是剩下来的一大堆问题。有情无始以来——有生以来，我是感觉中最实在的。一有知识，什么都将自己从一切中对立起来，以主体的姿态去应付一切。同时的身心活动，直觉为统一的。从小到老，从前生到后世，想到从生死到解脱，都直觉有一种统一性。这种同时、前后中的统一性、主体性，是怎样的根深蒂固！如有兴趣的话，直觉中得来的统一性、主体性，发展为形而上的神秘的真我论，不妨说得妙而又妙。其实，归根结底，只是人同此心，心同此感（执），极平常的自我直觉。所以理论的破斥，容易折伏对方的口舌，而不易使对方由衷地信受。必须在无常、无我中，成立业果相续，才能使人趣入佛法。那么，《破我论》与《成业论》，正代表了这两方面的问题。

《破我论》——"破执我品"，首先说："诸所执我，非即于蕴相续假立，执有真实离蕴我故。由我执力，诸烦恼生，三有轮回无容解脱。”[①]并以现比二量所不能得，否定离蕴实有的我体。以下破我分三段：

1. 破犊子部的不可说我。犊子部与说一切有系，原有亲密的关系。但为了无力成立无常无我的业果相续，而取通俗的有我说，成立与蕴不一不异的不可说我。世亲对于犊子部的有我说是非常慨叹的，所以在论序中说：“大师世眼久已闭，堪为证者多散灭，不见真理无制人，由鄙寻思乱圣教！”[②]犊子部的不可说我，是依蕴施设，而不可说与蕴是一是异的；是六识所能了知的。论主约依五蕴而安立，为六识所了知——两大妄执，层层难破，并引经以说明补特伽罗我体的非有。犊子部提出的经证，也给予一一解说。但问题还在：“为说阿谁流转生死？”这是流转中的主体问题。“若一切类我体都无，刹那灭心，于曾所有久相似境，何能忆知？”这是经验的记忆问题。刹那生灭，怎么后心能知前心所知的。如解说为“忆念力”，那又谁在忆念？谁能忆念？这些才是说我、执我，非有我不可的问题所在。

2. 破数论的我说。数论以为：有事用，必有事用者；行有行者，识有识者。论主加以破斥。又正面说明：识心的相续生起，不相似，次第不一定的理由，而结论（大正二九·一五七下）说：

> “诸心品类次第相生因缘方隅，我已略说。委悉了达，唯在世尊！”

3. 破胜论的我说。胜论以为：识必依我，德必依实。论主

---

① 《俱舍论》卷二九（大正二九·一五二中）。

② 《俱舍论》卷二九（大正二九·一五二中）。

说无我而有业果，因而引起了：没有我而业已灭坏，怎能生果的问题。论主依经部义，说"从业相续转变差别，如种生果"，开示业果相续的道理。结论（大正二九·一五九中）说：

"前来且随自觉慧境，于诸业果略显粗相。其间异类差别功能，诸业所熏转变，至彼彼位彼彼果生，唯佛证知，非余境界。"

无常无我，由心导引的业果相续，实为佛法的深处。世亲一再说"委悉了达，唯在世尊"；"唯佛证知，非余境界"。这所以佛要为阿难说"缘起甚深"了。末世的佛学者，专在理性的、抽象的概念上，大谈玄妙，而不能归结到这一问题；对于业感缘起，看作浅易的、不足深论的，这是最可慨叹的事！

《成业论》，顾名思义，是成立业与业果相续的论书。佛陀说法，平常而又切实。佛说三业——身业、语业、意业。业是动作，也就是行为，存于内心，而能使心实现为行为的，是意业。也称思业，思就有"役心"的作用。由思的推动而表现于外的（思已业），是身业、语业，就是身体与语言的活动，而有善恶性的行为。身业、语业，表现于外的，名为表业，在行动的当下，引发一种业力——能感果报的力量；除了感报，是永不失坏的。这是不可见的：求之于内心，也是不能发现的。所以这种存在，名为无表业。不精确的通俗的解说，与说一切有部说相近。这是近情的，容易为人信受的。自佛法进入部派时代，分别自相，一一寻求自性。身表、语表、无表，到底是什么？这么一来，部派间不免意见纷歧了。本论对于业的论究，可分三段：一、检讨各派对表无表业的意见，加以评论，而结归经部的思想。

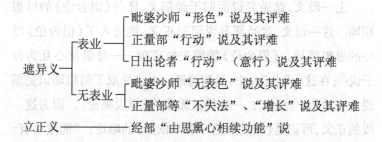

- 遮异义
  - 表业
    - 毗婆沙师“形色”说及其评难
    - 正量部“行动”说及其评难
    - 日出论者“行动”（意行）说及其评难
  - 无表业
    - 毗婆沙师“无表色”说及其评难
    - 正量部等“不失法”、“增长”说及其评难
- 立正义
  - 经部“由思熏心相续功能”说

在这一段中,经部本师日出论者,也受到评破。可见日出论者,经部初创,还不曾完成一宗独到的理论。经部的正义,是“由思差别作用熏心相续,令起功能;由此功能转变差别,当来世果差别而生”①。概略地说,这是经部师的共义。但论到二无心定及无想天,心相续断,怎么能由先业感报,意见又开始纷歧了。这样就进入第二段的立破。

- 遮异说
  - 过去灭心为缘续生说及其评难
  - 色根及心互为种子说及其评难
  - 灭定犹有细心说及其评难
- 立正义
  - 标宗义
  - 教理证成
    - 教证
    - 理证
  - 会异门
  - 所缘行相不可知
  - 通释妨难
    - 诸经但说六识难
    - 二识一身俱起难
  - 遮我而立阿赖耶识

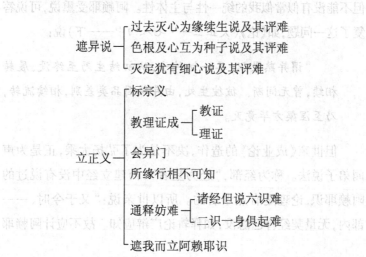

① 《大乘成业论》(大正三一·七八三下)。

上一段文,遮破异说而归于经部义,还与《俱舍论》的思想相同。这一段文,遮经部异说而归正义,就进入了《俱舍论》以外的思想领域。《俱舍论》赞同先轨范师——身根及心互为种子说[①];在这《成业论》中,受到遮破。世亲采取了阿赖耶识受熏说。在造《成业论》时,一定读过无著的《摄大乘论》。因为这一段的正义,可说是《摄大乘论·所知依品》的略论。"能续后有,能执持身,故说此名阿陀那识。摄藏一切诸法种子,故复说名阿赖耶识。前生所引业异熟故,即此亦名异熟果识。"[②]这与《摄论》所说三相,大致相合。教理证成,只是简略了些。会异门中,说有分识、根本识、穷生死蕴;说所缘行相不可知,都是与《摄论》相合的。这一段的末了,说明为什么不许我体实有,而立阿赖耶识,说到了问题的核心。在生死流转到解脱中,佛法说无常无我,但不能没有似常似我的统一性与主体性。阿赖耶受熏说,可说答复了这一问题,如《论》(大正三一·七八四中——下)说:

> "谓异熟果识,具一切种子,从初结生乃至终没,展转相续,曾无间断。彼彼生处,由异熟因品类差别,相续流转,乃至涅槃方毕竟灭。"

但世亲《成业论》的造作,决不是为了弘扬大乘,正是为声闻弟子说法。称为经部,"经为量者",而建立经中没有说过的阿赖耶识,论理是有点矛盾的。所以世亲说:"又于今时,一一部内,无量契经皆已隐没,如释轨论广辩应知。故不应计阿赖耶

① 《俱舍论》卷五(大正二九·二五下)。
② 《大乘成业论》(大正三一·七八四下)。

识定非佛说。"①不从大乘经求证,而说应有说阿赖耶识的契经,只是失传吧了!

第三段,以阿赖耶识受熏说,说明三业以思为体性;由思熏阿赖耶识,而成业果相续。如论说:"由此证成,但思差别,熏习同时阿赖耶识,令其相续转变差别,能引当来爱非爱果,非如彼说身语业相。"②

第二节　《顺正理论》与《显宗论》

第一项　论破俱舍的众贤

世亲的《俱舍论》,对迦湿弥罗毗婆沙师,当然引起了极度的震动。"罽宾诸师,彼见其所执义坏,各生忧苦"③,也是意料中事。教界权威的毗婆沙义,是从来没有受过这样有体系的强力攻难的。于是众贤——僧伽跋陀罗出来,造《顺正理论》,"救毗婆沙,破俱舍论"。世亲锋利的评难,也真是遇上了对手了!如《大唐西域记》说:

> "迦湿弥罗……新城东南……有故伽蓝,形制宏壮,芜漫良甚……昔僧伽跋陀罗论师,于此制顺正理论。"④
>
> "秣底补罗……德光伽蓝北三四里,有大伽蓝。……

① 《大乘成业论》(大正二九·七八五中)。
② 《大乘成业论》(大正二九·七八五下)。
③ 《婆薮槃豆法师传》(大正五〇·一九〇中)。
④ 《大唐西域记》卷三(大正五一·八八七下)。

是众贤论师寿终之处。论师迦湿弥罗国人也，聪敏博达，幼传雅誉，特深研究说一切有部毗婆沙论。时有世亲菩萨，一心玄道，求解言外。破毗婆沙师所执，作《阿毗达磨俱舍论》。辞义善巧，理致清高，众贤循览，遂有心焉。于是沉研钻极，十有二岁，作《俱舍雹论》二万五千颂。……于是学徒四三俊彦，持所作论，推访世亲，世亲是时在磔迦国奢羯罗城。远传声问，众贤当至。世亲闻已，即治行装……寻即命侣，负笈远游。众贤论师当后一日，至此伽蓝，忽觉气衰。……门人奉书至世亲所。……（世亲曰）此论发明我宗，遂为改题为《顺正理论》。"①

众贤是迦湿弥罗悟入的弟子②，精通毗婆沙义的大学者，是毫无可疑的。以十二年的时间，造《顺正理论》，有追寻世亲，想与世亲来一次面决是非的传说。《大唐西域记》说：世亲本在奢羯罗，听说众贤要来，就避往中印度。西藏传说：世亲避往尼泊尔③。《婆薮槃豆法师传》，也有众贤要求论辩，而世亲拒绝会见的传说④。总之，众贤造论的本意，有破斥《俱舍论》，重申毗婆沙义的自信与决心，而被传说为《俱舍雹论》的。时在世亲晚年（应为西元五世纪初），也就没有面决的机会。《大唐西域记》的传说，插入众贤病重将死，作函向世亲忏谢，世亲为他改名《顺正理论》；这都是不足信的妄说！

---

① 《大唐西域记》卷四（大正五一·八九一下——八九二上）。

② 《俱舍论（光）记》卷一（大正四一·一一上）。

③ Tāranātha《印度佛教史》（寺本婉雅译本一九〇）。

④ 《婆薮槃豆法师传》（大正五〇·一九〇下）。

众贤所造的论,有二部:一、《阿毗达磨顺正理论》,玄奘于永徽四、五年(西元六五三——六五四)译出。这是二万五千颂的大论①,译为八十卷。依《俱舍论颂》而次第广释,凡不合毗婆沙正义的,一一加以评正。《俱舍论》依经部义而破毗婆沙的,一一为之辩护。针对《俱舍论》而造,被称为《俱舍雹论》的,就是这一部论。二、《阿毗达磨俱舍显宗论》,玄奘于永徽二、三年(西元六五一——六五二)译出,共四十卷。《顺正理论》,是依《俱舍论颂》的,仅改第二"分别根品"名为"辩差别品"。《显宗论》虽也是解释《俱舍论》,凡不合毗婆沙义的颂文,就删了改了(并不多)。内容大体为节出《顺正理论》显正义的部分。

传说《顺正理论》是世亲改题的,全不足信!如《显宗论》序颂(大正二九·七七七上)说:

"我以顺理广博言,对破余宗显本义。……已说论名顺正理,乐思择者所应学。文句派演隔难寻,非少劬劳所能解。为撮广文令易了,故造略论名显宗。饰存彼颂以为归,删顺理中广抉择,对彼谬言申正释,显此所宗真妙义。"

《顺正理》,显然是众贤自己立名的。有人信传说而怀疑序颂,今再引《顺正理论》文:"是故应随此顺正理,说能所触。"②"况随圣教顺正理人可能忍受!"③"况此顺理正显圣言!"④《顺

① 《婆薮槃豆法师传》作:"随实论,有十二万偈,救毗婆沙义,破《俱舍论》。"颂数不免夸张(大正五〇·一九〇下)。

② 《顺正理论》卷八(大正二九·三七二下)。

③ 《顺正理论》卷二五(大正二九·四八二下)。

④ 《顺正理论》卷五(大正二九·三五九下)。

正理》,哪有世亲改题的话呢!

第二项 众贤传弘的毗婆沙义

《顺正理论》的研究与理解,首先应有公平的立场。《顺正理论》的重心,可归纳为两点:1. 世亲以阿毗达磨论者的身份,作《俱舍论》。世亲说:“迦湿弥罗议理成,我多依彼释对法。”是“多依”,而不是“唯依”。或取西方师说,或取余师说,或自立正义。众贤认为不合阿毗达磨毗婆沙正义,一一地遮破而显正义。2. 世亲随顺经部,所以众贤遮破世亲所说,更进一步,以《经部毗婆沙论》作者——室利逻多为主要对象,对经部作多方面的破斥。

在《俱舍论》中,阿毗达磨毗婆沙义,处于被鉴定、被批判的地位,不但没有反驳的机会,连为自己辩护的时间也不充分。所以,据《俱舍论》而论说一切有部与经部的短长,是难以公允的。众贤的《顺正理论》,至少对他而一一反击,对自而一一辩护,有了说一切有部的自己立场。世亲与众贤的论书,对说一切有部与经部,使我们得到较多的了解。不过,过去的《俱舍论》学者,受到世亲菩萨威望的影响,几乎是一边倒的,世亲总是对的;反而众贤是不合毗婆沙义,而被称为新萨婆多。在我看来,这是不公平的。对阿毗达磨毗婆沙义,应确认阿毗达磨毗婆沙义的发展性。从《发智论》到《大毗婆沙论》,论义是在进展过程中的。《大毗婆沙论》集成,树立评家正义,被称毗婆沙师。但《大毗婆沙论》成立,二百多年来,毗婆沙师当然也在发展中的。对于评家正义,或依固有文句,作精密的新解说;或《大毗婆沙论》所没有说到的，更有新的论义提出。《大毗婆沙论》与毗婆沙师，涵义是并不相同的。西方系的阿毗达磨论师，自《阿毗昙心论》，到《杂阿毗昙心论》，不仅是旧说的取舍不同，也一直是在进展中的。就是世亲与众贤，对于阿毗达磨论义，都不是古典、旧义的纂辑，而是对发展中的阿毗达磨论义，通过自己的智慧抉择而进行论究。确认阿毗达磨毗婆沙义的发展性，对《俱舍论》与《顺正理论》，相信会有更公平、更合理的理解。

世亲与众贤，对阿毗达磨毗婆沙义的论诤，试分几点来说：

1. 阿毗达磨的发展性：如《俱舍论》卷九（大正二九·四六下）说：

"于此义中复应思择：为由业力，精血大种即成根依？为业别生根依大种，依精血住？有言：精血即成根依，谓前无根中有俱灭，后有根者无间续生，如种与芽灭生道理。……有余师说：别生大种，如依叶粪，别有虫生。"

这一问题，不同的意见，是《大毗婆沙论》所没有提到的。这一新问题、新意见，《俱舍论》与《顺正理论》同样地提起，可以想见阿毗达磨发展中的情形。又如无表色相，《俱舍论》卷一（大正二九·三上）说：

"乱心无心等，随流净不净，大种所造性，由此说无表。……相似相续，说名随流。"

世亲这一解说，受到众贤的评破，如《顺正理论》卷二（大正二九·三三五中）说：

“非初刹那，可名相续，勿有太过之失！是故决定初念无表，不入所说相中。又相续者，是假非实；无表非实，失对法宗！”

众贤的评论，不能说是不对的。但世亲的无表色相，是承《杂心阿毗昙论》的。《杂心论》说无表为：“强力心能起身口业，余心俱行相续生。如手执香华，虽复舍去，余气复生。”[①]又说：“流注相续成善及不善戒。”[②]在《阿毗昙心论经》中，早已说到：“无教者，身动灭已，与余识相应，彼相续转。……若与余识俱，与彼事相续，如执须摩那华，虽复舍之，犹见香随。”[③]《阿毗昙心论》说：“谓转异心中，彼相似相随。”[④]传为众贤师长——悟入所作的《入阿毗达磨论》也说：“有善不善色相续转。”[⑤]这可见从《阿毗昙心论》以来，无表是假色，不是色，早已用“熏习”的意义，在相续流转中，说明无表色了。这是西方系阿毗达磨（甚至毗婆沙师）的新倾向。但依阿毗达磨毗婆沙师来说，任何性体的确定，应求于自相，也就是要从刹那的静态去说明是什么，而不能从“相续流注”去说明。从相续流注去说，就类似经部的倾向了。这样，世亲所说的是新发展，而众贤是严守阿毗达磨的正统。

说一切有部立法性恒有，三世是没有差别的。同样的法性

---

① 《杂阿毗昙心论》卷三（大正二八·八八八下）。

② 《杂阿毗昙心论》卷三（大正二八·八九〇中）。

③ 《阿毗昙心论经》卷二（大正二八·八四〇上）。

④ 《阿毗昙心论》卷一（大正二八·八一二下）。

⑤ 《入阿毗达磨论》卷上（大正二八·九八一上）。

实有,怎么有三世的差别?四大家所说不同,而毗婆沙师取世友的约作用立世说。如《大毗婆沙论》卷七七(大正二七·三九六中)说:

“虽得三名而体无别。……谓有为法,未有作用名未来世,正有作用名现在世,作用已灭名过去世。”

在《大毗婆沙论》,又以种种义说明三世差别,第一说是:“诸有为法在现在时,皆能为因取等流果。此取果用,遍现在法,无杂乱故,依之建立过去未来现在差别。”①六因的取果作用,也是唯现在的(《杂心论》说“所作因不说,以乱故”,近于《大毗婆沙论》的有余师说,为《顺正理论》所破)。说明三世差别的作用,决不是一切作用,而是这样的取果用,也就是引生自果的作用。但《大毗婆沙论》所说,“作用”一名,是通于一切作用;这是名词含义的不精确。为了避免由于名义多含而来的攻难,所以《顺正理论》卷五二(大正二九·六三一下)说:

“诸法势用,总有二种:一名作用,二谓功能。引果功能名为作用,非唯作用总摄功能,亦有功能异于作用……唯引自果名作用故。”

世亲解说“士用”为“即目诸法所有作用”②。《顺正理论》卷一八(大正二九·四三六上)修正为:

---

① 《大毗婆沙论》卷七六(大正二七·三九三下——三九四上)。
② 《俱舍论》卷六(大正二九·三五上)。

“此士用名为目何法？即目诸法所有功能。如是冥符后颂文说：若因彼力生，是果名士用。……此中士用、士力、士能、士之势分，义皆无别。”

这一辩正，也是基于“作用”、“功能”的分别原则。《大毗婆沙论》泛称作用，作用是有种种差别的。《顺正理论》卷五一（大正二九·六二七中）说：

“依如是义，故有颂言：诸法体相一，功能有性多。若不如实知，名居佛教外。”

这种功能性多，也可说作用性多，应为毗婆沙师所公认的。众贤的分别作用与功能为二，只是在发展中的由浑而划，以不同的术语表达不同的意义而已。对阿毗达磨的论义来说，是毫无新颖可说的。

2. 毗婆沙义的取舍不同：《大毗婆沙论》对于任何问题，几乎都有不同的意见。有加以评定的，也有引叙众说而不加可否的。这在阿毗达磨毗婆沙的弘传中，就不免取舍不同；甚至评家正义，也有重为论定的。众贤对世亲的论诤，部分就是如此。如《俱舍论》论四大不离说：“于彼聚中势用增者，明了可得，余体非无。”①这是“用增”说（陈译《俱舍释论》，似乎双举二说）。《顺正理论》卷五（大正二九·三五五中）弹斥说：

“经主自论有处说言：此是彼宗所有过失。彼宗谓彼毗婆沙师，言诸聚中一切大种体虽等有，而或有聚作用偏

① 《俱舍论》卷四（大正二九·一八下）。

增。……未审此中经主意趣，定谓谁是毗婆沙师！若诸善释阿毗达磨诸大论师，彼无此说；彼说大种由体故增。”

世亲立用增说，众贤取体增说，而成为谁是毗婆沙师，也就是谁懂得毗婆沙义的论诤。然在《大毗婆沙论》卷一三一，有“应言大种体有增减”，及“有说大种体无增减……大种体势力有增微故”①——体增与用增二家。卷一六，也说到“体无偏增”、“体有偏增”二家②。卷一二七，出“体增”说③。《大毗婆沙论》的正义，可能为体增说，但论文并没有明确的论定。传承中的毗婆沙师，就可能有体增、用增的派别不同了。

如愿智，《大毗婆沙论》有比量知、现量知二说④。但于现量知，作“应作是说”，这应为评家义。《俱舍论》说“毗婆沙者作如是说：愿智不能证知”⑤，是专以毗婆沙师为比智知了。而《顺正理论》说“有比智生，引真证智”——证智知；“或比智知亦无有失”⑥：这是双取二说了。《俱舍论》与《顺正理论》所说的毗婆沙师，都与《大毗婆沙论》不合。这些都是小节，但可见毗婆沙师的传受，彼此间是不完全相同的。

《俱舍论》辨三慧差别：“毗婆沙师谓三慧相，缘名俱义，如次有别”；加以难破，而主“依闻正教所生，思正理所生，修等持

---

① 《大毗婆沙论》卷一三一(大正二七·六八二下——六八三上)。
② 《大毗婆沙论》卷一六(大正二七·八二上)。
③ 《大毗婆沙论》卷一二七(大正二七·六六三中)。
④ 《大毗婆沙论》卷一七九(大正二七·八九七中)。
⑤ 《俱舍论》卷二七(大正二九·一四二上)。
⑥ 《顺正理论》卷七六(大正二九·七五〇下)。

所生"①。其实《大毗婆沙论》说三慧有二段：一、明三慧相，有多复次，其中就有依闻生、依思生、依修生说。二、明三慧差别，才约缘名俱义，并举浮水为喻②。《俱舍论》所说的毗婆沙师，专约所缘——"缘名俱义"说，是沿《杂心论》说③而来的。而约所依——依闻教、思理、修定来分别，世亲说也还是出于《大毗婆沙论》的。《俱舍论》对四念住定义的解说，也有类似的情形。《论》说："毗婆沙师说：此品念增故，是念力持慧得转义……理实应言：慧令念住，是故于慧立念住名。"④然《大毗婆沙论》实有"慧由念力得住"及"慧力令念住境"二说⑤。《俱舍论》偏以初义为毗婆沙师，也只是盛行的一说而已。

众贤所说，也有与评家正义相反的。如《俱舍论》说中有入胎，"又诸中有从生门入"⑥，与《杂心论》说⑦一致。《大毗婆沙论》本有二说："随所乐处无碍入胎"；"入胎必从生门"⑧，评家取后说。《顺正理论》却说："有说：中有皆生门入。……理实中有随欲入胎，非要生门，无障碍故。"⑨与评家正义，恰好相反。这些，不应拘文而论是非，应解为毗婆沙的传承不一，取舍不同。毗婆沙师与《大毗婆沙论》，涵义是不完全相同的；如《瑜伽论》

① 《俱舍论》卷二二（大正二九·一一六下）。
② 《大毗婆沙论》卷四二（大正二七·二一七中——下）。
③ 《杂阿毗昙心论》卷五（大正二八·九〇九上）。
④ 《俱舍论》卷二五（大正二九·一三二中——下）。
⑤ 《大毗婆沙论》卷一四一（大正二七·七二四上）。
⑥ 《俱舍论》卷九（大正二九·四六上）。
⑦ 《杂心阿毗昙论》卷一〇（大正二八·九五九上）。
⑧ 《大毗婆沙论》卷七〇（大正二七·三六三下）。
⑨ 《顺正理论》卷二四（大正二九·四七六下）。

与瑜伽宗、瑜伽师,不是完全相同的一样。

3. 新义与古义:众贤的论义,每被指为不合毗婆沙师的新义。如非择灭,众贤在《顺正理论》卷一七(大正二九·四三四中)说:

"非唯阙缘,名非择灭。然别有法,得由阙缘,此有胜能障可生法,令永不起,名非择灭。"

《大毗婆沙论》说:"此灭由何而得?答:由缘阙故。"①有人据此以为,古义唯"缘阙"一义,而众贤说"缘阙"、"能碍"二义,所以是新义。《俱舍论法义》有详细的论辩②,只是不许毗婆沙师,非择灭有能碍的意义。然《大毗婆沙论》卷三二(大正二七·一六四中——下)说:

"此灭由何而得?答:由缘阙故。……由缘阙故,毕竟不生;由此不生,得非择灭。"

"此非择灭,唯于未来不生法得。所以者何?此灭本欲遮有为法令永不生;若法不生,此得便起,如与欲法。"

依第一则,由缘阙而法毕竟不生,不生所以得非择灭。非择灭对于法的不生,并没有说到能碍。依第二则,非择灭就是要遮碍有为法令永不生的。所以法不生时,就得非择灭,而堕于毕竟不生法中。将这两则综合起来,不正是众贤所说的吗?众贤不过将有法能碍说得意义明确些,有什么新可说呢?所以,当时悟

① 《大毗婆沙论》卷三二(大正二七·一六四中)。
② 《俱舍论法义》卷一(大正六四·二八下——二九下)。

入的《入阿毗达磨论》也说:“有别法毕竟障碍未来法生。”①

其次,是和合与和集的问题,如《俱舍论法义》卷二(大正六四·五五中)说:

> “正理四:破上座五识缘和合假物,不缘实有极微,而自立极微和集实物缘义。……新萨婆多之称,起于此。”

这一论断,也是不尽然的。经部以和合色为所缘,说一切有部以极微为所缘。但说一切有部的极微,不是一一极微别住的,而是和合的。如《大毗婆沙论》说:“眼等五识,依积聚、缘积聚;依有对、缘有对;依和合、缘和合。”②所以一切有部,五识是以和合极微为所缘的。和合极微(积聚极微)与和集极微,到底有什么不同呢?《顺正理论》卷四(大正二九·三五〇下)叙上座宗说:

> “极微一一不成所依所缘事故,众微和合方成所依所缘事故。……极微一一各住无依缘用,众多和集此用亦无。”

据玄奘的译文,和合与和集,显然为同一意义。然和合极微的和合,容易与和合假色的“和合”淆混,众贤这才多用“和集极微”一词。依此而分别新古,不免吹毛求疵了!

还有,众贤立二种受,如《顺正理论》卷二(大正二九·三三八下)说:

---

① 《入阿毗达磨论》卷下(大正二九·九八九上)。
② 《大毗婆沙论》卷一三(大正二七·六三下)。

"一、执取受，二、自性受。执取受者，谓能领纳自所缘境。自性受者，谓能领纳自所随触。"

依众贤的意思：执取受，是受的领纳境界，也就是境界受。自性受，依"领纳随触"而立，正表显苦受、乐受等特性。众贤的分别，与世亲相合。《俱舍论》说"受领纳随触"①；又于卷一（大正二九·五二下）说：

"一、顺乐受触，二、顺苦受触，三、顺不苦不乐受触。此三，能引乐等受故；或是乐等受所领故；或能为受行相依故——名为顺受。如何触为受所领行相依？行相极似触，依触而生故。"

触与受等俱生，而触为受的近依。触是顺于受的，这是什么意义呢？《俱舍论》约三义释：一、"能引乐等受"：是触为缘生受的意思。二、"是乐等受所领"：这明白说，受以触为所领的。三、"能为受行相依"：触的行相，是顺、违、俱非；这能为受的乐、苦、舍行相所依。《俱舍论》又说明：触能为受所领及行相所依，因为行相非常近似；顺、违、俱非触，是乐、苦、舍受所依。如将三义倒过来说：触行相与受行相相似，所以触能为受行相依。触能为受行相依，所以（顺等）触是（乐等）受所领。触是受所领，所以能引受生。所以名触为顺受。经论说"受以领纳为性"，不仅是领纳境界（受也总取所缘境相）；领纳境界，不容易说明受的特性。"领纳随触"，领纳触的顺违等相而生受，才能明确地表

---

① 《俱舍论》卷一（大正二九·三下）。

示受的特性。《俱舍论》、《入阿毗达磨论》，都说“领纳随触”；众贤分受为二。可见阿毗达磨毗婆沙师正沿这一分别而开展。或者拘泥古论，说“领纳”而没有说“领纳随触”，所以说这是随触的境界受，也就是许境界受而不许自性受。其实，众贤的分别，只是顺应阿毗达磨论风，分别得更明晰而已。

末了，说一切有部与经部的论诤：《顺正理论》对经部的难破，为全论最重要的部分。这由于世亲随顺经部而破说一切有部，及东方当时的经部盛行。众贤可说是卫护说一切有部最忠诚的大师了！辩论是全面展开，可说接触到声闻佛教的全体。现在举两点来说：

1. 认识问题：说一切有部阿毗达磨论师，依佛所说的“二缘（根与境）生识”，认为：有心一定有境；境——所缘不但为识所了别的对象，而且有能生识的力用，名为所缘缘。所以，所缘一定是有的；“非有”是不能生识的。经部譬喻师以为：“有及非有，二种皆能为境生觉。”①这是说：所认识的境，不一定是有体性的；“非有”也是可以成为认识的。这样，二部就对立起来。

据说一切有部说：境界，有实有的、假有的（假必依实）；对于境的认识，有正确的、有错误的，也有犹豫而不能决定的。认识可以错误或犹豫，而不能说所缘是没有实性的。如旋火成轮，看作火轮是错误的。这一错误认识，是依火熛而起；如没有火熛为所缘，怎么也不会看作火轮的。假有境，依于实有，也是这样。所以，我们的认识毕竟都以客观存在的为所缘；客观存在的所

① 《顺正理论》卷五〇（大正二九·六二二上）。

缘,有力能引发我们的心识。譬喻师以为:实有的可以成为所缘,假有的也可以成为所缘,假有的就是无实(实无)。这里面包含一项意义:我们的认识对象,或是假有的,或是实有的。假有的不是实有,是虚妄。这是将认识的对象,隐然地分为不同的二类。

2. 时间问题:现在有而过未无,过去未来现在都是有;二派的论诤,解说经文,成立理论,双方都非常繁密。互相破斥,也可说都有道理。经部也好,说一切有部也好,时间是依法的生灭而立的。刹那生灭为现在,也可说是共同的。现在有与三世有的论诤,不是讨论时间自身,而是论究:刹那生灭的法为现在;法在未生(未来)以前,灭了以后(过去),是有还是没有?说一切有部说:有为法是有生灭的(可能生灭,正在生灭,曾经生灭),有生灭就有时间——未来,现在,过去。现在的刹那生灭,正显现为"行世"的,迁流的有为法;现在是有限的时间——一刹那。从未生而生,生已而灭,知道有未来与过去。法在未来与过去,可说是无限的时间,实际是不能以刹那或刹那的累积来表现时间相的。因为这只是"有为相和合",可能生灭,曾经生灭,而没有现起生灭的作用。所以刹那现在法,眼能见(可以不见),耳能闻,时间可说长短,物质(极微和合)占有空间,心识能够缘虑。而未来法与过去法,虽法体一如,与现在一样,名"现在类"。可是,眼不能见,耳不能闻,时间没有长短,物质不占空间,心识不能缘虑。说一切有部的过去未来有,是近于形而上的存在。三世法体一如,不能说是"常","常"是"不经世"——超时间的。但可以称为"恒","恒"是经于三世(可能有生有灭)

而自体不失的。如《顺正理论》卷五二（大正二九·六三三下）说：

“谓有为法，行于世时（成为现在法），不舍自体，随缘起用。从此无间，所起用息。由此故说：法体恒有而非是常，性（类）变异故。”

“不舍自体，随缘起用”，就是“不变随缘，随缘不变”的古老形式。说一切有部，从现实的分别着手，论究到深隐处，有形而上的色彩，仍充满现实的特性。所以，所说永恒的有为法性，是无限的众多。假如作为常识的实在论去理解，距离就远了。

经部的三世观——过去未来无而现在有，与说一切有部非常不同。依经部说：有为法是刹那生灭的。刹那是诸行相续的刹那：从前后相续中去说刹那，从动态去说刹那，而不是理解为静的时间点。经上说：“本无今有，有已还去”，可见法是诸行相续中的刹那存在（现在），刹那刹那的诸行相续。如说刹那生灭的法，未生前已有，过去了还是有，那是不能成立的。然过去未来，与前后相续，因果相生的意义有关。如过去是无，怎么过去的对现在、未来还有影响？如过去了的业能够感果，未来是无，怎么有生起的可能性与必然性呢？经部以“熏习”、“功能”、“相续展转差别”来说明。当法刹那生灭时，熏习相续而引起功能。相续中的熏习功能，是前前刹那所熏成，展转流来，所以说过去曾有。功能熏习能引发后果，所以说未来当有。如《顺正理论》卷五一（大正二九·六二六中）说：

“谓过去世曾有名有，未来当有，有（对前为）果，（对后为)因故。依如是义,说有去来,非谓去来如现实有。"

经部的意见,有为法只是现在——相续的刹那。过去与未来,是非实有的,只是依存相续中的功能(可说是潜在的能力)。经部的现在与过去未来,如质与能的关系,不断地转化。但在说一切有部看来,那是:"虽言过去曾有名有,未来当有,有果因故。而实方便,矫以异门说现在有,何关过未?"①

认识问题与时间问题的论辩,可从《顺正理论》明有为相②,及三世有③的论辩中,略窥一斑。

众贤论师是伟大的,值得尊重的!但说一切有部阿毗达磨的时代,已一去而不复返了。那时,正是经部盛行,融归大乘瑜伽的时代。不久,将进入空、有共论的阶段。卓越的见解与严密的论辩,又焉能重振说一切有部奄奄欲息的颓势呢?

---

① 《顺正理论》卷五一(大正二九·六二六下)。
② 《顺正理论》卷一三——一四(大正二九·四〇五下——四一二下)。
③ 《顺正理论》卷五〇——五二(大正二九·六二一下——六三六中)。

第十四章　其余论书略述

第一节　《阿毗达磨俱舍论》的弘传

世亲的《俱舍论》，虽受到众贤《顺正理论》的弹斥，但阿毗达磨，或可说声闻论义，以后全由《俱舍论》而延续弘传。《俱舍论》对佛教界的影响，是值得特别重视的！《俱舍论》总摄了说一切有部阿毗达磨的胜义；经部譬喻师的要义，也在与说一切有部的论辩中充分表达出来。《俱舍论》可说综贯了说一切有部与经部。声闻乘法，虽各部都有特色，而惟有这两部，不但有深厚的哲理基础，并有精密的论理。所以在一般人看来，《俱舍论》代表了这——三世有与现在有的两派。这部论赅括了两派，所以说一切有部与经部的论书，反而不为人所重视（后来也没有传入西藏）；而《俱舍论》却成为大小、内外学众的研究对象。《俱舍论》的价值，从后代研究的隆盛情形，也可以推想出来。

世亲从小入大，对佛法的各方面，几乎都有精深独到的著述。门下有重阿毗达磨（《俱舍论》）的，或重因明的，或重律仪的，或重般若的，或重唯识的：真是龙象辈出，学有专长！《阿毗达磨俱舍论》，由世亲门下的研习而弘传下来，注疏不少。由于以《俱舍论》为重，所以对《顺正理论》都采取反驳的立场。《俱舍论》大行，《顺正理论》也就相形见绌了！世亲以后的《俱舍论释》，依中国古代所传而知的，有三部：

1. 安慧《俱舍论实义疏》：这是敦煌发现本，编入《大正藏》一五六一号。共五卷，仅四千余字。论初注说"总有二万八千偈"，可见是一部广论；五卷本，不过摘述点滴而已。这部论，古代就有传说，如《俱舍论（光）记》卷一（大正四一·二二上）说：

> "安慧菩萨俱舍释中救云：众贤论师不得世亲阿阇黎意，辄弹等字。乱心、不乱心，此是散位一对；无心、有心，此是定位一对。乱心等，等取不乱心，散自相似。无心等，等取有心，定自相似。故此等字，通于两处，显颂善巧。"

据西藏所传：安慧（Sthiramati）年七岁，就来世亲座下作弟子。在世亲门下，为精通大（《集论》）小（《俱舍论》）阿毗达磨，特重阿毗达磨的大师①。所作的《俱舍论释》，西藏现存，名《俱舍论真实义释》。梵本也已经发现。

2. 德慧《随相论》：陈真谛译，《随相论》一卷，德慧（Guṇamati）造，是《俱舍论·智品》十六行相的义释。《论》末说："十六谛义，出随相论释。"可见《随相论》是《俱舍论释》的全称，而真谛所译的，仅为论中解十六行相的一部分。据西藏所

① Tāranātha《印度佛教史》（寺本婉雅译本一九五——一九八）。

传:德慧是德光(Guṇaprabha)的弟子,造有《俱舍论》的注释,与护法的时代相当①。但据《成唯识论述记》,德慧是"安慧之师"②。

3. 世友《俱舍释》:如《俱舍论(光)记》卷二(大正四一·三七中)说:

> "和须蜜俱舍释中云:是室利逻多解。彼师意说:入定方有轻安,或是轻安风。正理(论)不破者,言中不违,故不破也。"

据西藏所传:世友为《俱舍论》的大学者,造有《俱舍论释》。受到北方摩诃释迦婆罗王(Mahāśākyabala)的尊敬,与陈那的弟子法称同时③。世友的《俱舍论释》,汉藏都没有传译。

除上三部外,西藏所译而现存的,还有好几部:1. 世亲弟子,被称为因明泰斗的陈那,造有《阿毗达磨俱舍论心髓灯疏》④。2. 称友有《阿毗达磨俱舍论释》,称友与戒贤(Śīlabhadra)同时⑤;还有梵本存在。3. 满增(Pūrṇavardhana)造《阿毗达磨俱舍广释随相论》。4. 寂天(Śāntideva)造《阿毗达磨俱舍释广释要用论》⑥。据西藏所传:称友属于世友系,满增属于安慧系。值得注意的:汉译的德慧释,名《随相论释》;而满增所造

① Tāranātha《印度佛教史》(寺本婉雅译本二二九——二三〇)。
② 《成唯识论述记》卷一(大正四三·二三一下)。
③ Tāranātha《印度佛教史》(寺本婉雅译本二四二)。
④ Tāranātha《印度佛教史》(寺本婉雅译本一九九)。
⑤ Tāranātha《印度佛教史》(寺本婉雅译本二七八)。
⑥ 吕澂《西藏佛学原论》(一〇二)。

的，也名《广释随相论》；而一向有德慧为“安慧之师”的传说。所以，德慧应该是世亲的弟子；安慧的年龄较轻，也许曾从德慧修学。满增是继承安慧阿毗达磨的学者，也就与德慧论有关。这些《俱舍论》释，都是西元五、六世纪的作品。印度有这么多的《俱舍论》释，可想见《俱舍论》盛行的一斑。

《俱舍论》在印度的传弘，始终不衰。《俱舍论》已成为佛学的重要部门，代表了初期佛法的精髓。修学佛法的，几乎没有不学习《俱舍论》的。唐义净于咸亨三年（西元六七二）西游，在印度所见所闻的，也还是这样。如玄照的“沉情俱舍”①；道琳的“注情俱舍”②；智弘的“既解俱舍”③；无行的“研味俱舍”④；法朗的“听俱舍之幽宗”⑤。这一学风，传入西藏，《俱舍论》为五大部之一，为学法者必修的要典。

第二节 说一切有部论书

说一切有部的化区非常广大，大论师也历代多有，论书的部类，当然也就很多的了。除上面所说到的，或曾译传来中国的而外，多数是泯没无闻了。玄奘去印度游学，知道的，或曾经修学的，略录如下：

1. 佛使（Buddhadāsa）：佛使造有说一切有部的《大毗婆沙

① 《大唐西域求法高僧传》卷上（大正五一·一下）。
② 《大唐西域求法高僧传》卷下（大正五一·六下）。
③ 《大唐西域求法高僧传》卷下（大正五一·九上）。
④ 《大唐西域求法高僧传》卷下（大正五一·九中）。
⑤ 《大唐西域求法高僧传》卷下（大正五一·一二上）。

论》，如《大唐西域记》卷五（大正五一·八九七上）说：

> “阿耶穆佉国……临殑伽河岸……其侧伽蓝……台阁宏丽，奇制郁起。是昔佛陀驮娑（唐言觉使）论师，于此制说一切有部大毗婆沙论。”

从《大唐西域记》看来，造论而名毗婆沙的，不在少数。毗婆沙只是广说、广释，并不限于传说五百阿罗汉所结集的。佛使所造的，属于说一切有部。西藏传说：佛使是无著的弟子，晚年弘法于西方（西印度）①。玄奘在羯若鞠阇国（Kanyakubja）时，曾从毗黎耶犀那（Vīryasena）“读佛使毗婆沙”②。佛使的论书，似乎多流行于恒河上流。

2. 德光：德光作《辩真论》，如《大慈恩寺三藏法师传》卷二（大正五〇·二三二下）说：

> “秣底补罗国，其王戍陀罗种也。伽蓝十余所，僧八百余人，皆学小乘说一切有部。大城南四五里，有小伽蓝，僧徒五十余人。昔瞿拏钵剌婆（唐言德光）论师，于此作辩真等论，凡百余部。论师是钵伐多国人；本习大乘，后退学小乘。”

德光所作的《辩真论》，玄奘曾受学，如《大慈恩寺三藏法师传》”卷二（大正五〇·二三三上）说：

---

① Tāranātha《印度佛教史》（寺本婉雅译本一九二）。

② 《大慈恩寺三藏法师传》卷二（大正五〇·二三三中）。

"秣底补罗国……其国有大德，名蜜多斯那，年九十，即德光论师弟子。……就学萨婆多部怛埵三弟铄论(唐言辩真论，二万五千颂，德光所造也)，随发智论等。"

德光的《辩真论》，是二万五千颂的大论。玄奘所学的，还有《随发智论》，虽不明作者是谁，但就文意来说，也极可能是德光所作的。秣底补罗(Matipura)为说一切有部的化区，众贤、无垢友(Vimalamitra)，都在此国去世，德光也在此造论。玄奘传说：德光本是学大乘的，后"因览毗婆沙论，退业而学小乘，作数十部论；破大乘纲纪，成小乘执著"①。有德光上升兜率，见弥勒而不拜的传说。玄奘以德光为反大乘者，因而有不利德光的传说。但据西藏所传：德光为世亲弟子，精通声闻三藏及大乘经，持阿毗达磨。传说他暗诵(自宗及异部)十万部律，特重律仪。领导的清净僧团，如早期诸阿罗汉护持的一样②。德光实为世亲门下的重律学派；西藏的律学，就以德光为宗。当时的经部学，对大乘瑜伽来说，等于为回小入大作准备，声气互相呼应。而德光重说一切有部律，说一切有部阿毗达磨，无论是义理与事行，都不免与大乘瑜伽学小有隔碍。这就是玄奘所传，德光退大学小、破大执小的原因了。

3. 索建地罗(Skandhila)：或作塞建地罗，意译为悟入，就是众贤的师长。传说世亲去迦湿弥罗学习毗婆沙时，曾亲近悟入③；悟入是当时的毗婆沙师。《大唐西域记》卷三(大正五一·

① 《大唐西域记》卷四(大正五一·八九一下)。

② Tāranātha《印度佛教史》(寺本婉雅译本一九四)。

③ 《俱舍论(宝)疏》卷一(大正四一·四五八上)。

八八七下)说:

“迦湿弥罗国……佛牙伽蓝东十余里,北山崖间,有小伽蓝,是昔索建地罗大论师,于此作众事分毗婆沙论。”

悟入为迦湿弥罗论师。《众事分》,就是世友《品类论》;这是被尊为六足之一,受到阿毗达磨西方系所推重的论书。悟入为《众事分》作《毗婆沙论》,可说是面对说一切有部阿毗达磨论宗的不利环境(经部与瑜伽大乘呼应,评破说一切有部),而谋东西二系的协调,以一致抗外,维护自宗的作品。《众事分毗婆沙论》虽没有传译,而悟入为法的苦心,在另一作品——《入阿毗达磨论》中表现出来。《入阿毗达磨论》,玄奘于显庆三年(西元六五八)译出,分二卷。《入论》的思想,当然是毗婆沙师的。但组织内容,特别是心相应行,烦恼与智,存有《品类论·辩五事品》的特色。《论》说无表色为:“无表色相续转。亦有无表唯一刹那,依总种类,故说相续。”①这是会通《杂心论》的。关于非择灭:“谓有别法,毕竟障碍未来法生。”②与众贤所说相同,应为当时毗婆沙师的正义。对不相应行法,力主非实有不可。对经部义也多予拒斥,如说:“有劣慧者,未亲承事无倒解释佛语诸师,故于心所迷谬诽拨:或说唯三,或全非有。”③《入论》的分类法比较特殊,如《论》卷上(大正二八·九八〇下)说:

“善逝宗有八句义:一色,二受,三想,四行,五识,六虚

① 《入阿毗达磨论》卷上(大正二八·九八一中)。
② 《入阿毗达磨论》卷下(大正二八·九八九上)。
③ 《入阿毗达磨论》卷上(大正二八·九八四中)。

空，七择灭，八非择灭；此总摄一切义。"

五蕴及三无为，分立八句义，可说是新的建立。这也许对当时外道盛行的六句义、十句义等而方便安立的吧！

4. 伊湿伐逻（Iśvara）：《大唐西域记》卷二（大正五一·八八一中）说：

"健驮罗国……跋虏沙城北……某侧伽蓝，五十余僧，并小乘学也。昔伊湿伐逻（唐言自在）论师，于此制阿毗达磨明灯论。"

论师的事迹，论书的内容，都无可稽考。从地区与论名来说，大概是阿毗达磨健驮罗系的作品。"明证"，或作"明灯"。晚期的论书，每有称为"灯"的，是显了的意思。

5. 日胄（Sūryavarman）：玄奘在羯若鞠阇国，曾从毗黎耶犀那（精进军）学"日胄毗婆沙记"①。其他的事迹，也不详。

第三节　余部的论书

声闻部派的论书，传译于我国的，以说一切有部的为最多。这不但地势邻近；在部派佛教中，也唯有说一切有部，特别重视论部。说一切有部以外的，如分别说者、犊子、正量部等论书，本书已略有论及。传译及传说的，还有几部，也附记于此。

1. 大众部论书：《大唐西域记》卷三（大正五一·八八八

---

① 《大慈恩寺三藏法师传》卷二（大正五〇，二三三中）。

上)说：

“迦湿弥罗国……大河北接山南，至大众部伽蓝，僧徒百余人。昔佛地罗[唐言觉取]论师，于此作大众部集真论。”

迦湿弥罗有大众部，并且一直维持其学统，这是很难得的记录。佛地罗(Buddhira)所作的《集真论》，也没有传译过来。在声闻四大派中，惟有大众部的论书一部也没有传译，是最遗憾的事！

2. 正量部论书：《大唐西域记》卷五(大正五一·八九八下)说：

“鞞索迦国……城南道左，有大伽蓝。昔提婆设摩阿罗汉于此造识身论，说无我人；瞿波阿罗汉作圣教要实论，说有我人。因此法执，遂深诤论。”

鞞索迦是正量部的化区，提婆设摩与瞿波，都在此造论。瞿波的《圣教要实论》，与提婆设摩的《识身论》并举，为有我与无我的论诤。似乎这是说一切有部与犊子部分裂不久的时代。《圣教要实论》，或简称《教实论》①。玄奘在钵伐多国(Parvata)曾“停二年，就学正量部根本阿毗达磨，及摄正法论，教实论等”②。《圣教要实论》，没有传译过来。还有《摄正法论》，也是正量部的论书，内容不明。

---

① 《续高僧传》卷四《玄奘传》，误作《成实论》。

② 《大慈恩寺三藏法师传》卷四(大正五〇·二四四上)。

此外,南印度(似乎就是乌荼国)王灌顶师老婆罗门,名般若毱多(Prajñāgupta),“明正量部义,造破大乘论七百颂,诸小乘师咸皆叹重”①。玄奘曾造《破恶见论》一千六百颂来破斥他。

3. 铜鍱部论书:《解脱道论》,十二卷,分十二品,题为“阿罗汉优波底沙,梁言大光造”。这是扶南国僧伽婆罗(梁言众铠)于梁天监十四年(西元五一五)译出的。据长井真琴氏论证,锡兰觉音所造的《清净道论》是依这部论而改作的②。这部论,是解脱的道,依戒、定、慧——三学的次第修证而得解脱。从修持的立场而作的论书,体例分明,为铜鍱部学者修学的南针。说一切有部的论书虽多,而始终偏重于分别法相。有《阿毗昙甘露味论》,创辟甘露(就是解脱)的道路,但不为论师们所重。在这点上,说一切有部的论书,输铜鍱部一着。在我国所译的各派论书中,铜鍱部的论书,也算具备一格了。

---

① 《大慈恩寺三藏法师传》卷四(大正五〇·二四四下)。

② 《望月佛教大辞典》(八九〇)。

中華書局

初版责编　陈　平